U0137816

铃印朱文

百年拓跋

边款白文

奶酪茗茶
各自称佳
百年拓跋
融于中华

录李凭先生著作词
戊戌小寒黄子峰刻

李凭 著

北魏平城時代

上海古籍出版社

第四版

图书在版编目（CIP）数据

北魏平城时代 ／ 李凭著．—4版．—上海：上海古籍出版社，2023.8（2023.12重印）

ISBN 978-7-5732-0752-4

Ⅰ. ①北… Ⅱ. ①李… Ⅲ. ①中国历史－史评－北魏 Ⅳ. ①K239.210.7

中国国家版本馆CIP数据核字（2023）第120854号

ISBN 978-7-5732-0752-4

北魏平城时代（第四版）
李 凭 著
上海古籍出版社出版发行
（上海市闵行区号景路159弄1-5号A座5F 邮政编码201101）
（1）网址：www.guji.com.cn
（2）E-mail：guji1@guji.com.cn
（3）易文网网址：www.ewen.co
常熟人民印刷有限公司印刷
开本890×1240 1/32 印张13.75 插页13 字数352,000
2023年8月第1版 2023年12月第2次印刷
印数：3,101—4,200
ISBN 978-7-5732-0752-4
K·3401 定价：98.00元
如有质量问题，请与承印公司联系

作者近影

作者与民族史家林幹先生合影于盛乐历史文化研讨会

2007年2月7日，尚军摄于内蒙和林格尔县

作者与业师田余庆先生合影于北朝都城与历史文化学术研讨会

2008年5月24日摄

作者与历史学家卜孝萱先生合影于淮安
2004年11月1日摄

作者拜访日本历史学家谷川道雄先生
2002年7月2日摄

作者接受中国社会科学院秘书长兼《中国社会科学》总编辑高翔先生颁发
首席研究员证书　　2012年8月24日摄

作者向台中教育大学图书馆赠书
2009年12月13日摄

作者与北朝研究会会长殷宪教授在常太后山陵前合影

2010年7月13日　吴洁摄

作者与国家文物局局长张文彬先生在方山南麓灵泉池考察合影

2010年7月11日摄

作者与大同市市长耿彦波先生在永固陵前合影

2010年7月11日　李书吉摄

庚寅年清明祭扫位于河南省偃师县境的北魏孝文帝长陵

2010年4月5日　陈长琦摄

孕育拓跋文明的摇篮嘎仙洞

2001年8月2日摄

作者站在嘎仙洞内的北魏石刻旁

2001年8月2日　金裕哲摄

内蒙武川县境通往漠北的白道
2006年2月9日摄

经历千年风化的云冈石窟
第九窟与第十窟之间，2004年3月7日摄

云冈石窟内景局部
2001年8月9日摄

夕阳映照下的云冈
2004年3月7日摄

位于大同城南的北魏明堂遗迹
2008年5月24日摄

恒山山口
2004年3月7日摄，此地曾是北魏国都通向河北平原直道的要隘

始建于北魏太和十五年的悬空寺

2004年3月7日摄

山西省浑源县麻庄窦太后陵

2008年5月29日摄

位于河北张家口鸡鸣山麓的常太后葬地
2003年8月28日摄

位于山西大同方山的北魏文明太后永固陵
2010年7月12日摄

大同方山南麓北魏陵区建筑遗迹

2008年5月26日摄

云冈石窟顶部工地出土"传祚无穷"瓦当

2010年7月11日摄

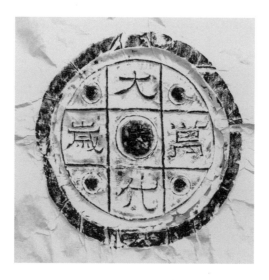

大代万岁拓件——北魏宫城文物

原件现藏大同市考古研究所，殷宪先生拓存

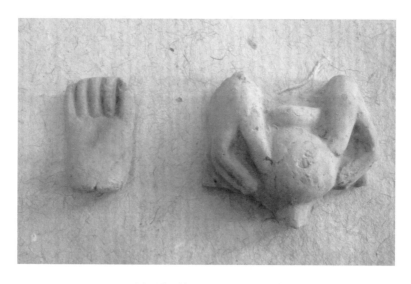

云冈石窟顶部工地出土石雕残件

2010年7月11日摄

当地父老在麻庄窦太后陵前诉说往古
2008年5月29日摄

希望——站立在千年古城垣上的新民
2003年7月18日摄

晋北风光誉大同，难寻北魏旧平城。

檐飞峭壁悬空寺，睡卧麻庄太后陵。

称霸百年惊后世，沉沦千载喜重生。

拓跋起事嘎仙洞，空穴苍凉塞外风。

汉末诸侯战未停，五胡血刃乱华中。
拓跋游牧弃蓬帐，道武出山占大同。
白道蹄痕连漠北，石窟龛洞鉴平城。
闲来读史思幽古，掩卷不由赞李凭。

目　　录

内 容 提 要

　　本书论述的是公元 398 年游牧民族鲜卑拓跋部在今山西省大同市所建北魏平城政权的发展历程。

　　以道武帝为首的一批曾在中原流亡的拓跋贵族，由于感受过中原传统制度和文化的影响，积极地推行离散诸部措施，以剥夺部落酋帅的特权，促使拓跋部落联盟迅速解体，建立起新型的平城政权。随后，道武帝推行一系列仿效中原传统制度的政治、经济措施，特别是建立皇权和官僚系统，以取代部落联盟首领的推举制度，从而将拓跋部推进中原传统体制的门槛。不过，拓跋部落的遗制仍然顽固地影响着平城政权，在皇位继承中兄终弟及遗制的干扰就是突出的反映，而且由此引发了道武帝末年的动乱。

　　平息动乱以后即位的明元帝，采纳汉族士人崔浩的建议，以太子监国制消除兄终弟及制的影响，确立了父子相承的皇位继承制，使其长子太武帝顺利地继承皇位。太武帝即位后继续实行太子监国制，但结果却使太子集团膨胀为与皇权对抗的势力，酿成正平事变。事变的结果，皇权与太子势力两败俱伤，母后势力乘机抬头。

　　由于建立平城政权之前拓跋部尚处于脱离母系氏族社会不久的父系家长制时代，母权制在拓跋部的社会中具有深刻的影响，道武帝为了预防母后干预政治，建立起矫枉过正的子贵母死制度。然而，由子贵母死派生出来保母抚养太子的惯例，进而发展成为保母干预政治的现象。

1

太武帝保母窦氏、文成帝乳母常氏都曾干预朝政。乳母常氏的干政最终导致文明太后的临朝听政,出现了与道武帝建立子贵母死制度的初衷恰恰相反的结果。

文明太后临朝听政是母后权力的特大伸张。不过,它的产生虽然与母权制遗俗相关,却并不意味历史的倒退。此时的拓跋社会脱离部落联盟而在中原传统轨道上运行已近八十年,所以当文明太后凌驾于皇权之上时,她自己就成了中原传统体制的象征,而非母系氏族时代部落联盟的代表。而且,文明太后推行的太和改制运动使得平城政权基本实现中原传统体制化过程,并为其全面汉化奠定了基础。但是,在父子相承已经成为传统制度的社会里,虽然文明太后可以使她的政治权力膨胀到超越帝王的地步,却无法将这种母后至高的权力像皇权那样自然地传承下去。公元490年文明太后去世,意味太后临朝听政时期结束,标志拓跋皇权重新伸张,但北魏平城时代还延续了四年。直到公元494年,孝文帝为开拓新的政治局面,将国都迁到洛阳,才使得平城时代终结。

北魏政权的演变利用了平城这个政治舞台,平城则借助于北魏政权演变的契机获得跃进式的发展。处于那个时代最突出地位的平城,从介于农耕区与草原区的边陲军镇,一变而成为新兴王朝的京师。当长安和洛阳两大文明古都屡遭战马铁蹄践踏而成为废墟之际,平城却迅速聚集百万人口,形成为北方的政治、经济与文化中心和交通枢纽。在此基础上,平城政权在中原推行宗主督护制以羁縻汉族地主豪强,创造了内和外辑的安定局面。

在北魏平城政权的发展过程中,既曾频繁地与周边的政权和部族发生战争冲突,也曾积极地推行和平交往。因此,从东北的大兴安岭到西南的巴蜀,从西北的贝加尔湖到东南的江淮,各族政权络绎不绝地朝贡拓跋王朝,各族人民纷至沓来地会合平城京畿。传统的农耕文明经强劲的游牧文明之新鲜活力所渗透,掀起了汹涌澎湃的民族融合和文化交流运动,丰富了中华民族的物质生活与精神生活。中华文明随着安定统一局面的逐步形成而得到整体的升华。北魏在平城经营的一个世纪,是拓跋历史上最辉煌的阶段,也是中国历史上辉煌的时代之一。

序章　平城政权发展轨迹

　　鲜卑族拓跋部建立的北魏王朝在天兴元年(398年)至太和十八年(494年)将近一个世纪的时间里是以平城为其统治中心的,我们不妨称之为北魏平城政权,并将与之相应的时代称为北魏平城时代。制约北魏平城政权发展的因素是多方面的,因此它的发展过程异常错综复杂。虽然如此,在其中仍然能够发现一条贯穿始终的主线,那就是北魏皇权的建立与发展过程。由于拓跋部落遗制的不断干扰,北魏皇权的发展呈现为时起时伏的状态。而这种状态又牵动着整个平城政权,使它的发展历程呈现为迂回曲折的运动轨迹。

　　北魏平城政权的前身是代国。不过,代国与十六国时期各游牧部落在中原建立的政权并不相同,与其说是国家,毋宁说是在国家机器面前徘徊的部落联盟。① 自魏晋以来,这个以拓跋部落为核心的部落联盟一直活动在以黄河河套为中心的阴山山脉以南大草原上。当其势力强盛时,便多次沿黄河东进到大同盆地,甚至南下到晋中一带。

　　在末代代王什翼犍建国三十九年(376年)之际,前秦天王苻坚派

---

① 详见唐长孺先生《拓跋国家的建立及其封建化》,收于《魏晋南北朝史论丛》,三联书店,北京,1955年第1版,第193—249页。李亚农先生也在《周族的氏族制与拓跋族的前封建制》后编第九章《转型期的婚姻制度》中指出,拓跋部此际处于"由母系而父系的转型期",收于《李亚农史论集》,上海人民出版社,上海,1962年第1版,第339—345页。

遣大司马苻洛率领二十万大军北上，击败代国部众。然后，前秦将什翼
犍所辖各部割裂开来，一部分归属于曾经被拓跋部战败的铁弗部首领
刘卫辰，另一部分归属于原先败归拓跋部的独孤部首领刘库仁，从而灭
亡了代国。此后十年之间，拓跋部落处于分崩离析的状态。①

　　登国元年(386 年)正月，什翼犍之孙拓跋珪纠集拓跋各部在牛川②
重建代国，自己即代王位。③ 新的政权建立以后，拓跋部面临两种截然
不同的前途：要么，像其祖辈那样，继续以部落联盟的形式驰骋在北方
大草原上；要么，像在其之前进入中原的其他游牧部落那样，仿效中原
地区的典章制度，建立起中原传统体制的国家。曾经长期流落中原而
深受汉文化熏陶的拓跋珪以及追随他的一批代国王室成员和贵族选择
了后者，并因此与力图保持草原游牧部落生产方式和生活状态的部落
贵族势力发生激烈的斗争，斗争的主要形式表现为登国年间持续十多

① 本段内容详见《魏书》卷一《序纪》、卷二《太祖纪》、卷二三《刘库仁传》、卷二四
《燕凤传》、卷九五《铁弗刘虎附刘卫辰传》，中华书局标点本，北京，1974 年第 1
版。本书中引用的《魏书》、《北史》、《晋书》以及《资治通鉴》等传统文献均以中
华书局陆续出版的标点本为依据。其中：文字，全同于中华本；标点符号，大多
同于中华本，个别之处按照作者自己的理解处理。对于与中华本标点不同之
处，其影响论证者，已经伴随相应的内容加以说明；不影响论证者，则迳予改动
而不加赘注。
② 牛川，谭其骧先生主编《中国历史地图集》第四册《东晋十六国南北朝时期》武川
御夷诸镇图中标作今内蒙古自治区境内的锡拉木林河，中华地图学社，上海，
1975 年第 1 版，第 46 页。王仲荦先生在《北周地理志》附录一《北魏延昌地形志
北边州镇考证》抚冥镇条下注为"今内蒙四王子旗（按：应是四子王旗）西北之锡
拉木伦河"，中华书局，北京，1980 年第 1 版，第 1096 页。日本学者前田正名先
生则认为，牛川应是《水经注》中所载的芒干水（今内蒙古自治区境内的大黑河）
的上游，或为其上游的一条支流，见于《平城历史地理学研究》第四章第二节第
二小节，该书中译本由李凭、孙耀、孙蕾合译，书目文献出版社于 1994 年初版，
上海古籍出版社于 2012 年列入《日本中国史研究译丛》而再版，第 120 页。笔
者同意前田正名先生的看法。
③ 详见《魏书》卷二《太祖纪》登国元年条。当年四月拓跋珪改称魏王。

年的部落战争。

伴随对于草原各部落征服战争的推进,拓跋珪实行了有利于部落联盟解体和新型政权创建的离散诸部措施。离散诸部措施并非孤立的法令,而是属于包括"分土"、"定居"、"使役"等措施在内的一套综合性法令中的一项具体的措施;并且,它还是与拓跋珪推行的一系列农垦政策相配合地实施的。拓跋珪施行离散诸部措施的目的,是要剥夺那些陆续地归附和被征服的部落酋帅们对其部落的统领权力,进而将这些部落的部民连同其酋帅在内统统转变为拓跋政权统治下的"编民",并促使他们去从事农耕。但是,这样做不仅直接损害了部落酋帅们的经济、政治利益,而且违背了草原游牧部落的旧俗,因而招致他们的反复抗拒。由于诸多部落的激烈抗拒,加上西燕、后燕等外部势力的入侵,迫使离散诸部措施两度中断。因此,与部落战争相伴随,离散诸部措施也断断续续推行十来年的时间才大体完成。

首次离散诸部的时间是登国元年,地点在盛乐。① 它是与"息众课农"政策相配合实施的。但是,当年八月,由于乙弗等部的反抗和西燕支持下的窟咄势力的进犯,拓跋珪不得不率部落逃往阴山以北,这次离散诸部措施便流产了。第二次离散诸部是与登国九年(394年)由卫王拓跋仪主持进行的屯田相配合而实施的。这次离散诸部虽然只是在五原②地区的部落中施行,但其意义并不亚于第一次,它是拓跋部落联盟大规模地分化成为从事农业与继续游牧的两大部分的标志。与此相应,拓跋部的军队也增加了一项新的监督农业生产者的职能。不过,第二次离散诸部又因第二年后燕太子慕容宝率军进犯而中止。直到天兴元年,拓跋珪抓住其统领下的各部落集中于大同盆地内的大好时机,凭

① 盛乐,县治,位于今内蒙古自治区和林格尔县北。
② 五原,郡治,位于今内蒙古自治区包头市九原区境。

借刚刚取得的败亡后燕的胜利之威，才达到全面实施离散诸部措施的目的。至于第三次离散诸部，实际上就是该年二月拓跋珪对各部落及从后燕旧地迁到大同盆地的新民进行农、牧分工和将军队划分为从事征战与监督农业生产的两部分的所谓"更选屯卫"。

离散诸部以及与它相伴随的"分土"、"定居"、"使役"等措施是拓跋珪推行的最有积极意义的改革。它促使北魏统治下的大部分游牧部落的组织分解，加速这些部落的产业由游牧向农耕、半农耕转化，并推动各部落内部阶级分化的进程。因此可以说，离散诸部等措施在拓跋部落联盟解体以及向中原传统体制国家转化的过程中发挥着关键作用。

随着部落战争和对外战争的节节胜利，随着离散诸部等措施的逐步推行，拓跋珪的统治权力也日益发展。天兴元年六月，拓跋珪诏有司议定国号为魏。七月，拓跋部迁都平城，始营宫室，建宗庙，立社稷。八月，拓跋珪诏有司正封畿，制郊甸，端径术，标道里，平五权，较五量，定五度。十一月，拓跋珪诏：尚书吏部郎中邓渊典官制，立爵品，定律吕，协音乐；仪曹郎中董谧撰郊庙、社稷、朝觐、飨宴之仪；三公郎中王德定律令，申科禁；太史令晁崇造浑仪，考天象；吏部尚书崔玄伯总而裁之。从而，新政权仿效中原传统制度，初步建立起国家机器及相应的典章制度，特别是以皇权和初创的官僚系统取代了部落联盟首领的推举制。同年十二月，拓跋珪称皇帝，改元天兴，是为北魏道武皇帝。①

新型的平城政权建立以后，北魏对北方大草原上的游牧部落继续实行大规模的征伐，迫使那些部落内徙或依附。与此同时，道武帝还对新占领的中原地区的反抗势力进行镇压或将其迁徙。在对北方草原游牧部落和中原反抗势力的征伐战争取得全面胜利的背景下，道武帝于天兴三年（400 年）十二月乙未和丙申连续颁布了两道诏书。在这两道

---

① 详见《魏书》卷二《太祖纪》天兴元年条。

诏书中道武帝反复强调,北魏皇权乃"天人俱协","大运所钟",是"不可以非望求"的;而臣下的职权是皇帝赐予的,因此"用之则重,舍之则轻"。① 其中心思想无疑是要建立专制的统治。结合上述道武帝任用崔玄伯、邓渊、董谧、晁崇等汉族士人制定一系列仿效中原传统典章的统治制度来看,乙未、丙申两诏书的颁布可以看作将平城政权纳入中原传统体制轨道的标志,它表明拓跋部的统治机器在北魏建国之初就从部落联盟转化成了集权性质的国家。在后来平城政权的发展过程中,这部新型的统治机器便越来越强化,最终完全占据了政坛的主导地位。

乙未、丙申两道诏书既是实行集权统治的宣言,又是开始镇压拓跋部内反抗皇权势力的信号。《魏书》卷二《太祖纪》在记录丙申诏书之前称,该诏书是由于"虑群下疑惑,心谤腹非"而发布的。此言虽不全面,但道出了北魏朝廷内部的激烈矛盾。《太祖纪》还在天赐六年(409年)条下称,道武帝末年因滥杀、滥黜臣僚致使"朝野人情各怀危惧"。其实,道武帝的残暴统治并非仅限于其末年,而是从乙未、丙申两诏书颁布之时就开始了。许多臣僚被杀戮或降黜虽因道武帝的"喜怒乖常"所致,但其中也有不少人的确有反对新的集权统治之心。从部落联盟转化为集权政权,从游牧转向农耕,对于一向驰骋于大草原的拓跋所统各部来说是翻天覆地的变化,这种变化既动摇了拓跋社会传统习俗的根基,又触犯了部落贵族现实的经济利益。天兴三年以后,虽然大部分部落已经臣服于北魏王朝,但是部落贵族并不甘心失去既往的政治和经济利益,他们一有机会就进行反叛。因此,长期的部落战争虽然暂时停顿,却转化成了各种形式的反抗与镇压。而朝廷内外的许多贵族又往往与那些反抗势力有着千丝万缕的联系。所以应该看到,道武帝残忍地杀戮和降黜臣僚的主要目的是为了巩固他的集权统治。但是结果却

---

① 详见《魏书》卷二《太祖纪》天兴三年十二月条下的乙未、丙申两诏书。

适得其反,诚如《太祖纪》中所言,搞得"朝野人情各怀危惧",社会动荡不安。

在如此严峻的形势下,道武帝未能采取积极有效的安定局面的措施,却又急于要解决皇位继承问题。而在皇位继承问题上,道武帝的原则又与拓跋社会的传统习俗相违背。在平城政权建立之前,草原上旧的部落联盟大酋长在形式上是由各主要部落推举产生的;在尚处于脱离母权制不久的父家长制社会阶段的拓跋部内,部落首领的继承则实行兄终弟及制。但是,道武帝却想按照中原汉族社会的制度,实行父子相承的皇位继承制。同时,道武帝还制定了子贵母死制度,企图彻底杜绝拓跋部政治生活中长期存在的母权干预政治的现象。道武帝这种矫枉过正的做法终于酿成一场父与子、兄与弟之间自相残杀的政变。

天赐六年,道武帝决定立长子拓跋嗣为皇储,于是赐拓跋嗣之母刘贵人死,并告诉拓跋嗣,这样做的目的是为了"不令妇人后与国政,使外家为乱"。拓跋嗣对道武帝的做法难以理解,被迫出走。[①] 道武帝不得已,就打算改立次子清河王拓跋绍为皇储,因此又欲重演杀妃故伎,决定杀死清河王绍母贺夫人。贺夫人遂与清河王绍密谋,发动政变,反将道武帝杀死。[②] 清河王政变的导火索虽然是皇位继承问题,但实质是平城政权危机的总爆发。不过,道武帝虽然死于政变之中,但他创建的封建集权统治的根基却未动摇。道武帝的长子拓跋嗣在平息清河王政变之后接替皇位,是为明元帝。道武帝建立的北魏皇权在明元帝身上

---

① 详见《魏书》卷三《太宗纪》。

② 详见《魏书》卷一六《道武七王·清河王绍传》。在《清河王绍传》中,作者对于拓跋绍竭力贬斥,但也不免流露出诸多破绽,这在本书第二章第二节之六中将要论及。《魏书》贬斥拓跋绍的原因,简言之乃魏收祖护后来成为明元帝的拓跋嗣所致。又,该传称"绍母贺夫人有谴,太祖幽之于宫,将杀之",似乎道武帝将杀贺夫人与立皇储事无关。其实不然,按照笔者的理解,道武帝要杀贺夫人仍然是执行"子贵母死"制度,目的是为了立清河王绍为皇储。

得到延续。

　　明元帝时期建立了一项值得注意的政治制度，那就是太子监国。以太子监国并非北魏特有的现象，中原王朝中早就有过先例，不过大多属于权宜之计。但是，北魏明元、太武两朝却将太子监国作为皇权的辅助方式，使之成为固定的制度，这是北魏平城时代政治的特色之一。明元帝建立太子监国制的原因在他的两次谈话中说得很明白：在建立此制前，他对汉族大臣崔浩说，因为自己疾病弥年，疗治无效，所以想在生前就将政权交付给太子；在建立此制后，他对左右侍臣说，让太子代为行使行政权力，可以使自己腾出身来去镇压国内的反抗和征伐异国。①但是，实际上明元帝心中还隐藏着一个不便道明的目的，那就是像他的父亲道武帝一样，想将皇位顺利地传给长子拓跋焘，而不愿意遵循拓跋部落的旧俗兄终弟及制。

　　兄终弟及制在拓跋部政治生活中影响时间很长，道武帝有意废除之，未果而亡。明元帝虽然以长子的身份登上皇位，但他的皇位是从弟弟清河王绍手中夺得的。而清河王绍则是发动政变杀死道武帝后获得皇位的。像这样，通过政变而获得皇位的方式，并不能表明兄终弟及制被彻底废除，更不能表明父子相承已经成为制度。

　　清河王政变事在《魏书》卷一六《道武七王·清河王绍传》和《资治通鉴》卷一一五《晋纪》义熙五年（409 年）条中均有记载，但文字略有差异。前者载，清河王绍杀道武帝后曾问群臣道，"我有父，亦有兄，公卿欲从谁？"后者也载有类似的问话，只是"父"字之上多了一个"叔"字。但从清河王绍说话时道武帝已经被杀的情况来看，似依《资治通鉴》作"叔父"较为合理。而且道武帝虽无同母同父弟，却有同母异父弟。参证《魏书》卷一五《昭成子孙列传》的记载可知，他们是卫王仪、秦王觚和

---

① 　详见《魏书》卷三五《崔浩传》。

阴平公烈。当清河王绍政变之时,阴平公烈尚在世,他实际上就是清河王绍语中所说的"叔父"。这样,《资治通鉴》的记载得到证实。它表明,当时兄终弟及遗制不仅没有明确废止,而且还具有很大的影响,否则清河王绍便无须向大臣们发出"我有叔父,亦有兄,公卿欲从谁"的问话。

明元帝末年,在世的皇弟尚有广平王拓跋连和京兆王拓跋黎,他们虽然年龄尚幼,但均较太子拓跋焘年长,因此皇位之争的隐患仍然潜在。为了防止身后发生骨肉之争,明元帝采纳崔浩的建议,建立起太子制度,并且以太子为监国,在其生前就将最高统治权授予太子焘。使太子焘的皇位继承权成为既定事实,这正是明元帝藏于心目中的以太子为监国的真正目的。

以太子监国的办法除却兄终弟及遗制的影响,实在是一大发明。从此之后,中原王朝例行的父子相承的继承制成为北魏皇位传递的传统。

明元帝去世后,太子拓跋焘顺利继承皇位,是为太武帝。太武帝仿效明元帝,也以其太子拓跋晃监国。不过,在太子拓跋晃监国之际,太武帝正值年富力强之时,所以拓跋晃监国时间持续了十三年之久。时间一久,太子监国的弊端便逐渐暴露出来。皇帝与太子在军事和行政上的分工,实质上是皇权职能的分化,这种分化的本身就意味着对于集权于一身的专制统治的否定,因此必然导致皇权运行的危机。事实上,当太子晃的权力膨胀到一定程度时,东宫集团便形成了;当东宫集团发展到一定程度时,它与皇权之间的斗争便不可避免了;当二者之间的矛盾激化到不可调和的程度时,政治危机就爆发了。于是,正平元年(451年)事变发生,结果太子与皇帝相继被杀。

皇帝与东宫集团的同归于尽,标志太子监国制的终结。接着,阉官宗爱篡权,北魏政局处于动荡之中。在这种状况下,皇权难以伸张,后权却在政治权力斗争的夹缝中乘机而兴了。

北魏后宫有赐储君生母死的制度,史家称之为子贵母死故事,首例是道武帝杀明元帝母刘夫人。据《魏书》卷三《太宗纪》载,道武帝出此残忍之策的目的是"不令妇人后与国政,使外家为乱"。道武帝为何如此深忌"妇人后与国政"呢? 这与他早年的经历密切相关。

道武帝在代国灭亡以后的经历,《太祖纪》记载极略。同书卷二四《燕凤传》中,在燕凤与前秦天王苻坚讨论代北事务的处置问题时提到了道武帝,但这段史料在时间和地点上都存在纰漏,因而相关的内容与《太祖纪》矛盾。其原因,正如周一良先生在《关于崔浩国史之狱》一文①中指出的那样,由于崔浩国史之狱的缘故,史臣不敢直书北魏史事,致使北魏早期的历史疑窦丛生。周先生还指出,对于代国灭亡前后的历史,《晋书》和南朝史籍所载反较《魏书》正确。如将《燕凤传》与《晋书》卷一一三《苻坚载记上》、《宋书》卷九五《索房传》和《南齐书》卷五七《魏房传》等记载相对照,不仅其时间与地点上的纰漏可以化解,而且还可以互相印证地勾勒出道武帝早年的经历。这段经历是:道武帝先与其祖父代王什翼犍等一起被俘虏到长安,然后他又从长安流徙到蜀地;直到什翼犍死后,道武帝才被迁回长安;淝水之战后,道武帝随从慕容垂来到中山;最后,道武帝被慕容垂送回代北。

从代国灭亡到北魏建国的这段时间里,道武帝的年龄在六岁至十五岁之间。由于年龄幼小,他始终处于母亲贺氏的监护下。从上段所引史料出发,参证《魏书》卷一三《皇后·献明皇后贺氏传》和同书卷八三上《外戚上·贺讷传》等记载,可以了解到道武帝受监护的这段生活中值得记述的五件事情:其一,贺氏以道武帝的名义绑缚昭成帝投降前

---

① 刊于《中华文史论丛》1980 年第 4 期,上海古籍出版社出版;又收于《魏晋南北朝史札记·〈魏书〉札记》中,其题目去掉了"关于"二字,中华书局,北京,1985 年第 1 版,第 342—350 页。

秦,致令道武帝与她一起被流徙蜀地;其二,道武帝在贺氏的卵翼下客居蜀、长安、中山等地;其三,回到代北后,道武帝在贺氏的保护下摆脱了分治大草原的独孤部和贺兰部的控制与逼迫;其四,道武帝在贺氏及其兄贺讷的扶持下登上代王位;其五,在建设北魏政权中贺氏发挥了重要的影响。这五件事说明贺氏不仅在生活上监护过道武帝,而且对道武帝的政治前途起过关键性的作用。因此,道武帝登上王位以后在相当大的程度上仍旧受制于贺氏。这种状况延续至皇始元年(396年)贺氏去世为止。由于这些经历,使道武帝对于母后干预政治的现象具有十分深刻的体验和认识。为了使其身后不再发生类似的情况,道武帝决计杀死明元帝的生母刘贵人,从而立下残忍的子贵母死制度。

北魏以及代国的历史上,在政治方面有所作为的妇女不乏其人,这与拓跋部离开母系氏族社会为时不久因而社会尊崇母权密切相关。母权制遗俗既然在北魏社会影响深刻,那就绝非以简单的杀戮办法所能根除,它还会通过特别的途径和采用特别的方式顽强地表现出来。

由于丧母的储君往往幼小,需要有人抚养,因此由子贵母死制度便自然地派生出了以保母抚养储君的惯例。而后,保母抚养储君的惯例在母权制遗俗极浓厚的拓跋社会中又发展成为保母干预政治的怪诞现象。第一位干预政治的就是明元帝的太子拓跋焘即太武帝的保母窦氏。接着,又出现了太武帝之孙、太子拓跋晃之子文成帝拓跋濬的乳母常氏。常氏在正平元年事变中保护过文成帝,所以文成帝即位后她的地位和权力便上升至等同于嫡亲的太后。常氏甚至在后宫之中掌有生杀大权,她为了压制文成帝而引用子贵母死故事杀死文成帝的宠妃李氏,然后将自己选中的冯氏扶上皇后的宝座。这位冯氏就是后来的文明太后。不但如此,常氏还将其政治触角伸向外朝,原先地位并不高的乙浑、林金闾等人能够成为政治上的暴发户就与常氏的培植密切相关。

就是这样,尊崇母权的遗俗通过保母干预政治的方式又顽固而曲折地表现出来。乳母常氏的干预政治最终发展成为文明太后的临朝听政。从历史的脉络来看，文明太后的临朝听政恰恰是由子贵母死制度经保母抚养储君的惯例引发的，这与道武帝建立此种制度的初衷截然相反，是道武帝始料未及的。

文明太后是在天安元年(466年)平息乙浑之乱后第一次临朝听政的，但为时不久她就罢令了。从《魏书》卷一三《皇后·文成文明皇后冯氏传》的记载来看，文明太后的罢令似乎与抚养孝文帝一事有关。其实文明太后是迫于献文帝的压力而不得不罢令的。文明太后罢令后，她与献文帝之间的矛盾不仅没有缓和，反而更加激化。他们之间的斗争以献文帝被文明太后害死而告终。决定二者高下的转折点是献文帝的禅位事件，而决定文明太后最终胜利的因素则是年幼的孝文帝。通过抚养的方式被文明太后牢牢控制在手的孝文帝成了文明太后夺取胜利的一张王牌，正是这张王牌使得文明太后在承明元年(476年)实现再次临朝听政的愿望。文明太后在被迫罢令后竟以太后之尊去抚养并非自己亲生骨肉的孝文帝，这实在是一招高明的政治手段。而这一手段的产生其实得自于文明太后在宫中所见到的乳母常氏干预政治的历史经验。它使文明太后认识到，只要控制住储君，就会有攫取最高统治权力的机会。

文明太后的胜利使她成为封建专制集权的最高统治者。然而，文明太后也因此陷入自身无法解决的困惑之中。因为，在父子相承已经成为传统的封建社会里，虽然文明太后可以使她的政治权力膨胀到超越帝王的地步，但是却无法将这种母后至高的权力像皇权那样自然地传承下去。文明太后最终不得不承认现实，仍然保留了在自己卵翼之下的孝文帝的皇位。

天兴元年进入平城的拓跋部虽然一开始就建立起集权统治，踏上封建化的道路，但是部落遗制和遗俗仍然不断地影响和制约其发展。

消化部落遗制的作用和排除部落遗俗的影响并非短期的暴力举动或者矫枉过正的措施所能奏效,而且集权机制也需要逐步地完善,因此北魏王朝的改革与发展必然是一个艰巨、曲折的过程。于是,就使得拓跋政权在平城停留了将近一个世纪,形成为历史上的北魏平城时代。对于脱离原始社会和游牧状况不久就立即面对早已进入封建时代的汉族社会与汉族文化的拓跋部来说,这个漫长的过程是必要的。

拓跋社会的部落遗制和遗俗表现在诸多方面,本书只是重点考察其中制约北魏皇权的主要的因素,那就是部落联盟首领的推举制、兄终弟及的继承制和尊崇母权的遗俗。由于这些遗制和遗俗的制约与随而引起的反制约之间的相互作用,致使北魏皇权经历了艰难的创立时期和特殊的太子监国、太后临朝听政形态。因为皇权高踞于整个国家机器和社会的至高点,其运行过程正是国家机器乃至社会发展的主线,所以,通过对北魏皇权的考察,就可以比较清晰地勾勒出拓跋部平城政权的发展轨迹。本书前四章的内容正是按照这条轨迹展开的。

本书第五章以北魏平城时代京畿的发展状况为论述的对象。平城时代的京畿包括自然地理上的大同盆地以及盆地周围的山区。处在京畿中心的平城,经过大约十五个世纪的发展,演变成为如今的大同城区。而平城以外的畿内,则演变成为如今山西省的大同和朔州二市所辖区域,还曾一度合称为雁北地区。这片区域,历史上最荣光辉煌的阶段,正是北魏平城时代。

平城原来只是介于农耕区与草原区的边陲军镇,立为北魏京师之后一变而成为新兴的移民都市。北魏将众多新占领地区的人民陆续地强行迁徙到京畿。仅开国皇帝道武帝统治时期,迁入京畿的人口就有约一百五十万,其中成为平城都市的新居民者估计为一百万左右。在这一股接一股的迁徙人流之中,既有来自当时经济发展较先进的河北平原上的汉族人民,也有社会发展阶段比拓跋部还要后进的高车等游牧部族;既有自耕农、农奴、奴隶与氏族成员,也有地主、豪强、官吏、士大夫、奴隶主贵族和部落酋帅,还有百工伎巧和商人。

对于移民,北魏政权采取因人而异的办法,使他们在基本上不改变原有生活方式的情况下,能够尽快地适应新的自然环境和生产条件。人口的骤增与妥善的安排有利于经济的发展,经济的发展又促使人口迅速地繁衍。通过移民与原住民的共同辛勤劳作,京畿的农业、牧业很快兴旺起来,进而推动了都市建设和交通贸易的发展。

定都平城之后,北魏随即着手进行都市的建设。规划都市的蓝本,是中原的传统都市邺城、洛阳和长安;建筑都市的物资,是从全国各地调集来的,仅木材就有数百万根;参与建设的工匠,大多是来自中原的百工伎巧及其后代。平城市区的面积宽阔,布局规整;郊区更是广袤无垠,遍布苑圃与石窟。平城大规模的都市建设,又带动了围绕其周边的众多畿内城邑的发展。

畿内城邑的规划与建设,也直接或间接地受到中原城邑形制的影响。这些城邑的分布状态是颇具特色的。它们毫无例外地建立于联系平城与其他地区的交通干线侧近。从地图上看,其布局恰似一把面向东南方向展开的巨大折扇。平城位于扇柄,畿内城邑分布于各条扇骨。这样的布局十分有利于京师与各地重镇尤其是中原都会的政治与经济的联系。反过来,与中原地区政治与经济联系的加强,又推动着平城与畿内城邑的发展。

在长安和洛阳两大文明古都屡遭战马铁蹄践踏而成废墟之后,平城迅速崛起,凝聚百万人口,形成为繁荣的都市和全国交通的枢纽。以平城为中心的交通线路,能够畅达地东出幽燕,西抵关陇,南下洛阳,北上大漠,可谓四通八达。在这些交通线路中,最著名的是并州大道和定州大道,它们不仅是输送商贸物资的通衢,而且是北魏贯彻政令的命脉。

平城时代的北魏王朝,虽然是封建集权的政权,但是它的集权范围在很长一段时间内局限于京畿。对于陆续占领的广大中原地区,平城政权从明元帝永兴五年(413年)起推行宗主督护制,通过地方势力的代表宗主豪强去间接地统治那里的人民。虽然由于太武帝的东征西伐使得北方的大部分地区向北魏王朝俯首称臣,但是平城政权真正将统治的触角伸达中原的基层则在孝文帝太和十年(486年)以三长制取代宗主督护制以后。换而言之,是在推行三长制之后,北魏王朝才成为整个北方地区真正意义上的集权统治政权。不过,这也意味着地处偏僻的平城政权的历史使命已经完成。本书第六章便论述了从宗主督护制到三长制的变化。

依据平城政权的发展轨迹,归纳其间的种种迹象,可以将平城时代划分为前、中、后、末四个时期。

前期始于天兴元年七月道武帝建都平城,终于泰常七年(422年)四月明元帝以太子焘监国之前,计二十四年。这是北魏皇权的创建与巩固时期,除了确立封建集权统治外,集中人力去开发与建设大同盆地,造就以京畿为根据地的拓跋政权,是这个时期北魏王朝的主要成就。不过,北魏王朝的直接统治范围也因此被局限于平城及其附近地区。在平城时代前期,北魏实质上是与十六国后期诸王朝并列的割据政权。

中期始于泰常七年五月明元帝以太子焘监国,终于正平二年(452年)三月太武帝被阉官宗爱谋杀,计三十年。这个时期最大的事件是太延五年(439年)太武帝灭北凉而一统北方版图,不仅结束了一百三十余年十六国分裂局面,而且为北魏王朝政治与经济的发展开拓出广阔的天地。这个时期政治上最显著的特点是明元、太武两朝的太子监国。当然,应该注意的是,虽然太子监国是这一时期的特点,但是皇权并未降到次要地位。培植太子势力,防范宗亲利用兄终弟及遗制夺权,以确保皇权按照父子相承地传递，正是这个时期皇权运行的重要内容。

后期始于正平二年三月阉官宗爱擅权拥立南安王拓跋余为主，终于太和十四年（490 年）九月文明太后去世，计三十八年。这个时期虽然经历了文成、献文、孝文三代皇帝，但是政治舞台上的主角却是文明太后。需要指出的是，文明太后第一次临朝听政的天安元年（466 年）二月上距正平二年三月有十四年之久，这期间的大部分时间由乳母常氏弄权，不过从整个历史发展的进程看来也是文明太后临朝听政的准备阶段。所以，我们还不妨以天安元年二月作为界限，将这一时期划分为两个阶段。第一阶段的特点是乳母干政，或者也可以称作保母干政。第二阶段为时二十四年，特点是太后临朝听政。在文明太后的主持下平城政权推行了一系列沿着全面封建化即汉化的方向发展的经济、政治与文化的改革，从而将平城时代推向繁荣昌盛的高潮。

文明太后去世之后，北魏王朝仍旧在平城驻足四年，这是平城时代的末期。此时皇权虽然重新伸张，但是文明太后的阴魂未散，她遗下的势力尚能制约政局。为了尽快改变局面，孝文帝于太和十八年（494 年）十月将都城迁到洛阳。北魏平城时代宣告结束。

北魏在平城经营的时间将近一个世纪，在人类历史的长河中只是短暂的一瞬，却是鲜卑拓跋部历史上最辉煌的阶段，也是中国历史上辉煌的时代之一。关于北魏平城时代的历史意义，将在本书的末章略作评价。

第 一 章 皇 权 初 建

　　从天兴元年（398 年）七月道武帝迁都平城起，到泰常七年（422 年）四月明元帝以太子拓跋焘监国之前为止，是拓跋皇权的初建与巩固时期，为北魏平城时代的前期。而严格意义上讲，道武帝建立平城政权的活动始于登国元年（386 年）正月他在牛川即代王位时，天兴三年（400年）十二月乙未、丙申两诏书则是道武帝发布的实行中原传统体制的宣言，自此之后才是皇权的运行阶段。

　　拓跋皇权的确立是在血腥的部落战争基础上通过离散诸部等措施而打破旧的部落联盟后实现的。拓跋皇权确立以后，道武帝继续对外征伐异族部落，对内残酷镇压反抗势力，企图以此巩固其集权统治。但是，事与愿违，道武帝的残暴统治使得朝廷内外人心惶惶，终于引发了政治动乱。天赐六年（409 年），由于皇位继承问题激起清河王政变，道武帝被杀。明元帝在镇压清河王政变后即位，他吸取道武帝末年的教训，采纳崔浩建议，以太子拓跋焘监国，平城政权从此进入太子监国时期。

　　本章首先考察北魏皇权初建时期的代表人物道武帝在什翼犍代国灭亡后至拓跋政权重建前的十年之内流亡中原的经历，以利于理解道武帝此后致力于实行中原传统体制的原因；其次考实道武帝推行离散诸部及其相关措施的过程和它们对于北魏皇权确立的重大意义；最后略述北魏皇权确立的过程和清河王政变的因果。至于明元帝即位以后的情况，虽也属于本章所论时期，但与下章内容的关系更为密切,故归入下章论述。

第一节　道武帝早年经历考

作为北魏平城政权前身的代国,①是自魏晋以来一直活动在阴山山脉以南大草原上的以拓跋部为核心的部落联盟。它曾多次沿黄河东进到大同盆地,甚至南下到晋中一带。在末代代王什翼犍建国三十九年(376 年)之际,前秦大司马苻洛率领二十万军队大败代王什翼犍部众,然后将其所辖各部落分归铁弗部首领刘卫辰和独孤部首领刘库仁统辖,从而灭亡了代国。自此之后直到登国元年道武帝重建拓跋政权为止的十年里,拓跋部处于分崩离析的状态。对于这分崩离析的十年,史书语焉不详,它成了拓跋部历史上的断裂带。

值得注意的是,在代国灭亡后的十年中,有一批代国王室成员在中原流落。他们当时的经历并不为人注意,但是却关系到拓跋政权的重建及其重建后的发展方向。其中的代表人物是北魏的开国皇帝道武帝拓跋珪。本章第一节就考述道武帝及其他相关的代王室成员在代国灭亡后至拓跋政权重建前的这段经历。

一、罪徙蜀地

道武帝于什翼犍建国三十四年(371 年)七月七日生于参合陂北,为《魏书》中所谓的献明帝拓跋寔的遗腹子。献明帝是代王什翼犍之子,他死于道武帝出生的当年之春。②什翼犍建国三十九年,拓跋氏代国为前秦所灭,部落败散,年仅六岁的道武帝再遭不幸,开始了长达十

---

① 《魏书》卷一《序纪》载,拓跋部落首领猗卢于西晋永嘉四年(310 年)被晋怀帝封为代公。拓跋部称代始于此时。
② 详见《魏书》卷一《序纪》、卷二《太祖纪》。

年的流离生活。

道武帝六岁以前的情况,《魏书》卷二《太祖纪》中有比较详细的记载,尤其是其出生的年、月、日及地点记得十分精确。但是,该书写至道武帝六岁时,编撰者魏收却忽然停笔,曰:

> 年六岁,昭成(什翼犍)崩。苻坚遣将内侮,将迁帝于长安,既而获免。语在《燕凤传》。

在道武帝的生平事迹中,这一段生活是至关重要的,理应由其本纪叙述,但《太祖纪》却将责任推卸给了《燕凤传》。

《燕凤传》收于《魏书》卷二四中,然而其中仅有燕凤与苻坚的一段关于安置道武帝的对话,并无有关道武帝经历的更多记载。现将这段对话抄录于下:

> 及昭成崩,太祖(道武帝)将迁长安。凤以太祖幼弱,固请于苻坚曰:"代主初崩,臣子亡叛,遗孙冲幼,莫相辅立。其别部大人刘库仁勇而有智,铁弗卫辰狡猾多变,皆不可独任。宜分诸部为二,令此两人统之。两人素有深仇,其势莫敢先发。此御边之良策。待其孙长,乃存而立之,是陛下施大惠于亡国也。"坚从之。凤寻东还。

《北史》卷二一《燕凤传》所载同于《魏书》。《资治通鉴》所载内容与此二书大略相同,而将此事系于卷一〇四《晋纪》太元元年(376年)条下,此年即什翼犍建国三十九年,正是代国灭亡之年。《资治通鉴》确定此事系年的依据可能是《魏书》的《序纪》和《太祖纪》。但根据《序纪》和《太祖纪》,什翼犍于代国灭亡之前已死在代北,而这段对话却发生在代国初灭之后。《资治通鉴》似乎没有觉察到其中的矛盾。

据《晋书》卷一一三《苻坚载记上》载,前秦对代国战争的主帅是苻洛,苻坚当时仍在长安,并未亲临前线战场。《魏书》卷一《序纪》什翼犍建国三十九年条也称:

> 苻坚遣其大司马苻洛率众二十万及朱彤、张蚝、邓羌等诸道来寇,侵逼南境。

这条记载与《苻坚载记上》是一致的。上引《燕凤传》的最后有"凤寻东还"一句,也说明燕凤当时已脱离拓跋部的部众。这些都足以证明苻坚与燕凤的谈话地点是长安。那么,作为当年代国旧臣的燕凤,是早就投奔前秦了呢?还是代国败亡后被俘往长安的呢?《燕凤传》没有交代明白。

《燕凤传》称:

> 昭成(什翼犍)与(燕凤)语,大悦,待以宾礼。后拜代王左长史,参决国事。又以经授献明帝。苻坚遣使牛恬朝贡,令(燕)凤报之。……(燕)凤还,(苻)坚厚加赠遗。①

燕凤是受代王什翼犍亲近信任的大臣,他虽曾出使前秦,但完成使命后就返回代国了,行前还受到过苻坚的丰厚"赠遗"。而这条史料中的"凤还,坚厚加赠遗"七个字恰好就接在上文从《燕凤传》中引出的苻坚与燕凤讨论如何安置道武帝的那段对话之前。由此看来,燕凤不大可能在

---

① 《北史》卷二一《燕凤传》记载的内容与此相同。中华书局标点本,北京,1974年第1版。

代国灭亡之前投奔到前秦长安去,他应该是在代国战败后作为亡国遗臣而被俘往长安的。只是由于他以前出使过前秦并受到过苻坚的厚待,因而再次到长安后便被另眼相看,所以就有了向苻坚进言的机会。

据《苻坚载记上》载:

> 翼犍战败,遁于弱水。苻洛逐之,势窘迫,退还阴山。其子翼圭缚父请降,洛等振旅而还,封赏有差。

苻洛在攻灭代国以后随即返回长安,此事似无可疑。即使他曾在代地稍有停留,为时也不会长久。从代地到长安有千里之遥的路程,在这短暂的时间之内不容燕凤从容不迫地来回奔走说项;苻洛也没有必要留下什翼犍子孙,而将燕凤这位"特殊"俘虏先单独送往长安,更不必通过燕凤去请示处置什翼犍子孙的办法。

在什翼犍诸子孙之中,道武帝的地位是十分尴尬的。他是献明帝寔之子、什翼犍之孙;但是献明帝死后,什翼犍又娶了其子献明帝之妻即道武帝之母贺氏为妻,似乎道武帝又成了他的祖父什翼犍的儿子。[①]据《魏书》卷一五《昭成子孙列传》载,在什翼犍的子辈之中留下名字的有寔君、秦明王翰、寿鸠、纥根、地干、力真、窟咄,其中载有事迹的是寔君、秦明王翰和窟咄三人。前者为苻洛所执,輾于长安;次者死于代国败亡前;后者也被苻洛徙往长安,但却受到苻坚的礼遇。寔君与窟咄无论在年龄上还是在地位上都较道武帝重要,相比之下,当时年仅六岁的道武帝无论如何也达不到需要由苻坚与燕凤专门提出来研讨的地步。何况,苻洛既然能作主将寔君与窟咄徙往长安,自然也就能作主将道武帝徙往长安,无须等待来自长安的命令。因此,《燕凤传》中苻坚与燕凤

---

① 详见周一良先生《关于崔浩国史之狱》,第345—347页。

的这段谈话绝不是在代国刚刚灭亡时候发生的,而应该是在代国君臣被俘虏到长安后又过了若干时间以后发生的。也就是说,《燕凤传》中苻坚与燕凤的这段谈话不应系于代国刚刚灭亡之时。倘若如此,什翼犍去世的时间和地点也就有了疑问,因为苻坚与燕凤的对话是针对"昭成初崩"这一现实而发的。

我认为,产生这些疑问的根源是《燕凤传》没有交代清楚这段对话的具体时间,《资治通鉴》则又根据《序纪》和《太祖纪》确定了它的系年,而《序纪》与《太祖纪》中关于代国的这段历史却是有意地歪曲过的。

关于代国灭亡前后的历史,《魏书》与《晋书》有着截然不同的记载。不过,正如周一良先生在《关于崔浩国史之狱》一文中所指出的那样:

> 自来多不信《晋书》载记关于此事之叙述,而以魏收之书为正确。然南朝史籍则反证成载记之可信。①

由于国史之狱的缘故,史臣不敢直书,致使北魏前期的历史记载之中疑窦丛生,《魏书》中有关代国灭亡前后的历史更是颇多讹舛。因而,《晋书》以及南朝史籍中的敌国传闻反较《魏书》可信。周先生并以《晋书》为据,补以《宋书》、《南齐书》等史籍,揭示了拓跋部败亡以后什翼犍被迫内徒长安,道武帝因执父不孝而被流徙蜀地,以及什翼犍曾与儿媳即道武帝生母贺氏婚配的一段所谓"耻辱"与"丑陋"的历史事实。从而,廓清了代国历史上的一团迷雾。

值得我们注意的是,《燕凤传》虽与《序纪》、《太祖纪》不合,却与《苻坚载纪上》以及《宋书》、《南齐书》的有关记载相符。

---

① 《关于崔浩国史之狱》,第346页。

《苻坚载记上》中记载代国灭亡之后的事情道：

> （苻）坚以翼犍荒俗，未参仁义，令入太学习礼。以翼圭执父不
> 孝，迁之于蜀。

此处之翼犍即什翼犍，翼圭为道武帝拓跋珪。①《宋书》卷九五《索虏传》
则载：

> 其后（什翼犍）为苻坚所破，执还长安，后听北归。犍②死，子
> 开字涉珪代立。

此处之开字涉珪者即道武帝拓跋珪。③《南齐书》卷五七《魏虏传》也载：

> 太元元年，苻坚遣伪并州刺史苻洛伐（什翼）犍，破龙庭，禽犍
> 还长安。为立宅，教犍书学。分其部党居云中等四郡。诸部主帅
> 岁终入朝，并得见犍，差税诸部以给之。坚败，子珪字涉圭随舅慕
> 容垂据中山，还领其部，后稍强盛。

此处子珪字涉圭者也即道武帝。④ 将上述三段资料相互补充，便可以
大体上勾勒出代国灭亡之后拓跋部首领什翼犍及其嫡孙道武帝拓跋珪

---

① 详见《关于崔浩国史之狱》，第 345 页。
② "犍"字当系"犍"字的异译。
③ 详见《宋书》卷九五校勘记［二］，中华书局校点本，北京，1974 年第 1 版。
④ 周一良先生在《关于崔浩国史之狱》一文中指出，什翼犍于其子献明帝寔死后即
   以献明帝妻贺氏为妻，以其孙献明帝子道武帝为子，而"当时苻秦以及南朝不悉
   内情，即目拓跋珪为什翼犍之子"，第 347 页。

在中原的这段经历的轮廓。不过,其中也有歧异和含混之处。

　　最明显的歧异之处也发生在什翼犍去世的时间与地点上。上引《苻坚载记上》不载什翼犍去世之事。《魏虏传》径谓"坚败"后道武帝"随舅慕容垂据中山,还领其部"。所谓"坚败"系指淝水之战中前秦战败,则什翼犍似于淝水之战前已客死长安。然而,据《索虏传》"后听北归,犍死,子开字涉珪代立"一语,什翼犍却又似乎死于代国旧地。同一人不可能去世两回,从南北各家史书中此后再未出现过有关什翼犍的事迹来看,什翼犍客死长安应是事实。而《魏书》卷一《序纪》中敢于将什翼犍之死谎系于建国三十九年,也说明什翼犍再未回到北方。而且,我们知道,道武帝是在贺兰部首领贺讷等的推举下登上王位的,[①]在此之前代北[②]由刘卫辰、刘库仁分治,并无什翼犍再次返回代北当权的事情。可见《索虏传》所载也有与实情不符之处。敌国传闻,粗略与歧异之处是难免的。但是,在什翼犍并未在建国三十九年死于代北这一点上,上引的三条记载却相一致。既然如此,我们只要将苻坚与燕凤的谈话置于什翼犍客死于长安的背景之下,那么上文中对于《燕凤传》的疑问便可消除了。与此同时,在《魏书》的《序纪》和《太祖纪》中的问题也就暴露清楚了。

　　按照《序纪》和《太祖纪》的理解,所谓"太祖(道武帝)将迁长安"的出发地应是代北。不过,由此却出现两个疑点:其一,既然什翼犍、窟咄、寔君、燕凤等均被俘虏到长安,何以六岁的道武帝反而脱免而留在代北呢?无论从苻坚的角度考虑,还是从什翼犍的角度出发,似乎当初

---

① 详见《魏书》卷八三上《外戚上·贺讷传》。

② "代北"一词见于《资治通鉴》卷一一〇《晋纪》隆安二年六月丙子条下的北魏群臣议国号语中,其中有"我国家百世相承,开基代北"之语。按此理解,"代北"应指拓跋部最强盛的时候势力达到的范围,这个范围大体上包括黄河河套的后套及其以东、以北的广大草原地区。

都不会作出将道武帝独留代北的决定。其二,燕凤向苻坚建议,将代国交由刘库仁与刘卫辰二人分统;同时又建议,待道武帝年长后"存而立之"。不过,此时道武帝倘若真的被留在代北,则岂能存活?刘库仁是独孤部首领,这个部落虽为拓跋氏部落联盟成员之一,但一直是与拓跋氏争夺部落联盟首领地位的主要对手。①刘卫辰是铁弗部首领,铁弗部是一支长期与拓跋氏为敌的部落。②就二刘的立场而言,都不会长期容纳道武帝,这从后来道武帝返回代北后随即在独孤部遭遇危难的境况就可以看出。③深谙代北物情的燕凤不会不明白这个道理,他称刘卫辰"狡猾多变",又建议苻坚令二刘分统代北,这些事实均可作为明证。也正因为如此,燕凤才建议苻坚以道武帝为培植对象,待其长大之后"存而立之",从而有利于前秦对代北的长久控制。由此目的出发,也不该将年幼的道武帝置于代北,将他置于前秦直接控制下的长安则更为妥善。其实,上述两个疑点都是因为将年幼的道武帝置于代北的背景之下而引出的。然而,只要按照《苻坚载纪上》的理解,将苻坚与燕凤的谈话置于道武帝已经被迁于蜀地的背景之下,则上述两个疑点也就不复存在了。

倘若如此理解,那么在代国灭亡后道武帝的经历应该是:先随什翼犍等迁到长安,又从长安以"执父不孝"之罪迁到蜀地。④不过,当道武帝在蜀地生活之际,什翼犍在长安去世了。于是,道武帝的安置问题又被提到议事日程上来,所以就有了本文开头所引的燕凤对苻坚的那段谈话。

---

① 详见《魏书》卷二三《刘库仁传》。
② 详见《魏书》卷九五《铁弗刘虎传》。
③ 详见《魏书》卷二《太祖纪》、卷一三《皇后·献明皇后贺氏传》。
④ 道武帝"执父"之时年仅六岁,以其体力与智力而言实不可能。笔者以为,此事其实系道武帝母献明皇后贺氏所为,道武帝不过是代母受过者。详见本书第三章第一节之二。

二、再迁长安

《燕凤传》中那段燕凤对苻坚的谈话虽然与《序纪》和《太祖纪》不合，但却与南方各史相符，说明它在讨论代国灭亡后的这段历史上是有价值的。它不仅与《苻坚载记上》《索虏传》《魏虏传》等互为印证地反映了代国灭亡以后什翼犍及其子孙的去向，而且向我们透露了有关什翼犍去世以后道武帝前途的信息。

按照以往的理解，经燕凤向苻坚"固请"以后，道武帝似乎没有迁往长安。但是，这仍然是囿于《太祖纪》和《序纪》所衍生出来的看法，从《燕凤传》本文之中我们根本看不出这种意思来。因为仅从"太祖将迁长安"一语来看，我们无法知道，是道武帝主观上想迁长安，还是客观上不得不迁长安。而且仅从燕凤的"固请"二字上也看不出，他是要求将道武帝迁往长安，还是要求不要将道武帝迁往长安。其中语义含混不清。但是，当此谈话被置于道武帝已经被迁蜀的背景之下，且又注意到"待其孙（指道武帝）长，乃存而立之"一语之后，意思就比较清楚了。原来，燕凤"固请"的，是将道武帝迁往长安，而不是不迁长安。

周一良先生在《关于崔浩国史之狱》一文中指出：

> 魏收修一百六十年之历史仅十余月而成，其书前半大多本于北魏旧史，故本纪中皆不免于粉饰，抹去昭成被擒入长安及道武流放至蜀等事。北魏史臣叙崔浩国史一案之罪行，自不敢再斥言其事，详细记述，而不得不含混其词，以免重新暴露北魏鲜卑统治者祖先之羞耻屈辱。魏收修史虽在北齐之世，而因袭旧文，未加改易。①

① 《关于崔浩国史之狱》，第346页。

从《燕凤传》在有关什翼犍和道武帝事迹的时间、地点方面记载含混不清的情况可知,《燕凤传》也应是周先生指出的"不免于粉饰"中的一例。从苻坚与燕凤的对话中不难看出,燕凤是代国灭亡前后诸事的知情者。什翼犍被擒往长安和道武帝被流放于蜀等事件的来龙去脉,燕凤都十分清楚,甚至还可能是当事人之一。而有关什翼犍被擒和道武帝被流放的"羞耻屈辱"等事,在最初的燕凤本传中也难免不被泄露。因此,今存《燕凤传》应是被粉饰和删削较多的传,其中含有的疑问之处也必定较多。但是,由于《魏书》成书仓促,很难以将删削、粉饰之处弥补得严丝合缝而不遗下破绽,这就给后人留下了可以寻绎历史真相的蛛丝马迹。而经过去伪存真以后发现,从燕凤与苻坚谈话中暴露出来的什翼犍客死前秦都城后不久道武帝迁往长安的事实便属于这类情况。①

　　从《燕凤传》中的"坚从之"三字来看,燕凤欲将道武帝迁往长安的请求确实被苻坚批准了。虽然《魏书》等史籍中毫无道武帝在长安活动的记录,但是道武帝曾经在长安生活的事应当是可信的,因为除了《燕凤传》已经透露的消息以外,此事还可以从道武帝与慕容部首领慕容垂的联系中得到佐证。

---

① 《燕凤传》中的删削、粉饰之处还有不少。如,燕凤为北魏最重要的开国大臣,在卷二四中列首位,然而关于他的事迹,本传交代得甚为简约,反不如同卷其他传详细。其中明显的脱节之处有三:其一,出现于"凤还,坚厚加赠遗"之下,"及昭成崩,太祖将迁长安"之上;其二,在"坚从之"之下,"凤寻东还"之上;其三,在"凤寻东还"之下,"太祖即位"之上。这三处脱节,恰恰就在什翼犍代国灭亡后至道武帝重新建国的这段时间内,看来都是为了隐瞒这段拓跋氏以为"耻辱"的史实而有意删削的。文字体例上的不一致处也有,如在燕凤与苻坚的对话之中,什翼犍被称为"代主",然而在对话之前却有两处称他为"代王"。这个体例上的错误后被《北史》卷二一《燕凤传》所沿袭。《资治通鉴》卷一〇四《晋纪》太元元年十二月条则将"主"字改成了"王"字,其或别有所据,或系察觉《魏书》、《北史》的体例前后不相一致而迳改的。《燕凤传》中文字体例的不一致,也反映史臣对它所作的粉饰、删削工作的仓促。然而,正是由于这种仓促,才给后人留下了可供侦寻之处。

东晋孝武帝太元八年(383 年)十一月,前秦苻坚在淝水之战中败北。当月,慕容垂即摆脱苻坚控制。同年十二月,慕容垂袭杀前秦将领苻飞龙,正式同苻坚决裂。太元十年(385 年)十二月,慕容垂定都于中山,①建立后燕政权。翌月,道武帝也被贺兰等部推为代王。前引《魏虏传》所谓"(苻)坚败,(什翼犍)子珪字涉圭随舅慕容垂据中山,还领其部,后稍强盛"等语当即指此而言。

在太元八年十二月至太元十年十二月的整整两年之中,中原地区陷入大乱,原先被前秦控制的一些少数民族首领乘机逐鹿中原,纷纷建立割据政权。其中,与后燕政权同时崛起的后秦、西燕以及前秦的残余势力在西起汉中东至河北的广大中原地区不断地争战,成为其间数千里交通的重重障碍。②看来,年幼的道武帝不大可能于淝水之战以后从蜀地前往中山去投奔慕容垂,因为其间不仅路途遥远而且艰险困难。

道武帝投奔慕容垂的时间应该在淝水之战以前,而淝水之战以前慕容垂恰好长期居留在长安。据《晋书》卷一二三《慕容垂载记》记载,慕容垂原为前燕吴王,因受权臣慕容评的忌妒与迫害,不得不叛离前燕,投奔前秦。此事《资治通鉴》系于《晋纪》太和四年(369 年)十一月条下。该条称,慕容垂到长安以后,随即被苻坚拜为冠军将军,封宾徒侯。而在该条之下,胡三省注曰:"宾徒,汉县名,属辽西郡。""宾徒"在《慕容垂载记》中作"宾都",中华书局校点本《晋书》卷一二三校勘记[三]认为"本名自当作'徒'"。该校勘记所言为是,因为《晋书》卷一四《地理志上》平州昌黎郡条下确实有宾徒县。③ 宾徒附近有徒河城,汉

---

① 中山,位于今河北省定州市城关。
② 详见《资治通鉴》卷一〇五《晋纪》太元八年条、太元九年条,同书卷一〇六《晋纪》太元十年条,中华书局标点本,北京,1956 年第 1 版。
③ 宾徒,位于今辽宁省锦州市境。

代曾在此设县。《后汉书》志二三《郡国五》辽东属国条下称，"宾徒故属辽西。徒河故属辽西"①。据《晋书》卷一〇八《慕容廆载记》载，晋太康十年（289 年）慕容廆迁居徒河之青山，从此隆兴发达，故慕容鲜卑又名徒河鲜卑。前秦封慕容垂为宾徒侯，显然是由于宾徒与慕容部的隆兴之地相邻的缘故。但这只是虚封之，因为当时前秦并未占有该地。

慕容垂的食邑，据《慕容垂载记》的记载为"华阴②之五百户"。华阴离长安很近。慕容垂食华阴之五百户，是因为他在长安任官的缘故。《慕容垂载记》又载，慕容垂投前秦后不久曾被王猛设诡计构害，他"惧而东奔，及蓝田"，却"为追骑所获"。蓝田③介于长安与华阴之间。可见，身处前秦朝廷的慕容垂，表面上虽然受到封赐，实际上却被控制在作为前秦国都的长安了。《慕容垂载记》还载，慕容垂后来又"历位京兆尹，进封泉州侯"。泉州④详见《晋书》卷一四《地理志上》幽州燕国条之下。泉州侯只是慕容垂的遥封，身为京兆尹，他显然仍住在长安。在《慕容垂载记》中，并未载明慕容垂为京兆尹的时间。《资治通鉴》虽也失载，但在卷一〇四《晋纪》太元三年（378 年）二月条下已称慕容垂为京兆尹了。而且，在此之后未见慕容垂有新的官职，更未有外任。直到淝水之战前夕，慕容垂还是以冠军将军、京兆尹的身份出现于史籍中的。⑤

由上述记载，可以认为慕容垂投奔前秦以后一直是在长安居住的，

① 《后汉书》，中华书局标点本，北京，1965 年第 1 版。

② 华阴，位于今陕西省华阴县东南五里。参见王仲荦先生《北周地理志》卷一华州华山郡华阴县条，第 50 页。

③ 蓝田，位于今陕西省蓝田县城关，西距长安 40 公里，东距华阴 80 公里。参见王仲荦先生《北周地理志》卷一雍州京兆郡蓝田县条，第 21 页。

④ 泉州，今地不详。但燕国治蓟，位于今北京市西南，泉州距此也不会远。

⑤ 详见《资治通鉴》卷一〇四《晋纪》太元三年二月条、太元七年十月条及该条胡三省注。

除了出征之际以外。①这样，道武帝投奔慕容垂的地点也就只能是长安了。于是，由《燕凤传》透露的道武帝在什翼犍死后迁往长安之事得到佐证。

《资治通鉴》系前秦攻代国于《晋纪》太元元年（376年）十月条下，系代国之亡于同年十二月条下。据此推测，道武帝等被俘往长安，旋又罪徙蜀地，均应是太元二年初的事。什翼犍去世后道武帝徙回长安，理应是太元二年之后又过了一段时间的事。而慕容垂为前秦京兆尹应当是《资治通鉴》称其为京兆尹的太元三年二月之前的事。道武帝被徙回长安与慕容垂为京兆尹的两件事，在时间上是衔接的。也就是说，道武帝到达长安时，慕容垂正在京兆尹的任上。因此，慕容垂在一定的程度上给道武帝以帮助是完全可能的。当然，慕容垂之所以帮助道武帝，也是出于与苻坚同样的"乃存而立之"的长远考虑，所以后来慕容垂据有河北不久即将道武帝遣回代北去了。另一方面，道武帝之所以追随慕容垂，不仅因为他当时正有权势，也还由于如上小节所引《南齐书》卷五七《魏虏传》中言及的二者之间具有亲戚关系。道武帝的亲祖母为前燕王慕容皝之女，而慕容垂为慕容皝之第五子，慕容垂实际上要长道武帝两辈。②不过，《南齐书》既然目道武帝为什翼犍之子，慕容垂也就成为道武帝的舅辈了。

《魏书》卷二《太祖纪》中，在道武帝元年条下略言道武帝事迹后，在二年至六年条下便没有文字，在七年与八年条下虽有文字但无道武帝

---

① 从前秦灭亡代国之后至淝水之战之前，慕容垂参与的重大出征活动见于《资治通鉴》者有以下两次：一、东晋太元三年二月至太元四年二月，会攻襄阳；二、太元八年六月，救援襄阳。后者实际上是淝水之战的先声。前者虽历时一年之久，但战斗十分艰苦，且其时道武帝还年幼，不可能到战场上去投奔慕容垂。因此，这两次均可不论。

② 详见《魏书》卷一三《皇后·昭成皇后慕容氏传》、卷九五《徒何·慕容庑附慕容垂传》。

的事迹,直到九年也即东晋太元十年条下才有关于道武帝的记载。《资治通鉴》也同样,在卷一〇四《晋纪》太元元年条叙及道武帝事后便不再提及他的情况,直到卷一〇六《晋纪》太元十年八月条下才又有道武帝的事迹出现。因此,联系前文可知,道武帝重返代北的时间不会晚于太元十年八月。[1]据淝水之战后慕容垂重建政权的情况推断,道武帝随慕容垂到中山是东晋太元八年十二月以后的事情,则他在中山的时间不会超过二十个月。

又如前述,道武帝徙蜀的时间不早于太元二年初,则他在蜀地和第二次居留长安的时间合计大约七年。不过,由于史载不明,我们很难确定什翼犍去世的时间,所以就无从推断道武帝自蜀地返回长安的时间,从而也无从知道道武帝在长安居留了多长时间。但是可以认为,道武帝在长安的时间是不短的,否则我们对北魏皇始元年(396 年)道武帝再入中原时所表现出来的对于汉文化的倾慕心理及熟悉程度便无法理解。[2]

道武帝早年在中原时曾居留蜀、长安和中山三地。蜀地虽自蜀汉王朝以来经济、文化均有一定发展,但与中原地区相比仍有相当大的差距,更不能与东部的经济、文化中心中山和全国的经济、文化中心长安相比,否则就不会作为罪徙之地。中山虽为文明发达较早的地区,但道武帝在中山居留的时间不超过二十个月。由此来看,道武帝所受的汉文化的熏陶应该主要来自于居留长安的时期。

---

[1] 《魏书》卷一《太祖纪》称道武帝于太元十年八月"幸贺兰部",下一年正月即代王位,而在到达贺兰部之前,该纪已载有道武帝出现于刘显部之事,则道武帝被慕容垂遣回代北的时间早于太元十年八月。

[2] 《宋书》卷九五《索虏传》载,"开(即道武帝)颇有学问,晓天文"。南方的汉人王朝对道武帝有如此评价,说明道武帝的汉化素养确实达到了相当深的程度。关于这一点,我们还可以从本章第二、三节中将要述及的北魏建国前后道武帝的施政方略中看出。参阅李凭《论拓跋珪的历史功绩》,刊于《光明日报》1984 年 7 月 4 日史学版。

三、中原文化的影响

在鲜卑拓跋部的历史上有一个十分重要的阶段,那就是自昭成帝什翼犍建国三十九年十二月代国被前秦灭亡以后至登国元年正月道武帝重新立国之前的时间。由于这十年左右是拓跋部的亡国时期,加上史家记载的疏略,它成了拓跋部历史记录上的一个断裂带。然而,从民族的交往与融合的角度来看,这个断裂带恰恰是很富有意义的时期。在这一时期里,特别值得提出的事件便是昭成帝和代国王室中的许多成员和部分贵族、臣僚被强行迁徙到中原的长安等地。这一事件虽然使这批人尝尽了在他乡颠沛流离的苦头,但是在客观上却为拓跋社会造就了一批受过汉族先进文化熏陶的人才。十年以后,当他们重返代北时,便成为拓跋社会封建化与汉化的带头羊。而他们之中的代表人物正是"颇有学问"的道武帝。

道武帝学习汉文化是广泛的,他对儒、道、法全面涉猎。尤其在建立北魏政权之后,他不仅"以经术为先",[1]又"好黄老",[2]而且努力追随韩非的专制主义思想。[3]关于道武帝的汉文化素养,还可以通过将他与其他历史人物加以对比得到深入的理解。

可作对比的第一个人是道武帝的祖父昭成帝什翼犍,他与道武帝恰好是处于拓跋历史断裂带的一前一后的两位君主。时代不同,两人的精神风貌也迥异。

---

① 《魏书》卷八四《儒林传》记载:"太祖(道武帝)初定中原,虽日不暇给,始建都邑便以经术为先。立太学,置五经博士生员千有余人。"

② 《魏书》卷一五《昭成子孙·毗陵王顺传》中有"太祖好黄老,数召诸王及朝臣亲为说之"语。

③ 《魏书》卷三三《公孙表传》载:"初,太祖以慕容垂诸子分据势要,权柄推移,遂至亡灭,且国俗敦朴,嗜欲寡少,不可启其机心,而导其巧利,深非之。表承指上《韩非书》二十卷,太祖称善。"

据《苻坚载记上》记载：

> （苻）坚以翼犍荒俗，未参仁义，令入太学习礼。……坚尝至太学，召涉①翼键问曰："中国以学养性，而人寿考，漠北噉牛羊而人不寿，何也？"翼犍不能答。又问："卿种人有堪将者，可召为国家用。"对曰："漠北人能捕六畜，善驰走，逐水草而已，何堪为将！"又问："好学否？"对曰："若不好学，陛下用教臣何为？"坚善其答。

在这段文字中，中原文明的镜子将昭成帝的"荒俗"映照了出来，与上述他的孙子道武帝的文化素养形成鲜明的对比。苻坚将什翼犍送进当时的最高学府太学中去学习，让他接受良好的教育。这位"荒俗"的君主倒也没有辜负苻坚，在学习文化上表现出积极的进取之心。可惜，他没等回到代北就去世了。

可作对比的第二个人是夏国天王赫连勃勃。他与道武帝是同时代的人物。但是，在建立都城问题上，他们两人的观念呈现巨大的文化差异。据《魏书》卷一三《皇后·平文皇后王氏传》载：

> 昭成（什翼犍）初欲定都于灅源川，筑城郭，起宫室，议不决。后闻之，曰："国自上世，迁徙为业。今事难之后，基业未固。若城郭而居，一旦寇来，难卒迁动。"乃止。

可见，定都之事在代国时期是违背旧俗而不为保守势力所允许的。但道武帝却不仅做出不为保守势力所允许的事情，而且还要仿照中原都

---

① "涉"字为"什"字的异译。

城的建制来筑造新都平城。《魏书》卷二三《莫含附莫题传》载：

> 后太祖(道武帝)欲广宫室，规度平城四方数十里，将模邺、洛、长安之制，运材数百万根。以题机巧，征令监之。召入，与论兴造之宜。

道武帝心目中的平城"兴造之宜"，不仅要规模广大，形制宏伟，而且最要紧的应当模拟中原的邺城、洛阳、长安等著名的都市。《莫含附莫题传》中的这段史实，在《资治通鉴》中也有相应的记载，它系于卷一一四《晋纪》义熙二年(即北魏天赐三年，406 年)六月条下。可见，《资治通鉴》的编撰者也将道武帝模拟中原都市兴建北魏国都之事看得很重。

可巧的是，夏国天王赫连勃勃恰在此后一年也与其诸将讨论了是否定都的问题，在《晋书》卷一三〇《赫连勃勃载记》中记录着这段对话：

> 诸将谏固险，不从。又复言于勃勃曰："陛下将欲经营宇内，南取长安，宜先固根本，使人心有所凭系，然后大业可成。高平险固，山川沃饶，可以都也。"勃勃曰："卿徒知其一，未知其二。吾大业草创，众旅未多，姚兴亦一时之雄，关中未可图也。且其诸镇用命，我若专固一城，彼必并力于我，众非其敌，亡可立待。吾云骑风驰，出其不意，救前则击其后，救后则击其前，使彼疲于奔命，我则游食自若。……昔轩辕氏亦迁居无常二十余年，岂独我乎！"于是侵掠岭北，岭北诸城门不昼启。

此处赫连勃勃的言论竟如上引《平文皇后王氏传》之翻版，观其"游食自若"和"轩辕氏亦迁居无常"等语，他与王氏的思想观念何其相似，又与道武帝何其不同！

魏、夏均为淝水之战后兴起的政权，道武帝与赫连勃勃又都出生于北方的游牧部落，何以前者如此进步而后者如此保守呢？我想，最好的解释应该从他们的个人经历中去寻求。

赫连勃勃原姓铁弗,是铁弗部首领刘卫辰的第三子。如前已述,代国灭亡后被前秦一分为二,其黄河以西部分归属刘卫辰。后来,前秦又以刘卫辰为西单于,屯代来城,因而赫连勃勃自幼便生长在代来城。① 直到北魏登国六年(391年),魏军击溃铁弗部,杀刘卫辰,赫连勃勃才先奔薛干部,后投后秦姚兴。嗣后,他又叛姚兴而自己立国。②长期的北方草原生活使他的思想观念与文化素养必然涂抹着十分浓厚的游牧部落习俗的色彩。

与赫连勃勃不同,道武帝在建国之前已有过长期在中原生活的经历。道武帝于东晋太元元年十二月离开代北的时候年仅六岁,而太元十年重返代北的时候已经十五岁了。这段将近十年的时间,既是一个人的世界观与人生观的形成时期,又是吸收知识文化最为重要的时期。倘若这个阶段道武帝仍然留在代北的部落之中,恐怕他的精神风貌与赫连勃勃不会有多大的差别,而他的前途也就不过如其祖父什翼犍那样,成为北方草原上的一代"雄杰"之主,③然而仍不免流于"荒俗,不参仁义"。正因为命运的坎坷,使道武帝流徙于蜀地和中原,特别是居留长安相当长的时间,从而受到汉文化的浓厚熏染,并结识了像慕容垂这样汉化程度很深的鲜卑贵族,④所以才会对汉文化相当倾慕,相当熟悉。

---

① 《魏书》卷九五《刘卫辰传》载:"坚后以卫辰为西单于,督摄河西杂类,屯代来城。"《资治通鉴》卷一〇四《晋纪》太元元年十二月条所载同此,其下胡三省注称:"代来城在北河西,盖秦筑以居卫辰,言自代来者居此也。"据此知代来城在今河套后套的西部地区。这里应是刘卫辰之子赫连勃勃自幼生长的地方。

② 详见《魏书》卷九五《赫连屈子传》。

③ 详见《魏书》卷一《序纪》史臣曰。

④ 《晋书》卷一一三《苻坚载记上》载,王猛言于苻坚曰:"慕容垂,燕之戚属,世雄东夏,宽仁惠下,恩结士庶,燕赵之间咸有奉载之意。观其才略,权智无方,兼其诸子明毅有干艺,人之杰也。……"慕容垂能够"世雄东夏",且"恩结士庶",这正反映了他汉化的程度。而此语出于王猛之口,更可见慕容垂汉化素养之富。

道武帝的汉文化素养对于北魏政权的建立以及建立以后的国策影响极大。

第二节 离散诸部考

本节的内容最初发表于《历史研究》1990 年第 2 期,题为《北魏离散诸部问题考实》。下文之中所谓"长期以来许多学者只是在论述其他专题时附带提及,有关专论较少"的议论,这是二十年前的说法。限于管见,当时笔者读到的专题论文,按照发表的时间顺序罗列如下:松永雅生《北魏太祖の"離散諸部"》,《福冈女子短大纪要》第 8 号,1974 年;古贺昭岑《北魏の部族解散について》(下文将要论及这篇先鞭之作),1980 年;川本芳昭《北魏太祖の部落解散と高祖の部族解散——所謂部族解散の理解をめぐって》,《佐贺大学教养部研究纪要》第 14 号,1982 年。

上世纪九十年代之后,除了专著中述及离散诸部问题外,涌现出不少专题论文。按照发表的时间顺序罗列如下:胜畑冬实《拓跋珪の"部族解散"と初期北魏政权の性格》,《早稻田大学大学院文学研究科纪要》(文哲史学别册)第 20 集,1994 年;洪淑玲《由离散诸部看北魏政权的扩张与强化》,《北朝研究》第 4 辑,1994 年;业师田余庆先生《贺兰部落离散问题——北魏"离散部落"个案考察之一》,《历史研究》1997 第 2 期;业师田余庆先生《独孤部落离散问题——北魏"离散部落"个案考察之二》,《庆祝邓广铭教授九十华诞论文集》,河北教育出版社,1997 年,第 50—59 页;松下宪一《北魏の領民酋長制と"部落解散"》,《东洋学》第 84 号,2000 年;松下宪一《北魏道武帝の"部族解散"》,《史朋》第 34 号,2002 年;太田稔《拓跋珪の"部族解散"政策について》,《东洋学》第 89 号,2003 年;杨恩玉《北魏离散部落与社会转型——就离散的时间、内涵及目的与唐长孺、周一良、田余庆诸名家商榷》,《文史哲》2006 年第 6 期;梁丽红《也谈北魏离散部落的问题——与杨恩玉同志商榷》,《晋阳学刊》2009 年第 2 期;松下宪一《北魏部族解散再考——元萇墓誌を手がかりに》,《史学杂志》第 123 编,2014 年第 4 号。上述所列业师田余庆先生的两篇论文,使拓跋部早期诸多处于迷雾中的现象得以廓清,后来收于专著《拓跋史探》(三联书店,2003 年,第 62—76 页、第 77—91 页)之中。松下宪一著有《北魏胡族体制论》(北海道大学出版社,2007 年),该书用最初两章的篇幅讨论了与离散诸部相关的问题,其中第一章对于离散诸部的研究历史和动态作了全面性综述。

出于不打破笔者原来论证逻辑的宗旨,本节仍旧保留原貌,特作以上说明。

道武帝由中山回到代北以后,在登国元年(386 年)正月大会代北各部落于牛川,即代王位。当年四月,改称为魏王。在他此后创建北魏政权的活动中,除了大规模的征战外,最重要的措施就是离散诸部,这一措施对于拓跋氏的统治机器从部落联盟向中原传统体制国家的转化具有决定性的意义。但是,由于直接的史料较少,长期以来多数学者是在论述其他专题时附带提及,有关专论相对较少。日本学者古贺昭岑的《北魏の部族解散について》是其中不可多得的一篇。[①] 这篇论文考证精详,但也并非没有值得商榷之处。本节即从与古贺先生讨论道武帝离散诸部的时间入手,考述离散诸部的过程、所涉及的对象以及后来北魏京畿内外居民状况等问题,以此阐明离散诸部的意义。

一、盛乐息众课农

言及道武帝离散诸部时间的史料有两条。一条见于《魏书》卷一一

---

① 原文载于日本《东方学》杂志第 59 辑,在《山西大学学报》1983 年第 4 期增刊上载有李凭的译文。

三《官氏志》,该志载:

> 凡此四方诸部,岁时朝贡。登国初,太祖散诸部落,始同为
> 编民。

这条史料将道武帝离散诸部的时间明确记载为登国(386—395 年)初
年。另一条见于同书卷八三上《外戚上·贺讷传》,该传载:

> 讷从太祖平中原,拜安远将军。其后离散诸部,分土定居,不
> 听迁徙,其君长大人皆同编户。讷以元舅,甚见尊重,然无统领。
> 以寿终于家。

古贺昭岑先生是依据这条史料确定道武帝离散诸部的时间的。他认
为,登国之初为道武帝立国之际,但不久即受到来自西燕慕容永政权的
压迫,因而拓跋部内发生动乱,道武帝只好舍弃原居之地,逃往阴山之
北,在这种形势下北魏无论如何也不可能实行离散诸部措施。他又指
出,道武帝平中原的战争是皇始元年(396 年)开始的,而这一年也正是
北魏开始整顿官制的时间,因此道武帝离散诸部的时间不应早于皇始
元年。从而,以记载与《贺讷传》不符为由,否定了《官氏志》记载的
时间。

笔者则认为,上引《官氏志》的记载在时间上较《贺讷传》更为明确,
倘无充分的理由而仅仅依据对当时形势的分析似乎还不足以将其否
定。况且,二者实际上并不矛盾,与其否定其一,倒不如两存更为稳妥。

离散诸部措施一般被称为部落解散,古贺昭岑迳称之为"部族解散
令",然而从有关的史书中却找不到这样的词语。直接记载离散诸部措
施的史料,除《官氏志》和《贺讷传》外,还有《魏书》卷一○三《高车传》,

该传曰:

> 太祖时,分散诸部,唯高车以类粗犷,不任使役,故得别为
> 部落。

在上引三条史料中,所谓的部落解散分别被称为"离散诸部"、"散诸部落"和"分散诸部"。同出一书却用词不相一致,说明它在当时尚未形成为法令或制度上的术语。而且,仅从这三条史料本身也可以看出,离散诸部只是一种手段,而非目的。其目的,综合上引三条史料不难看出,是要将君长大人和部民变为拓跋氏统治下的编民,①以"任使役"。为了达到使役部民的目的,仅仅将部落离散是不够的,这在《贺讷传》中说得也十分明确,与"离散诸部"相配合的还有"分土"、"定居"等措施。事实上,只有经过"分土"以后,才能使部落"离散";只有使部落"离散"以后,才能使部民"定居";只有使部民"定居"以后,才能达到"使役"他们的目的;也只有在部民接受"使役"以后,他们才能算作北魏王朝统治下的"编民"。所以,"离散诸部"实际上并非一项单独的法令或制度。它是包括"分土"、"定居"、"使役"等措施在内的综合性法令中的一项具体措施,是道武帝解决部落问题方案中的一个具体步骤。明乎此,道武帝最初推行离散诸部措施的时间就不难推定了。

古贺昭岑先生称,由于受到西燕的压迫,拓跋部被迫逃往阴山之北,使道武帝不可能离散诸部。但是,西燕压迫北魏事发生于登国元年八月,而道武帝在牛川即代王位是在同年的正月戊申日,②由正月至八

---

① 这里"编民"、"编户"的概念,与汉族封建王朝统治下的编户齐民是有差别的,因为初建的北魏王朝尚缺乏像汉族王朝那样完善的地方和基层行政制度。

② 详见《魏书》卷二《太祖纪》。

月,新建的部落联盟曾有相当一段安定的时间。其证据为《魏书》卷二《太祖纪》登国元年二月条下的记载：

> (道武帝)幸定襄之盛乐,息众课农。

因此,在这段时间内离散诸部并非没有可能。而且,更应该看到的是,所谓"息众课农",正好包含了"分土"、"定居"和"使役"等三层含义。所以,《太祖纪》登国元年二月条下的"息众课农"与《官氏志》中"登国初,太祖散诸部落,始同为编民"的记载并不矛盾,二者所述实为一事。据此看来,道武帝最初推行离散诸部措施的时间应是登国元年二月,地点应在盛乐。

离散诸部措施并非道武帝的首创,而是从前秦那里沿袭而来的。关于这一点,只需将我们上面讨论的内容与《晋书》卷一一三《苻坚载记上》所载的内容加以对照就可以看出。该载记曰：

> 散其部落于汉鄣边故地,立尉、监行事,官僚领押。课之治业营生,三五取丁,优复三年无租税。其渠帅岁终令朝献,出入行来为之制限。

这一段记载的是东晋太元元年前秦灭亡什翼犍代国之后处置拓跋部的措施。从中不难看出,"立尉、监行事,官僚领押"正是使"君长大人皆同编户"而"无统领"之意;"课之治业营生,三五取丁",正是"息众课农"之意;"其渠帅岁终令朝献,出入行来为之制限",正是"分土定居,不听迁徙"之意。如此严密的对应关系,足以说明道武帝最初推行的离散诸部措施是前秦曾经对拓跋部实行过的所谓"散其部落"措施的翻版。

值得注意的是,什翼犍代国灭亡后的部落散居之地在《苻坚载记上》中被称为"汉鄣边故地"，而在《南齐书》卷五七《魏虏传》中则被称为"云中等四郡"。所谓"汉鄣边故地"实即"云中等四郡"，而道武帝"息众课农"的盛乐恰属此范围。① 明白这一点，就可以理解为什么道武帝在牛川即代王位以后的第二个月就要迁到盛乐去了。除了因为这里曾经是代国的中心地区外，还因为这里曾经实行过"散其部落"的措施，有"分土"、"定居"和"任使役"的基础。这种地理上的一致，也能说明前秦的"散其部落"和北魏的离散诸部是一脉相承的。不过，二者施行的对象却不一样。

前秦"散其部落"主要是针对拓跋部的，道武帝接受这一办法则是用来对付异族部落的。正如《贺讷传》中记载的，道武帝是在贺兰部首领贺讷的扶持下，经诸部大人"求举"而被推为代王的，这说明登国元年正月形成的新的代国（同年四月改称魏国）在开始时只是一个包括众多异族部落在内的联盟。而且，即使在拓跋本部中，也包含了众多的异部之人。《魏书》卷二五《长孙嵩传》载：

> 长孙嵩，代人也。……年十四，代父统军。昭成末年，诸部乖乱，苻坚使刘库仁摄国事，嵩与元他等率部众归之。刘显之谋逆也，嵩率旧人及乡邑七百余家叛显走，……见太祖于三汉亭。太祖承大统，复以为南部大人。

此处所谓"代父统军"，实际上就是统领部落。在长孙嵩率领下投奔道武帝的"旧人及乡邑七百余家"，大部分是长孙嵩原统部众。旧代国灭

---

① 云中等四郡为汉代与匈奴接壤的朔方、五原、云中、定襄四郡。云中郡治在今内蒙古自治区托克托县东北古城，定襄郡治为盛乐，在今内蒙古自治区和林格尔县北，两地相距不远。

亡时,他们曾在长孙嵩的率领下投奔刘库仁。代国初建时,他们复又成为主干。但是,就是在这批主干中间也并非全是拓跋部人,其中的"乡邑"就是异部之人。中华书局校点本《魏书》卷二五校勘记[二]疑"乡邑"乃后人所改,并据《北史》卷二二《长孙嵩传》认为应作"庶师",乃是指"非本部的诸族人"。笔者并非不赞同这一校记,不过认为后人改作"乡邑"也不是完全没有道理。这样一改,正代表了后人对"庶师"的一种看法。

所谓"乡邑"应该是农耕民的用语,而非游牧民的用语。"乡"者是有一定的土地范围的,"邑"者是有一定的居住场所的,将这两个词结合到一起表示的不正是所谓的"分土定居"者吗?这些"乡邑"既然在北魏建国前就已经存在了,那么他们应该就是在前秦灭代国后与拓跋部一起被"课之治业营生"者。因为他们与拓跋部人一起被"分土定居"下来了,所以才被称作"乡邑";因为他们原先是部外之人,所以又被称作"庶师"。对应于一贯从事游牧的拓跋部来说,这些"乡邑"或庶师,才是最初从事农耕的基本力量。道武帝建国之始即一改以往习俗而"息众课农",就是因为不仅拓跋部的旧人有过一段"散其部落"的经历,而且在部内还有一批从事农耕的基本力量。

不过,在前秦统治下,领押者是前秦派出的"尉"、"监"与"官僚",被领押者是拓跋部及其"乡邑";在北魏统治下,领押者主要应该是拓跋部人,尤其是其中的上层,而被领押者当然就是异族部落之人中的大多数了。这一点下一小节中还要谈及。

但是,许多长期从事游牧的部落一时难以改变旧俗,异部之人并非都像"乡邑"一样能够适应"息众课农"。所以,不仅后来会出现"高车以类粗犷,不任使役"的情况,而且在"息众课农"的三个月后就有部落起而叛走。《太祖纪》登国元年条载:

　　五月，车驾东幸陵石。护佛侯部帅侯辰、乙弗部帅代题叛
走。① 诸将追之，帝曰："侯辰等世修职役，虽有小愆，宜且忍之。
当今草创，人情未一，愚近者固应赵趄，不足追也。"

过去侯辰等能够"世修职役"，为什么现在有"小愆"了呢？因为过去的
所谓"职役"只是《官氏志》中所说的"岁时朝贡"，而现在的所谓"职役"
乃是"课农"了。像这样叛走的部落恐怕还不止护佛侯部和乙弗部，因
为强迫改变游牧的生活习惯对游牧民是件难以忍受的大事，出现叛乱
是必然的。所以，体会道武帝之语，侯辰、代题等人叛走的原因与高车
的"不任使役"是相类似的。

　　"宜且忍之"的策略大约产生了一定的作用，后来乙弗部重又归附
道武帝，这在《太祖纪》登国元年条下有记载：

　　　　七月己酉，车驾还盛乐。代题复以部落来降，旬有数日，亡奔
　　刘显。帝使其孙倍斤代领部落。

对于重新归附的乙弗部，道武帝也不得不作出巨大的让步。虽然代

---

① 　姚薇元先生认为，侯辰、代题即《魏书》卷二六《尉古真传》中提到的侯引与乙
　　突。由于《尉古真传》中载侯引、乙突曾参与贺染干谋害道武帝的事件，姚先
　　生又进而认为二人叛走的原因是"盖以逆谋被泄而畏罪叛走也"（详见《北朝
　　胡姓考》内篇第三《内入诸姓》侯氏条、乙氏条，中华书局，北京，1962 年第 1
　　版，第 81—86 页、第 160 页）。按，贺染干"逆谋"系公开之事，侯引、乙突参与
　　其事亦非保密之情。姚先生的推测似不准确。又按，姚先生以侯辰为侯引的
　　理由仅有一条，"辰"与"引"音同（见上引姚著侯氏条注六）。然而，"侯辰"与
　　"侯引"并非分见于两书，而是同见于《魏书》，既是一人，何以同书所载不同，
　　姚先生没有解释。仅以音同而定其为同一人的理由似不甚充分。至于，据乙
　　突与侯引连号，而代题又在侯辰之下，便认为代题即为乙突，似亦不妥。故此
　　未采纳姚先生之说。

题不久复又亡奔刘显,道武帝仍然令其孙倍斤代领乙弗部落。从倍斤代领乙弗部落来看,乙弗部的部落组织当时未被离散,而是保留下来了。可见,在诸部的反对之下,这次离散诸部措施的成效并不大。而且,六个月后,发生了西燕压迫北魏而使道武帝不得不逃往阴山之北的事件。在内部的反对和外部的压迫之下,道武帝首次离散诸部的措施失败了。

二、河北屯田

北魏第二次离散诸部事件发生的时间,也比古贺昭岑先生认定的皇始元年为早。这次离散诸部是与登国九年(394 年)的卫王拓跋仪屯田相联系的。关于此次屯田,《魏书》卷一一〇《食货志》中有所记载:

> 太祖定中原,接丧乱之弊,兵革并起,民废农业。方事虽殷,然经略之先,以食为本,使东平公仪垦辟河北,自五原至于稒阳塞[①]外,为屯田。

这条史料明确叙述了卫王仪屯田的范围,却未记载该事件发生的具体时间,而是笼统地将其接续在"太祖定中原"等语之后,使人容易误解此为北魏平后燕以后发生的事件。不过,只要对照《魏书》卷一五《昭成子孙·卫王仪传》的记事顺序,就能够知道《食货志》的记事顺序有误,卫王仪屯田事件应该在"太祖定中原"等语之前表述。对于卫王仪屯田事件,在《魏书》卷二《太祖纪》中也有记载,而且明确地系于登国九年三月条下,该条史料表明的时间与卫王仪本传的记事顺序相符合,应该是准确的。

《卫王仪传》中关于屯田的记录,可以作为对《食货志》的补充:

---

① 稒阳塞,位于今内蒙古自治区固阳县境。

命(卫王仪)督屯田于河北,自五原至稒阳塞外,分农稼,大得人心。

这条史料的价值,在于它比《食货志》多了"分农稼"三个字。虽然所谓"分农稼"的具体办法无从了解,但是从这"分农稼"三个字,再加上《食货志》中的"垦辟"和"屯田"四个字,已能得知卫王仪屯田在实质上和前一次离散诸部是一致的。在"分农稼"、"垦辟"、"屯田"合计七个字中,《太祖纪》登国元年二月条下的"息众课农"的意思都已有了。换而言之,在这七个字中,已经包含了《贺讷传》所谓"分土定居,不听迁徙"和《高车传》所谓"任使役"的意思。所以,卫王仪的屯田可以视为登国元年迫于形势而不得不中断的"息众课农"的继续,是又一次的离散诸部措施。但是,这次离散诸部措施是由卫王仪在河套以北执行的,而非由道武帝亲自推行,因而不可能包括拓跋氏统治下的全部部落。不过,经过道武帝长达九年的征伐,此时代北各部中大部分已归于拓跋氏的统治之下,所以参加屯田的虽然只是其中的一部分,但其规模与影响并不亚于第一次的"息众课农"。

卫王仪屯田的所谓"河北"即黄河河套以北,在《食货志》和《卫王仪传》中已具体指出为五原至稒阳一线。五原是云中四郡之一,则卫王仪的屯田仍属《苻坚载记上》中所云"汉鄣边故地",离道武帝"息众课农"的旧地不远。不过,这个地区是两年前刚刚从铁弗部帅刘卫辰手中夺来的。《太祖纪》登国六年(391 年)七月条载:

其月,卫辰遣子直力鞮出稒阳塞,侵及黑城。九月,帝袭五原,屠之。收其积谷,还纽垤川。于稒阳塞北树碑记功。

五原在被道武帝袭取之前已有积谷,说明在卫王仪屯田以前刘卫辰部在那一带从事过农耕。因此,卫王仪的屯田实际上是在刘卫辰部农耕的基础上开展起来的。而刘卫辰部在这方面的活动正是按照苻坚的指令进行的所谓"散其部落"措施。

《资治通鉴》卷一〇四《晋纪》太元元年十二月条载：

> （苻坚）分代民为二部，自河以东属（刘）库仁，河以西属（刘）卫辰。各拜官爵，使统其众。……久之，坚以卫辰为西单于，督摄河西杂类，屯代来城。

此下胡三省注称：

> 代来城在北河西，盖秦筑以居卫辰，言自代来者居此城也。

其中所言"北河西"，即《资治通鉴》所谓"河以西"与"河西"，亦即刘卫辰农耕、卫王仪屯田的五原一带。而胡三省注中所言"自代来者"，当即《资治通鉴》所谓"杂类"，系指什翼犍代国统下的各游牧部落。所以，五原积谷的存在正可以作为前秦"散其部落"措施得到具体落实的注脚。不仅如此，它还有力地证明了卫王仪的屯田是与刘卫辰从事的农耕一脉相承的，也是与前秦的"散其部落"措施密切相关的。

那么，当刘卫辰在五原的势力被"屠"以后，进入这一地区的是哪些人呢？也就是说，卫王仪是用哪些人来从事"垦辟"的呢？关于这一点，《魏书》中并未明载。我们只知道，卫王仪屯田的第二年，后燕慕容宝侵犯五原，魏军被迫从那里撤离了。对此《资治通鉴》卷一〇八《晋纪》太元二十年（即北魏登国十年，395 年）七月条记载道：

> 魏张衮闻燕军将至，言于魏王珪曰："……宜羸形以骄之，乃可克也。"珪从之，悉徙部落畜产，西渡河千余里以避之。燕军至五

原,降魏别部三万余家,收穄田百余万斛,置黑城。

这段史料说明,在大敌压境之下拓跋部落联盟分成了两个部分,一部分向西转移,一部分仍留在五原。转移者应该是部落联盟的主干,他们与"畜产"相联系,是从事游牧的部落。而留在五原的是所谓的"别部",他们既然与"穄田"相联系,那应该就是登国九年开始垦辟河北的屯田者。由于这部分人已经与土地有了比较密切的联系,因此不可能像游牧部落那样机动灵活。这样,一旦大敌当前,他们就难以转移他处,只好连同百余万斛的穄一起成为后燕的战利品了。

"别部"之人的部别现在已难指实,但是可以肯定绝非拓跋氏宗族各部,而应是异族部落。这批人虽然名为"别部",但是从其农田的收获量为百余万斛来看,人数一定不少。这从仅投降后燕者即有三万余家的事实也可以看出。为了驱使如此众多的"别部"之民去从事农田生产,必然要配备相当数量的管理者或监督者。换而言之,应该设有类似前秦那样的"立尉、监行事"的形式,在那里建立起类似"官僚领押"的管理组织。即使与前秦时代官职的名称、性质有异,代表拓跋统治者的管理者或监督者总该有的。关于这一点,在《食货志》和《卫王仪传》中虽无记录,但是有所透露。

应该注意到,在《卫王仪传》中有"命督屯田"之语。"督屯田"是卫王仪的职责,但仅凭卫王仪一个人是无法去"督"几万人的。在他之下,一定有一大批人在从事"督"的活动。那么,这一大批从事"督"的人从哪里抽调出来呢? 只能是卫王仪率领的军队。《卫王仪传》载:

> 太祖(道武帝)征卫辰,仪出别道,获卫辰尸,传首行宫。太祖大喜,徙封东平公。

这一段话是接在上引"命督屯田"等语之上的,而在"命督屯田"之下,紧接着又有如下记载:

> 慕容宝之寇五原,仪摄据朔方,要其还路。

不难看出,卫王仪属下部队是在征灭刘卫辰以后随即被派去"督屯田"的,他们正是所谓"领押"屯田之民的管理者或监督者。不过,当慕容宝大军压境之际,这支负责"督屯田"的部队也就转移了,只留下那些从事生产的"别部",任其成为敌国之俘。要而言之,卫王仪属下部队的功能经历了从战斗到管理再从管理到战斗的两番变化。据《太祖纪》登国十年九月条载,卫王仪属下的部队有五万骑,虽然无从得知其中有多少人被派去"督屯田",但是从屯田者的数量之大来看,"督屯田"者在该部队中所占的比例必定不小。

豹窥一斑,通过对卫王仪屯田事件的考察可以看出,登国末年拓跋氏统下的部落联盟和军队发生了大规模的分化:部落分化成为从事农业和从事畜牧业的两大部分,军队则分化成为监督农业生产和从事征战的两大部分。当然,军队的分化是相对的,可以互相转化的,卫王仪的部队先从从事征战转化成为从事"督屯田"而后又从从事"督屯田"转化成为从事征战的事例即为明证。不过,北魏的军人主要来自从事畜牧的部落之传统并不因此改变,他们机动灵活,可以随时开拔。这正是北魏前期军队能够保持以骑兵为主的原因。有关这方面的情况,何兹全先生已有详尽而精辟的论述,兹不赘述。①

卫王仪的屯田无疑是登国元年迫于形势而不得不中断的"息众课

---

① 详见《府兵制前的北朝兵制》,载《读史集》,上海人民出版社,上海,1982 年第 1 版,第 317—353 页。

农"的继续,是第二次"离散诸部"。此时接近道武帝建立皇权的前夕,代北各部落中的大部分已经归顺于北魏统治下,其规模之大是可以想见的。不过,这次屯田仍然只是部分地"离散诸部",而且还因后燕慕容宝的进犯而中止了。

三、繁畤更选屯卫

北魏全面范围的"离散诸部"是灭燕战争结束后推行的,《贺讷传》中所述的"分土定居,不听迁徙"便是这一次。

皇始元年八月,道武帝发动攻灭后燕的战争,拓跋氏各部倾巢而出,异族各部也大部分被裹挟其中。第二年十二月,灭后燕的战争结束。除了战死与病死者外,[①]北魏军队的一部分屯驻于中原,[②]大部分随从道武帝北返了。但是,他们并没有再回到早期的都城盛乐及其附近地区。《魏书》卷二《太祖纪》天兴元年条载:

> (正月)辛酉,车驾发自中山,至于望都尧山。徙山东六州民吏及徒何、高丽、杂夷三十六万,百工伎巧十万余口,以充京师。车驾次于恒山之阳。……二月,车驾自中山幸繁畤宫,更选屯卫。诏给内徙新民耕牛,计口受田。三月,……征左丞相、卫王仪还京师。……夏四月壬戌,……帝祠天于西郊,麾帜有加焉。……秋七月,迁都平城,始营宫室,建宗庙,立社稷。……八月,诏有司正封畿,制郊甸,端径术,标道里。

---

① 据《魏书》卷二《太祖纪》皇始二年八月条载,北魏攻后燕为时达两年之久,由于战死和疾疫病故,致使"在者才十四五"。魏军虽然取得最后的胜利,但在这场战争中死亡于中原者是不少的。

② 《魏书》卷五八《杨播附杨椿传》载:"自太祖平中山,多置军府,以相威摄。凡有八军,军各配兵五千。"据此知,魏军最初屯驻于中原者不少于四万人。

在这段史料中,两处出现"京师"字样。但这两处"京师"决不是指盛乐,因为从这条史料中我们看不出道武帝在天兴元年二月到达繁畤之后至当年七月迁都平城之前的这半年时间内有去过盛乐的迹象。①

然而,北魏此时尚未迁都平城,何来盛乐以外的"京师"呢?看来此处史家有失,他误将迁都以后对平城的称谓用以表述迁都之前的平城了。不过,由此失误也可以知道,在史家的心目中认为,天兴元年二月到七月之间道武帝是在平城活动的。然而,更大的失误也正在于此,因为上引的这段史料中并没有这一时期道武帝在平城活动的具体记录。

其实,联系上下文来看,这两处所谓的"京师"之地,既不是盛乐,也不是平城,而是繁畤。事实上,在道武帝来到大同盆地以后,北魏最初的政治中心并非平城,而是繁畤宫所在地繁畤。当初所以会以繁畤为政治中心,是由于它既是道武帝其时驻跸之地,又曾是拓跋部早年活动的重要根据地之一。②而且,当道武帝在中原作战时,他的后方大本营也在此地。③既然在灭后燕以后定都平城以前北魏是以繁畤为政治中心的,那么拓跋氏及其所统各部和随之徙来的山东六州民吏及徙何、高

---

① 道武帝在这一段时间内的活动安排得十分紧凑,但大多是在繁畤一带,与盛乐并无关系。又,《资治通鉴》卷一一〇《晋纪》隆安二年二月条"魏王珪如繁畤宫,给新徙民田及牛"语下有"珪败于白登山"的记载。白登山有大、小之分,此处虽不明所指,但它们均在平城以东,距离盛乐颇远,这也可以证明道武帝在这段时间内未去盛乐。
② 据《魏书》卷一《序纪》载,什翼犍就是于建国元年(338年)在繁畤之北即代王位的。
③ 《魏书》卷一五《昭成子孙·毗陵王顺传》载:"及太祖平中山,留顺守京师。……时贺力眷等聚众作乱于阴馆,顺讨之不克,乃从留官自白登南入繁畤故城,阻灅水为固,以宁人心。"此处"太祖平中山"指的就是道武帝灭后燕之战。当其后方危机之时,留守的部众最后退守之地是繁畤,这正表明繁畤在道武帝攻伐后燕时是后方大本营所在地。因此,道武帝灭后燕之后首先率众来到繁畤驻跸也就可以理解了。

丽、杂夷、百工伎巧等最初也应该是停留在繁畤附近的。这一点也可以由道武帝发布"更选屯卫"和"计口受田"等诏令的地点就在繁畤宫的事实得到证明。

"计口受田"和"更选屯卫"是道武帝到达繁畤以后所做的最重要的两件事,但这两件事的实施对象却不相同,它们分别针对以新旧来划分的两类人。"计口受田"针对的是"内徙新民",也就是上述从山东地区迁徙来的各族人民。"更选屯卫"这条措施以往不大引人注意,其实它的意义并不亚于有名的"计口受田"诏。它显然不是针对"新民"的措施,而是针对随同道武帝去中原作战后来到繁畤的北魏军队以及在战争期间滞留于繁畤的游牧部落民的,他们相对于"新民"来说便是"旧民"了。

"更选屯卫"虽然只有四个字,但意思却是很明白的,那就是将部落民加以整编,使之按功能划分为"屯"和"卫"两个部分。所谓"屯"者,屯田也;所谓"卫"者,征战也。照此说来,"更选屯卫"措施不正符合我们在上文中讨论卫王仪屯田时指出的部落民与军队的分化状况么?无疑,"更选屯卫"之"屯",正是卫王仪曾经实施过的屯田,也正符合《贺讷传》中所说的"离散诸部,分土定居,不听迁徙"的记载。

这样看来,道武帝的第三次离散诸部的时间就很明确了,那就是天兴元年(398年)的二月。其地点则是以繁畤为中心的大同盆地。至此我们还得以明白,为什么"离散诸部"这样重要的措施在道武帝的本纪中只字未提,那是因为它只是道武帝先后推行的"息众课农"、"屯田"、"更选屯卫"等综合性措施中的一环,没有必要再专门提出来了。

不过,《魏书》中虽然用了"屯田"、"屯卫"等字样来记述北魏早期的"分土定居",但其性质与中原王朝的军屯与民屯并不相同,至少生产者的身份是不一样的。而且,"分土定居"后的部落民也非单纯从事农耕者,他们仍然顽强地保持着一定的畜牧经济。① 所以,《魏书》中用"屯田"、"屯卫"等字样来表述诸部落在离散以后的状况似乎不妥,用"息众课农"倒是比较恰当的。

四、离散诸部后的京畿

离散诸部后京畿内外的状况,在《魏书》卷一一〇《食货志》中略有所载:

> 既定中山,分徙吏民及徒何种人、百工伎巧十万余家以充京都,各给耕牛,计口授田。天兴初,制定京邑,东至代郡,西及善无,南极阴馆,北尽参合,为畿内之田;其外四方四维置八部帅以监之,劝课农耕,量校收入,以为殿最。

由于这段文字既有"计口授田",又有"劝课农耕",历来学者都是将它与离散诸部措施联系到一起来分析的。按,"制定京邑"应即《太祖纪》中所谓"正封畿,制郊甸",此事载于天兴元年八月条下。由此可见,第三次"离散诸部"大约经过半年左右的时间才基本完成。

上引《食货志》中的这段史料向我们指出了畿内的范围:代郡治所位于今河北省蔚县暖泉镇西,今山西省广灵县东北;善无位于今山西省右玉县威远镇古城村;阴馆位于今山西省朔州市朔城区滋润乡夏关城村;参合②位于今山西省阳高县东北。由此四至划定的畿内范围,大约

---

① 《魏书》卷一一〇《食货志》载:"泰常六年(421年),诏六部民羊满百口,调戎马一匹。"此处"六部民"指拓跋氏治下的部落民,而泰常六年距道武帝第三次离散诸部已经二十余年,但部落民仍然顽强地保持着畜牧经济。
② 参阅严耕望先生《唐代太原北塞交通图考》附《北魏参合陉考》,刊于《新亚学报》卷一三,1980年。

相当于今山西省大同、朔州二市的全境，此前一度合称为雁北地区，在自然地理上即所谓的大同盆地。

关于京畿的外围，除《食货志》外，《元和郡县图志》卷一四《河东道三》云州条中也有记载：

> 后魏道武帝又于此建都。东至上谷军都关，西至河，南至中山隘门塞，北至五原，地方千里，以为甸服。孝文帝改为司州牧，置代尹。

《资治通鉴》卷一一〇《晋纪》隆安二年（北魏天兴元年）八月条下，胡三省注引"宋白曰"中，所述范围与《元和郡县图志》相同。按，上谷郡治居庸县，位于今北京市延庆县东；"河"应指今内蒙古自治区托克托县喇嘛湾（即北魏时君子津）至今山西省河曲县境的一段黄河；隘门塞为当时定州中山郡与司州灵丘郡的交界地，在今山西省灵丘县东南；五原位于今内蒙古自治区包头市九原区境。

《元和郡县图志》记载的范围要大于《食货志》记载的范围，但是并不与之矛盾，它恰好将《食货志》所谓畿内之田包容在内。两相对照可知，《元和郡县图志》所谓甸服正好指《食货志》的畿内加上其外的所谓四方四维之地。换言之，《食货志》所谓"其外四方四维"应指甸服以内和畿内以外的这片环形范围，相对畿内而言这片环形范围就是畿外。从地形上看，这片范围包括了大同盆地以外的广大山区，它们是位于盆地东北部的熊耳山、军都山，东南部的恒山、五台山，西南部的管涔山和西北部的内蒙古高地的南缘。

如果按照上述理解，就会得出内徙新民居住在大同盆地而部民居住在周围山区的结论。但是，实际上并非如此，因为四方四维的划分办法并不仅仅适用于《食货志》所谓的"其外"。《魏书》卷一一三《官氏志》记载：

(天兴元年)十二月,置八部大夫……。其八部大夫于皇城四
方四维面置一人,以拟八座,谓之八国常侍。

在这里,"皇城"显然指平城。那么,此"四方四维"就不在畿外的山区,
而在畿内了。又,《太祖纪》天赐三年六月条载:

发八部五百里内男丁筑灅南宫。

《元和郡县图志》称"地方千里,以为甸服",此处记作"五百里内",则八
部所在并未越出畿内之地。

《资治通鉴》卷一一四《晋纪》义熙二年(北魏天赐三年)六月条下所
载与《太祖纪》所载相同,该条胡三省注谓:

魏先有八部大人,既得中原,建平城为代都,分布八部于畿内。

胡三省也认为八部不在畿外。那么"四方四维"似乎就在畿内了。看起
来,《食货志》所谓"其外"等语与《官氏志》等史料所载是互相抵触的。

其实,我以为它们之间并不矛盾。因为与自然地理上的区域不同,
四方四维原本就是人为设定的方位概念,所以它既可以用来划分畿外,
也能适用于畿内。《食货志》所言应是畿外的四方四维,而《官氏志》所
言则是畿内的四方四维。

不过,从实际上看,畿外的所谓四方四维只是一种理想的安排,能
够大体上按方位划分的只是畿内。这是因为大同盆地周围山区的地形
十分复杂,它是由走向不一的山脉、断面参差不齐的地沟和断层崖、坡
度起伏很大的山间谷地构成的地形,所以不可能理想地划分成东、西、
南、北四方和东南、西南、东北、西北四维。这种理想的划分法是受了中

国古代传统思想的影响而产生的，只有在平原地区才勉强可能做到。平城京畿所在的大同盆地是一片呈平行四边形的从西南向东北倾斜的原野，从它的中段又分支出向东发展的浑河谷地和向北延伸的十里河①谷地。那里的地势较周围的山区平坦，桑乾河及其支流浑河、十里河等穿越其间，自古以来就是农田的主要分布区域。尤其是位于大同盆地西南部位的今朔州市的应县、山阴县和朔城区附近，至今仍然是山西省北部农业相对发达的地区。②只有在这样比较平坦的农田地区，才勉强能做到按方位划分区域。

上节已述，道武帝是在繁畤宫同时宣布"更选屯卫"和"计口受田"诏令的。道武帝之所以要在繁畤宫宣布这两项诏令，不仅因为繁畤在当时的政治地位重要，而且与它的地理位置密切相关。北魏繁畤距如今的繁峙县较远，位于今山西省应县的东北，大约在龙首山支脉边耀山麓西南的浑河曲畔。该地位于大同盆地的正中，由此往东即进入浑河谷地，往北便是十里河谷地。由于繁畤恰好在两条谷地与大同盆地的交汇处，因此是将几十万新民和旧民进行"更选屯卫"和"计口受田"的最理想的地点。

倘若上述理解不差，那么新民与旧民就应该是一起被安置到盆地内的，道武帝决不会将利于耕作的畿内分配给俘虏来的新民，而将不利于耕作的畿外反倒分配给助其打天下的旧民。而且，对畿内之田，初时很可能就是以繁畤为中心去划分四方四维的。③《魏书》卷二八《和跋

---

① 　十里河，即《水经注》中武周川，详见本书第五章第三节第一小节之3武周条。

② 　参见山西省地方志编纂委员会办公室编《山西概况》下编第五章《自然资源》，山西人民出版社，太原，1985 年第 1 版，第 24—28 页。

③ 　今大同市以北和以西地区大多为山地，大同附近的农业区主要分布在桑乾河支流十里河流域的南段，这与《水经注》卷一三《灅水》所述情况是一致的。因此，以平城为中心就实在难以按四方四维的方位去划分农业区。由此也可以佐证最初畿内之田是以繁畤为中心划分的。至于天兴元年八月正封畿时是否重新加以调整，以及怎样调整，就不得而知了。

传》中有一段记载可以作为部民被"离散"后安置在畿内的例证。该
传载：

> 初，将刑（和）跋，太祖命其诸弟毗等视诀。跋谓毗曰："灅北地
> 瘠，可居水南，就耕良田，广为产业，各相勉励，务自纂修。"令之背
> 己曰："汝曹何忍视吾之死也！"毗等解其微意，诈称使者云，奔长
> 安，追之不及。太祖怒，遂诛其家。

和跋之语虽有言外之意，但是其家从事农业生产应当是事实。从和跋
的话知道，和氏属于当初被"离散"掉的部落，和跋及其家属最初被安置
于灅水之北。灅水在《水经注》中记作"㶟水"，即今桑乾河。和跋所云
灅北无疑在大同盆地之内。和跋要求其弟和毗等移居灅水之南，也即
桑乾河南，仍然不出大同盆地范围。由此可见，被"离散"的和氏是在畿
内而非畿外居住的。

从现有的史料看来，道武帝陆续推行了三次离散诸部措施；或者，
也可以将离散诸部措施看成为因各种内、外原因而反复中断过的一项
长期性的改革运动，而在这项长期性的改革运动中出现过三次规模突
出的浪潮。其中，第一次，登国元年的盛乐息众课农，实际上是一次不
成功的尝试；第二次，登国九年的河北屯田，规模比较大，取得一定的成
就，但也只是局部地推行；第三次，天兴元年的更选屯卫，这才是全面性
质的运动，它波及到北魏统治下的大部分游牧部落。

《官氏志》将北魏统治下的各部落划分为宗族十姓，内入诸姓和四
方诸部三个部分。宗族十姓即拓跋本部。内入诸姓和四方诸部均为异
族部落，它们之间的区别只在于进入拓跋部落联盟的先后。本节开头
所引《官氏志》中称，"凡此四方诸部岁时朝贡。登国初，太祖散诸部落，
始同为编民"。据此可知，四方诸部是第一次离散诸部的主要对象。第

二次、第三次当亦如此。不过，在前两次中，被离散的只是四方诸部中的一部分。直到第三次，它们之中的大部分，即那些随道武帝征伐后燕前后进入大同盆地者，才被离散掉。其实，被道武帝先后离散的部落并不仅限于四方诸部，内入诸姓也是被离散的对象，本节前面引述过的护弗侯氏、乙弗氏以及和氏等都属于内入诸姓。因此，被道武帝离散的部落实际上包括四方诸部和内入诸姓在内的北魏统治下的大部分异族部落。至于拓跋本部，笔者同意古贺昭岑先生的看法，他们之中的大部分是构成北魏军队的骨干。对照卫王仪屯田时的情况来看，从事征伐和监督屯田应当是他们的职责。

不过，虽然经过反复的、大规模的运动，异族诸部也并没有全被离散掉。《高车传》中记载的高车部落就因为"以类粗犷，不任使役"而未被离散。与高车情况相似而未被离散的还有一些，古贺昭岑先生在他的文章中已经详列，兹不赘述。正如古贺昭岑先生考证过的那样，这些未被离散的部落大多被安置在京畿的周围从事游牧。而对照笔者前面的考证，它们游牧的范围正是大同盆地周围的山区，即《食货志》所谓的"其外四方四维"，也即畿内以外、甸服以内的这一环形地区。

如此说来，《食货志》与《官氏志》不仅不矛盾，而且两者可以互为补充地帮助我们了解经更选屯卫和计口受田后的京畿内外的情况。那就是：北魏建国之初将大同盆地及其周围山区划分为畿内与畿外两个区域。在畿内，安置的是内徙新民和经"离散"后的部民，他们在那里主要从事农业生产；在畿外，安置的是未被"离散"的游牧部落，他们继续从事游牧活动。无论是畿内还是畿外，都被划分为四方四维，畿内的四方四维归八部大夫管理，畿外的四方四维归八部帅监督。

将上述问题搞清楚以后，长期以来混为一谈的八部大夫与八部帅也就被区分开了。我以为，八部大夫与八部帅并不是一回事，前者的职权范围限于畿内,后者的职权范围限于畿外。由于畿内的人民是北魏王朝直接统治下的所谓编民,所以称管理者为大夫;而畿外的人民是保持部落状态的游牧民,所以称监督者为帅。又由于畿内和畿外都按四方四维划分,所以在"大夫"和"帅"前均冠以"八部"二字。以往将二者混淆的原因就在于将畿内与畿外的四方四维视为一体了。

不过,由于畿外的地形很难严格地按照方位划分,所以八部帅各自监督的范围只是一种笼统的划分。况且畿外的部落并未离散,所以他们的职责只能是监督那些相应范围之内的部落酋帅,《食货志》用了一个"监"字是很恰当的。畿内则不同,由于新民已经计口受田,部民也已经分土定居,因此可以将他们生活的区域按照方位进行划分,便于北魏王朝实现直接的统治。①

综合上述可知,离散诸部等措施是道武帝时期最有意义的改革。它促使北魏统治下的大部分游牧部落的组织分解,加速部落内的阶级分化。它推动拓跋社会生产的发展,加速其产业由游牧向农耕转化的进程。它剥夺部落贵族统领部落的权力,将他们与部民一起编为国家的"编民",②从而把拓跋社会纳入中原传统体制的轨道。这些,正是构筑北魏皇权的基础。

---

① 按照上述理解,再来考察中华书局校点本所标点的《食货志》中的这段话——"制定京邑,东至代郡,西及善无,南极阴馆,北尽参合,为畿内之田;其外方四维置八部帅以监之,劝课农耕,量校收入,以为殿最。"就会发现在标点的处理上并不恰当。因为八部帅所监的是畿外方四维的游牧部落,并无"劝课农耕"等职责。拙意以为,应将"监之"之下、"劝课"之上的逗号改为句号。如果再在"四方四维"与"置八部帅"之间加以逗号,则意思更加明确。而且,由于"京邑"与"畿内之田"所指的范围不同,"京邑"之下的逗号也应改作分号较妥。现按此整理如下:"制定京邑;东至代郡,西及善无,南极阴馆,北尽参合,为畿内之田;其外方四维,置八部以监之。劝课农耕,量校收入,以为殿最。"

② 据《魏书》卷八三上《外戚上·贺讷传》载,离散诸部以后"君长大人皆同编户";又载,贺讷"甚见尊重,然无统领,以寿终于家"。贺讷部落的情况是具有代表意义的。

第三节 皇权的确立与危机

一、乙未、丙申两诏书的意义

在我们明了道武帝推行离散诸部措施的过程以后,对它与建立北魏封建皇权之间密切的因果关系就能看清楚了。天兴元年全面推行离散诸部措施恰巧是平城政权建立的前夕,换而言之,北魏封建皇权的初建正好是与大规模的离散诸部运动紧密地衔接的。这种时间上的紧密衔接绝非偶然,它说明离散诸部措施对于北魏皇权的建立起了直接的推动作用。

不过,另一方面也要看到,一贯从事游牧的各部落对于生产方式和生活习惯的改变并不会心甘情愿,他们一直在进行反抗。所以,与离散诸部相伴随的是长期的部落战争。[1]在对部落进行征伐的同时,新建的北魏还要不断地抵御来自西燕和后燕两个慕容部政权的进攻。[2]

可以这样说,代王什翼犍之孙拓跋珪的统治势力是随着部落战争和对外战争的不断推进,随着离散诸部等措施的逐步推行,而日益发展起来的。登国元年正月,拓跋珪在牛川大会各部,即代王位。[3]新建的代国是被前秦灭亡的旧代国的再续,如同它的前身那样,虽然已经

---

[1] 详见本章附表一《登国年间部落战争表》。

[2] 据《魏书》卷二《太祖纪》登国元年条载,拓跋政权刚刚建立不久,西燕国主慕容永就曾利用旧代国王室成员窟咄与独孤部首领刘显勾结,前往进犯,逼得"诸部骚动",魏王拓跋珪不得不逃到阴山以北。这是西燕对北魏进攻的事例。据《魏书》卷二《太祖纪》登国十年条、皇始元年条和同书卷九五《徒何慕容庑附慕容垂传》记载,后燕对北魏的大规模进攻发生在登国十年七月,后燕太子慕容宝率大军北上,深入到拓跋珪境内的五原,后被魏王拓跋珪击败于参合陂;第二年,后燕皇帝慕容垂亲自率军攻魏,以图报复,但又被击败。

[3] 详见《魏书》卷二《太祖纪》登国元年条。

有了微弱的中原传统体制因素,但其本质仍然是以拓跋部为首的代北诸部的部落联盟。①同年三月,代王拓跋珪逼迫其主要敌手独孤部首领刘显自善无南走马邑,②并降服由奴真率领的独孤部余部;当年四月,拓跋珪改称魏王。③登国十一年三月,魏王拓跋珪迫使亲率大军来犯的后燕皇帝慕容垂败走后病亡,取得对后燕战争的关键性胜利;当年七月,他"始建天子旌旗,出入警跸",并改元皇始,这是北魏将要建立皇权的信号。④但北魏大规模政治体制的改革则是两年以后才开始的,因为改元皇始的第二个月就发生了伐燕战争。⑤皇始二年十月,魏王拓跋珪灭后燕;接着,在第二年的二月就全面推行离散诸部措施;六月,诏有司议定国号为魏;七月,"迁都平城,始营宫室,建宗庙,立社稷";八月,"诏有司正封畿,制郊甸,端径术,标道里,平五权,较五量,定五度";十一月,"诏:尚书吏部郎中邓渊典官制,立爵品,定律吕,协音乐;仪曹郎中董谧撰郊庙、社稷、朝觐、飨宴之仪;三公郎中王德定律令,申科禁;太史令晁崇造浑仪,考天象;吏部尚书崔玄伯总而裁之"。⑥这样,就初步建立了国家机器及相应的典章制度与官僚体制。同年十二月,魏王拓跋珪称皇帝,改元天兴,是为北魏道武皇帝。拓跋珪正式登上帝位,建立了象征中原传统体制的皇权,这标志拓跋部的统治机器突破了部落联盟的躯壳。

---

① 《魏书》卷八三上《外戚上·贺讷传》载,"于是诸部大人请(贺)讷兄弟求举太祖为主。……遂与诸人劝进,太祖登代王位于牛川"。从道武帝是在贺兰部帅贺讷为首的诸部酋帅的推举下登上王位的事实就可以看出,新建的代国本质上仍然是以拓跋部为首的代北诸部的部落联盟。

② 马邑,位于今山西省朔州市朔城区城关。

③ 详见《魏书》卷二《太祖纪》登国元年条、卷二三《刘库仁附刘显传》。

④ 详见《魏书》卷二《太祖纪》皇始元年条、卷九五《徒何慕容廆附慕容垂传》。

⑤ 详见《魏书》卷二《太祖纪》皇始元年条。

⑥ 详见《魏书》卷二《太祖纪》天兴元年条。

至此,离散诸部措施基本上完成它的历史使命,虽然对于此后归附的部落还有可能继续进行小规模的离散。值得我们再次思索的是,这一直接有利于封建皇权建立的措施,是在拓跋政权重建之初就开始推行的。这一事实说明,早在登国元年道武帝追求的政治目标就已经不是部落联盟酋长的权力,而是中原传统体制的皇权了。然而,他的政治目标由于不断地受到来自于内、外的压力而久久未能实现。直到天兴元年二月,道武帝利用北魏统领下的各部落集中于以繁畤为中心的大同盆地的大好形势,借助刚刚取得的对燕战争的胜利之威,才终于达到全面离散诸部的目的。

离散诸部措施并非道武帝个人的发明,早在代国灭亡后前秦就曾对拓跋部实施过,而且,即使前秦未曾对拓跋部施行这一措施,只要拓跋部进入中原,它迟早也要走上离散和定居的道路。只不过,由于道武帝不断的努力,这个过程被加速和加剧了。那么,为什么道武帝会如此迫切地推行这项有利于北魏由部落联盟向中原传统体制政权转化的措施呢?本章第一节论述的道武帝早年流落中原的经历便是这个问题的答案。

道武帝称帝以后,对北方大草原上的游牧部落继续实行大规模的征伐,迫使那些部落内徙或依附。天兴二年(399年)正月庚午,道武帝命大将军、常山王遵等三军从东道出长川,镇北将军、高凉王乐真等七军从西道出牛川,道武帝亲勒六军从中道自驳𬴊水向西北进发,大举征伐高车。当年二月丁亥朔,诸军会合,击破高车杂种三十余部,获俘虏七万余口、马三十余万匹、牛羊一百四十余万头。接着,骠骑大将军、卫王仪也督三万骑另从西北进发,穿越沙漠千余里,破高车遗迸七部,获俘虏二万余口、马五万余匹、牛羊二十余万头、高车二十余万乘,以及服玩诸物。同年三月丙子,道武帝又遣建义将军庾真、越骑校尉奚斤征讨库狄部帅叶亦干、宥连部帅窦羽泥于太浑川,大破二部,并迫使其部分部落内附。随后,庚真等又乘胜进破侯莫陈部,俘获马、牛、羊十余万头。①

与此同时,道武帝还对新占领的中原地区的反抗势力进行镇压或迁徙。天兴元年十二月,将原后燕六州二十二郡守宰、豪杰、吏民二千家迁徙到平城地区。天兴二年二月庚戌,征虏将军庚岳击破上年九月在勃海郡②聚众反抗的乌丸首领张超。同年三月,中领军长孙肥讨平盘踞赵郡③的赵准和原中山太守仇儒的反抗。同年五月,征虏将军庚岳讨平前清河太守傅世的反抗。天兴三年正月戊午,材官将军和突在辽西击破上年八月聚众反抗的范阳大族卢溥。④

在对北方草原游牧部落和中原反抗势力的征伐战争取得全面胜利的背景下,道武帝于天兴三年十二月乙未颁布诏书,⑤曰:

> 世俗谓汉高起于布衣而有天下,此未达其故也。夫刘承尧统,旷世继德,有蛇龙之征,致云彩之应,五纬上聚,天人俱协,明革命之主,大运所钟,不可以非望求也。然狂狡之徒,所以颠蹶而不已者,诚惑于逐鹿之说,而迷于天命也。故有蹈覆车之轨,蹈衅逆之踪,毒甚者倾州郡,害微者败邑里。至乃身死名颓,殃及九族,从乱随流,死而不悔,岂不痛哉!春秋之义,大一统之美,吴楚僭号,久加诛绝,君子贱其伪名,比之尘垢。自非继圣载德,天人合会,帝王之业,夫岂虚应。历观古今,不义而求非望者,徒丧其保家之道,而伏刀锯之诛。有国有家者,诚能推废兴之有期,审天命之不易,察

---

① 以上详见《魏书》卷二《太祖纪》天兴二年二月条、三月条。
② 勃海郡,郡治南皮,位于今河北省南皮县东北。
③ 赵郡,郡治平棘,位于今河北省赵县城关南。
④ 以上详见《魏书》卷二《太祖纪》天兴元年九月条、十二月条,二年二月条、三月条、五月条、八月条,三年正月条。
⑤ 收录于《魏书》卷二《太祖纪》天兴三年十二月条下。

征应之潜授,杜竞逐之邪言,绝奸雄之僭肆,思多福于止足,则几于神智矣。如此,则可以保荣禄于天年,流余庆于后世。夫然,故祸悖无缘而生,兵甲何因而起?凡厥来世,勖哉戒之,可不慎欤!

在这道诏书之中,道武帝反复强调的是,北魏皇权乃"天人俱协"、"大运所钟",是"不可以非望求"的。乍看起来,似乎并无新鲜之处。但是,如果联想到本章第一节中考证的道武帝尴尬的出身与经历,同时又回忆起道武帝是十四年前在牛川被贺兰等部落酋帅们拥戴为代王的事实,再回过头来读这道诏书开头即声明的"世俗谓汉高起于布衣而有天下,此未达其故也"等语,就不难明白道武帝的良苦用心了。原来,道武帝最担心的是那些拥戴过他的部落酋帅们会追念部落联盟首领的推举制度,因而各自心存非分之想,或者自己"不义而求非望",或者拥戴他人称帝为王。他要用这道诏书表明自己坚守封建皇权的决心,而绝不允许部落联盟首领的推举制度死灰复燃。

乙未诏书发布以后,道武帝仍觉得意犹未尽,因而次日即丙申日复下诏书,[1]曰:

> 上古之治,尚德下名,有任而无爵,易治而事序,故邪谋息而不起,奸慝绝而不作。周姬之末,下凌上替,以号自定,以位制禄,卿世其官,大夫遂事,阳德不畅,议发家陪,故衅由此起,兵由此作。秦汉之弊,舍德崇侈,能否混杂,贤愚相乱,庶官失序,任非其人。于是忠义之道寝,廉耻之节废,退让之风绝,毁誉之议兴,莫不由乎贵尚名位,而祸败及之矣。古置三公,职大忧重,故曰"待罪宰相",将委任责成,非虚宠禄也。而今世俗,金以台辅为荣贵,企慕而求

---

[1] 收录于《魏书》卷二《太祖纪》天兴三年十二月条下。

之。夫此职司,在人主之所任耳,用之则重,舍之则轻。然则官无常名,而任有定分,是则所贵者至矣,何取于鼎司之虚称也。夫桀纣之南面,虽高而可薄;姬旦之为下,虽卑而可尊。一官可以效智,荜门可以垂范。苟以道德为实,贤于覆𫗧菇家矣。故量己者,令终而义全;昧利者,身陷而名灭。利之与名,毁誉之疵竞;道之与德,神识之家宝。是故道义,治之本;名爵,治之末。名不本于道,不可以为宜;爵无补于时,不可以为用。用而不禁,为病深矣。能通其变,不失其正者,其惟圣人乎?来者诚思成败之理,察治乱之由,鉴殷周之失,革秦汉之弊,则几于治矣。

关于丙申诏书的用意,魏收在乙未诏书之下、丙申诏书之上称:

> 时太史屡奏天文错落,帝亲览经占,多云改王易政,故数革官号,一欲防塞凶狡,二欲消灾应变。已而虑群下疑惑,心谤腹非。

魏收所言一针见血,道破了实情。道武帝在丙申诏书中告诫群下,他们的职权是皇帝赐予的,因而"用之则重,舍之则轻",其疑虑群下之心昭然若揭。

但是丙申诏书的意义并不仅限于此。只要将它与乙未诏书联系起来就可以看出,乙未诏书重在解释君权神授而不可侵犯的道理,丙申诏书则旨在阐述君臣天定而不可逾越的原则。将二者结合到一起,正是内容完整的宣扬专制主义统治原理的文告。其中心思想无疑是要将以往的部落联盟中首领与酋帅的关系改变为中原传统体制的君臣关系。两道诏书不仅仅是道武帝个人意志的表达,而且是北魏王朝要坚决实行专制主义集权统治的宣言。再结合上述道武帝任用崔玄伯、邓渊、董谧、晁崇等汉族士人仿效中原传统典章以制定官僚体制的事实来看,乙未、丙申两道诏书的颁布可以看作是将平城政权纳入中原传统体制轨道的标志,它表明拓跋部的统治机器至此已实现了从部落联盟转化成集权性质国家的蜕变。虽然这具集权机器还远不完善,但是在后来平城政权的发展过程中却一直起着主导的作用。因此,这一转化实际上也表明拓跋部的社会跨入了中原传统体制的门槛。

二、祸起萧墙

乙未、丙申两道诏书既是实行集权统治的宣言,又是开始镇压在内部反抗皇权的势力的信号。正如魏收在载录丙申诏书之前所称,该诏书是由于"虑群下疑惑,心谤腹非"而发布的,此言虽不全面,但却道出了北魏朝廷内部的激烈矛盾。

从部落联盟转化为集权政权,从游牧转向农耕,对于一向驰骋于大草原的拓跋所统各部来说是翻天覆地的变化,这种变化既动摇了拓跋社会旧的传统习俗,又触犯了部落贵族的经济利益。经过登国年间长期的部落战争之后,虽然大部分部落已经臣服于北魏王朝,但是部落贵族并不甘心失去既往的政治和经济利益,他们一有机会就进行反叛。因此,部落战争虽然暂时停顿,却转化成了各种形式的反抗与镇压。而朝廷内外的许多贵族又确实与那些反抗势力有着千丝万缕的联系,他们的"心谤腹非"并非属于子虚乌有,其中也确实有一些怀着反对新的集权统治之心者。

面对这样严峻的形势,除了镇压之外,道武帝却拿不出好的措施来。道武帝虽然是一位很有作为的开国君主,但是他在末年因沉醉于武功的胜利而骄奢淫逸起来,加上毕竟出身于原始的游牧部落酋长之家,自幼又长期身处尔虞我诈的政治斗争之中,养成了十分暴戾和猜忌的性格。道武帝还时常服用寒食散,药性一发作,他就喜怒失常,甚至达到精神分裂的状态。每当这时他的行为便陷入怀疑狂和杀人狂的地

步。魏收在《太祖纪》天赐六年(409 年)条下记述了道武帝末年狂滥地杀戮和罢黜臣僚的情况,曰:

> 六年夏,帝不豫。初,帝服寒食散,自太医令阴羌死后,药数动发,至此逾甚。而灾变屡见,忧懑不安,或数日不食,或不寝达旦。归咎群下,喜怒乖常,谓百僚左右人不可信,虑如天文之占,或有肘腋之虞。追思既往成败得失,终日竟夜独语不止,若旁有鬼物对扬者。朝臣至前,追其旧恶皆见杀害。其余或以颜色变动,或以喘息不调,或以行步乖节,或以言辞失措,帝皆以为怀恶在心,变见于外,乃手自殴击,死者皆陈天安殿前。于是朝野人情各怀危惧,有司懈怠,莫相督摄,百工偷劫,盗贼公行,巷里之间人为希少。

其实,道武帝的残暴统治并非仅限于天赐六年,至迟在乙未、丙申两诏书颁布时就开始了。而且,由于他的心病就是担心别人觊觎他的皇位,所以那些早年随他出生入死的将帅、帮他建功创业的重臣更是被猜忌的对象。他们稍有不慎,就会被按上莫须有的罪名处死或罢黜。①
《魏书》卷二八《庚业延传》载:

> 庚业延,代人也,后赐名岳。……岳独恭慎修谨,善处危难之间,太祖喜之。与王建等俱为外朝大人,参预军国。……岳为将有谋略,治军清整,常以少击多,士众服其智勇,名冠诸将。及罢邺行台,以所统六郡置相州,即拜岳为刺史。公廉平当,百姓称之。……后迁司空。……天赐四年(407 年),诏赐岳舍地于南宫,

---

① 参见本章附表二《道武朝杀黜臣僚表》。由于史料的缺如,该表只是不完全的统计,虽然如此,也还是能够在一定程度上反映出道武帝统治的残暴。

岳将家僮治之。候官告岳衣服鲜丽,行止风采拟仪人君。太祖时既不豫,多所猜恶,遂诛之。时人咸冤惜焉。

司空庾岳"名冠诸将",又为人"公廉平当",仅仅因为候官告发他衣服华丽,举止仿效帝王,马上就被道武帝处死了。

同卷《莫题传》也载:

> 莫题,代人也,多智有才用。初为幢将,领禁兵。……以功拜平远将军,赐爵扶柳公,进号左将军,改为高邑公。出除中山太守,督司州之山东七郡事。……初,昭成末,太祖季父窟咄徙于长安。符坚败,从慕容永东迁。及永自立,以窟咄为新兴太守。登国初,刘显遣弟亢泥等迎窟咄,寇南鄙。题时贰于太祖,遗箭于窟咄,谓之曰:"三岁犊岂胜重载!"言窟咄长而太祖少也。太祖既衔之。天赐五年(408年),有告题居处倨傲,拟则人主。太祖乃使人示之箭,告之曰:"三岁犊,能胜重载不?"题奉诏,父子对泣。诘朝乃刑之。

莫题勾结窟咄与道武帝争夺王位是登国元年的事,道武帝却耿耿于怀二十二年之久。一旦有人告发莫题"拟则人主"时,便勾起道武帝的心病,莫题也就必死无疑了。

道武帝残忍地杀戮和降黜臣僚的主要目的是为了巩固他的集权统治。不过,在被杀戮或被罢黜者中,有许多人的获罪是因人诬告加上道武帝的多疑所致,因此结果只会如《太祖纪》中所言,搞得"朝野人情各怀危惧",社会动荡不安。

对此情景,道武帝也不是不知,却没有充分认识到严重性。《太祖纪》天赐六年条载:

帝亦闻之,曰:"朕纵之使然,待过灾年,当更清治之尔。"

明知朝廷内外处于人人自危的状况,道武帝却未能采取积极有效的安定局面的措施。那么,在他心目之中,急于要解决的是什么呢? 那就是,他一生转战奋斗而建立起来的皇权如何继承下去的问题。

在皇权的继承问题上,道武帝的原则是与拓跋社会旧的传统习俗相违背的。平城政权建立之前,草原上旧的部落联盟大酋长在形式上是由各主要部落推举产生的,道武帝当年就是由贺兰部等推举而当上代王的;在尚处于脱离母权制不久的父家长制社会阶段的拓跋部内,部落首领的继承则实行兄终弟及制。但是,道武帝却要按照中原传统体制实行父子相继的皇位继承制。与此同时,道武帝还制定了子贵母死的规则,企图杜绝拓跋部政治生活中长期存在的母权干预政治现象,并借以抑制与拓跋皇室联姻的部落贵族势力。道武帝这种矫枉过正的做法终于酿成一场政变。

天赐六年,道武帝决定立长子拓跋嗣为皇储,于是赐拓跋嗣之母刘贵人死,并将其目的告诉拓跋嗣。拓跋嗣对道武帝的做法难以理解,被迫出走。《魏书》卷三《太宗纪》载:

> 初,帝(指明元帝拓跋嗣)母刘贵人赐死,太祖告帝曰:"昔汉武帝将立其子而杀其母,不令妇人后与国政,使外家为乱。汝当继统,故吾远同汉武,为长久之计。"帝素纯孝,哀泣不能自胜,太祖怒之。帝还宫,哀不自止,日夜号泣。太祖知而又召之。帝欲入,左右曰:"孝子事父,小杖则受,大杖避之。今陛下怒盛,入或不测,陷帝于不义。不如且出,待怒解而进不晚也。"帝惧,从之,乃游行逃于外。

拓跋嗣出逃不久,道武帝又欲杀死次子拓跋绍之母贺夫人。贺夫人不得已,遂与拓跋绍密谋,发动政变,反将道武帝杀死。有关情节在《魏书》卷一六《道武七王·清河王绍传》中有载:

> 清河王绍,天兴六年(403 年)封。凶狠险悖,不遵教训。好轻游里巷,劫剥行人,斫射犬豕,以为戏乐。太祖尝怒之,倒悬井中,垂死乃出。太宗常以义方责之,遂与不协,恒惧其为变。而绍母夫人贺氏有谴,太祖幽之于宫,将杀之。会日暮,未决。贺氏密告绍曰:"汝将何以救吾?"绍乃夜与帐下及宦者数人,踰宫犯禁。左右侍御呼曰:"贼至!"太祖惊起,求弓刀不获,遂暴崩。

由于史臣回护后来即位为皇帝的拓跋嗣,因而《清河王绍传》对于清河王绍竭力贬斥,但是也不免露出多处破绽,这在本书第二章第二节之六中将要论及。

此处只就清河王绍母贺夫人被"谴"一事中的疑点略述看法。据《清河王绍传》载:

> 绍母即献明皇后妹也,美而丽。初,太祖如贺兰部,见而悦之,告献明后,请纳焉。后曰:"不可,此过美不善,且已有夫。"太祖密令人杀其夫而纳之,生绍,终致大逆焉。

献明皇后乃是道武帝的母亲,则清河王绍母贺夫人原本是道武帝的姨母。《清河王绍传》对贺夫人受道武帝宠爱的过程叙述得很详细,但对她失宠的原因却只字未提,读者自然会感到其中或许有隐情。道武帝既然要杀贺夫人,却又迟疑不决,以致空出时间,任由贺夫人去与清河王绍串连,自己反受其害,这又不免令读者心中起疑。贺夫人既然被

"幽之于宫",却还能与清河王绍密议谋杀道武帝事,其中定有曲折情节,而《清河王绍传》并未交代明白。这些疑点必然引导人们思索,它们绝不是文笔疏漏所致,而是有意地掩盖事实真相。

笔者推想,清河王政变事仍与皇位继承问题有关,并非单纯由贺夫人失宠造成。既然明元帝在其母被杀以后外逃,道武帝自然要考虑下一个皇位继承人选。那么,按照同样的理由,也即道武帝自己定下的子贵母死规则,新立的储君之母也应该被处死。因此这样的厄运就会落到清河王绍母贺夫人的头上。换句话说,道武帝要杀贺夫人仍然是执行子贵母死规则,目的是为了立清河王绍为皇储。于是,道武帝一方面也要像对待明元帝母子那样向清河王绍母子讲明子贵母死的理由,另一方面对这位宠妃又怀有怜惜之心,所以他才迟迟"未决",遂至于自己反而被杀。明元帝即位以后,站在自身镇压了清河王政变的立场上,当然要否定清河王绍在皇位继承权上的合法性,史家也就不得不迎合最高统治者的意愿,不书写贺夫人被幽的原因是拟立其子而将对其执行子贵母死规则,于是历史的记载便模糊不清了。清河王政变的导火索虽然是皇位继承问题,然而正如上文所述,其实质是道武帝末年平城政权危机的爆发。

道武帝死于清河王政变之中,但是他创建的集权统治的根基并未动摇。不久,道武帝长子拓跋嗣平息政变,接替皇位,是为明元帝。明元帝即位以后,立刻实行安定局面的措施。据《太宗纪》记载:

> 天赐六年冬十月,清河王绍作逆,太祖崩。帝入诛绍。壬申,①即皇帝位。……公卿大臣先罢归第不与朝政者,悉复登

---

① 《北史》卷一《魏本纪第一》作"壬午"。中华书局校点本《魏书》卷三《太宗纪》校勘记[二]认为"疑作'壬午'是"。所述合理。

用之。诏南平公长孙嵩、北新侯安同对理民讼,简贤任能,彝伦攸叙。……诏郑兵将军、山阳侯奚斤巡行诸州,问民疾苦,抚恤穷乏。

北魏的政局重新稳定下来,道武帝建立的皇权在明元帝身上得到延续。明元帝在位期间制定了两项对北魏王朝影响颇大的政策,那就是下章要论述的太子监国与第六章要论述的宗主督护。

附表一　登国年间部落战争表

序号	内　　容	资料出处①
1	登国元年十月,道武帝会同后燕皇子慕容贺骒所率大军于高柳大破受西燕支持的旧代国王室成员窟咄部众,悉收其众。	魏2、15,北1,资106
2	二年六月,道武帝会同慕容贺骒所率大军征独孤部帅刘显于马邑南,追至弥泽,尽收其部落。	魏2、23,北1,资107
3	三年五月癸亥,道武帝北征库莫奚。六月,大破之,获其四部杂畜十余万。	魏2、100,北1,资107
4	三年七月庚申,库莫奚部帅鸠集遗散,夜犯道武帝行宫。道武帝纵骑扑讨,尽杀之。	魏2,北1,资107
5	三年十二月辛卯,道武帝西征,至女水,讨解如部,大破之,获男女杂畜十数万。	魏2、103,北1,资107
6	四年正月甲寅,道武帝袭高车诸部落,大破之。	魏2,北1,资107
7	四年二月癸巳,道武帝至女水,讨叱突邻部,大破之。戊戌,贺染干兄弟率诸部来救,与道武帝大军相遇,被逆击败走。	魏2、83,北1,资107
8	五年三月甲申,道武帝西征,次鹿浑海,袭高车袁纥部,大破之,虏获生口、马牛羊二十余万。	魏2、103,北1
9	五年四月丙寅,道武帝至意辛山,会同慕容贺骒讨贺兰、纥突邻、纥奚诸部落,大破之。	魏2、103,北1,资107

---

① 本表资料出于《魏书》、《北史》、《资治通鉴》,它们在表中分别简称为魏、北、资,紧随其后的阿拉伯数字表示卷数。

（续表）

序号	内　容	资　料　出　处
10	五年六月,刘卫辰遣子直力鞮寇贺兰部,围之。贺兰部帅贺讷等请降,告困。秋七月丙子,道武帝引兵救之,至羊山,直力鞮退走。	魏2、83,北1,资107
11	五年九月壬申,道武帝讨叱奴部于襄曲河,大破之。	魏2,北1
12	五年十月,道武帝讨高车豆陈部于狼山,破之。	魏2、103,北1
13	六年三月,九原公拓跋仪、陈留公拓跋虔等西讨黜弗部,大破之。	魏2、15,北1
14	六年六月,慕容贺麟破贺讷于赤城。道武帝引兵救贺讷,慕容贺麟退走。	魏2、83,北1
15	六年九月,道武帝袭刘卫辰部于五原,屠之,收其积谷。	魏2、95,北1
16	六年十月戊戌,道武帝北征蠕蠕,追之,及于大碛南床山下,大破之。其东西二部主匹候跋及缊纥提降,斩别帅屋击于。	魏2、103,北1,资107
17	六年十一月戊寅,刘卫辰遣子直力鞮攻魏南部。己卯,道武帝出讨。壬午,大破直力鞮军于铁歧山南,获其器械辎重,牛羊二十余万。辛卯,次卫辰所居悦跋城,卫辰父子奔遁。壬辰,道武帝诏诸将追之,擒直力鞮。十二月,获卫辰尸,斩以徇,遂灭之。自河已南,诸部悉平。簿其珍宝畜产,名马三十余万匹,牛羊四百余万头。收卫辰子弟宗党无少长五千余人,尽杀之。	魏2、95,北1,资107
18	七年三月,西部泣黎大人茂鲜叛走,道武帝遣南部大人长孙嵩追讨,大破之。	魏2
19	八年三月,道武帝西征侯吕邻部。四月,至苦水,大破之。	魏2

72

（续表）

序号	内　　容	资 料 出 处
20	八年六月,陈留公拓跋虔、将军庚岳破类拔部帅刘曜等,徙其部落;又破山胡部高车门等,徙其部落。	魏2、28
21	八年八月,道武帝南征薛干部帅太悉佛于三城,乘虚屠其城,获太悉佛妻、子及珍宝,徙其民而还。	魏2、103,北1,资108
22	九年十月,蠕蠕曷多汗与社崘率部众西走,道武帝遣大将长孙肥轻骑追之,至上郡跋那山,斩曷多汗,灭其众。	魏2、26、103,北1,资108

附表二　道武朝杀黜臣僚表

序号①	时　间②	人物③	最后官职与爵位	惩治方式	资料出处④
1	皇始二年二月	奚牧	辅国将军、并州刺史、任城公	戮	魏28,资109
2	皇始二年十月⑤	阴羌⑥	太医令	伏法	魏2、14
3	天兴元年四月	拓跋意烈	广宁太守、辽西公	于郡处死，原其妻、子	魏2、15,北1

---

① 　本表按人物被杀黜的时间先后为序排列，时间难以确定者列于后部。

② 　本表所列时间为皇始以后，部落战争时期的登国年间不列。

③ 　本表所列人物仅限于因道武帝意志而被杀黜者。据《魏书》卷二《太祖纪》记载，道武帝生性残暴，"喜怒乖常"，被他杀戮者甚众，但具体史料有限，仅能列出以下二十六人，以为研究参考。又，在历次战争中，特别是灭后燕战争前后，有不少人被诛、被黜，其情况比较复杂，尤其是那些降而复叛者和所谓"聚众为盗"者，事迹与北魏皇权问题并无直接关系，因而不收纳本表中。例如，右军将军尹国，原为后燕臣，据《太祖纪》记载，他于登国十年十月降北魏，天兴元年正月乘北魏撤军之际谋反，因此被斩，事属效忠故国之举，不关本书论旨。此外，集体被杀者也未列入表中。例如，《太祖纪》天赐六年七月条载，"慕容支属百余家，谋欲外奔，发觉，伏诛，死者三百余人。"同书卷五〇《慕容白曜传》也载，"初，慕容破后，种族仍繁。天赐末颇忌而诛之。"这两条记载所述当系一事，虽发生在道武帝末年，但因属集体被诛，亦未列入。

④ 　本表资料出于《魏书》、《北史》、《资治通鉴》，它们在表中分别简称为魏、北、资，紧随其后的阿拉伯数字表示卷数。

⑤ 　《魏书》卷一四《神元平文诸帝子孙·上谷公纥罗附襄城王题传》载，襄城王题因"中流矢薨"，而道武帝则认为阴羌为襄城王题"视疗不尽术"，于是将他处死，由此也可见道武帝性格之猜忍残暴。据《太祖纪》载，襄城王题死于皇始元年十月乙酉，阴羌应死于同日或稍后。

⑥ 　《上谷公纥罗附襄城王题传》中作"太医令阴光"，《太祖纪》天赐六年条下有"自太医令阴羌死后"之语，两处所载当系一人。今从《太祖纪》，作"阴羌"。

（续表）

序号	时间	人物	最后官职与爵位	惩治方式	资料出处
4	二年八月	崔逞	御史中丞	赐死	魏32,北24,资111
5	二年八月	张衮	八议之一,奋武将军、幽州刺史、临渭侯	黜为尚书令史	魏24,北21,资111
6	二年八月	封懿	宁朔将军、给事黄门侍郎、都坐大官、章安子	废还家	魏32,北24,资111
7	三年十二月	李栗①	左将军	诛	魏28,北20,资111
8	三年十二月	莫题（莫含孙）②	大将、东宛侯	黜为济阳太守③	魏23,北20,资114
9	五年十一月④	晁崇	太史令、中书侍郎	赐死	魏91
10	五年十一月	晁懿（晁崇弟）	黄门侍郎	赐死	魏91
11	六年七月	拓跋顺	镇西大将军、司隶校尉、毗陵王	废之,以王薨于家	魏2、15、105之2、105之3

① 《资治通鉴》卷一一一《晋纪》隆安四年十二月条作"李栗"。今从《魏书》与《北史》,作"李栗"。
② 与本表第20之莫题同名,但非一人。
③ 后于天赐三年六月被赐死。
④ 《魏书》卷九一《术艺·晁崇传》载,晁崇、晁懿兄弟死于道武帝柴壁克后秦之后还次晋阳时,同书《太祖纪》系道武帝还次晋阳事于天兴五年十一月条下,则晁氏兄弟死于该月。

（续表）

序号	时间	人物	最后官职与爵位	惩治方式	资料出处
12	天赐三年七月	穆崇	太尉、宜都公	赐以恶谥，曰"丁公"	魏27、105之2、105之3，资114
13	四年五月	和跋	平原太守、定陵公	刑于豺山路侧，诛其家	魏28、105之2、105之3
14	四年五月	拓跋遵	州牧①、常山王	赐死，葬以庶人礼	魏2、15、105之2，资114
15	四年五月②	邓渊	中垒将军、尚书吏部郎、下博子	赐死	魏24
16	四年五月	邓晖	尚书郎	杀③	魏24
17	四年六月	贺狄干	秦兵将军、襄武侯	杀	魏28，资114
18	四年六月	贺归	不详	与兄贺狄干俱死	魏28，资114
19	四年八月	庾岳	征虏将军、司空、西昌公	诛	魏28、105之3，资114
20	五年	莫题	左将军、中山太守、督司州之山东七郡事、高邑公	刑④	魏28，北20，资114

---

① 不详何州。

② 据《魏书》卷二四《邓渊传》载，邓渊因其从父弟邓晖与和跋"厚善"而受牵连赐死，则邓渊之死应在和跋死后不久。

③ 邓晖的从父兄邓渊因邓晖与和跋"厚善"受牵连而赐死，疑邓晖也应同时被杀。

④ 《魏书》卷二八《莫题传》称，莫题临死前，"父子对泣，诘朝乃刑之"。又，在莫题本传下未附其子孙传，由此推测其子也系同时被刑。

（续表）

序号	时间	人物	最后官职与爵位	惩治方式	资料出处
21	六年三月	拓跋素延	上谷太守、曲阳侯	赐死	魏14、105之2，北15
22	六年八月	拓跋仪	丞相、卫王	赐死，葬以庶人礼	魏2、15，资115
23	天赐年间①	穆遂留	零陵侯	罪废	魏27
24	不详②	庚路	司隶校尉、高邑公	并诸父、兄弟悉诛，特赦其叔庚岳及庚岳子	魏28
25	不详③	周千	顺阳侯	坐事死	魏30
26	不详	叔孙建	龙骧将军、并州刺史、安平公	以公事免，守邺城园	魏29

① 《魏书》卷一五《昭成子孙·卫王仪传》载，卫王仪与穆崇"谋为乱，伏武士伺太祖，欲为逆。崇子遂留在伏士中，太祖召之，将有所使。遂留闻召，恐发，踰墙告状，太祖秘而恕之"。后来穆遂留以罪废应与此有关。已知穆崇死于天赐三年七月，卫王仪死于天赐六年八月，则穆遂留罪废也应在天赐年间。

② 《魏书》卷二八《庚业延传》载："（庚业延，即庚岳）后迁司空。岳兄子路有罪，诸父、兄弟悉诛，特赦岳父子。"庚岳为司空事，《太祖纪》系于天兴五年十一月条，则庚路应死于天兴五年十一月以后，天赐四年八月庚岳被诛之前。

③ 《魏书》卷三〇《周几传》载："父千，有功太祖之世，赐爵顺阳侯。坐事死。"在其下，有"太宗即位"四字，则周千死于道武帝去世前。《太祖纪》登国元年（386年）正月条下有所谓"班爵叙勋"事，但此为道武帝即位时对旧臣的恩赐，而真正大规模地为功臣"封拜公侯"是皇始元年九月以后开始的，对此《太祖纪》和同书卷一一三《官氏志》均有记载，则周千死于皇始元年（396年）九月以后。

第二章 太子监国

　　在北魏王朝建立之前,草原上旧的部落联盟大酋长在形式上是由各主要部落推举产生的,北魏的开国皇帝道武帝当年就是由贺兰部等推举而当上代王的;而在尚处于脱离母权制不久的父家长制社会阶段的拓跋部内,其王位继承实行兄终弟及制。平城政权建立后,部落酋长推举制行不通了,兄终弟及遗制却在北魏政治生活中仍然具有强烈的影响。道武帝有意废除旧的传统习俗,按照中原汉族社会的传统,实行父子相承的皇位继承制度,但是未果而亡。明元帝虽然以长子的身份登上了皇位,然而他的皇位是从他弟弟清河王绍手中夺得的。而清河王绍则是发动政变杀死道武帝后获得皇位的。像这样,通过政变而获得皇位的方式,并不能表明兄终弟及制被彻底废除,更不能表明父子相承已经成为制度。

　　明元帝末年,像他的父亲道武帝一样,不再愿意遵循拓跋部落的旧俗兄终弟及制,而想将皇位顺利地传给长子拓跋焘。于是,他采纳汉族士人崔浩的建议,建立起太子制度,并且以太子为监国,在其生前就将最高统治权授予太子拓跋焘。自此之后,中原王朝例行的父子相承方式成为北魏皇位传递的传统。以太子监国并非北魏特有的现象,中原王朝中早就有过先例,不过大多属于权宜之计。但是,北魏明元、太武两朝却将太子监国作为皇权的辅助方式,使之成为固定的制度,这是北魏平城时代政治的特色之一。以太子监国的办法除却兄终弟及遗制的影响实在是一大发明。

明元帝去世后,太子拓跋焘顺利地继承皇位,是为太武帝。太武帝仿效明元帝,也以其太子拓跋晃监国。不过,在太子拓跋晃监国之际,太武帝正是年富力强之时,所以拓跋晃监国时间持续了十三年。时间一久,太子监国的弊端便逐渐暴露出来。因为以太子监国实质上是皇权职能的分化,这种分化的本身就意味着对于集权于一身的专制统治的否定,因而必然导致皇权运行的危机。事实上,当太子晃的权力膨胀到一定程度时,东宫集团便形成了;当东宫集团发展到一定程度时,它与皇权之间的斗争便不可避免了;当二者之间的矛盾激化到不可调和的程度时,政治危机就爆发了。于是,正平元年(451年)事变发生,结果太子与皇帝相继被杀。皇帝与东宫集团同归于尽,标志太子监国制的终结。

太子监国始于泰常七年(422年)五月明元帝以太子拓跋焘监国,终于正平二年(452年)三月太武帝被阉官宗爱谋杀,与其相应的时期为北魏平城时代的中期。需要说明的是,在这一时期内皇权并未降到次要地位,而且也不是整个时期都贯穿以太子监国,但太子监国的确是这一时期的突出特点。

第一节　拓跋焘为太子考

一、拓跋焘称谓乖戾析

《魏书》卷三《太宗纪》泰常七年条载:

> 夏四月甲戌,封皇子焘为泰平王,焘字佛釐,拜相国,加大将军。……初,帝(指太宗明元帝)素服寒食散,频年动发,不堪万机。五月,诏皇太子临朝听政。是月,泰平王摄政。

这条史料所述的是北魏明元帝以子拓跋焘临朝听政也即摄政之事，但是其中关于拓跋焘身份的记载却前后矛盾，既然前面已有"皇太子临朝听政"之语，后文就不该再降格称拓跋焘为泰平王。按照惯例，立皇太子是国家大事，应在纪中明确记载其时间，①但在这条史料本身及其前后并未见到这方面记载的情况下，便突兀地冒出了"诏皇太子"云云。那么，拓跋焘是在临朝听政的同时被立为皇太子的呢，还是在此之前就已经被立为皇太子了呢，令人难以判断。不仅如此，在这条史料之下，也即同纪同年的九月条和十一月条下，又两书"泰平王"；而在转过一年，即泰常八年（423 年）的五月条和七月条下，却再次两书"皇太子"：拓跋焘的称谓竟然如此颠三倒四，实在不合规范。

显然，在《太宗纪》的泰常七年与八年条中存在着讹误。在临朝听政之后，拓跋焘的称谓要么是皇太子，要么是泰平王，二者只能取其一。倘若不加甄别，则无以确定拓跋焘临朝听政时的身份，甚至可以怀疑拓跋焘究竟当过皇太子没有？

对此，宋人早就注意到了，他们在《太宗纪》的卷末写下了大段的校语。为了说明问题，将全段文字照录如下：②

　　　　魏收书《太宗纪》亡，史馆旧本帝纪第三卷上有白签云："此卷

---

① 例如，拓跋晃为太子事见于《魏书》卷四上《世祖纪上》延和元年春正月丙午条下，又见于同书卷四下《世祖纪下》附恭宗景穆帝晃条；献文帝为太子事见于《魏书》卷五《高宗纪》太安二年二月丁巳条下，又见于同书卷六《显祖纪》；孝文帝为太子事见于《魏书》卷六《显祖纪》皇兴三年六月辛未条下，又见于同书卷七上《高祖纪上》。

② 宋人的这段校语收在商务印书馆影印百衲本《魏书》卷三《太宗纪》卷末。中华书局校点本《魏书》卷三《太宗纪》的校勘记［一］中全文照录并标点了这段宋人校语。本文引录宋人校语时重新作了标点，以使宋人的意思更加明确。

是魏澹史。"案《隋书·魏澹传》,澹之义例多与魏收不同,其一曰讳皇帝名,书太子字,四曰诸国君皆书曰卒,今此卷书"封皇子焘为泰平王,焘字佛釐",姚兴、李暠、司马德宗、刘裕皆书卒,故疑为澹史。又案《北史》、《高氏小史》、《修文殿御览·皇王部》皆抄略魏收书,其间事及日有此纪所不载者;《北史》本纪逐卷后论全用魏收史臣语而微加增损,唯论明元即与此纪史臣语全不同:故知非魏收史明矣。《崇文总目》有魏澹书一卷,今亦亡矣,岂此篇乎?"泰常七年四月,封皇子焘为泰平王。五月,诏皇太子临朝听政。是月,泰平王摄政。"重复不成文。其年九月、十月(应作十一月,原文误。中华书局标点本《魏书》卷三《太宗纪》的校勘记[一]中引宋人校语时未予更正)再书泰平王,明年五月、七月再书皇太子,前后乖戾。今据此纪无立泰平王为皇太子事;《世祖纪》云,"四月封泰平王,五月为监国",亦不言曾立皇太子;此纪初诏听政,便云皇太子,后更称泰平王;唯《北史》泰常七年五月"立泰平王焘为皇太子,临朝听政";《小史》、《御览》亦无立皇太子事,而自临朝听政后悉称皇太子,彼盖出魏收史,故与此不同;《隋书》称魏澹书甚简要,不应如此重复乖戾:疑此卷虽存,亦残缺脱误。

宋人这大段校语宗旨在于说明,他们所见《太宗纪》并非魏收所作《魏书》原文,可能是补自魏澹所作《魏书》,而魏澹《魏书》此纪亦已"残缺脱误"。因此,宋人虽然已经指出了《太宗纪》中拓跋焘临朝听政前后称谓上的"乖戾",但是并未就此深入探讨。

宋人校语中引述的史料,除了《魏书》卷三《太宗纪》外,还有卷四上《世祖纪上》,其中也谈及拓跋焘临朝听政事,只是改称"临朝听政"为"监国"或"总摄百揆"。其文曰:

> 泰常七年四月,封泰平王。五月,为监国,太宗有疾,命帝总摄
> 百揆。

诚如宋人明确指出的那样,这条史料"不言(拓跋焘)曾立为皇太子",而且《世祖纪上》亦未被人发现它不是魏收《魏书》原文,因此它似乎可以作为确定拓跋焘临朝听政时身份的硬证。倘若以之校勘《太宗纪》,则其中的"皇太子"均应删改为"泰平王"。如果撇开《太宗纪》,而单从《世祖纪上》去思考问题,拓跋焘当时的身份就应该是泰平王。

然而,若将《世祖纪上》与同书卷三五《崔浩传》对照阅读,却又不能不产生相反的看法。该传载:

> 太宗恒有微疾,怪异屡见,乃使中贵人密问于浩曰:"……朕疾弥年,疗治无损,恐一旦奄忽,诸子并少,将如之何?其为我设图后之计。"浩曰:"陛下春秋富盛,圣业方融,德以除灾,幸就平愈。……必不得已,请陈瞽言。自圣化隆兴,不崇储贰,是以永兴之始,社稷几危。今宜早建东宫,选公卿忠贤陛下素所委仗者使为师傅,左右信臣简在圣心者以充宾友,入总万机,出统戎政,监国抚军,六柄在手。若此,则陛下可以优游无为,颐神养寿,进御医药。万岁之后,国有成主,民有所归,则奸宄息望,旁无觊觎。此乃万世之令典,塞祸之大备也。今长皇子焘,年渐一周,明睿温和,众情所系,时登储副,则天下幸甚。立子以长,礼之大经。若须并待成人而择,倒错天伦,则生履霜坚冰之祸。自古以来,载籍所记,兴衰存亡,鲜不由此。"太宗纳之。

《崔浩传》也是魏收《魏书》原文无疑,上引《崔浩传》中明元帝与崔浩讨论以拓跋焘监国事宜正与《世祖纪上》中"五月,为监国,太宗有疾,命帝

总摄百揆"一句相吻合,可以视为该句的注释。在上引崔浩的长篇议论中包含了三层意思:其一,建议明元帝在生前确立皇储;其二,确立皇储的原则是"立子以长";其三,赋予皇储"监国"的权力,以巩固其地位。崔浩的这番建议实际上就是一套完整的储君监国制度。而且,在崔浩的心目中,储君就是皇太子,不可能降格为其他的诸如泰平王一类的地位,这从"今宜早建东宫"一语即可明确看出。所以,在崔浩的议论之中,虽然没有出现过"皇太子"之词,但是却出现了与"皇太子"相应的"储贰"、"储副"、"东宫"等词。尤其是"东宫"一词,历来都被视为皇太子的代名词。

不仅如此,"监国"也往往是与太子连用的词语。历史上,"监国"作为太子的专职由来已久。对此《左传》有载,其闵公二年条下曰:

> 晋侯使太子申生伐东山皋落氏。里克谏曰:"太子奉冢祀社稷之粢盛,以朝夕视君膳食也。故曰:冢子,君行则守,有守则从,从曰抚军,守曰监国,古之制也。"

以太子监国乃是古制,对深谙古制的崔浩来说应该十分清楚。而魏收在撰写《魏书》的《世祖纪上》时也不至于不明了。

只要注意到可与《世祖纪上》对照阅读的《崔浩传》中出现的"东宫"等太子的代名词,且又承认"监国"往往是太子的专职,就应当认识到,《世祖纪上》中"四月,封泰平王。五月,为监国"等语虽然"不言(拓跋焘)曾立为皇太子",却并不能作为拓跋焘监国时的身份为泰平王的证据,恰恰只会引出相反的看法。

而作为相反的看法,倒有一条明确的证据,见于《魏书》卷二九《奚斤传》。该传载:

> 世祖(拓跋焘)之为皇太子,临朝听政,以(奚)斤为左辅。

《奚斤传》出自魏收的原书,宋人并未查出其中有讹误脱漏之处,更未证明其为后补者。而在该传中分明赫然地写着拓跋焘临朝听政时的身份是皇太子。

另外,在《魏书》卷二五《长孙嵩传》中也有关于拓跋焘监国事情的记载:

> 太宗寝疾,问后事于(长孙)嵩。嵩曰:"立长则顺,以德则人服。今长皇子贤而世嫡,天所命也,请立。"乃定策禁中。于是,诏世祖临朝监国,嵩为左辅。

在这条史料中,虽然没有"皇太子"的字样,但是,从"立长则顺"和"世嫡"等词语来看,明元帝与长孙嵩之间讨论的分明就是立皇太子事。虽然据考证《长孙嵩传》并非魏收《魏书》原文,而是补自《北史》卷二二《长孙嵩传》,[①]但是它与《奚斤传》所云内容并不相悖,也可以作为该传的佐证。

值得注意的是,在《奚斤传》中,"世祖之为皇太子"与"临朝听政"之间是紧密衔接的,并无插入之语;而在《长孙嵩传》中,"定策禁中"与"诏世祖临朝监国"之间也是一以贯之的,中间没有其他内容。这两条史料一致说明,以拓跋焘为皇太子和命他监国二事的仪式是同时举行的,二事之间在时间上并无间隔。联系到上文所言的监国往往是太子的专门职守,就不难理解,为何《世祖纪上》中只言"监国"而竟忽略了"为太子"。这虽是行文中的不足,但也说明当时的人们是将"为太子"和"监

_____

① 中华书局校点本《魏书》卷二五校勘记[一]。

国"二者紧密联系在一起看待的。①

二、立太平王焘为皇太子辨

以上一节,专就《魏书》中的纪传而言。除了《魏书》之外,《太平御览》、《北史》和《资治通鉴》等书中也有关于拓跋焘监国前后的纪事。

《太平御览》卷一二《皇王部》之二七太宗明元皇帝条载:

> (泰常七年)夏四月,封皇子焘为太平王,拜相国。初,帝服寒食散,频年发动,不堪万机。五月,诏皇太子临朝听政。冬十月,车驾南巡,出自天门关,路恒岭。十有一月,皇太子亲统六军出镇塞上。……(泰常八年)五月,还次雁门。皇太子率留台王公迎于句注之北。

《太平御览》的《皇王部》在体例上与今本《魏书》中所存魏澹书《太宗纪》有一些不同之处,②《太平御览》不书日干支,不记人物之字("封皇子焘为太平王"之下无"焘字佛釐"四字),以及书"泰平王"作"太平王"等。除此之外,还有一些属于由史料来源不同而造成的差异,如,泰常七年十月条中"天门关"下的一个字,《魏书》作"蹈",而《太平御览》作"路";又如,同年四

---

① 在《魏书》卷四上《世祖纪上》和《北史》卷二《魏本纪第二》的开首均有一段约百字左右的追述之语,作为该纪的前言。对照这两段文字,除因体例的原因造成了个别文字的不同外,大致是相同的。唯在"五月"之下,《魏书》作"为监国",不言立为皇太子;而《北史》作"立为皇太子",不言为监国。从行文上看,这不同的两处恰好又互相对应,甚至将它们互换以后也不伤各自的上下文意。这也说明,在当时人们的心目中,"为监国"与"立为皇太子"具有相类似的意义。因而,或曰"为监国",或曰"立为皇太子",可能只是着眼的重点不同罢了。
② 魏澹《魏书》今虽散佚,但《隋书》卷五八《魏澹传》中载有该书体例特点,可以参阅。

月条中"服寒食散"上,《魏书》有一"素"字,《太平御览》则无。如果说"路"字勉强可以猜为"踚"字之讹的话,"素"字却绝不可以疑为夺脱的,因为在《北史》和《资治通鉴》的相应记载中也同样没有"素"字。①据此可以推断,《太平御览》中的这段史料与今本《魏书》中所存的魏澹书的《太宗纪》无关。而值得注意的是,在这段与《太宗纪》的来源不同的史料之中,自"五月,诏皇太子临朝听政"之后,对拓跋焘均书"皇太子",而不书"太平王"。

《太平御览》成书于北宋太平兴国八年(984年)十二月,②其成书时代较魏收《魏书》、魏澹《魏书》以及李延寿的《北史》均晚,但是它的内容却主要从《御览》等前代类书中裁取。③这里所说的《御览》是指北齐时所编的《修文殿御览》。④《修文殿御览》今已散佚,无从见其原书,但是,正如宋人在《太宗纪》校语中指出的那样,"《北史》、《高氏小史》、《修文殿御览·皇王部》皆抄略魏收书,其间事及日有此纪(指《太宗纪》)所不载者"。看来,上段所引《太平御览》中的这段文字是直接出自魏收《魏书》原文的,它较今本《魏书》中补自魏澹《魏书》的《太宗纪》反而更为原始,自然也就更为可信。而在《太平御览》的这段文字中,也分明地写着"皇太子临朝听政"七个字。

既然在魏收书原本中的《奚斤传》和出自魏收书的《太平御览·皇王部》太宗明元皇帝条以及原为魏澹书中内容的《太宗纪》中均有"皇太子临朝听政"七个字,那么这七个字是不应当有误的,拓跋焘监国时的身份毋庸置疑应当就是皇太子。既然拓跋焘监国时的身份是皇太子,

<hr>

① 详见下引《北史》卷一《魏本纪第一》泰常七年条、《资治通鉴》卷一一九《宋纪》武帝永初三年五月条。

② 详见李焘《续资治通鉴长编》卷一八,上海古籍出版社影印光绪七年(1881年)浙江书局本,上海,1986年第1版。

③ 《续资治通鉴长编》卷一八注引《宋朝要录》谓:"诏李昉、扈蒙得以《御览》、《艺文类聚》、《文思博要》及前代类书分门编为一千卷。"

④ 详见《北齐书》卷四二《阳休之传》,中华书局校点本,北京,1972年第1版。

那么在《太宗纪》中泰常七年五月之后出现的"皇太子"称谓就不属于讹误了。非此即彼,所错的应该是《太宗纪》中泰常七年五月之后出现的"泰平王"称谓。

一方面,魏澹书是在魏收书的基础上写成的;[①]另一方面,魏澹本人同时又是《修文殿御览》的编撰人之一,[②]该书的北魏部分理应出自魏澹之手,似乎不应该发生上述《太宗纪》中出现的讹误。这些讹误很可能是在后人传抄之中产生的,不必归咎于魏澹。

不过,《太宗纪》中使人难以判断拓跋焘监国时身份的更重要的原因在于没有明确的表述拓跋焘立为太子的词语,而不仅仅限于称谓方面的讹误。在这方面,《北史》和《资治通鉴》的表述就很明确。

《北史》卷一《魏本纪第一》泰常七年条载:

> 初,帝服寒食散,频年发动,不堪万机。五月,立太平王焘为皇
> 太子,临朝听政。

这条史料不但与《太平御览》的记载一致,而且还明确地指出拓跋焘立为皇太子与其临朝听政为同一时间。这也印证了上小节最末一个自然段中"以拓跋焘为皇太子和命他监国二事的仪式是同时举行的"这一推断。《北史》中的北魏部分也是在魏收《魏书》的基础上写成的。[③] 魏澹

---

① 《隋书》卷五八《魏澹传》载:"高祖(隋文帝杨坚)以魏收所撰书褒贬失实,平绘为中兴书事不伦序,诏澹别成魏史。"又载:"澹之义例与魏收多所不同","澹所著《魏书》甚简要,大矫收、绘之失"。同时,还列举了五项魏澹书与魏收书在义例上的不同之处。可见,所谓魏澹"大矫收、绘之失",主要在于义例上的更改。魏澹书既然是在魏收书的基础上简约而成的,那么其内容主要取自魏收书无疑。这也正是后人要以魏澹书补魏收书中所亡《太宗纪》的缘故。

② 详见《隋书》卷五八《魏澹传》,中华书局标点本,北京,1973年第1版。

③ 详见《北史》卷一〇〇《序传》所载李延寿上表。

《魏书》已经比魏收《魏书》简要了,而《北史》又较魏澹《魏书》更加简要,这一点只需将今本《魏书》的《太宗纪》和《北史》的《魏本纪第一》加以对比就可以看出。可是,同样在泰常七年的五月条下,更加简要的《北史》的《魏本纪第一》却偏偏比源于魏澹书的《太宗纪》多出了"立太平王焘为"六个字。这一反常现象决不说明《北史》有衍文,只能说明今本《魏书》的《太宗纪》有脱文。结合上文所证,所脱文字可能就是这六个字。

《资治通鉴》卷一一九《宋纪》永初三年(北魏泰常七年)五月条也载:

> 立太平王焘为皇太子,使之居正殿临朝,为国副主。

与《北史》一样,《资治通鉴》中也有明明确确的"立太平王焘为皇太子"等字。对比之下,就更加显示了今本《魏书》的《太宗纪》行文中前不言立太子事而后忽称"诏皇太子临朝听政"之语的唐突。要想消除这样的唐突,唯有参照《北史》、《资治通鉴》等文补上"立太平王焘为皇太子"一类的词语。①

据旧本《魏书》的《目录叙言》记载,为《魏书》写校语的宋人是刘攽、刘恕、范祖禹和安焘等四人,而其中刘攽、刘恕和范祖禹三人又都是《资治通鉴》的撰修人。看来,宋人虽未对《太宗纪》中的"残缺脱误"加以校勘,但其观点已在《资治通鉴》的行文中明确表达。

---

① 《通志》卷一五上《后魏纪上》明元帝泰常七年条所载全同于《北史》卷一《魏本纪第一》,在此可不论。《册府元龟》卷一《帝王部一》帝系、卷一〇《帝王部二》继统一、卷二五六《储宫部一》建立一、卷二五九《储宫部四》监国等各条下均无拓跋焘被立为太子事。然而,正如中华书局校点本《魏书》卷三《太宗纪》校勘记[一]指出的那样,"宋初魏收此纪(指《太宗纪》)已缺,故景德二年(1005)编《册府元龟》时有关诸条都和今补本相同"。上述《册府元龟》诸条原本于魏澹书,故而无须赘论。

泰常七年(422 年)五月拓跋焘被立为太子事无疑了。

第二节　太子焘监国考

一、太子监国权力超越常规

汉族士人崔浩建议明元帝立拓跋焘为太子的同时提出了以太子为监国的议案。在上节所引的《魏书》卷三五《崔浩传》中称,当明元帝向崔浩咨询皇位继承问题时,崔浩为此发表了一番长篇的议论。这番议论的宗旨,就是建立以太子为监国的制度。

随后,明元帝就此问题征求了拓跋贵族的代表长孙嵩的意见。如上节所引《魏书》卷二五《长孙嵩传》中载,长孙嵩表态道,"长皇子贤而世嫡,天所命也",同意按照"立子以长"的原则确立太子,并协助明元帝"定策禁中"。明元帝与长孙嵩"定策"的内容,应该包括确立拓跋焘为皇太子,并以皇太子监国,以及确定辅佐大臣等事项。

当然,如此这般定策的依据则是汉族士人崔浩的建议。不仅如此,就连以太子监国的仪式也是由崔浩一手导演的,请看《崔浩传》的记载:

> 于是,使崔浩奉策告宗庙,命世祖(拓跋焘)为国副主,居正殿临朝。司徒长孙嵩、山阳公奚斤、北新公安同为左辅,坐东厢,西面;(崔)浩与太尉穆观、散骑常侍丘堆为右弼,坐西厢,东面。百僚总己以听焉。

这段记载是太子焘首度"居正殿临朝"的十分形象的写照。拓跋焘为太子而监国的礼仪既隆重又规范,那是因为有深谙古制的崔浩在导演的缘故。而崔浩所依据的古制当然是汉族传统礼仪。

崔浩一生对于北魏政治作出过许多重大贡献,史臣在《魏书》卷三五《崔浩传》末称赞道：

> 崔浩才艺通博，究览天人，政事筹策，时莫之二，此其所以自比
> 于子房也。属太宗为政之秋，值世祖经营之日，言听计从，宁廓区
> 夏。遇既隆也，勤亦茂哉。

史臣所言诚是，北魏前期的诸多政治措施，或出于崔浩之手，或受其推
动。而建立太子监国制度应当是"太宗为政之秋"一项最重大的改制，
推其首功，仍当属于崔浩。

历史上，"监国抚军"作为太子的责任由来已久。本章上节第一小节
中所引《左传》闵公二年条下里克所谓"冢子，君行则守，有守则从，从曰
抚军，守曰监国，古之制也"之语，对于太子监国的职权表述得既简练又
明确。《三国志·吴书》卷六〇《全琮传》下裴松之注引《江表传》称，全琮
谏阻吴主孙权使太子登出征事即以此为据。可见，太子焘"居正殿临朝"
的礼仪，不仅合乎崔浩所谓"入总万机"的建议，而且也与古制不悖。

不过，里克所谓的"守曰监国"是有前提的，前提是"君行"。也就是
说，太子监国是在国君出征的情况下实行的权宜之计。然而，明元帝以
太子焘为监国却并无"君行"的前提。我们再来看《崔浩传》所载：

> 太宗避居西宫，时隐而窥之，听其(指拓跋焘)决断，大悦，谓左
> 右侍臣曰："长孙嵩宿德旧臣，历事四世，功存社稷；奚斤辩捷智谋，
> 名闻遐迩；安同晓解俗情，明练于事；穆观达于政要，识吾旨趣；崔
> 浩博闻强识，精于天人之会；丘堆虽无大用，然在公专谨。以此六
> 人辅相，吾与汝曹游行四境，伐叛柔服，可得志于天下矣。"群臣时
> 奏所疑，太宗曰："此非我所知，当决之汝曹国主也。"

明元帝不仅将一应政事交付给太子焘,而且还选择当时朝廷中最重要或最得力的大臣为之辅弼,不遗余力地支持太子焘监国,使得太子焘的权势达到顶峰,已经等同于皇帝。①因而,史家也难以准确之辞简明地表述这种状况,所以才会如上节所述,有称其为"临朝听政"者,有称其为"监国"者,也有称其为"摄政"者,还有称其为"总摄百揆"者,其辞不一。这条记载还明确告诉我们,当太子焘监国的时候,明元帝并未离开平城;明元帝虽有要"游行四境"等语,但在他未当"游行四境"时太子焘也同样在决断国政。看来,太子焘"居正殿临朝"并非权宜之计,而是常务性的。这一点颇与古制不同,超越了所谓"君行则守,有守则从"的常规。

上述讨论令我们感到,明元帝和崔浩不仅对于建立太子格外重视,而且对于巩固太子的地位更是煞费苦心。悠悠万事,唯此为大,选定储君为国家最大之事,无一代不重视。不过,明元帝和崔浩等却表现得异乎寻常地急迫,急迫到在立太子的同时就命其监国,遂将全部政治权力交付给太子。这在历史上虽非仅有,却也实属少数。

那么,明元帝异常急迫的原因何在呢?

二、明元帝自相矛盾的言论

明元帝以太子焘监国的原因在上引《崔浩传》中两次谈到。其一,是通过中贵人对崔浩讲的,曰:"朕疾弥年,疗治无损,恐一旦奄忽,诸子并少,将如之何?"其二,是对侍臣之语,曰:"吾与汝曹游行四境,伐叛柔服,可得志于天下矣。"前说有关皇位的继承问题,是为身后之计;后说旨在摆脱政务而专意于征伐,是为现实考虑。两种说法,均出于明元帝

---

① 《魏书》卷三五《崔浩传》载,拓跋焘监国不久,南方的宋朝武帝刘裕去世,明元帝"锐意南伐",崔浩执意不可,最后"议于监国之前",才终于决定出兵。不仅一般政务,甚至连明元帝"锐意"的征伐之举也需要在监国的主持下讨论决定。由此可见拓跋焘监国时的权势之大。

一人之口,却是互相矛盾的。若按第一种说法,明元帝就应该依崔浩的建议,"优游无为,颐神养寿";但按第二种说法,明元帝就不能够"优游无为,颐神养寿"。

明元帝"寝疾"确系事实,不仅《崔浩传》与《长孙嵩传》中有清楚的记载,而且《魏书》卷三《太宗纪》泰常七年四月条下也称"帝素服寒食散,频年发动,不堪万机",将其得病的原因写得十分明白。该纪还记载,一年半后,即泰常八年十一月,明元帝便去世了。据此看来,前一种说法更为确切。

不过,在以太子拓跋焘为监国之后,明元帝却并没有"优游无为,颐神养寿",恰恰相反,不久他就发动了一场大规模征伐南方刘宋王朝的战争。这场战争一直进行到他去世前两个月才告结束。在整个战争期间,他还不断地出巡,以示声援前方部队。这些在《太宗纪》中有详细的记录:

> (泰常七年)秋九月,诏假司空奚斤节,都督前锋诸军事,……前锋伐(宋少帝)刘义符。乙巳,幸灅南宫,遂如广宁。……辛酉,幸桥山,遣使者祠黄帝、唐尧庙。因东幸幽州,见耆年,问其所苦,赐爵号。分遣使者循行州郡,观察风俗。冬十月甲戌,车驾还宫。……奚斤伐滑台不克,帝怒,议亲南讨,为其声援。壬辰,车驾南巡,出自天门关,踰恒岭。……(泰常)八年正月丙辰,行幸邺,存恤民俗。……三月乙巳,帝田于邺南韩陵山,幸汲郡,至于枋头。乙卯,济自灵昌津,幸陈留、东郡。乙丑,济河而北,西至河内,造浮桥于冶坂津。夏四月丁卯,幸成皋城,观虎牢。……遂至洛阳,观石经。……闰月己未,还幸河内,北登太行,幸高都。……辛酉,帝还至晋阳。……五月丙寅,还次雁门。……庚寅,车驾至自南巡。……丙辰,北巡,至于参合陂,游于蟠羊山。秋七月,幸三会屋

侯泉。……八月,幸马邑,观于灅源。九月乙亥,车驾还宫。诏司
空奚斤还京师。

由这大段的记载不难知道,在奚斤率北魏军攻伐刘宋期间,明元帝的大
部分时间都是在巡幸之中度过的。其间,留在平城的时间只有两次,第
一次,自泰常七年十月甲戌至当月壬辰,共十九天;第二次,自泰常八年
五月庚寅至六月丙辰,共二十七天;合计仅四十六天。而整个战争却进
行了一年多。照此看来。明元帝的病情并不像《太宗纪》所云,达到了
"不堪万机"的程度,至少在他自己的心目中并没有真正认为自己行将
就木。若按此,以太子焘为监国的原因应以后一种说法为当。

前后两种说法,似乎均合情理,但又彼此排斥。这种说法上的前后
不一致,看似奇怪,实际上并不矛盾,它正反映了明元帝的心里有一种
难以明言的苦衷。换而言之,上述两说都只是表面上的原因,在明元帝
心里实际上有着更为深沉的思虑。对此,明元帝没有说,大概也不便
于说。

依笔者管见,明元帝用心良苦的目的是为了彻底改变拓跋部传统
的兄终弟及的习俗,以确保自己的长子拓跋焘的继承权利。为了说明
这一点,拟从拓跋部的继承原则论起。

三、北魏历史上首位太子

立太子,对于历代汉族王朝,早已是天经地义的事情;但是,对于原
系游牧部落的拓跋王朝来说,却是开天辟地第一回。因为,在继承原则
上,拓跋部的旧俗与中原封建王朝的传统是绝然不同的,前者一贯实行
兄终弟及制,后者则是父子相承制。

兄终弟及制源于母系氏族社会。吕思勉先生认为,在母系氏族社
会中,以母权为中心,以母系血统相承续,因而兄弟为一家而父子非一

家,于是有了兄终弟及的继承传统。① 不过,吕先生的看法只谈了兄终弟及制的渊源,而未及探讨其延续到部落联盟时代末期的理由。其理由应该是,部落联盟的首领不同于封建的帝王,既要有政治方面的才干,又要有做军事统帅的能力,所以大多数由那些年长而有威望者担任。在这种情况下,兄终弟及制就显然较父子相承制要优越,因此它不仅能够在原始社会时期长期延存,而且在原始社会结束以后仍留有强烈的影响。

中原王朝废除兄终弟及制传统经历过漫长时间,它的转化期在商、周交替之际。②西周以后,嫡长子继承原则逐渐占据上风,但在一些邦国之中仍保留有兄终弟及的习俗,直到秦始皇统一中国,建立起专制主义的中央集权王朝,嫡长子继承原则才取得彻底的胜利。

由《魏书》卷一《序纪》所列拓跋氏诸王世系③来看,在昭成帝什翼犍以前,王位基本上是按照兄终弟及制继承的。但是,在道武帝以后,皇位完全就按照父子相承制传递了。④ 从表面上看,北魏建国伊始就以父子相承制取代了兄终弟及制,其转折过程较汉族社会所经历的要简单、顺利得多。韩国磐先生便根据拓跋氏早期继承顺序表认为,"到什翼犍以后,父子相承的继承法就确定下来。父子相承代替了兄终弟及"。⑤

其实不然,当道武帝登上王位时,什翼犍的代国早已灭亡十年了。是道武帝自己,率领拓跋部重新建立了一个国家。他并不是通过继承

---

① 详见《吕思勉读史札记》甲帙《先秦》殷兄弟相及条,上海古籍出版社,上海,1982年第1版,第134—138页。

② 详见《吕思勉读史札记》甲帙《先秦》殷兄弟相及条。

③ 详见本书附录之表一《力微至北魏建国前拓跋氏诸王世系表》。

④ 详见本书附录之表二《北魏王朝世系表》。

⑤ 韩国磐:《魏晋南北朝史纲》第六章第一节,人民出版社,北京,1983年第1版,第410—431页。

方式而是在代北诸部大人的推举之下登上王位的。退一步讲，如果什
翼犍代国不曾灭亡，就名份而言也轮不上道武帝继位。因为，正如周一
良先生指出的那样，在什翼犍诸子孙中，道武帝的地位是十分尴尬的。
从血统上看，道武帝虽然是献明帝之子、什翼犍之孙；但是献明帝死后，
什翼犍又娶了道武帝的母亲贺氏为妻，似乎道武帝又成了他祖父什翼
犍的儿子。①由于在宗室中处于不伦不类的地位，因此在拓跋贵族的心
目中并没有将道武帝看作法定的继承人。关于这一点，不难从以下两
段史料中看出。

其一，《魏书》卷二五《长孙嵩传》载：

> 　　昭成末年，诸部乖乱，苻坚使刘库仁摄国事，嵩与元他等率领
> 部众归之。刘显之谋难也，嵩率旧人及乡邑七百余家叛显走，将至
> 五原。时寔君之子，亦聚众自立，嵩欲归之。见于乌渥，称逆父之
> 子，劝嵩归太祖。嵩未决，乌渥回其牛首，嵩傀俛从之。见太祖于
> 三汉亭。

关于寔君之子的事迹，史载不明，但是寔君在《魏书》卷一五《昭成子孙
列传》中有传。该传称，寔君为"昭成皇帝（什翼犍）之庶长子"。又称，
东晋太元元年（376年）前秦攻代国时，寔君曾为争夺王位而"率其属尽
害诸皇子"。寔君的行为使苻坚感到嫌恶，因而后来将他轘于长安西
市。但是，即使像寔君这样一个人的儿子在当时居然也有号召力，能够
"聚众自立"。长孙嵩就是上文述及的在明元帝以太子拓跋焘监国前被
征求意见的两位大臣中的后一位。据其本传知，他不仅是拓跋贵族的
首领人物，而且也是北魏的开国功臣。从上引史料中可以看到，像长孙

---

① 　详见周一良先生《关于崔浩国史之狱》，第345—347页。

嵩这样的重要人物，其本心却先欲投奔寔君之子，只是在于乌渥的勉力劝说之下，他才转而归于道武帝。长孙嵩的政治态度是很有代表性的，它说明在寔君之子所聚之"众"中一定含有不少拓跋贵族，从而也说明拓跋贵族们并没有将道武帝视为当然的君王。

其二，《魏书》卷一五《昭成子孙·窟咄传》载：

> 昭成子窟咄。昭成崩后，苻洛以其年长，逼徙长安，苻坚礼之，教以书学。因乱随慕容永东迁，永以为新兴大守。刘显之败，遣弟亢泥等迎窟咄，遂逼（魏）南界，于是诸部骚动。太祖左右于桓等谋应之，同谋人单乌干以告。太祖虑骇人心，沉吟未发。后三日，桓以谋白其舅穆崇，崇又告之太祖。乃诛桓等五人，余莫题等七姓，悉原不问。太祖虑内难，乃北踰阴山，幸贺兰部。……（贺兰部帅）贺染干阴怀异端，乃为窟咄来侵北部。人皆惊骇，莫有固志。于是北部大人叔孙普洛节及诸乌丸亡奔卫辰。

窟咄之难在《魏书》卷二《太祖纪》中系于登国元年（386 年）条下，是北魏建国之初的一件大事。这一事件虽然最后以窟咄的失败而告终，但是在开始时道武帝却一直处于十分不利的状况下，这从上引《窟咄传》中可以清楚地看出来。造成这种状况的一个重要原因是为数甚众的贵族和部帅或"阴怀异端"，或"亡奔"他部。这些人中，仅《窟咄传》提到的就有于桓、单乌干、莫题等七姓、贺染干、叔孙普洛节及诸乌丸。

那么，这些人为什么要响应窟咄而反对道武帝呢？我想，莫题曾经说过的一句话是颇能代表当时一般贵族与部帅的心态的。《魏书》卷二八《莫题传》载：

> 登国初，刘显遣弟亢泥等迎窟咄，寇南鄙。题时贰于太祖，遗

箭于窟咄，谓之曰："三岁犊岂胜重载！"言窟咄长而太祖少也。

道武帝在登国元年时才十五岁，因而莫题以三岁犊喻之，以示轻蔑之意。其实，道武帝不仅在年龄上而且在宗室中的地位上与窟咄相比都居于劣势，①这两条都应该是于桓等贵族与部帅反对道武帝而拥护窟咄的理由。由此也可见，道武帝即代王位事与父子相承的继承法无关。

要之，北魏建国之前，拓跋部尚处于部落联盟时期，其最高权力的嬗递，一贯实行兄终弟及制，根本谈不上立太子之事。而且，在北魏建国之初，拓跋部内的兄终弟及旧制仍然保持着强烈的影响。

拓跋焘的父亲明元帝拓跋嗣是北魏开国皇帝道武帝的长子，道武帝末年曾拟立拓跋嗣为嗣，此事在《魏书》卷三《太宗纪》中有记载，本书第一章第三节第二小节中已经述及。只是由于道武帝在立拓跋嗣为嗣之前实行子贵母死规则而将拓跋嗣的母亲刘贵人杀死了，致使拓跋嗣惶恐外逃，因而立嗣之事未果。时隔不久，天赐六年（409 年）十月，道武帝又欲诛杀次子清河王绍之母贺夫人，引发了清河王政变，结果道武帝反被清河王绍杀死。所以，道武帝以后，获得皇位的是清河王拓跋绍。但是清河王绍并非道武帝的嫡长子，而且他是以政变的办法夺取皇位的。②明元帝虽然是道武帝的嫡长子，但是，他的皇位也是发动政变而从清河王绍手中夺取的。③由此可见，道武帝生前并未立成太子，

①　窟咄，《魏书》卷二《太祖纪》登国元年七月条称之为"（道武）帝叔父"，其本传称之为"昭成子"；《资治通鉴》卷一○四《晋纪》太元元年十二月条下称之为"什翼犍子"，卷一○六《晋纪》太元十年八月条下称之为"什翼犍少子"。窟咄在血统上显然比道武帝更优越。

②　详见《魏书》卷三《太宗纪》、卷一四《道武七王·清河王绍传》等。

③　详见《魏书》卷三《太宗纪》。但《宋书》卷九五《索虏传》称明元帝为"开次子"，"开"即道武帝，则清河王绍似乎是道武帝之长子。不过，这并不影响本节论旨，姑且不论。

更没有顺利地实现皇权的交替。

明元帝亲身经历了道武帝末年的政治动乱,对其症结所在有所认识,因而他即位后会使中贵人密问计于崔浩。于是,崔浩才建议按照中原汉族王朝的传统建立太子制度,并提出以临朝监国来巩固太子地位的办法。有关这些情况,在下文中要详细考证。在这里则要强调指出的是,拓跋焘是拓跋部有史以来的第一位太子,以他为太子并监国的事件实为北魏政治史上一次重大的改制,此事件发生在泰常七年(422年)的五月。

四、清河王政变中提出的问题

拓跋部的继承原则兄终弟及制并没有与部落联盟推举制同步地退出历史的舞台,在北魏王朝建立以后,它的影响还延续了两代的时间。换而言之,在明元帝以前,父子相承制并没有得到拓跋贵族们的首肯。为了进一步说明这一点,有必要回过头来考察清河王政变中的一些细节。

清河王绍杀死道武帝后意图攫取皇位,当时的情形在《魏书》卷一六《道武七王·清河王绍传》中记载道:

> (道武帝)遂暴崩。明日,宫门至日中不开。绍称诏召百僚于西宫端门前,北面而立。绍从门扉间谓群臣曰:"我有父,亦有兄,公卿欲从谁也?"王公已下皆惊愕失色,莫有对者。良久,南平公长孙嵩曰:"从王。"群臣乃知宫车晏驾,而不审登遐之状。唯阴平公元烈哭泣而去。于是,朝野凶凶,人怀异志。

关于这段情节,《资治通鉴》卷一一五《晋纪》义熙五年(北魏天赐六年,409年)十月条下也有记载:

> 己巳,宫门至日中不开。绍称诏召集百官于端门前,北面立。

绍从门扉间谓百官曰:"我有叔父,亦有兄,公卿欲从谁?"众愕然失色,莫有对者。良久,南平公长孙嵩曰:"从王。"众乃知宫车晏驾,而不测其故,莫敢出声。唯阴平公烈大哭而去。烈,仪之弟也。于是,朝野恟恟,人怀异志。

对比这两段史料不难看出,《资治通鉴》记载的内容与《魏书》大体相同,而文字则较《魏书》要简略。但是,值得注意的是,在清河王绍谓群臣之语中的"父"字之上,《资治通鉴》却反较《魏书》多了一个"叔"字。何以他处均略而此处反而多了呢? 这个"叔"字决非无关紧要之字,有无之间意义是大不相同的,因而有必要加以辨明。

在《清河王绍传》中,清河王绍所谓父、兄者即道武帝和明元帝。清河王绍召见群臣的目的本来就是要宣布道武帝去世,并胁迫群臣承认自己占有皇位的现实,因此无须隐讳道武帝去世的事实,需要隐讳的只是道武帝的"登遐之状"。换而言之,在清河王绍提出继承权的议题时,已经没有再提他的父亲的必要了。因为,倘若道武帝仍然健在,便无须讨论"公卿欲从谁"的问题。抑或是清河王绍故作闪烁之词乎? 不过,在当时那种千钧一发的紧要关头似乎无此必要。看来,《魏书》所载清河王绍之语不合逻辑,而且不合逻辑的症结点正在一个"父"字之上。但若依《资治通鉴》,将"父"改作"叔父",则上述不合逻辑之处即行消除。所以,仅从文字上推敲,《资治通鉴》多一"叔"字较《魏书》没有"叔"字妥当,"叔"字绝非凭空而衍。

以长孙嵩为首的北魏群臣大多是跟随道武帝久经政治动乱而深谙政治情势的开国功臣。细味《清河王绍传》所载情形可知,当宫门反常地至日中而不开时,他们大多已经预感到政治的突变,所不悉者只是具体情节而已。所以,在"良久"之间,他们更多考虑的应该是"欲从谁"的问题,而不是判定道武帝是否已死及其死因等事了。照此揣测,则《魏书》的《清河王绍传》中，不仅"我有父"一语可疑，而且"良久，……群臣乃知宫车晏驾，而不审登遐之状"一语也确有玄虚之感。《北史》卷一六《清河王绍传》中，在"良久"以上均同《魏书》的《清河王绍传》，但是"良久"以下却略去了"群臣乃知宫车晏驾"之语，而将"不审登遐之状"语记录于长孙嵩答语之中。这样处理史料更加合乎情理。

长孙嵩语在《魏书》与《北史》中的不同，说明《魏书》和《北史》在材料的取舍上是有所不同的。《资治通鉴》所载又与二书不同，说明《资治通鉴》所据材料又不同于二书。不过，宋人编《资治通鉴》必然参考过《魏书》、《北史》二书，尤其是《魏书》，因此除多一"叔"字外，其余全同于《魏书》。然而，《资治通鉴》何以偏偏要留下一个"叔"字，而不依《魏书》将之删去呢？我认为，要么，宋人所见《魏书》原本中本来是有"叔"字的；要么，宋人认为所依材料中有较《魏书》更为可信者，而该条更为可信的材料中是有"叔"字的。

看来，如果清河王绍确有叔父，我们就应依照《资治通鉴》的记载去讨论问题了。

清河王绍的叔父应即道武帝之弟，但是，《资治通鉴》卷一〇三《晋纪》咸安元年（371年）七月条下称道武帝为代王世子寔之遗腹子，他似乎不应该有弟。不过，周一良先生已经证明，世子寔死后其妻贺氏上嫁了昭成帝什翼犍，并生有名拓跋觚者，此即《魏书》卷一五《昭成子孙列传》中的秦愍王觚。后来，为了掩盖这段翁媳相配的"丑事"，史家将拓跋觚编排成秦明王翰的儿子。[1]据此知，拓跋觚应为道武帝的同母异父弟。不过，拓跋觚早在道武帝征中山时已被慕容普骥害死，[2]所以清河王绍所言之叔父并非拓跋觚。

---

[1] 详见《关于崔浩国史之狱》，第347—349页。

[2] 详见《魏书》卷一五《昭成子孙列传·秦愍王觚传》。

或许,《资治通鉴》所谓"叔父"系泛指与道武帝同辈的宗室兄弟。不过,当清河王绍政变时,这样的兄弟已寥寥无几了。在《魏书》卷一四《神元平文诸帝子孙列传》中明确记载为道武帝族弟者有吉阳男比干、①江夏公吕,按辈分排列当为同宗兄弟者有西河公敦,②但此三人与皇位继承权并不相干。《魏书》卷一五《昭成子孙列传》中还有名拓跋烈和拓跋勃者。③据本传载,拓跋烈为昭成帝的第三子秦明王翰之子、卫王仪之弟,而拓跋勃为昭成帝子力真之子,他们与道武帝系同祖兄弟。而且,拓跋烈与道武帝还出于同一祖母慕容氏。④ 因而,与拓跋勃相比较,拓跋烈与道武帝的关系更为亲近。此外,拓跋勃本传关于其生前事迹仅有 10 个字的记载,在北魏政治生活中是一个无足轻重的人物。而拓跋烈却是道武帝的同宗兄弟中一位值得注意的人物。

在拓跋烈本传中不载其道武帝时爵位,《魏书》卷三《太宗纪》永兴元年(409 年)十二月戊戌条称"阴平公元烈进爵为王",则他在道武帝时尚位为公爵。拓跋烈在道武帝时事迹不详,本传仅称他"刚武有智略",与道武帝是同祖兄弟大概是他受封公爵的主要原因。但是,在清河王绍谋逆之际,他却表现得十分活跃。其本传载:

---

① 吉阳男比干本传载,比干曾"以司卫监讨白涧丁零有功"。《魏书》卷三三《张蒲传》载:"泰常初,丁零翟猛雀驱逼吏民入白涧山,谋为大逆。诏蒲与冀州刺史长孙道生等往讨。"同书卷三〇《周几传》载:"泰常初,白涧、行唐民数千家负险不供输税,几与安康子长孙道生宣示祸福,逃民遂还。"两传所载与比干讨白涧丁零当系一事,则明元帝泰常初时比干尚在。

② 此外尚有高凉王拓跋孤之孙度和武卫将军拓跋谓之子乌真,但据其本传难以判定其去世之年,而且地位较低,族属又较疏远,故不列入。

③ 拓跋勃本传载,"卒,陪葬金陵。"此处金陵当指道武帝陵,可见拓跋勃死于道武帝之后,则清河王绍政变时他尚在世。此外尚有昭成子孙纥根之子蒲城侯拓跋颐,但据其本传难以判定他去世之年,而且地位较低,故不列入。

④ 《魏书》卷一三《皇后·昭成皇后慕容氏传》载,慕容氏生献明帝及秦明王。

> 元绍之逆，百僚莫敢有声，惟烈行出外。诈附绍，募执太宗。
> 绍信之，自延秋门出，遂迎立太宗。以功进爵阴平王。

在明元帝推翻清河王绍的政变中，拓跋烈的功劳在宗室贵族中是最高的。据上引《太宗纪》永兴元年十二月戊戌条载，与拓跋烈同日封王者仅有拓跋仪之子拓跋良一人，而拓跋良的受封仅仅是由于拓跋仪的旧功。[①]

令人奇怪的是，当权势赫赫的长孙嵩也不得不向清河王绍暂表屈从而声言"从王"之时，当"王公已下皆惊愕失色，莫有对者"之时，却唯有拓跋烈敢于"哭泣而去"，并引得"朝野恼恼，人怀异志"。何以在道武帝生前并不十分显赫的拓跋烈突然会有如此大的能量呢？而且，更值得奇怪的应当是拓跋烈的哭泣。虽然，在当时所存的拓跋宗室贵族之中，拓跋烈是与道武帝亲缘关系最近者，但是他的同母兄拓跋仪却刚刚于两个月之前被道武帝赐死。[②]因而，很难将他的哭泣解释成为因哀悼道武帝之死而由衷发出的情感。拓跋烈的哭泣当别有原因。

笔者以为，拓跋烈实际上与道武帝有着较表面上更为亲近的血缘关系，他们出于同一个母亲献明皇后贺氏。而《资治通鉴》所载清河王绍语中所谓的"叔父"，并非指别人，正是指拓跋烈。

五、拓跋烈是道武帝的同母弟

拓跋烈本传颇略，而其兄卫王拓跋仪本传却颇详。因此，欲证拓跋烈为道武帝的同母弟，不妨先证卫王仪为道武帝的同母弟。

既然仪、烈与秦王觚为兄弟关系，且均被列为秦明王翰之子，[③]而

---

① 详见《魏书》卷一五《昭成子孙·卫王仪传》。
② 详见《魏书》卷一《太祖纪》天赐六年八月条、同书卷一五《昭成子孙·卫王仪传》。
③ 详见《魏书》卷一五《昭成子孙列传》。

秦王觚已被周一良先生证实为什翼犍与其儿媳贺氏之子,那么仪与烈是否也同样有此可能呢?

卫王仪之母史书无载。《魏书》卷二三《刘库仁传》称:

> 建国三十九年,昭成暴崩,太祖未立,苻坚以库仁为陵江将军、关内侯,令与卫辰分国部众而统之。……于是献明皇后携太祖及卫、秦二王自贺兰部来居焉。

同书卷八三上《外戚上·贺讷传》也载:

> 昭成崩,诸部乖乱,献明后与太祖及卫、秦二王依讷。

可见,在昭成帝死后的一段时间内,道武帝母献明皇后贺氏不仅养育着道武帝,而且还抚养了卫、秦二王。

按照卫王仪本传的记载,贺氏与卫王仪的关系为婶侄关系。献明帝死后,贺氏为其翁昭成帝什翼犍所娶,则此后贺氏与卫王仪之间的关系应为祖孙关系。至于秦王,在《魏书》卷一三《皇后·献明皇后贺氏传》中被称为"后少子"。倘如是,则按惯例道武帝等三人的排列应按亲疏先排贺氏二子道武帝与秦王,然后再排作为侄子或孙子的卫王仪,史书中当书作"太祖及秦、卫二王"。然而,何以却在道武帝与秦王之间插入了卫王仪呢? 似不可解。要么,他们之间是按年龄排列的,不过按年龄排列的前提应是亲缘关系平等的情况。如上节所述,周一良先生认为所谓贺氏"少子"秦王此人即《昭成子孙列传》中的秦愍王觚,他是贺氏再嫁昭成帝什翼犍后所生。而在《昭成子孙列传》中,这位秦王觚被记为卫王仪和阴平王烈的弟弟。那么,如将这些迹象联系到一起来看,那位能有资格夹在道武帝和秦王觚之间的卫王仪便也颇有为昭成帝与贺氏所生的嫌疑了。

《魏书》的《序纪》、《太祖纪》和《献明皇后贺氏传》均载，代国被前秦灭亡后，拓跋部部众纷纷离散，贺氏也因此历尽艰难。贺氏死于皇始元年(396年)六月，时年四十六岁。①则自昭成帝建国三十九年(376年)至登国元年(386年)道武帝即代王位为止的这一段颠沛流离阶段，贺氏正处于二十六岁至三十六岁之间。而在这一阶段内，道武帝年龄是六岁至十六岁。秦王觚的年龄应当更幼小。以一位失国失家的青年寡妇带上两个未成年的儿子四处奔波，已属困难之举，何以还要带上一个侄子或并非嫡亲的孙子呢？令人不可理解。更何况，《魏书》卷一五《昭成子孙·秦明王翰传》载，秦明王翰卒于昭成帝建国十年(347年)，则设若卫王仪为秦明王翰的遗腹子，到建国三十九年也应有二十九岁了，无须由一位二十六岁的妇人所"携"。因此，卫王仪无论如何也不可能是秦明王翰之子。②从其长期由贺氏扶养来看，卫王仪当时尚属年幼时期，应该也像道武帝和秦王觚一样，为贺氏之亲子。只有这样，将他排在道武帝与秦王之间才合适。不过，道武帝既然为遗腹之子，排在其后

---

① 详见《魏书》卷二《太祖纪》、卷一三《皇后·献明皇后贺氏传》。

② 对秦明王翰死的时间，中华书局校点本《魏书》已有所怀疑，在卷一五的校勘记[二]中认为，"'十'字上下当有脱文"。按，卫王仪既然由二十六岁之贺氏所"携"，显系孩童，而且年龄应该在六岁的道武帝之下。在古书脱文的情况中，上下均缺字而唯留中间一字的情况是罕见的。如果确有脱文，上脱较下脱对数值的影响更大，而此处上脱中最大的数字不可能超过"三"，因为什翼犍建国年号到三十九年为止。设若上脱为"三"，则秦明王翰应当死于建国三十年，那样的话也仍生不出卫王仪来。又，校勘记[二]还认为"拓跋寔死在建国三十四年，……则翰死必在其后"，也就是说秦明王翰应死于建国三十四年之后。但是这一结论是建立在承认"(秦王)觚也是(秦明王)翰子，当是献明太子拓跋寔死后，贺氏收继为翰妻所生"的基础之上的。不过，所谓"收继"的猜测所依的根据似不充足。今按周一良先生在《关于崔浩国史之狱》中所论证的献明太子拓跋寔死后贺氏再嫁什翼犍的情况分析，似不能得出秦明王翰死必在拓跋寔死之后的结论，故不取校勘记[二]所谓秦明王翰应死于建国三十四年之后的看法。

的卫王仪也就不应是献明帝寔的亲子了,他应当和秦王一样,为贺氏再嫁昭成帝后所生。也只有这样,他才有资格排在道武帝与秦王之间。

正如周一良先生在《崔浩国史之狱》中指出的那样:

> 魏收修一百六十年之历史仅十余月而成,其书前半大多本于北魏旧史,故本纪中皆不免于粉饰,抹去昭成被擒入长安及道武流放至蜀等事。北魏史臣叙崔浩国史一案之罪行,自不敢再斥言其事,详细记述,而不得不含混其词,以免重新暴露北魏鲜卑统治者祖先之羞耻屈辱。魏收修史虽在北齐之世,而因袭旧文,未加改易。

《魏书》中关于北魏早期历史不实之处颇多,但是伪造与删削历史必不能做得十分彻底、干净,难免会遗下漏洞,而被后世揭发出来。周先生便以《晋书》为依据,补以《宋书》、《南齐书》等史籍,揭示了代国败亡以后什翼犍被迫内徙长安以及什翼犍曾与其儿媳即道武帝的嫡母贺氏婚配等历史事实。被周先生揭示的这些史实,是北魏统治者最避讳的所谓"耻辱"与"丑陋"的秘情,因而《魏书》对这些史实处处予以遮掩。而本节所讨论的卫王仪与贺后的真实关系如果被暴露出来,必然会触及上述一系列"耻辱"与"丑陋"的秘情。什翼犍曾与其儿媳贺氏婚配的真相,尤其会影响道武帝在中原士人心目中的形象,因此必定会在被遮掩的范围之内。

然而,这种遮掩很难周全,难免会留下漏洞。这个漏洞就发生在《魏书》卷一三《皇后·献明皇后贺氏传》中,该传载:

> 后刘显使人将害太祖,……后乃令太祖去之。后夜饮显使醉,向晨,故惊厩中群马。显使起视马。后泣而谓曰:"吾诸子始皆在

此,今尽亡失。汝等谁杀之?"故显不使急追。

按,贺氏"吾诸子始皆在此,今尽亡失"一语实将天机泄漏,为我们提供了贺氏与卫王仪之间关系的信息。以"皆"和"尽"作为修饰词,表明亡失者绝非单数。至于"子"的定语"诸"字,应该泛指三人以上,则其夜所逃绝非道武帝一人,也非道武帝与秦王觚两人,必定还有第三位,甚至会有第四位。那么,这第三位是谁呢?

据《太祖纪》所载知,道武帝在即代王位之前曾先后在独孤和贺兰两部寄居。又从上引《刘库仁传》和《贺讷传》知,道武帝在这两部时是与贺氏和卫、秦二王在一起的。而《魏书》卷一五《昭成子孙·卫王仪传》也称:

> 太祖幸贺兰部,(仪)侍从出入。

联系本节上文所证,这第三位只能是卫王仪了。他与道武帝和秦王觚合为三人,因而才可以以"诸"字概称。①综上所证,卫王仪理应为贺氏所生。从排列顺序推断,为道武帝弟、秦王觚兄。

---

① 虽然诸子亦可作为子侄辈的泛称,但是既有前论,此处明非泛称。又,《太祖纪》载,天兴三年十二月以后道武帝以"法制御下",诛杀大臣只在俄顷之间,其堂弟常山王遵功高同于卫王仪,对其处分也未见拖延。唯在卫王仪事上道武帝却一反常态,甚至将其谋反事隐秘下来,直到天赐六年八月才因其自疑出逃而杀之。卫王仪本传称:"太祖以仪器望,待之尤重,数幸其第,如家人礼。"又称:"子纂,五岁,太祖命养于宫中。……太祖爱之,恩与诸皇子同。"道武帝对待卫王仪父子如此"尤重",难道仅仅因为卫王仪"器望"或功高吗?联系上证,这些不同寻常的关切之举,很可能是因为在道武帝与卫王仪之间具有不同寻常的亲缘关系的缘故。史家特意点出"如家人礼"和"与诸皇子同"等语,是否也在引导我们往这方面深思呢?

现在可以返回去讨论阴平公烈与道武帝的关系了。阴平公烈的母亲不见于史载。阴平公烈既然为卫王仪之弟，那么依据上述考据卫王仪年龄的原理同样推测，他也不可能是秦明王翰所生。然而，史家却硬是将他挂在秦明王翰的名下，其原因应该与秦王觚被编排成为秦明王翰的儿子一样。那么，同理可推，阴平公烈也应该像其兄卫王仪、其弟秦王觚一样，是道武帝的同母弟。则上述贺氏所云"诸子"之中还应该有阴平公烈，他就是那个第四位。据《序纪》记载，献明帝寔死于昭成帝什翼犍建国三十四年（371 年），什翼犍死于建国三十九年（376 年）。在此六年之内，除了遗腹子道武帝外，贺氏又生下了卫王仪、秦王觚和阴平公烈。虽然生育得密一些，但并非不可能。

至此，《资治通鉴》所载清河王绍语中的"叔父"得到指实，此人即阴平公烈。看来，《资治通鉴》所载清河王绍语不误，有误的倒是《魏书》和《北史》。

有必要赘言的是，《北史》清河王绍本传所误可能是受了《魏书》清河王绍本传的影响；《魏书》清河王绍本传之误则很可能还是为了隐去阴平公烈与道武帝同母异父的关系，从而遮掩住什翼犍与贺氏翁媳婚配的"丑事"。《资治通鉴》成书晚于《魏书》与《北史》，却未受二书错误的影响，司马光等人史识的高明于此也可见一斑。不过，魏收修《魏书》贺氏本传时却未将可能导致后人猜测的"诸"字删净，是他粗心了呢？还是故意要留下这一疑点呢？如今已不得而知了。然而，客观上的效果，却是暴露了卫王仪等亦是贺氏之子的秘情。

六、道武帝末年的皇位之争

关于卫王仪和阴平公烈为道武帝之同母弟事，后世虽已不明，当世却难以隐瞒，尤其在宗室之中。而且，卫王仪和阴平公烈既然都是昭成帝什翼犍之子，按照拓跋部旧的兄终弟及的继承原则，他们是理直气壮

地具有皇位继承之权的。这一点在宗室之内也有所反映。《魏书》卷一五《昭成子孙·陈留王虔附朱提王悦传》载:

> 悦外和内很。……后为宗师。悦恃宠骄矜,每谓所亲王洛生之徒言曰:"一旦宫车晏驾,吾止避卫公,除此谁在吾前?"卫王仪美髯,为内外所重,悦故云。

朱提王悦既为宗师,因而他的言论是颇能代表拓跋宗室的一般看法的。从卫王仪本传中所载卫王仪在北魏建国时期的赫赫功勋来看,他为"内外所重"本是无可怀疑的事实,但是史臣在《朱提王悦传》中却将那"内外所重"的原因归结为"卫王仪美髯",这实在令人难以置信。

在上引史料中,朱提王悦与王洛生所言是有关"宫车晏驾"以后的事。那么,与"宫车晏驾"有关的最要紧的事是什么呢? 朱提王悦虽不敢明说,言外之意却是十分明显的,那就是关于皇位继承的问题。所以,卫王仪为"内外所重"的原因绝不是什么"美髯"云云,应该是他的功勋加上他在宗室中的地位。而在皇位继承的问题上,卫王仪在宗室中的地位,尤其是他与道武帝同母弟兄的关系,显得更加重要。至于史臣所以要将卫王仪为"内外所重"的原因归结为"美髯",并不是对卫王仪在宗室中的地位不了解,我想,除了因为当时的风俗重美髯外,更重要的也还是为了遮掩道武帝与卫王仪的不同一般的亲缘关系,以免暴露出什翼犍与贺氏翁媳婚配的"丑事"。

在道武帝的末年,北魏政权第一次面临皇位继承的问题,因此人们在考虑皇位继承人时自然会带上建国之前部落联盟时代的思想倾向,更何况拓跋部内原先奉行的兄终弟及制并未明令取消,所以在拓跋贵族的心目中卫王仪就自然成了"内外所重"的对象。甚至,细味朱提王悦自诩之语,不仅卫王仪这位道武帝的同母弟应该拥有继承之权,而且连朱提王悦自己也不是不可以对皇位抱有企望的。

对兄终弟及的继承原则和拓跋贵族对这一原则的态度,道武帝不会不清楚。但是,这位追慕汉化的君主却想改变这一原则,代之以父子相承制了。于是,建有赫赫功勋的卫王仪便成了道武帝心头的大忌。

从《太祖纪》和《卫王仪传》等有关史籍可知,道武帝与卫王仪之间并无政治见解方面的不同看法和思想意识方面的分歧。卫王仪不但在北魏的建立过程中立有首功,而且在文治上也是紧紧追随道武帝的汉化方针的。这在《魏书》卷一五《昭成子孙·卫王仪传》中记载得很清楚:

> 先是,上谷侯岌、张衮,代郡许谦等有名于时,学博今古。初来入国,闻仪待士,先就仪。仪并礼之,共谈当世之务,指画山河,分别城邑,成败要害,造次备举。谦等叹服,相谓曰:"平原公有大才不世之略,吾等当附其尾。"

正如《卫王仪传》所载,侯岌等三人都是当时有名的士人,其中许谦和张衮还是北魏早期重要的汉族功臣,他们在《魏书》卷二四中有传。《许谦传》称:

> 许谦,字元逊,代人也。少有文才,善天文图谶之学,建国时将家归附。昭成嘉之,擢为代王郎中令,兼掌文记。与燕凤俱授献明帝经。……登国初,遂归太祖。太祖悦,以为右司马,与张衮等参赞初基。

《张衮传》称:

> 张衮,字洪龙,上谷沮阳人也。……衮初为郡五官掾,纯厚笃实,好学,有文才。太祖为代王,选为左长史。……衮常参大谋,决

> 策怖慑,太祖器之,礼遇优厚。……衷遇创业之始,以有才谟见任,
> 率心奉上,不顾嫌疑。

张衮、许谦虽然出身于边远郡县,却是北魏建国初期道武帝身边主要的
汉族谋士,所以二人对于卫王仪的评价是颇能代表北魏朝中大多数汉
族士人看法的。他们对卫王仪异常"叹服",竟至于甘心"附其尾"的程
度,这自然不免有阿谀之嫌。但是,综合上述史料,客观上也不难看出
卫王仪对中原状况的了解和对汉族士人的礼遇。这说明,在对待汉文
化的态度上,卫王仪和道武帝不会发生冲突。

但是,平城政权建立以后,道武帝与卫王仪之间的矛盾却逐渐激化
了。最终发展到,道武帝处心积虑地猜忌卫王仪,而卫王仪则暗中伙同
贵族穆崇策划造反。两兄弟相争的结果,卫王仪不得不"单骑遁走",最
终被道武帝"追执"后"赐死"。[1]不过,悲剧的出现,仍然不是由于道武
帝与卫王仪在政治见解和思想意识方面发生了分歧,矛盾的焦点在于
皇位继承问题。对此,在《卫王仪传》中有一段生动的记载,将两个人的
心理状态勾画得活灵活现,该传载:

> 世祖之初育也,太祖喜,夜召仪入。太祖曰:"卿闻夜唤,乃不
> 怪惧乎?"仪曰:"臣推诚以事陛下,陛下明察,臣辄自安。忽奉夜
> 诏,怪有之,惧实无也。"太祖告以世祖生,仪起拜而歌舞,遂对饮申
> 旦。召群臣入,赐仪御马、御带、缣锦等。

世祖即道武帝的嫡长孙、明元帝子拓跋焘。道武帝与卫王仪的这一段
对话颇具戏剧性,在表面欢乐的"歌舞"与"对饮"之中,实际上进行的是

---

[1]　详见《魏书》卷二《太祖纪》、卷一五《昭成子孙·卫王仪传》、卷二七《穆崇传》。

一场令人心悸的关于继承权利的谈判。道武帝在拓跋焘出生的当夜就迫不及待地宣布喜讯,其深层次的用意正在于表明,他要让自己的子孙世世代代继承皇位,而决不允许宗室弟兄插足。道武帝特意独召卫王仪先入宫中,正是因为卫王仪"为内外所重",是按照拓跋部遗制中兄终弟及的原则而最有资格的继承皇位者,也就是道武帝认为必须首先从继承行列中排除掉的对象。而在道武帝隐隐施加的压力之下,卫王仪不得不"拜而歌舞",暂表屈服了。

在排除卫王仪等宗室兄弟的继承权的同时,道武帝为了预防皇权受到母后势力的抑制,还建立了子贵母死规则,并按照规则先杀死明元帝母刘贵人,后幽禁清河王绍母贺夫人。然而,事与愿违,道武帝矫枉过正的手段致使明元帝被迫出逃,引发清河王政变,结果道武帝自招报应而被杀。[①]因此,道武帝虽有立父子相承法的强烈愿望,却终其世而未能明确地将兄终弟及制废除。所以,直到清河王绍政变时,在拓跋贵族的心目中仍然认为兄终弟及遗制是合理的。发动政变的清河王绍是这样认为的,因此他要向群臣发出"我有叔父,亦有兄,公卿欲从谁"这样的问题,甚至在他的问话里,叔父还排在兄的前面。那些默然"良久"的群臣中这样认为的也不少,因此他们之中竟没有一位理直气壮地站出来说应该从清河王之兄拓跋嗣者。出现这样的状况,一方面是迫于形势,另一方面也是因为父子相承的原则尚未名正言顺。最后,只好由长孙嵩说出了"从王(指清河王绍)",这样一句既可以理解为"由你决定"又可以理解为"请你即位"的模棱两可的答话。

清河王绍的问话中虽然不提自己,言外之意却专在自己,他实际上是将阴平公烈这位仅存的叔父的继承皇位之权剥夺掉了。现在,我们已经明白阴平公烈何以会在清河王绍政变后如此激动地大哭而去,究其实

---

① 详见本书第一章第三节和第三章第一节。

并非痛悼道武帝,乃是惊恐与痛心交错的心理反映。他一方面害怕因自己被清河王绍视为可能的皇位继承人而受害,另一方面也确实为自己失去了皇位继承之权而痛心。不过,兄终弟及制在贵族大臣中毕竟仍留有影响,所以,当众人都"莫敢有声"的时候,处于两难境地的阴平公烈却敢大哭而去,并引得"朝野恟恟,人怀异志"。而"人怀异志"的形势最终被明元帝利用来发动政变,推翻了攫取政权不久的清河王绍。

在《魏书》卷一六《道武七王·清河王绍传》中,清河王绍给我们留下的是一个"凶狠险悖,不遵教训"的篡位者的形象。然而,从客观上看,清河王绍的篡位之举恰恰成了扫除兄终弟及遗制的筝帚,为明元帝以父子相承制取代兄终弟及制作了铺垫。

七、崔浩窥破明元帝的心病

明元帝之世,宗室之间皇位之争的危险仍然存在着。

《魏书》卷一六《道武七王列传》中称道武帝有十男:除明元帝外,称王者为七人,余二人早夭。在这七王之中,清河王绍的结局上文已述,其他六王中有四王在明元帝时期先后去世。他们之中,最早死的是河间王脩和长乐王处文,二人均死于泰常元年(416年)。[1]稍后死的是阳平王熙和河南王曜,前者死于泰常六年(421年),后者死于泰常七年(422年)。[2]这四王去世的时候都很年轻,阳平王熙死时二十三岁,河南王曜死时二十二岁,长乐王处文死时十四岁。[3]河间王脩去世时的年龄

---

[1] 详见《魏书》卷一六《道武七王列传》中河间王脩和长乐王处文二人本传,又见《魏书》卷三《太宗纪》泰常元年三月己丑条、四月庚申条。

[2] 详见《魏书》卷一六《道武七王列传》中阳平王熙和河南王曜二人本传,又见《魏书》卷三《太宗纪》泰常六年三月甲子条、泰常七年三月乙丑条。

[3] 据《魏书》卷一六《道武七王列传》中阳平王熙、河南王曜、长乐王处文三人本传推算。

不见记载,他在《道武七王列传》中排列于长乐王处文之上、河南王曜之下,河南王曜泰常元年时十六岁,则河间王脩死时年龄应在十四岁至十六岁之间。虽然这四个人去世的原因其本传均不记载,但是都在很年轻的时候就已去世,使人很难相信他们竟那么凑巧地全都死于疾病。阳平王熙本传载:

> 阳平王熙,……聪达有雅操,为宗属所钦重。太宗治兵于东郊,诏熙督十二军校阅,甚得军仪。太宗嘉之,赏赐隆厚。后讨西部越勤有功。

河南王曜本传也载:

> 河南王曜,……五岁,尝射雀于太祖前,中之。太祖惊叹焉。及长,武艺绝人,与阳平王熙等并督诸军讲武,众咸服其勇。

看来,阳平王熙和河南王曜二人的武功及在宗室中的影响都是令人嘱目的,这种情况很难不引起明元帝的疑忌。尤其值得注意的是河南王曜死于泰常七年三月乙丑,时距明元帝以拓跋焘监国仅仅两个月,距以拓跋焘为泰平王和拜相国的时间仅仅九天。此时正是明元帝为皇位继承问题忧心忡忡之际。这令人不得不怀疑四王之死,特别是阳平王熙和河南王曜之死,与明元帝或许有一定的关系。

道武帝之子中,除上述死于明元帝朝的四王之外,尚有广平王连和京兆王黎,二人分别死于始光四年(427年)和神䴥元年(428年),①属太武帝之世。此二王名列道武七王之尾,在明元帝时他们虽然年纪尚幼,但也比

---

① 详见《魏书》卷一六《道武七王列传》中广平王连和京兆王黎二人本传。

太子拓跋焘年长。广平王连和京兆王黎均受封于天赐四年(407年)，[1]距泰常七年为十五年，则当明元帝以拓跋焘监国时他们二人至少已超过十六岁，而当时拓跋焘年仅十五岁。[2] 有此年长于拓跋焘的两王存在，而兄终弟及继承原则又未被彻底破除，难怪乎明元帝要忧心忡忡了。

阳平王熙等死得不明不白，由于心虚，明元帝自然会因"怪异屡见"而惶恐不安。而此种心情又难以向人明言，所以后来他谈及以拓跋焘监国的原因时会有为了身后之计和为了专意攻伐的两种相互排斥的说法。笔者决不是认为这两种说法不能成立，只是认为，它们都属于可以明言的原因，而在明元帝心中实际上还有一个更为重要而不可明言的原因，那就是担心将来拓跋焘的皇位可能被广平王连、京兆王黎以及其他年长有器望的宗室成员夺走。明元帝的这块心病被崔浩窥破了。

崔浩出身于北方汉族第一高门清河崔氏，《魏书》卷三五《崔浩传》载：

> 崔浩，字伯渊，清河人也，白马公玄伯之长子。少好文学，博览经史，玄象阴阳、百家之言无不关综，研精义理，时人莫及。

崔浩具有很高的文化修养，十分熟悉汉族王朝的典章制度。而且，崔浩的曾祖、祖父、父亲和他本人都曾长期生活在异族统治之下，担任过后赵、前燕、后燕、北魏等王朝的重要行政职务，明习北方少数民族政权的特殊政情。更重要的是，崔浩还亲眼目睹了道武帝末年的动乱。《崔浩传》又载：

---

① 详见《魏书》卷一六《道武七王列传》中广平王连和京兆王黎二人本传，又见于卷二《太祖纪》天赐四年二月条。
② 据《魏书》卷四上《世祖纪上》载，拓跋焘生于天赐五年(408年)，至泰常七年(422年)为十五岁。

> 天兴中,给事秘书,转著作郎。太祖以其工书,常置左右。太
> 祖季年,威严颇峻,宫省左右多以微过得罪,莫不逃隐,避目下之
> 变。浩独恭勤不息,或终日不归。太祖知之,辄命赐以御粥。

正因为崔浩亲眼目睹了道武帝末年的动乱,所以他才能总结历史经验,针对明元帝时期北魏皇室的现状,适时地提出建立太子制度并以太子监国的办法去解决皇位继承问题的建议。崔浩所上建议恰好对症下药,解除了明元帝的心病。

至于本节第一小节中提到的长孙嵩,他是鲜卑贵族的代表,只有得到他的支持,立拓跋焘为太子和以太子监国事才能有成功的保障。所以,明元帝在密问崔浩以后还要再去征求长孙嵩的意见。

从表面上看,这场以汉族的太子监国古制取代拓跋部的兄终弟及遗制的改革活动似乎并未受到来自旧的部落贵族方面的抵制。我们在《崔浩传》中看到,崔浩提出太子监国的建议之后,接着便是"太宗纳之",随后就有"于是使浩奉策告宗庙"等语。似乎是,明元帝接受崔浩的建议十分痛快,崔浩实施其建议也很顺利。而在《魏书》卷二五《长孙嵩传》中,只见"太宗寝疾,问后事于嵩"时,长孙嵩便当即表明了"立长则顺"等支持之语,紧接着就有"乃定策禁中"等语。仿佛以长孙嵩为首的拓跋贵族也是心悦诚服地赞成太子监国之举的。其实并不见得,史家行文虽然衔接,实际上从崔浩提出建议到正式确立拓跋焘为太子监国之间却是有一段时间间隔的。因为,明元帝使中贵人密问计于崔浩时虽然"恒有微疾"而"疗治无损",但只是担心"一旦奄忽",尚未达到即将"奄忽"的地步;而且,事后明元帝还有与左右侍臣"游行四境,伐叛柔服"之心;但是,当明元帝"问后事于嵩"时,却处于"寝疾"的状况了。

那么,从"恒有微疾"到"寝疾"之间,经过了多久呢? 史家虽未说明,崔浩的建议中却已透露。在崔浩的建议中有"今长皇子焘年渐一

周"之语,一周为十二岁,①由拓跋焘生于天赐五年(408年)可以推知崔浩发表建议的时间为泰常四年(419年)之前。② 而明元帝正式定策以拓跋焘为皇太子监国的时间是泰常七年(422年)的五月。由此可见,从明元帝使中贵人问计于崔浩到定太子监国策之间相距三年之久。立太子虽为国家大事,但具体程序并不复杂,竟要酝酿三年之久,其间绝非风平浪静,定有相当的曲折,只不过史家未录罢了。

八、太子监国的实质

太子监国的实质是在皇帝生前将最高政治权力赋予太子,使他的继承权力成为既定事实,又让他在实践中得到锻炼,从而达到防止皇叔觊觎皇位而使太子顺利继承皇位的目的,这是现实上的意义。较此深远一层的意义则是以父子相承制取代了兄终弟及制,也即以汉制改造了胡制。崔浩上建议时是否含有此用心,史无明载,但其客观作用确实如此。

自拓跋焘开始,父子相承制便成了北魏皇位传递的传统。③所以,后来在皇兴五年(471年)献文帝出于抵制文明太后的政治斗争需要欲禅位于其叔京兆王子推时,任城王云便大声疾呼地反对。《魏书》卷一九中《景穆十二王中·任城王云传》载:

---

① 《淮南子》卷三《天文训》曰:"十二岁而周",上海中华书局《四部备要》本。
② 《资治通鉴》系崔浩发表此建议于卷一一九宋纪永初三年五月条下,时为北魏泰常七年。周一良先生认为,"浩之建言当在泰常四五年时",指出《资治通鉴》所载"恐不确"。详见周一良:《魏晋南北朝史札记·〈魏书〉札记》年渐一周条,第341页。
③ 详见本书附录表二《北魏王朝世系表》。在皇位的传递上,中原汉族王朝实行嫡长子继承制;而北魏的皇位传递,严格说来,应称作长子继承制。北魏立太子实际上只论长幼,并不考虑嫡庶,如献文帝母李氏即出身微贱,而且生献文帝前她原本不是贵人,事详本书第三章第三节第二小节。

延兴中,显祖(献文帝)集群僚,欲禅位于其叔京兆王子推。王公卿士,莫敢先言。(任城王)云进曰:"……父子相传,其来久矣,皇魏之兴,未之有革。皇储正统,圣德夙章。……愿深思慎之。"

任城王云为了阻止献文帝计划的实施,抬出了"父子相传,其来久矣"的说法。其实这一说法属于传统的汉族社会状况,并非早期的拓跋社会状况,但是任城王云却在理直气壮地运用。值得注意的是,据《魏书》卷一九上《景穆十二王上》载,受到任城王云反对的京兆王子推恰恰是任城王云的异母兄。任城王云不顾亲情地激烈反对献文帝的禅位计划,而且所云"父子相传"等语确实能够作为支撑其反对意见的有力依据,这些情况都能够说明兄终弟及的观念在拓跋贵族的心目中已经相当淡化了。于此,我们也可以窥见拓跋政权汉化过程之一斑。

最后要说明的是,明元帝所以能够接受崔浩的建议,除了客观形势的需要外,也与他本人的素养有关。像他的父亲一样,明元帝也是一位追慕汉文化的帝王。《魏书》卷三《太宗纪》载:

帝礼爱儒生,好览史传,以刘向所撰《新序》、《说苑》于经典正义多有所阙,乃撰《新集》三十篇,采诸经史,该洽古义,兼资文武焉。

从遗有著述来看,明元帝这位拓跋氏出身的皇帝对于汉文化的研究已经达到相当精深的程度,所以以汉王朝的父子相承制代替兄终弟及的部落遗制是不难被他接受的,因而崔浩的早建东官并授之以政权的监国制度正合乎他的心意。

第三节　正平事变

泰常八年(423年)十一月己巳,在以拓跋焘为监国一年半以后明元帝去世了。拓跋焘继承了皇位,是为太武帝。北魏历史上的第一次太子监国顺利地完成使命。太武帝即位是北魏平城时代唯一的没有政变相伴随的一次皇权交替。由此也可见太子监国制初行时对父子相承制的保障作用。

太武帝在位期间,于太延五年(439年)以太子拓跋晃为监国,①授其以执政权力和皇位继承权利,但结果却导致一场父子相残害的悲剧。这场悲剧发生在正平元年(451年),而太武帝正平年号仅使用一年余,②故本书径将它简称为正平事变。

一、正平事变的真相

关于正平事变,《魏书》卷九四《阉官·宗爱传》中有记载:

> 恭宗(拓跋晃)之监国也,每事精察。(宗)爱天性险暴,行多非法,恭宗每衔之。给事仇尼道盛、侍郎任平城等任事东宫,微为权势,世祖颇闻之。二人与爱并不睦。为惧道盛等案其事,遂构造其罪。诏斩道盛等于都街。时世祖震怒,恭宗遂以忧薨。

① 《魏书》卷四下《世祖纪下》附恭宗景穆皇帝晃条称:"西征凉州,诏恭宗监国。"太武帝西征凉州为太延五年事。同书卷四上《世祖纪上》太延五年六月条也称,"甲辰,车驾西讨沮渠牧犍,侍中、宜都王穆寿辅皇太子决留台事",此虽不言以太子监国,但当系一事。则太子晃监国为太延五年之事。

② 据《魏书》卷四下《世祖纪下》记载,太武帝死于正平二年(452年)三月甲寅,当日中常侍宗爱矫皇后令迎立南安王余,改元永平。则正平二年为时仅两月余。

《北史》卷九二《恩幸·宗爱传》所载与《魏书》同。而《宋书》卷九五《索虏传》的记载却与《魏书》和《北史》不同，该传载：

> 焘至汝南瓜步，晃私遣取诸营，卤获甚众。焘归闻知，大加搜检。晃惧，谋杀焘。焘乃诈死，使其近习召晃迎丧，于道执之。及国，罩以铁笼，寻杀之。

《南齐书》卷五六《魏虏传》也称"晃后谋杀佛狸（拓跋焘）见杀"，同于《宋书》的记载。《资治通鉴》卷一二六《宋纪》元嘉二十八年六月条下所载内容与《魏书》、《北史》相同，唯无"世祖颇闻之"之语。《资治通鉴》该条《考异》虽然详列了《宋书》、《南齐书》、《宋略》等书的记载，却认为"此皆江南传闻之误，今从《魏书》"。笔者认为，《资治通鉴》的这个看法是值得商榷的。

按照《魏书》、《北史》的说法，正平事变似乎是由皇帝宠臣宗爱和太子宠臣仇尼道盛、任平城之间的争权夺利引起的，拓跋晃只是因受牵累而忧惧死去，情节颇为平淡。但是，《宗爱传》又载：

> 正平元年正月，世祖大会于江上，班赏群臣，以爱为秦郡公。

而《世祖纪下》太平真君十一年（450年）九月条也载：

> 辛卯，舆驾南伐。癸巳，皇太子北伐，屯于漠南，吴王余留守京都。

拓跋焘于太平真君十一年九月南伐，正平元年三月返回平城，不久即太子事发。在拓跋焘返回平城前，宗爱在南伐军中，拓跋晃屯军漠南，这两位事变中的主要人物一南一北，均不在平城。而且，京都是由吴王余留守的，并非由拓跋晃监国。《宗爱传》中将拓跋晃监国和仇尼道盛等与宗爱发生矛盾及最后导致拓跋晃忧死等事连书在一起，《资治通鉴》则更进一步将诸事均系于正平元年六月条下，并称：

> 帝（拓跋焘）徐知太子无罪，甚悔之。

这样的记载给人以事发仓促的感觉，会使人误以为拓跋晃之死带有偶然性。事实上，仇尼道盛、任平城"微为权势"是仰仗了身为太子的拓跋晃的缘故，而宗爱"多行非法"是由于背后有皇帝拓跋焘的支持。仇尼道盛、任平城与宗爱之间的矛盾其实反映的是太子拓跋晃与皇帝拓跋焘之间的斗争，这场斗争由来已久，并非一时偶发。

值得注意的是，太平真君十一年拓跋焘南伐时，拓跋晃正受命出屯漠南，并未在平城监国，则《资治通鉴》将拓跋晃监国至宗爱与仇尼道盛等争权夺利事均系于正平元年六月条下不妥。据《世祖纪》载，拓跋晃于延和元年（432 年）被立为皇太子，不久录尚书事，时年五岁；于太延五年（439 年）监国，时年十二岁；于太平真君五年（449 年）始总百揆，时年二十二岁。《世祖纪下》附恭宗景穆皇帝条下载：

> 自是恭宗（拓跋晃）所言军国大事多见纳用，遂知万机。

这是指太平真君五年的事。由上述知，《资治通鉴》误系的内容应该系于太延五年至太平真君十一年之间。或者，更严格地说，应该系于太平真君五年至十一年之间。因为，拓跋晃虽然在太延五年监国后确立了政治地位，但是直到太平真君五年总百揆后其权势才达到顶巅，而此时二十二岁的拓跋晃正是奋发有为之时。

随着拓跋晃权势的发展,在他的周围逐渐地形成一个东宫集团。
《魏书》卷四八《高允传》载,汉士族大臣高允谏拓跋晃语中有"今东宫诚曰
乏人,俊乂不少"之语,可证东宫集团的人数不少。只是由于正平元年六
月东宫官属大多被杀,①而史书中又缺乏具体记录,使得我们现在只能知
道仇尼道盛和任平城这两位中坚人物。高允在谏语中还称"顷来侍御
(太子)左右者,恐非在朝之选",这说明东宫集团中的多数人物与太武帝
朝中旧臣格格不入。《资治通鉴》卷一二六《宋纪》元嘉二十八年(北魏正
平元年)六月条下胡注称:"仇尼,复姓,出徒河。"仇尼道盛系慕容部人。
而任平城的家族也不见于经传。可见,仇尼道盛与任平城二人既非拓跋
贵族又非中原士族高门子弟,他们"恐非在朝之选"的原因正在于此。

关于太子拓跋晃结党营私的事情,在上引《高允传》中记载较详,该
传曰:

> 恭宗季年,颇亲近左右,营立田园,以取其利。允谏曰:"……
> 今殿下国之储贰,四海属心,言行举动,万方所则,而营立私田,畜
> 养鸡犬,乃至贩酤市廛,与民争利,议声流布,不可追掩。……今东
> 宫诚曰乏人,俊乂不少。顷来侍御左右者,恐非在朝之选。故愿殿
> 下少察愚言,斥出佞邪,亲近忠良;所在田园,分给贫下;畜产贩卖,
> 以时收散。如此则休声日至,谤议可除。"恭宗不纳。

高允对太子拓跋晃的批评包含两项内容,一为"亲近左右",一为"营立
田园"。

《南齐书》卷五七《魏虏传》中载有北魏平城宫中的情况,该传曰:

---

① 《资治通鉴》卷一二六《宋纪》元嘉二十八年六月条载:"魏主怒,斩道盛于都街,
东宫官属多坐死。"

妃妾住皆土屋。婢使千余人,织绫锦贩卖,酤酒,养猪羊,牧牛马,种菜逐利。太官八十余窖,窖四千斛,半谷半米。又有悬食瓦厅数十间,置尚方作铁及木。其袍衣,使宫内婢为之。伪太子别有仓库。

从"伪太子别有仓库"来看,太子拓跋晃"营立田园"应是事实。但是,连皇帝宫廷之内都在"种菜逐利",身为监国的太子去"营立田园"恐怕也算不得大忌。况且,太子既然"别有仓库",也就允许其积蓄财富。比较起来,"亲近左右"才是最犯忌讳的。

所谓"亲近左右",也就是《宗爱传》中所称"给事仇尼道盛、侍郎任平城等任事东宫,微为权势"。在这句之下,还有一句"世祖颇闻之"的不容忽视之语,《资治通鉴》编纂时却将它略去了,这是不应当的。因为,这五个字不仅说明太武帝对东宫之事早有所闻,多有所闻,而且颇为猜嫌。这样看来,由于拓跋晃之事久已"议声流布,不可追掩",太武帝早就有惩治之心了,无须待宗爱构告其罪之后他才猛然震怒。

除了宗爱之外,太子拓跋晃还有一位政敌,他就是前文中论及的倡太子监国之议的崔浩。崔浩因国史之狱而被杀,[①]其中太子拓跋晃起了推波助澜的作用。[②] 反之,崔浩生前在监国的太子面前也从不示弱。《魏书》卷四八《高允传》载:

> 初,崔浩荐冀、定、相、幽、并五州之士数十人,各起家为郡守。恭宗谓浩曰:"先召之人,亦州郡选也,在职已久,勤劳未答。今可先补前召外任郡县,以新召者代为郎吏。又,守令宰民,宜使更事

---

① 参见《关于崔浩国史之狱》,第 342—350 页。
② 参见牟润孙先生《崔浩与其政敌》,载于《注史斋丛稿》,中华书局,北京,1987 年第 1 版,第 80—93 页。

者。"浩固争而遣之。(高)允闻之,谓东宫博士管恬曰:"崔公其不免乎!苟逞其非,而校胜于上,何以济胜。"

由崔浩与太子拓跋晃的争执可以看出两人之间的矛盾已达到相当尖锐的程度,那么东宫集团的行事自然会成为崔浩用以攻击太子拓跋晃的有力资料。崔浩是否利用了这一资料,《魏书》无载。但是,崔浩确有议人之短的性格,汉士族大臣李顺之死即与崔浩"毁之"有关。① 崔浩以东宫集团的行事攻击拓跋晃也是完全可能的。对此,《南齐书》中有一条可供佐证的史料,其卷五七《魏虏传》载:

> 宋元嘉中,伪太子晃与大臣崔氏、寇氏(道士寇谦之)不睦,崔、寇谮之。玄高道人有道术,晃使祈福七日七夜。佛狸(太武帝)梦祖、父并怒,②手刃向之曰:"汝何故信谗,欲害太子!"佛狸惊觉,下伪诏曰:"王者大业,篡承为重,储宫嗣绍,百文旧例。自今已往,事无巨细,必经太子,然后上闻。"

这条材料属于敌国异闻,似不可信。但是,它所反映的崔浩与拓跋晃、拓跋焘与拓跋晃之间的激烈矛盾恰好与我们上述推理的情节吻合。

宋元嘉中正是北魏太平真君年间。《世祖纪下》太平真君四年十一月甲子条下载有拓跋焘的一道诏书,这道诏书的发布距拓跋晃总百揆的时间为两个月,该诏书曰:

> 朕承祖宗重光之绪,恩阐洪基,恢隆万世。自经营天下,平暴

---

① 详见《魏书》卷三六《李顺传》、卷三五《崔浩传》。
② 中华书局标点本中,"祖"与"父"间无顿号,似不妥,因其下有"并"字。

除乱，扫清不顺，二十年矣。夫阴阳有往复，四时有代谢。授子任贤，所以休息；优隆功臣，式图长久，盖古今不易之令典也。其令皇太子副理万机，总统百揆。诸朕功臣，勤劳日久，皆当以爵归第，随时朝请，飨宴朕前，论道陈谟而已，不宜复烦以剧职。更举贤俊，以备百官。主者明为科制，以称朕心。

这道诏书的主题很清楚，就是宣布太子拓跋晃"总统百揆"。其中"朕承祖宗重光之绪，恩阐洪基，恢隆万世"和"夫阴阳有往复，四时有代谢。授子任贤，所以休息"等语，与《魏虏传》所谓伪诏中的"王者大业，纂承为重，储宫嗣绍，百文旧例"含义一致；"而其令皇太子副理万机，总统百揆"又与所谓伪诏中的"自今已往，事无巨细，必经太子，然后上闻"之语意思相同。《魏虏传》与《世祖纪下》中各自所录诏书的内容正好对应一致，说明《南齐书》的记载具有可信的消息渠道，并非子虚乌有。作为敌国异闻，它反倒能正确反映拓跋晃总百揆前的一段史实。换而言之，有关拓跋晃总百揆的某些情节，因为涉及北魏官廷的激烈矛盾和难言内幕，因而不见于本国正史，反倒见于敌国异闻。上引《魏虏传》的记载正是如此，其中虽有祈福、托梦等迷信色彩的活动（这些活动也恰恰是古代政治斗争中的工具），但揭去这一层迷信的薄纱，它在史料上的意义就显示出来了。

从上引《魏虏传》中拓跋晃的祈福和拓跋焘的惊觉来看，两个人内心对于彼此间的猜嫌关系都是十分清楚的。《宗爱传》中称拓跋晃"每事精察"，他对于事态的进一步发展绝不会毫无知觉，因而也不会毫无准备。从《世祖纪下》附恭宗景穆皇帝条所载拓跋晃对于拓跋焘伐河西和讨蠕蠕二事的态度以及制定有名的"课畿内之田令"来看，拓跋晃不仅有智谋，有胆识，而且有建功立业的大志。因此，像《宗爱传》描写的那样，拓跋晃在事到临头时如懦夫一般地忧惧而死的情景似于情理不符。

《魏书》卷四下《世祖纪下》之末史臣曰：

……至于初则东储不终，末乃衅成所忽。固本贻防，殆弗思乎？恭宗明德令闻，夙世狙夭，其庆园之悼欤？

庆园指西汉武帝太子，他死于政变。何以史臣要以庆园与拓跋晃相比，是否有意要指引我们去思索其中隐秘呢？

这样说来，既然拓跋焘父子之间矛盾十分激烈，既然拓跋晃并无忧死的可能，则《魏书》卷九四《阉官·宗爱传》中有关内容实不可信，倒是被司马光列入《考异》的《宋书》和《南齐书》的记载反而可信了。敌国异闻有时反较本国国史可信，这一原理周一良先生早已指出。①

北魏自崔浩被杀以后，一直不立史官，直到文成帝和平元年六月复置。② 文成帝为拓跋晃长子，太武帝死后，经过一番激烈的皇位之争，他才登上御座。拓跋晃被杀的历史真相对于文成帝地位的巩固是不利的因素，因而隐瞒这段历史就不仅是为亲者讳，而且也是政治上的需要。

审视本节开头所引《宋书》的记载，情节大体上是合理可信的，其中父子相杀和以铁制刑具治人的方式都可以在史书中找到类似的例证。③但是，这条史料中也有自相矛盾之处。前文称，"焘归闻知，大加搜检"，太武帝似乎已经回到平城；但后文又称，"焘乃诈死，使其近习召晃迎丧，于道执之。及国，……寻杀之"，则太武帝执拓跋晃时尚未到达平城。《宋书》等的记载，既然是敌国传闻，自然难免有部分失实之处，

① 参见《关于崔浩国史之狱》，第 346 页。
② 详见《魏书》卷五《高宗纪》。
③ 子杀父例，如清河王拓跋绍杀道武帝，见于《魏书》卷一六《道武七王·清河王绍传》；父杀子例，如孝文帝杀太子元恂，见于《魏书》卷七下《高祖纪下》、卷二二《孝文五王·废太子恂传》。铁制刑具治人例见于《宋书》卷七四《臧质传》。该传载，"焘大怒，乃作铁床，于其上施铁镵，云破城得质，当坐之此上"。《资治通鉴》卷一二六《宋纪》元嘉二十八年条胡三省注谓，"镵，……刺也，锥也"。

但其主要情节仍是可信无疑的。因此,去伪存真,综合各家史书,我们便了解到正平事变的梗概。

核对《世祖纪下》,其正平元年二月条下载:

> 癸未,次于鲁口,皇太子朝于行宫。

三月条下载:

> 己亥,车驾至自南伐,饮至策勋,告于宗庙。

六月条下载:

> 戊辰,皇太子薨。壬申,葬景穆太子于金陵。

可以推断,太子拓跋晃被执时间是二月癸未,地点是鲁口;三月己亥,拓跋晃被带回平城,随后太武帝对东宫集团大加搜检,于是仇尼道盛、任平城及东宫官属等相继被杀;东宫集团既已除尽,拓跋晃遂于六月戊辰被杀。

现在,我们来简述一下太武帝父子关系的发展过程。在太延五年拓跋晃监国之前,太武帝父子相安;拓跋晃监国以后,东宫集团应运而生并迅速发展,太武帝父子间的矛盾随之出现;在太平真君五年拓跋晃总百揆前后,东宫集团的权势进入鼎盛阶段,而太武帝父子间的矛盾也随而激化;太平真君十一年,太武帝南伐,以太子拓跋晃屯兵漠南,以皇子吴王拓跋余留守平城,从而取消拓跋晃的监国之权;正平元年,太武帝在返回平城的途中设计擒拿拓跋晃;到达平城以后,太武帝诛灭了东宫集团与拓跋晃。

二、太子监国的意义与弊端

正平事变是一场父子相残的历史悲剧,这场历史悲剧因太子权力膨胀引起北魏王朝最高政治权力的激烈斗争而造成。使得太子权力膨胀的直接原因,是从明元帝开始实行的太子监国之制。

北魏行太子监国之制仅有两代,第一代是明元帝于泰常七年以太子拓跋焘即后来的太武帝为监国,第二代是太武帝以太子拓跋晃为监国。明元帝以太子拓跋焘为监国的宗旨,是排除拓跋部旧的兄终弟及继承制以强化父子相承制,它适应了北魏初期皇权发展的需要。

需要说明的是,本章以太子监国为标题,目的在于强调平城政权发展过程中的一大特色,其实在与此相当的时期内北魏王朝并非都是以太子监国的。泰常八年明元帝去世,太子拓跋焘即太武帝继承了皇位,太子的监国之权顺利地转化成为皇权,在此之后的相当长时间内并不存在太子监国。直到九年以后的延和元年(432 年),太武帝才立长子拓跋晃为太子。当年,太武帝东征北燕,诏命太子拓跋晃录尚书事。又过了七年,到太延五年太武帝亲征河西北凉之时,才诏命太子拓跋晃监国。不过,上述并不存在太子监国的合计十六年时间,正是太子势力的培植阶段。从这个角度讲,并不与本章的标题相悖。

培植太子势力,原本是以太子为监国的初衷,是皇权嬗递的需要。但是,这种在皇帝生前就将大部分政治权力交付太子的做法实质上却意味着皇权职能的分化,而这种分化的本身恰恰是对于集权于一身的专制统治的否定。这种否定是太子监国制建立之初就在其自身中内含着的,又因北魏政权含有浓烈的部落色彩而加强了。

由于北魏政权脱胎于拓跋部落联盟为时不久,因而在最高统治者的身上,既有中原传统体制君主的特征,又有部落联盟酋长的特征。具体表现为,他既是政治上的最高统治者,又是军事上的最高统帅。在极盛时期的中原王朝,专制皇帝也必然集政治、军事权力于一身。但不同的是,中原王朝的皇帝在一般情况下并不直接从事征战,而北魏皇帝却常常是实际参加战争的军事统帅,这从《魏书》的《太祖纪》、《太宗纪》和《世祖纪》所记载的大量军事征战活动中不难看出。因而,《太祖纪》称道武帝"奋其灵武,克剪方难";《世祖纪》称太武帝"临敌常与士卒同在矢石之间,左右死伤者相继,而帝神色自若",又称他"命将出师,指授节度,从命者无不制胜,违爽者率多败失";而被《太宗纪》赞为"内和外辑,以德见宗"的明元帝,也曾有过"游行四境,伐叛柔服,可得志于天下"的意愿。

道武、明元、太武三朝面临的内外政治形势也使这种状态有增无减。在外部,北魏王朝与北方的蠕蠕,南方的东晋、刘宋,东方的诸燕,西方的后秦、夏和诸凉等常常处于对立乃至交战的状态下。在内部,北魏王朝直接统治的地区,仅仅是大同盆地即所谓的京畿。对广大的中原汉族地区和北方草原地区,北魏王朝则通过宗主豪强和部落酋帅去实现间接的统治。[1]因此,对于这些地区,皇帝要不断地去巡幸,[2]还常常要派兵去镇压随时发生的反抗。太武帝亲自率军镇压盖吴起义即为典型的一例。[3]而作为北魏王朝财政收入一大来源的掠夺经济对于这样的形势也起了助长的作用。[4]

---

[1] 北魏王朝与宗主豪强的关系详见本书第六章《宗主督护》。北魏王朝对于部落酋帅的政策详见周一良先生《北朝的民族问题和民族政策》、《领民酋长与六州都督》,两文均收于《魏晋南北朝史论集》,中华书局,北京,1963 年第 1 版,第117—176 页、第 177—198 页。

[2] 在《魏书》中,自卷二《太祖纪》往下至卷七下《高祖纪下》,记载了不胜枚举的皇帝出巡事件,其中尤以巡幸山东地区为多。

[3] 详见《魏书》卷四下《世祖纪下》太平真君六年条、七年条,以及《宋书》卷九五《索虏传》。

[4] 参阅唐长孺先生《拓跋族的汉化过程》,收于《魏晋南北朝史论丛续编》,三联书店,北京,1959 年第 1 版,第 132—154 页。

北魏皇帝既要统治臣民,又要亲自从事军事征伐,结果必然顾此而失彼,搞得精疲力竭。《太祖纪》末史臣描绘道武帝生平的状况曰:

> ……驱率遗黎,奋其灵武,克剪方难,遂启中原,朝拱人神,显登皇极。虽冠履不暇,栖遑外土,而制作经谟,咸存长世。

这里所说的"冠履不暇,栖遑外土"状况,正是对北魏早期统治者比较客观的写照。所以,继道武帝之后的明元帝,立意让太子拓跋焘为监国,除了为身后之计这一主要目的外,也还有改变这种"冠履不暇,栖遑外土"状况的用意。《魏书》卷三五《崔浩传》载,明元帝在以拓跋焘为监国后得意地谓左右侍臣曰:"……以此六人辅相(太子),吾与汝曹游行四境,伐叛柔服,可得志于天下矣。"明元帝认为,在行使行政权力上,他找到了一位替身,这位替身便是太子。以太子为监国,自己就可以腾出身来去征服四方了。

这种十分现实的军事与行政分工的目的,在后来太武帝选定太子晃监国时表现得更加明显。据《世祖纪》载,延和元年正月丙午,立拓跋晃为皇太子;当年六月,太武帝东征北燕,诏太子晃录尚书事;太延五年六月,太武帝西征凉州,诏太子晃监国;太平真君五年正月壬寅,太子晃始总百揆,此时正值太武帝大举北伐蠕蠕。但与此同时,我们也不难看出,随着军事征伐的不断发生,太子拓跋晃的行政权力也在不断地增长。

又,太武帝生于天赐五年(408年),延和元年(432年)二十五岁,太延五年(439年)三十二岁,太平真君五年(444年)三十七岁。太武帝死于正平二年(452年),时年四十五岁,系阉官宗爱所害,[①]而非病

---

① 《魏书》卷九四《阉官·宗爱传》载:"是后,世祖(太武帝)追悼恭宗,爱惧诛,遂谋逆。(正平)二年春,世祖暴崩,爱所为也。"

死。可见,当拓跋晃先后为皇太子、录尚书事、监国、总百揆等事时,太武帝正值年富力强之际,绝不像明元帝那样,因疾病染身而对身后有百虑之感。那么,为什么他要很早地就将最高行政权力交付给拓跋晃呢?对于此事最合乎逻辑的解释应该是,在太武帝时期,本来以太子监国的主要原因,即排除兄终弟及继承遗制的意图,已经下降为次要的目的,而本来居于次要地位的军事征伐的需要逐渐上升为主要的目的。明乎此,我们对由太子监国引起的严重的政治危机便不难理解了。

太子监国制虽然是明元帝在汉族士人崔浩的帮助下建立起来的,但是发明权却不属于他们。太子监国制可以一直追溯到春秋时期或较之更远的时代。本章第一节第一小节已述,"监国"一词见于《左传》闵公二年条下,此处不再重复征引。需要指出的是,该段史料的中心在于表述"君行则守"和"守曰监国"的概念,这与北魏时代的太子监国意思相合。只是晋侯并没有听从里克的劝告,所以申生没有当成监国。

该段史料还称,监国乃"古之制也",从而将太子监国这一历史现象推到渺茫的汉族古代社会中去了。闵公二年(公元前 660 年)下距北魏泰常七年(422 年)已有一千多年,在闵公二年之前的事情那就距离明元帝时代更加遥远了。然而,恰恰因为这种遥远的古代社会距离原始社会的状态不远,因而刚从父系家长制社会跨入文明社会门槛的拓跋社会才能与之发生内在的共鸣。这应该是使源于汉族社会的太子监国这一政治现象能够为拓跋氏的政治所接受的历史背景。

从本文可以看到,北魏实行的太子监国远较里克所言要复杂得多,决非"君行则守"四个字所能概括的。不过,这一复杂的历史现象可以在汉族社会的政治史中找到它们逐步发展的影子。

皇帝与太子之间在征伐与留守上的职能分工,使我们联想到战国时代赵武灵王以"子主治国,而身胡服将士大夫西北略胡地"的史事。①
与北魏情况不同的是,武灵王自号"主父",并已传国于子。

崔浩建议为太子选择师傅和宾友之事,使我们联想到西汉初年张
良为吕后谋划奉迎四皓以巩固太子地位的情景,②又自然会联想到三
国时代吴国的一段史事。《三国志·吴书》卷五九《吴主五子·孙登
传》载:

> 魏黄初二年(221年),以(孙)权为吴王。……是岁,立登为太
> 子,选置师傅,诠简秀士,以为宾友。于是诸葛恪、张休、顾谭、陈表
> 等以选入,侍讲诗书,出从骑射。……(吴)黄龙元年(229年),权
> 称尊号,立为皇太子,以恪为左辅,休右弼,谭为辅正,表为翼正都
> 尉,是为四友,而谢景、范慎、刁玄、羊衜等皆为宾客,于是东宫号为
> 多士。

孙权为吴王以后,立长子孙登为太子,并为他"选置师傅,诠简秀士,以
为宾友"。孙权称帝以后,孙登被立为皇太子,诸葛恪等人成为辅弼,以
为"四友"。同传又载:

> (孙)权迁都建业,征上大将军陆逊辅(孙)登镇武昌,领宫府
> 留事。

同传还载:

---

① 　详见《史记》卷四三《赵世家》武灵王二十六年条,中华书局标点本,1959 年第
　　1 版。
② 　详见《史记》卷一五《留侯世家》。

> 嘉禾三年(234 年),(孙)权征新城,使(孙)登居守,总知留事。

孙权逐步将孙登推上"总知留事"的过程,与北魏以太子监国之事十分相似,所以《册府元龟》将之归为卷二五九《储宫部四》的监国条下。只是,孙登并未享有监国的名义,因而是有其实无其名的事情。

在十六国时期,监国制度也曾为北方少数民族政权所采用。《资治通鉴》卷一〇二《晋纪》太和五年(370 年)条载:

> 十一月,秦王(苻)坚留李威辅太子守长安,阳平公(苻)融镇洛阳,自率精锐十万赴邺,七日而至安阳。……(王)猛潜如安阳谒坚。……猛曰:"……且臣奉陛下威灵,击垂亡之虏,譬如釜中之鱼,何足虑也!监国幼冲,鸾驾远临,脱有不虞,悔之何及!陛下忘臣灞上之言邪!"

苻坚率大军离长安赴邺时,曾以太子守国都,为监国。

又,仇池国主杨定自东晋太元十四年(389 年)起率军与后秦姚苌、西秦乞伏乾归等长期交战。[①] 杨定无子,以其叔之子杨盛守其根据地仇池,为监国。此事《宋书》卷九八《氐胡传》有载,曰:

> (太元)十九年(394 年),攻陇西虏乞佛乾归,(杨)定军败见杀。无子。佛狗(杨定叔)子盛,先为监国,守仇池,袭位。

再有,后燕也有类似监国的做法。《晋书》卷一二三《慕容垂载记》载:

---

① 详见《资治通鉴》卷一〇七、卷一〇八。

> （慕容垂）为其太子宝起承华观，以宝录尚书政事，巨细皆委
> 之，垂总大纲而已。

后燕虽无太子监国之名，却有太子监国之实。

将自上古至明元帝之前的以太子监国或类似之事综合起来分析，不难看出，除了后燕慕容垂以太子宝"录尚书政事，巨细皆委之"的做法与北魏的太子监国制接近外，其余大多是因战争需要而在国主出征时实行的为时不长的权宜之计。少有像北魏明元帝、太武帝两朝以之作为常务性的制度者。但是，一旦形成常务性的制度以后，这种皇帝与太子的分工便变成了分权。

史载表明，明元帝在生前确实是将最高政治权力交付监国的太子拓跋焘了。①幸而，一年半之后明元帝就去世了，所以皇帝与太子并未发生矛盾冲突，皇位按照最初的意图传到太子拓跋焘即太武帝的手中。而在太武帝时期，太子晃为监国的时间却很长，从太延五年起到太平真君十一年被派往漠南屯兵止，共历十二年。如前已述，在此十二年中，东宫集团逐渐养成，并发展为与皇权抗衡的势力。于是，一场父子间的权力之争就在所难免了。

东宫集团的势力究竟达到什么程度，如今已难确知，但是从太武帝处理东宫集团时煞费心机来看，从正平事变的风云息歇后竟是太子拓跋晃之子当了皇帝来看，这应该是一股强劲的势力。

---

① 从以下史料中可以看出：《魏书》卷三《太宗纪》泰常七年九月条载："己酉，诏泰平王率百国以法驾田于东苑，车乘服物皆以乘舆之副。"同书同卷泰常八年七月条载："幸三会屋侯泉，诏皇太子率百官以从。"同书卷三二《崔浩传》载，"于是，（拓跋焘）居正殿临朝，……百僚总己以听焉。太宗避居西宫，时隐而窥之，听其决断，大悦。……群臣时奏所疑，太宗曰：'此非我所知，当决之汝曹国主也。'"

正平事变的结果,皇权与东宫集团两败俱伤。太子拓跋晃死后不久,太武帝也被阉官宗爱谋杀。①于是,原本被压制的后权乘虚伸张,经由乳母干政而达到太后临朝听政的专制状态。

---

① 据《魏书》卷四下《世祖纪下》载,太武帝死于正平二年三月甲寅。

第三章　乳母干政

正平事变后不久,太武帝被阉官宗爱谋杀。接着,宗爱拥立南安王拓跋余而自己擅专朝政。正平二年(452年)十月丙午,南安王余又被宗爱谋杀。殿中尚书长孙渴侯、尚书陆丽、尚书源贺、羽林郎刘尼等发动兵变,拥立太武帝长孙、太子晃长子拓跋濬,是为文成帝。随后,宗爱等阉官被处死。① 文成帝生于太武帝太平真君元年(440年)六月,正平二年十月即位时仅十三岁。② 文成帝母郁久闾氏早死,文成帝由保母常氏抚养。文成帝即位后,常氏被尊为保太后。从此,常氏便将年幼的文成帝控制在手,干预北魏政治十余年。

耐人寻味的是,后权干预政治原是北魏开国皇帝道武帝早已采取灭绝人性的措施预防过的,那就是子贵母死规则。所谓子贵母死,就是在确立储君后即将其母亲处死。但是,被除去母后的储君往往年幼,需要由乳母喂养或保母抚养。因此,在储君即位以后虽然不会受亲生母后及外戚的控制,却会受乳母或保母的摆布,从而出现乳母或保母干预政治的现象。乳母或保母干预政治与母后干预政治在本质上并无区别,所以最终会导致文明太后临朝听政。这真是道武帝始料未及的。

---

① 以上内容详见《魏书》卷四下《世祖纪下》、卷五《高宗纪》、卷一八《太武五王·南安王余传》、卷三〇《刘尼传》、卷四〇《陆俟附陆丽传》、卷四一《源贺传》、卷九四《阉官·宗爱传》等。

② 详见《魏书》卷四下《世祖纪下》、卷五《高宗纪》。

历史有其必然的发展规律,人为地将它扭曲,必定要受到历史的教训。为了追本溯源,本章就从道武帝立子贵母死规则论起。

第一节　道武帝杀刘夫人原因

一、始作俑者

《魏书》卷一三《皇后·道武宣穆皇后刘氏传》载:

> 道武宣穆皇后刘氏,刘眷女也。登国初,纳为夫人。……后生太宗(明元帝)。后专理内事,宠待有加,以铸金人不成,不得登后位。魏故事,后宫产子,将为储贰,其母皆赐死。太祖末年,后以旧法薨。

这位刘夫人乃是北魏王朝的第二代君主太宗明元帝拓跋嗣的生母。道武帝赐刘夫人死的目的,在《魏书》卷三《太宗纪》中有明确的记载:

> 初,帝母刘贵人赐死,太祖告帝曰:"昔汉武帝将立其子而杀其母,不令妇人后与国政,使外家为乱。汝当继统,故吾远同汉武,为长久之计。"

《北史》卷一三《后妃上·道武宣穆皇后刘氏传》所载与此相同。《资治通鉴》卷一一五《晋纪》义熙五年(400年)十月条所载内容与此大体相同,唯"远同汉武"作"远迹古人"。从《道武宣穆皇后刘氏传》中"以旧法薨"语看,似乎赐将为储贰者之母死系拓跋部旧有制度。而《资治通鉴》此引同条还称:

> 魏主珪（道武帝）将立齐王嗣为太子，魏故事凡立嗣子辄先杀
> 其母，乃赐嗣母刘贵人死。

从这段文字来看，以子贵母死为旧有的语意更为明朗。

对此，清人赵翼却有不同看法，他在《廿二史札记》卷一三《魏齐周隋书并北史》魏书纪传互异处条中发出疑问，[①]指出：

> 遍检《魏书》，道武以前实无此例，而《传》何以云魏故事耶？
> 《北史》亦同此误。

吕思勉先生也在《两晋南北朝史》第八章第二节《拓跋氏坐大上》中提出不同看法，[②]他认为：

> 魏自道武以前安有建储之事？果系故事，道武但云上遵祖制
> 可矣，何必远征汉武？《后传》之说，甚为诬罔，不辩自明。

赵翼、吕思勉先生所云甚是。《魏书》、《北史》遣词确有不妥之处，以后又为《资治通鉴》沿袭引用，遂而导致误解。

道武帝在向明元帝解释杀其母刘夫人的原因时，征引了西汉武帝"将立其子而杀其母"的事件，这是指汉武帝杀钩弋夫人而立汉昭帝为皇太子之事。关于这一事件，在《汉书》卷九七上《外戚上·孝武钩弋赵倢伃传》和《资治通鉴》卷二二《汉纪》武帝后元元年（公元前88年）条中均有记载，而以后者记载为详。但是，汉武帝诛钩弋夫人距北魏道武帝

---

① 《廿二史札记》，中国书店，北京，1987年第1版，第164页。
② 《两晋南北朝史》，上海古籍出版社，上海，1983年第1版，第350—351页。

杀刘夫人已近五百年,而中原汉族社会的性质又与边陲的拓跋部北魏政权迥异,何以道武帝偏偏要出此所谓"远迹古人"之举呢? 而且,汉武帝杀钩弋夫人的原因是"主少母壮",少主为汉昭帝,当时年仅七岁;[①]但道武帝杀刘夫人时,明元帝年已十六岁,并非"少"时:从这一点来看,道武帝引汉武帝事为例也颇为牵强。

看来,道武帝应为北魏子贵母死规则的始作俑者。道武帝诛杀刘夫人之事并非如他所言的那样简单,当有更为复杂的原因。笔者以为,其原因仍应回到道武帝早年的经历中去寻求。

二、"缚父请降"者考

前文已经谈到,道武帝是六岁时离开代北到长安的,而他到达长安以后接着又被徙往蜀地。道武帝被徙往蜀地的理由,是因为当前秦大军压境时他曾"缚父请降"。[②] 不过,这里却有一个很大的疑点,那就是,以六岁幼童的体力和智力而论,似乎不大可能做出"缚父请降"之事,即使什翼犍年已五十六岁,且又处于"不豫"的情况,[③]也还是不可能的。那么,是否《晋书》卷一一三《苻坚载记上》的记载有误,或者道武帝的年龄记载有误呢? 我以为,本书第一章第一节中对《魏书》卷二四《燕凤传》中苻坚与燕凤关于是否将道武帝迁往长安的一段对话之时间的甄别,不仅确定了其本身的史料意义,而且也佐证了《苻坚载记上》中关于代国灭亡前后史事的记载的准确性。同时,《燕凤传》中燕凤曾有"遗孙冲幼"一语,也足证道武帝的年龄无误。然而,对上述疑点应该如

---

① 《汉书》卷七《昭帝纪》载,昭帝立太子于后元二年二月,时年八岁。《资治通鉴》系钩弋夫人死事于后元元年,时昭帝年仅七岁。《汉书》,中华书局校点本,北京,1962 年第 1 版。

② 详见《晋书》卷一一三《苻坚载记上》,中华书局校点本,北京,1974 年第 1 版。

③ 详见《魏书》卷一《序纪》昭成帝什翼犍建国三十九年条。

何解释呢？

笔者认为，道武帝亲自去"缚父请降"确实不可能，他不过是代人受过者。那么，有谁需要且又可能以道武帝的名义去绑缚什翼犍向前秦请降呢？考察史载，当时与道武帝关系密切的长辈只有道武帝的母亲贺氏。从三个方面来看，贺氏应该是以道武帝的名义去绑缚什翼犍投降前秦的"罪人"。

首先，贺氏是道武帝的生母，年幼的道武帝控制在她手中，只有她才能够以道武帝的名义行事。

其次，她已上嫁什翼犍，能够找到发难的机会。《魏书》卷一三《皇后·献明皇后贺氏传》载：

> 苻洛之内侮也，后与太祖及故臣吏避难北徙。俄而，高车奄来抄掠，后乘车与太祖避贼而南。中路失辖，后惧，仰天而告曰："国家胤胄，岂止尔绝灭也！唯神灵扶助。"遂驰，轮正不倾。行百余里，至七介山南而得免难。

这段记载中所述贺氏及道武帝的避难路线为先北徙而后南行。而什翼犍的败退路线也是先避于阴山之北，后又南返，《魏书》卷一《序纪》什翼犍建国三十九年条载：

> ……王师（指代国军队）不利。帝（什翼犍）时不豫，群臣莫可任者，乃率国人避于阴山之北。高车、杂种尽叛，四面寇钞，不得刍牧。复度漠南，坚军稍退，乃还。

二者行程方向的一致，表明在代国危难之际贺氏始终没有离开代国，而是与什翼犍共进退的。这说明，贺氏确有以道武帝的名义去"缚父请降"的机会。

最后，要重点说明的是，贺氏身后还确有一支可以发难的力量。

在上引《献明皇后贺氏传》中，除了贺氏、道武帝和所谓的"故臣吏"外，没有提及其他人。"故臣吏"能与贺氏、道武帝在一起逃难的事实说明，这些"臣吏"是直属于贺氏的。但是，值得我们注意的是"臣吏"之上有一个"故"字。此时，代国虽然处于危难之中，但并未灭亡，何以要在"臣吏"之上加一个"故"字呢？①

笔者认为，关于这个问题应当联系什翼犍代国的性质去寻求答案。什翼犍代国虽名为王国，实际上不过是一个庞大的部落联盟。这个联盟是由以拓跋部为首的几个大的部落联盟联合而成的，而每个部落联盟之下又包含有若干个小的部落。在部落与部落之间、部落联盟与部落联盟之间，除了依靠共同的经济利益和军事需要而结为联盟外，还依靠相互间的婚姻来巩固这种联盟关系。如拓跋部的首领与另一支强大的部落独孤部的首领之间的联姻就是明显的例子。独孤部首领刘库仁之母即为拓跋部首领郁律之女，后来刘库仁本人又娶了什翼犍的宗女。②刘库仁子亢埿以道武帝姑即什翼犍之女为妻。③而刘库仁之弟刘眷之女则纳于道武帝，此即本章开头所谈到的被道武帝赐死的刘夫人。④此外，独孤部的另一位酋帅名奴真者也曾以其妹奉道武帝之后宫。⑤再看另一支大的部落贺兰部。贺兰部首领贺讷之祖贺纥娶拓跋郁律之女，其父贺野干娶什翼犍之女辽西公主。⑥而贺野干之女正是

① 《北史》卷一三《后妃上·献明皇后贺氏传》同于《魏书》所载，也有"故臣吏"三个字。此处的"故"字决非衍误。

② 详见《魏书》卷二三《刘库仁传》。

③ 详见《魏书》卷一三《皇后·献明皇后贺氏传》。

④ 详见《魏书》卷一三《皇后·道武宣穆皇后刘氏传》。

⑤ 详见《魏书》卷二三《刘库仁传附刘显传》。

⑥ 详见《魏书》卷八三上《外戚上·贺讷传》。

我们现在在讨论的献明帝之后、道武帝之母贺氏。① 其后，贺氏之妹又为道武所纳，此即清河王拓跋绍之母。② 与独孤部一样，贺兰部也与拓跋部维系着世代相续的联姻关系。③ 这种联姻关系使得各部落之间形成了千丝万缕的密切联系，对代国的部落联盟起着巩固的作用。在道武帝父献明帝去世以后，什翼犍之所以要续娶其儿媳道武帝母的原因并不纯粹是由于部落旧的风俗习惯在起作用，实际上也还有在政治上继续保持与贺兰部联系的作用。

部落间的联姻关系是相互的、对等的，因此这种关系不仅具有巩固联盟的意义，而且还有在政治上相互渗透的作用。那些被娶的妇女，不仅是以婚姻关系出现的联盟的使者，而且可能还与原来的部落保持着一定的联系。在她们遇到危难的时候，这种联系便会发生作用。

认清了上述情况后，就自然会想到，对于贺氏而言，所谓"故臣吏"应该是她出身的贺兰部落的人，而不是拓跋部落的人，只有这些人对于贺氏来说才是故人。

在前文中引用了《魏书》中的两段资料，一段载于《献明皇后贺氏传》，一段载于《序纪》，目的是说明贺氏在危难之际始终没有离开代国，她的避难路线与什翼犍的败退路线的方向是一致的。但是，另一方面，从这两段史料的记载中我们又可以明显地感觉到，虽然什翼犍与贺氏两人逃奔路线的方向一致，但在途中又各不相干。尤其是，当贺氏所乘的车"中路失辖"时，并没有得到什翼犍的救护。当然，《序纪》中称什翼犍"时不豫"。但是，我们也没有看到什翼犍的臣下前来救护贺氏及道

---

① 详见《魏书》卷一三《皇后·献明皇后贺氏传》。
② 详见《魏书》卷一六《道武七王·清河王绍传》。
③ 周一良先生在《关于崔浩国史之狱》一文中绘有贺兰部与拓跋部之间联姻关系的图表，第348页。

武帝。贺氏及道武帝能够脱险，竟是由于"神灵扶助"。这自然令人难以置信，但它却客观上反映了当时不仅代国的军事部落联盟已经瓦解，而且就连拓跋部本部也已被前秦军队冲散，代国部民的避难行动实际上是毫无组织的奔溃。对此，《序纪》所谓"诸臣莫可任者"以及"高车、杂种尽叛"等语可为明证。① 在这样散乱的奔溃之中，人们往往按其血缘与社会关系的亲疏而离合，因而在拓跋部中的一些贺兰部人便会自然而然地随从贺氏避难北徙。

我们虽然没有直接的资料可以说明拓跋部内确实有这样一批贺兰部人，但是事实上应该有。这些人有可能是两部联姻时贺氏带去的随从，也有可能是以其他的方式进入拓跋部的。拓跋部本是出自大兴安岭北端而在呼伦贝尔湖畔渔猎的落后、弱小的部落，在首领诘汾的率领下进入匈奴故地以后才迅速发展壮大，到什翼犍时代竟成了草原上最强大的部落。拓跋部的发展与壮大，本部人口的自然增长是一方面的因素，不断地吸收其他部落的成员进入本部是另一方面的因素，后者甚至更加重要。因此，可以认为在拓跋部中含有相当数量的异族部落人。其中，应该有贺兰部人，因为贺兰部在草原上也是一支大的部落。

异族部落人的流动性自然远比本部落人大，他们的稳定与否取决于所在部落的盛衰状况。《魏书》卷一《序纪》穆帝猗卢九年（316年）条载猗卢末年之乱后部落散乱的情况道：

---

① 在《魏书》卷一《序纪》中，"高车"与"杂种"之间并无顿号，似乎不妥。因为，"杂种"也可以泛指高车以外的部落。在《魏书》卷一三《皇后·献明皇后贺氏传》中，只称"高车奄来抄掠"，"高车"之下无"杂种"二字，但这里是具体指抄掠者，其概念较《序纪》中的所谓"尽叛"者的范畴应小。因此，《贺氏传》中的"高车"与《序纪》中的"高车、杂种"构不成对应的关系。"高车"与"杂种"是两个含义不同的概念，其间应加顿号。

> 卫雄、姬澹率晋人及乌丸三百余家，随刘遵南奔并州。

这些晋人与乌丸人都是在以往进入拓跋部的异族人，当拓跋部落联盟动乱时他们就逃奔了。在什翼犍末年代国灭亡的时候，也有大量的拓跋部民流入其他部落，《魏书》卷一四《神元平文诸帝子孙·上谷公纥罗传》载：

> 初，从太祖自独孤部如贺兰部。招集旧户，得三百家。与弟建议，劝贺讷推太祖为主。

纥罗"招集"的这三百家所谓"旧户"便是代国灭亡的时候流入贺兰部的拓跋部人。此处所谓"旧户"者，是对道武帝这位代王什翼犍的后裔而言的，这正如同《献明皇后贺氏传》中的"故臣吏"是贺兰部人对贺氏而言一样。

既然在贺氏的周围有那么一批"故臣吏"，而所谓的"故臣吏"者又系贺兰部人，那么贺氏就不仅可以在政治上发难，而且可能取得成功。

从上述三个方面看，贺氏应该是以道武帝的名义去绑缚什翼犍投降前秦的"罪人"。不过，贺氏发难的原因、发难的过程以及为什么要以道武帝的名义去发难并在发难以后绑缚什翼犍投降前秦等问题，由于史料的阙如，已无从详尽地知悉。现在，只能根据以下的记载作一点推测。《魏书》卷一五《昭成子孙·寔君传》载：

> 寔君者，昭成皇帝之庶长子也。……初，昭成以弟孤让国，乃以半部授孤。孤卒，子斤失职怀怨，欲伺隙为乱。是时，献明皇帝及秦明王翰皆先终，太祖年六岁，昭成不豫，慕容后子阏婆等虽长，而国统未定。斤因是说寔君曰："帝将立慕容所生，而惧汝为变，欲

先杀汝，是以顷日以来诸子戎服，夜持兵仗，绕汝庐舍，伺便将发，吾愍而相告。"时苻洛等军犹在君子津，夜常警备，诸皇子挟仗彷徨庐舍之间。寔君视察，以斤言为信，乃率其属尽害诸皇子，昭成亦暴崩。其夜，诸皇子妇及宫人奔告苻洛军。坚将李柔、张蚝勒兵内逼，部众离散。

在这段记载中，除了什翼犍"暴崩"事与《晋书》卷一一三《苻坚载记上》的记载相悖以外，其余有关前秦大敌压境时代国内乱情况，二者的记载相一致，是可信的。

不难看出，这一场内讧争夺的目标是代国王位的继承权，而参与斗争的一方是慕容后之子阏婆等，另一方则是庶长子寔君等。道武帝由于其母贺氏为什翼犍续娶而处于不伦不类的状况，且年仅六岁，无论从地位上还是年龄上说，在代国王位的继承权上均处于竞争力较弱的状况。然而，道武帝毕竟也是代王什翼犍家子孙，不会不引起各方的注意。可是，当寔君"率其属尽害诸皇子"的时候，道武帝居然幸免于难。他在这场内讧中之所以没有被杀，显然得力于贺氏及"故臣吏"的保护。

于此可以推测，当内讧发生之时，贺氏正是为了避免灾难降临到头上，而领着道武帝等投降了前秦军。这与《寔君传》中所言"其夜，诸皇子妇及宫人奔告苻洛军"相合。既为什翼犍妻，又为道武帝母，在铤而走险时不得不采用以道武帝的名义绑缚什翼犍去投降前秦的举动是可以想到和理解的。贺氏可能会希望前秦因其投降之功而优待其母子，但是事与愿违，招来的却是流徙蜀地的下场。[①] 而年仅六岁的道武帝便成了代替其母承受罪名的人。

---

① 参见本书第一章第一节。

三、卵翼之下

道武帝幼年流徙蜀地,难以独立生活,况且他"缚父请降"之事实系贺氏所为,所以贺氏与道武帝一同流徙是理所应当的。但是,有关贺氏母子流徙蜀地生活的情况在《献明皇后贺氏传》中没有记载,其原因在本书第一章第一节中已述。不过,该传对于前秦灭亡以后贺氏与道武帝重返代北后的情景倒是有记载的。在"(贺氏与道武帝)至七介山南而得免难"一语之下有一大段文字,这段文字有利于我们了解道武帝重返代北后至登上代王位止这一阶段中贺氏的作用,因而全引如下:

> 后刘显使人将害太祖(道武帝),帝姑为显弟亢埿妻,知之,密以告后,梁眷亦来告难,后乃令太祖去之。后夜饮显使,醉。向晨,故惊厩中群马,显使起视马。后泣而谓曰:"吾诸子始皆在此,今尽亡失。汝等谁杀之?"故显不使急追。① 太祖得至贺兰部。群情未甚归附,后从弟外朝大人悦举部随从,供奉尽礼。显怒,将害后。后夜奔亢埿家,匿神车中三日,亢埿举室请救,乃得免。会刘显部乱,始得亡归。

这段所述为贺氏母子流亡独孤部以及他们先后从独孤部逃奔贺兰部的情景。关于这段内容,在《魏书》卷二《太祖纪》中有相应的记载,系于道武帝九年(385 年)条下,且有"语在《献明太后传》"的提示。②

---

① 《北史》卷一三《后妃上·献明皇后贺氏传》中"显不使"作"显使不"。中华书局校点本《魏书》卷一三校勘记[五]认为《魏书》"'不使'二字当是误倒"。从此段史料的后文中又称"显怒,将害后"云云,可证中华书局标点本的校勘记所言甚是。

② 《北史》卷一《魏本纪第一》同此。

《献明太后传》即同书卷一三的《献明皇后贺氏传》。《资治通鉴》对此内容也有记载，它将上引文字系于《晋纪》太元十年中，而东晋太元十年也即道武帝九年。代国崩溃于什翼犍三十九年（376年），即东晋太元元年，从代国崩溃到贺氏母子流亡独孤部之间有十年的时间。也就是说，《献明皇后贺氏传》中，在"（贺氏与道武帝）至七介山南而得免难"句与"后刘显使人将害太祖"句之间，竟相隔了十年的时间，然而这相隔十年时间的两句话在文中却是相衔接的。这又是《魏书》史臣留下的破绽。关于这段时间，我们在本书第一章第一节中已经证明是道武帝被流徙于蜀、长安、中山等地之时。只是这一情节被北魏史臣为了掩盖拓跋君主早期的"耻辱"经历而有意地抹去了，所以就在《献明皇后贺氏传》中留下了上述明显的内容空白之处。[①]不过，对于本文来说，《献明皇后贺氏传》中这段文字的史料价值在于，使我们关于贺氏与道武帝一同流徙中原的想法得证了。因为，既然在道武帝流徙中原之前和返回代北之后贺氏与道武帝都没有分开，那么在没有其他能够说明贺氏母子曾被强行分开过的证据的情况下，就应该认为母子两人流徙期间是在一起的。至此可以确切地说，贺氏曾经与道武帝一起被流徙蜀地。

本书第一章第一节已述，淝水之战以后道武帝终于结束十年流徙生涯，在慕容垂的支持之下返回代北。自什翼犍去世以后，苻坚按照燕凤的建议将代北一分为二，交由代北两支较强大的部落独孤部和铁弗部分统。[②]铁弗部一向与拓跋部不和睦，而独孤部则与拓跋部较为亲近。

---

① 在《魏书》卷二三《刘库仁传》及所附《刘显传》、卷八三上《外戚上·贺讷传》与《刘罗辰传》中也有内容不衔接或突兀之处，其原因当与《献明皇后贺氏传》相同，只是《献明皇后贺氏传》更为明显一些。

② 详见《魏书》卷二四《燕凤传》。

独孤部帅刘库仁娶了什翼犍之宗女,并任代国的南部大人。① 在前秦攻伐代国时,刘库仁曾两次率骑抵御秦军。② 据《魏书》卷二三《刘库仁传》载:

> (刘)库仁尽忠奉事,不以兴废易节,抚纳离散,恩信甚彰。

在代国败亡之后,刘库仁对拓跋部采取抚慰的态度,所以拓跋部人大多归依了独孤部。③ 刘库仁分统的区域为东部,其地与后燕统治地区接近。因此,受慕容垂支持的道武帝最先投奔的是独孤部。但是,此时刘库仁已死,其子刘显代为首领。刘显的态度与其父不同,贺氏与道武帝不为所容,于是就出现了前引《献明皇后贺氏传》中记载的"后刘显使人将害太祖"的情况,贺氏与道武帝便不得不逃奔贺兰部。④

贺兰部为道武帝的外家,贺氏与道武帝的投奔受到贺氏之兄贺兰部首领贺讷的欢迎,《魏书》卷八三上《外戚上·贺讷传》载:

> 后刘显之谋逆,太祖(道武帝)闻之,轻骑北归讷。讷见太祖,惊喜拜曰:"官家复国之后当念老臣。"太祖笑答曰:"诚如舅言,要不忘也。"

道武帝虽然受到了舅氏的欢迎,但并非不再遇到危难。贺讷的中弟贺

---

① 详见《魏书》卷二三《刘库仁传》。
② 详见《魏书》卷一《序纪》什翼犍建国三十九年条。
③ 《魏书》卷二《太祖纪》称:"南部大人长孙嵩及元他等尽将故民南依库仁。"可见拓跋部人大多投奔了独孤部。不过,"尽将"一语似乎不妥,因为也有一小部分拓跋部人投了其他部落,如上引《纥罗传》中所述的被纥罗招集的三百家"旧户"就在贺兰部中。
④ 又见《魏书》卷二七《穆崇传》。

染干就"忌太祖"而常图发难。其危难的情景在《献明皇后贺氏传》中记载得很具体,曰:

> 后,后弟染干惧太祖之得人心,举兵围逼行宫。后出谓染干曰:"汝等今安所置我,而欲杀吾子也!"染干惭而去。

我们看到,贺染干之忌道武帝,已达到剑拔弩张的地步。全赖贺氏出面,道武帝方免于难。这段记载还表明,贺氏虽然脱离贺兰部多年,但当她重返本部时仍然保有一定的影响。在贺氏的指责下,贺染干能"惭而去",主要因为他与贺氏之间尚有一条血缘的纽带在牵连,而不是因为他与道武帝之间有什么君臣关系。

虽然贺兰部内也不平静,但是在道武帝登上代王位的问题上,贺兰部首领贺讷还是起了举足轻重的作用。《贺讷传》载:

> 于是诸部大人请讷兄弟求举太祖为主。染干曰:"在我国中,何得尔也!"讷曰:"帝,大国之世孙,兴复先业,于我国中之福。常相持奖,①立继统勋,汝尚异议,岂是臣节!"遂与诸人劝进,太祖登代王位于牛川。

在这里,称"(贺讷)遂与诸人劝进",贺讷为劝进者之一;而在前引《魏书》卷一四《神元平文诸帝子孙·上谷公纥罗传》中则径称"(纥罗)与弟建议,劝贺讷推太祖为主"。对照体会两传的文意可知,贺讷确实在道武帝登代王位上起了主导的作用。贺纳之所以能力排贺染干的异

---

① 原文作"常",但中华书局标点本《魏书》卷八三上校勘记[二]认为应作"当"。所言是。

议,除了纥罗等人相劝的因素外,恐怕更主要的还是其妹贺氏在施以影响。

登国元年(386年)正月道武帝在牛川即代王位时年仅十五岁,[①]这在汉族社会中不足为奇,但在北方游牧部落中却不大符合军事部落联盟首长推举制度。关于北方游牧部落中部落首长的选举制度,日本学者江上波夫先生曾作过全面的研究,他著有《骑马民族国家》一书,[②]其中指出:

> 推举制度可以一直追溯到原始社会,它确实是欧亚内大陆游牧骑马民族国家中的普遍的制度和根本的原则。它所以能够长久地存在下去,是因为以君主资格的形式出现的军事外交的最高首领的合格与否,已经在国家的出现和发展过程中越来越受到重视。那些年幼的、病弱的、胆怯和懒惰的以及不孚众望的人,都被排除在君主的候选人之外,而那些智勇双全的、富有才干的、具有王者风度的以及众望所归的首领们则会成为候选者,并继而被推举为君王。这一点已经成为国家原则。内陆亚洲的游牧骑马民族国家的君主中,许多人所以久负"勇猛"、"贤明"的盛名,其原因正在于此。

江上波夫先生是考察了斯基泰、匈奴、突厥等草原部落民族以后得出这一带有普遍意义的结论的。这一结论同样也适用于拓跋、贺兰等北方游牧部落。但是,我们只可以承认大多数情况如此,因为并非没有

---

① 《魏书》卷二《太祖纪》载,道武帝生于什翼犍建国三十四年(371年)七月七日,则登国元年正月即代王位时年仅十五岁。
② 详见该书第一部第二章第三节《突厥》。光明日报出版社有中译本,译者张承志,1988年第1版,第55—56页。

反例。关于这一点,翻检一下《魏书》卷一《序纪》就可以看出。在《序纪》之中,确实有过像宣、献二推寅那样富有所谓"钻研"精神的酋长,有过像力微、猗卢、郁律和什翼犍那样"英睿"、"勇略过人"、"姿质雄壮"、"奇伟"的部落联盟首领,但是也有过像纥那、翳槐那样被逐出本部的流亡之主和像贺傉那样"未亲政事"的弱主,更有像普根之子那样不足周岁的幼主。[①] 当然,正如《序纪》所透露的消息那样,这些懦弱和年幼者登上王位以后,不是受制于部落大人,就是栖身于母后的卵翼之下。后一种情况中最典型的例子莫过于猗㐌之后祁氏与其子普根的关系,以及祁氏与普根之子的关系,对此本书第四章第三节第三小节中还要谈到。

弱主和幼主登位,必有其复杂的背景和原因。会有坚决反对者,也必有强有力的支持者,道武帝的处境正是如此。以十五岁的年龄寄居异部不可谓不幼,也不可谓不弱。《魏书》卷二八《莫题传》载:

> 莫题,代人也。……登国初,刘显遣弟亢垠等迎窟咄,寇南鄙。题时贰于太祖,遗箭于窟咄,谓之曰:"三岁犊岂胜重载!"言窟咄长而太祖少也。

《魏书》卷一《太祖纪》系刘显遣弟亢垠等迎窟咄事于登国元年八月条下,该年正是道武帝即代王位的当年。莫题所谓"三岁犊岂胜重载"之语颇能反映当时部落贵族的通常看法。因此可以想见,如果没有贺氏努力的周旋,道武帝很难在贺兰部中存身;如果没有贺讷有力的支持,道武帝也很难登上代王位。

---

① 贺傉未亲政事的情况见于惠帝贺傉元年(320年)条。普根之子事见于穆帝猗卢九年(316年)条。

　　登上代王位的道武帝立即以本部贵族长孙嵩和叔孙普洛分任南、北二大人，并"班爵叙勋"，奖掖他的支持者。① 随后，道武帝徙居盛乐，"息众课农"，发展经济。然而，道武帝面临的依然是十分严峻的形势。就在他即位的当年，刘显就勾结道武帝的叔父窟咄以兵相逼，引起拓跋部众的巨大骚动。道武帝联络后燕，分兵合击，高柳一战大败窟咄。翌年，道武帝又于弥泽大破刘显。第三年，道武帝北伐库莫奚部，西征解如部等，均获大胜。拓跋部从此转危为安，动荡的代北形势稳定下来。②

　　道武帝的文治武功确实显赫，《魏书》史臣在卷二《太祖纪》卷末赞曰：

　　　　太祖显晦安危之中，屈伸潜跃之际，驱率遗黎，奋其灵武，克剪方难。

纵观道武帝一生成就的事业，这样的赞语并不过分。但是，我们只要据《太祖纪》稍加计算便知，道武帝在牛川登上代王位和在高柳大战窟咄的时候，年仅十六岁；大破刘显的时候，年仅十七岁；北伐和西征的时候，也不过十八岁。以这样年轻的岁数，恐怕确如莫题所言，一开始是很难以承担上述大业的。《魏书》卷二《太祖纪》太祖元年条中称：

　　　　帝虽幼冲，而肙然不群。

---

①　详见《魏书》卷二《太祖纪》登国元年条。
②　详见《魏书》卷二《太祖纪》登国元年条、二年条、三年条。

接着，又借刘库仁之口颂扬道武帝道：

> 帝有高天下之志，兴复洪业，光扬祖宗者，必此主也。

史臣甚至还在《太祖纪》的前言中先验地颂扬道武帝曰：

> 弱而能言，目有光耀，广颡大耳，众咸异之。

似乎这样一来，人们就会相信这位冲龄少年能够独立地做出轰轰烈烈的扭转乾坤事业，而不足为奇的了。其实，效果恰恰相反，只会引起人们更进一步的思索。我无意贬低道武帝的历史功绩，[1]只是想要说明，在道武帝的背后，一定有一位能够左右他的决策人。倘若这一想法不差，那么这个人应该就是那位饱经沧桑的道武帝母贺氏。[2]

登国元年（386年），当年幼的道武帝登上代王位时，贺氏正值三十六岁；皇始元年（396年）六月，正是道武帝"始建天子旌旗"的前一月，贺氏却去世了，时年四十六岁。[3]从三十六岁到四十六岁，正是思想成熟而又不乏精力的时期，贺氏以她丰富的人生阅历和社会经验帮助道武帝建起北魏政权。

纵观代国与北魏历史上母后专制的大量事实，人们不禁会想，倘若贺氏不于皇始元年去世，她会不会也向这个方向发展呢？此事固未可量。但是，推测贺氏在生前干预过道武帝政事的看法当不为过。不过，

---

① 参阅李凭《论拓跋珪的历史功绩》。
② 此人并非道武帝舅贺讷。据《魏书》卷八三上《外戚上·贺讷传》载，在道武帝即代王位不久，"讷兄弟遂怀异图"，因而被道武帝击溃。
③ 详见《魏书》卷一三《皇后·献明皇后贺氏传》、卷二《太祖纪》登国元年条、皇始元年条。贺氏的死因不见于史载。

当道武帝年龄渐大,在政治上日益成熟以后,他就不一定愿意受人制约了,即使制约他的是自己的母亲。

四、矫枉过正

道武帝早年的坎坷经历必然给他的心灵留下深刻的印象,这些印象中与本题有关的应该是以下五点:其一,贺氏以道武帝的名义凭借"故臣吏"的力量而绑缚什翼犍投降前秦,致使道武帝流徙蜀地;其二,道武帝在贺氏的卵翼之下流徙客居蜀、长安、中山等地;其三,回到代北后,在贺氏的保护下摆脱独孤部和贺兰部的控制与逼迫;其四,在贺氏及其兄贺讷的扶持下登上代王位;其五,在建立北魏政权中贺氏发挥了影响。将这五条归总起来,自然会使道武帝对母后势力左右君权的作用具有深刻的了解,并对与母后保持千丝万缕联系的外家部落具有高度的警惕,这才应该是道武帝在其晚年立下子贵母死制度的现实原因。只是,使他洞悉这些的恰恰是保护养育了他并将他扶上王位的亲生母亲,因此他的真实意图实在难以道明,于是不得不远远地去征引五百年前的汉朝事迹,从而立下子贵母死这一矫枉过正的残忍规则。

有必要进一步指出的是,在当时,打击母后势力,便是打击其背后的原本在部落联盟中与拓跋部相竞争的异族部落势力。被杀的明元帝母刘夫人和被幽的清河王绍母贺夫人恰恰出于道武帝蒙受危难时期代北最强大的两支部落独孤部和贺兰部。[①] 自从道武帝登上王位以后,这两支部落与拓跋部的关系便越来越紧张乃至最终对立起来。

从第一章中我们已经知道北魏皇权正是在对异族部落的战争中建立

---

① 刘夫人为刘库仁弟刘眷之女、刘显之从妹,事详《魏书》卷一三《皇后·道武宣穆皇后刘氏传》,卷二三《刘库仁传》和卷八三上《外戚·刘罗辰传》。贺夫人为贺讷与献明后贺氏之妹,事详《魏书》卷八三上《外戚·贺讷传》和卷一六《道武帝七王·清河王绍传》。

起来的,建国之后北魏皇权与异族部落势力之间的斗争并未结束,在《魏书》中有大量这方面的材料。①可以认为,道武帝杀明元帝母刘夫人与幽清河王绍母贺夫人,既含有防止母权当政之患于未然的用意,又含有打击影影绰绰于刘、贺二夫人背后的两支部落势力的更为现实的意义。

第二节　子贵母死故事

一、后宫常制

道武帝为防母后及外家为乱,遂称仿效西汉武帝,立子贵母死规则。因其以杀明元帝母刘夫人为先例,故史书中称之为故事。那么,后世执行的情况如何? 这是本节要考察的内容。

明元帝母刘夫人死后,清河王拓跋绍的生母贺夫人几乎成为第二个同样原因的牺牲者。据《魏书》卷三《太宗纪》载,刘夫人被杀不久,明元帝即"游行逃于外"。又据《魏书》卷一六《道武七王列传》载,在余下的道武帝诸子之中,清河王绍年龄最大,倘若明元帝不归,他便具有立为储贰资格。于是,赐死的命运势必也会落到清河王绍母贺夫人的身上。

贺夫人在《魏书》中无传。《魏书》卷一六《道武七王·清河王绍传》称:

> 绍母夫人贺氏有谴,太祖幽之于宫,将杀之。会日暮,未决。

又称:

---

① 参见《魏书》卷二七《穆崇传》、卷二八《和跋传》、《庚业延传》、《莫题传》、《奚牧传》等。

> 绍母即献明皇后妹也,美而丽。初,太祖如贺兰部,见而悦之,告献明后,请纳焉。后曰:"不可,此过美不善,且已有夫。"太祖密令杀其夫而纳之。生绍。

一度颇受道武帝宠爱的贺夫人因何事而失宠呢?史未有载。在刘夫人被赐死时,道武帝曾上引汉武帝杀昭帝母钩弋夫人事。据《资治通鉴》卷二二《汉纪》武帝后元元年条载,汉武帝杀钩弋夫人的过程是,先谴责之,然后引持去,送于掖庭狱,最后赐死。观贺夫人遭遇的过程为,"有谴","幽之于宫","将杀之",这个过程与钩弋夫人遭遇的过程完全相同,只差最后一死没有执行。所以笔者在第一章第三节第二小节中推测,贺夫人受谴与刘夫人被杀的原因是一样的。明元帝出走之后,道武帝便有了立清河王绍为储君的意思。出于同样原因的考虑,道武帝又要杀清河王绍之母,故而按汉武帝杀钩弋夫人旧事的程序,先"谴"之,再"幽"之。不过,清河王绍抢先发动政变,将道武帝杀死,贺夫人才幸免于难,当夜被清河王绍营救。

刘夫人被杀,接着贺夫人被幽,说明道武帝在杀储君之母的问题上态度十分坚决。道武帝态度的坚决,使得子贵母死这一残忍的规则制度化了。

太武帝拓跋焘生母杜贵嫔是继道武帝刘夫人之后的第二位牺牲者,她死于太武帝被立为皇太子的前两年泰常五年(420 年)。[①] 不过,《魏书》卷一三《皇后·明元密皇后杜氏传》中并未载明杜氏死因。《魏书》卷四下《世祖纪下》则称:

---

① 明元帝当太子的时间是泰常七年五月,对此本书第二章第一节已详考。杜贵嫔去世时间见于《魏书》卷一三《皇后·明元密皇后杜氏传》。

> 帝生不逮密太后,及有所识,言则悲恸,哀感傍人。太宗(明元帝)闻而嘉叹。

按,太武帝生于天赐五年(408 年),泰常五年杜贵嫔死时他已十三岁,早就达到了"有所识"的年龄,其"生不逮密太后"是因为在他幼年未"有所识"时已将他与杜贵嫔分开之故。《明元密皇后杜氏附世祖保母窦氏传》载:

> 先是,世祖(太武帝)保母窦氏,初以夫家坐事诛,与二女俱入宫。操行纯备,进退以礼。太宗命为世祖保母。性仁慈,勤抚导。世祖感其恩训,奉养不异所生。

据此可以推断,太武帝在婴幼时期已被送交保母抚养,而且一直未能与生母在一起。这类事情虽无前例,却有后证,《魏书》卷一三《皇后·宣武灵皇后胡氏传》载:

> 先是,世宗频丧皇子,自以春秋长矣,深加慎护。为择乳保,皆取良家宜子者。养于别宫,皇后及充华嫔皆莫得而抚视焉。

太武帝之所以会"生不逮密太后",恐怕也是由于密太后"莫得而抚视"的缘故,这段史料可以佐证杜贵嫔确因子贵母死故事而死。

然而,我们知道明元帝本身也是子贵母死故事的受害者,《魏书》卷三《太宗纪》载:

> 初,帝母刘贵人赐死。帝素纯孝,哀泣不能自胜,太祖怒之。帝还宫,哀不自止,日夜号泣。

明元帝"哀不自止",也表明其母死得无辜。后来,太武帝因"生不逮密太后"而"言则悲恸",明元帝"闻而嘉叹","嘉叹"的原因乃是有感于自身的遭遇与之相同。既然如此,明元帝何以还要执行此不人道之规则呢?

笔者猜测,此事或许与道武帝有关。据《魏书》卷二《太祖纪》载,道武帝死于天赐六年(409年)十月,太武帝出生时道武帝尚未去世。太武帝为道武帝长孙,在道武帝的心目中,他应该是未来的储君。《魏书》卷四上《世祖纪上》称:

> (太武帝)天赐五年生于东宫,体貌瑰异,太祖奇而悦之,曰:"成吾业者,必此子也。"

道武帝对这位长孙前途的重视从另外一条史料中可以看得更加清楚,《魏书》卷一五《昭成子孙·卫王仪传》载:

> 世祖之初育也,太祖喜,夜召仪入。太祖曰:"卿闻夜唤,乃不怪惧乎?"仪曰:"臣推诚以事陛下,陛下明察,臣辄自安。忽奉夜诏,怪有之,惧实无也。"太祖告以世祖生,仪起拜而歌舞,遂对饮申旦。召群臣入。赐仪御马、御带、缣锦。

这段史料颇具有戏剧性,实际上是道武帝对卫王仪是否"忠诚"的一次试探。不过,从这条史料反映出来的太武帝"初育"之时道武帝的欢喜之状和君臣同庆的热闹情景可以看出,道武帝在北魏的皇位继承问题上考虑得十分长远。按照他的逻辑,既然有杀明元帝母刘夫人、幽清河王绍母贺夫人之举,自然也会在生前考虑到处置长孙之母杜贵嫔的问题。事实上,既然子贵母死被定为后宫常制,那么从太武帝出生之日起杜贵嫔的命运便已摆得很清楚了,所以才会将太武帝交由保母抚养,让他尽早地与生母分开。因而杀杜贵嫔很可能是明元帝执行道武帝生前的训示。由于史料缺载，我们已无从详其细节，只能作一些推想。但杜贵嫔因子贵母死故事而死是不必怀疑的。从此子贵母死成为后宫常制。

同时要指出的是，既然储君降临之时其母的命运便已确定，那么由乳母或者由保母抚养储君就形成为惯例了。[1] 而太武帝保母窦氏便是北魏历史上第一位抚养储君的保母。

太武帝的太子为恭宗景穆帝拓跋晃，拓跋晃的生母是敬哀皇后贺氏。据《魏书》卷一三《太武敬哀皇后贺氏传》载，贺氏死于神䴥元年（428年），死后追赠贵嫔，葬于云中金陵，后来又追加庙谥，配飨太庙。而神䴥元年正是拓跋晃的生年。从贺氏的死年恰恰为太子晃的生年，而且死后追赠贵嫔并葬于云中金陵来看，若非产后染病而死，即系依子贵母死制度赐死，绝非因他故而亡。此事虽已无从查考，但也不成为子贵母死制度的反例。

拓跋晃的长子即太武帝长孙文成帝拓跋濬。文成帝生母是景穆恭皇后郁久闾氏，在《魏书》卷一三《皇后列传》中有传。[2]《魏书》卷五《高宗纪》载：

---

[1] 以乳母或保母抚养储君之事亦见于西汉武帝之时。《史记》卷一二六《滑稽列传》载，"武帝少时，东武侯母常养帝，帝壮时号之曰'大乳母'。"大乳母也曾风光无比，汉武帝对于"乳母所言未尝不听"。大乳母家人便依仗权势，"横暴长安中"。不过，大乳母为此几乎被绳之以法。由此可见，西汉时皇家乳母或保母的权势未曾达到干预朝政的程度，这与本章以下所述的北魏文成帝乳母常氏权倾内外的情况不同。况且，西汉时并未形成以乳母或保母抚养储君的惯例。

[2]《北史》卷一三《后妃上》亦作郁久闾氏。《魏书》卷八三上《外戚上》中有闾毗本传，闾毗为恭皇后兄，该传略郁久闾氏为闾氏。《北史》卷八〇《外戚·闾毗传》谓闾氏为"蠕蠕主大檀之亲属，太武时自其国来降"。而《魏书》卷一一三《官氏志》则无载。姚薇元先生考证，郁久闾"改闾当在十九年诏后"，详见《北朝胡姓考·外篇》第一《东胡诸姓》闾氏条，第266页。

帝少聪达,世祖(太武帝)爱之,常置左右,号世嫡皇孙。

又载:

> 年五岁,世祖北巡,帝(指文成帝)从在后,逢虏帅桎一奴,欲加
> 其罚。帝谓之曰:"奴今遭我,汝宜释之。"帅奉命解缚。世祖闻之,
> 曰:"此儿虽小,欲以天子自处。"意奇之。既长,风格异常,每有大
> 政,常参决可否。

看来,与当年的太武帝一样,文成帝也是早就被他祖父目为未来的储君
了。又,《魏书》卷一三《景穆恭皇后郁久闾氏附高宗乳母常氏传》载:

> 高宗乳母常氏,本辽西人。太延中,以事入宫,世祖选乳高宗。
> 慈和履顺,有劬劳保护之功。

如前所述,由保母抚养未来太子的惯例是从子贵母死制度派生出来的。
因此,太武帝将长孙交给常氏乳养,便意味着他有成为储君的可能,也
就意味着赐死的前途在等待着郁久闾氏。

关于郁久闾氏去世的时间,有三种不同的记载。《魏书》卷一三《景
穆恭皇后郁久闾氏传》称:

> 真君元年(440 年),生高宗。世祖末年薨。高宗即位,追尊号
> 谥,葬云中金陵,配飨太庙。

同书卷五《高宗纪》兴安元年(452 年)条则载:

> （十一月）甲申，皇妣（郁久闾氏）薨。……（壬寅，追尊）皇妣为
> 恭皇后。……十二月戊申，附葬恭皇后于金陵。

兴安元年即正平二年，这一年的十月戊申文成帝即皇帝位，遂以兴安为年号。若据《高宗纪》的这条记载，郁久闾氏应死于文成帝即位之初的十一月甲申，这与同书的郁久闾氏本传显然不相一致，但时间上还是比较接近的。而《北史》卷一三《后妃上·景穆恭皇后郁久闾氏传》却谓：

> 生文成皇帝而薨。文成帝即位，追尊号谥，葬云中金陵，配飨
> 太庙。

按，文成帝生于太平真君元年六月，依据《北史》本传，郁久闾氏似死于文成帝出生后不久，这一时间不属于太武帝之末年。《北史》所记与上引《魏书》的两段记载都不相同。

文成帝的父亲拓跋晃死于太武帝末年的正平元年六月，在此之前赐郁久闾氏死事似乎还提不到议事日程上来。拓跋晃死后不久文成帝才被视为未来的储君，《魏书》卷四下《世祖纪下》正平元年十二月条载：

> 丁丑，车驾还宫。封皇孙濬为高阳王。寻以皇孙世嫡，不宜在
> 藩，乃止。

从先封皇孙濬为高阳王，寻又以其世嫡而止来看，太武帝在以文成帝为皇位继承人的问题上是曾经犹豫过的，但最后还是将此事确定下来了。此事确定之后，郁久闾氏赐死的命运也才被决定。这样看来，《魏书》中的两条记载似较《北史》的记载在时间上接近真实。

然而，《魏书》并未明确交代郁久闾氏死因，是其不足之处。《北史》

所载时间虽然不确，但是仅"生文成帝而薨"一语已将郁久闾氏的命运
与文成帝联系到一起，从而向我们显示了郁久闾氏死于子贵母死制度
的隐情。李延寿修《北史》的北魏部分主要依据《魏书》，但《魏书》郁久
闾氏本传据称补自《北史》和《高氏小史》、《修文殿御览》等，①不过《高
宗纪》却是《魏书》原文。《高宗纪》中关于郁久闾氏去世时间的记载李
延寿不可能不见，何以他修《北史》时不取《高宗纪》的记载呢？李延寿
或许另有所据，或许是有意将郁久闾氏的死与文成帝的生联系起来。
若依李延寿语所示，郁久闾氏应该是因子贵母死制度而死的。

　　上引《魏书》的两段记载中，《高宗纪》为魏收原书，且记载郁久闾氏的
去世、追尊及附葬的时间均很明确，似应以《高宗纪》所载为准。但是，按
照《高宗纪》所载，郁久闾氏死于文成帝即位之后，似又与子贵母死制度无
关。据《魏书》卷四下《世祖纪下》、卷一八《太武五王·南安王余传》、卷九
四《阉官·宗爱传》等记载，在文成帝被封为高阳王的三个月后，发生了宗
爱之乱。宗爱政变一时得逞，太武帝没有来得及赐郁久闾氏死，自己却
先已被杀。经此政变之后，南安王拓跋余被推上皇位，文成帝则失去按
正常途径成为储君的希望，郁久闾氏也就没有按照子贵母死故事赐死的
必要了。然而，正平二年十月，形势复又一转，南安王余和宗爱先后被杀，
文成帝被拥上皇位。文成帝即位的途径并非通过继承，而是政变。文成
帝既已当上皇帝，看来其母郁久闾氏不仅可以侥幸不死，甚至还能受到
尊宠。谁知她恰恰在文成帝即位后的第三十六天去世了。

　　文成帝即位时年仅十三岁，据以推测，郁久闾氏当时也不过三十岁上下，②

---

①　参见《魏书》卷一三中华书局校勘记[一]。

②　据《魏书》卷五《高宗记》载，文成帝于太平真君元年（440年）六月生，正平二年
　　（当年改元兴安）十月戊申即皇帝位时十三岁。而《魏书》郁久闾氏本传称郁久
　　闾氏"少以选入东宫，有宠"。则郁久闾氏生育文成帝时必很年轻，因此估计她
　　死时也不过三十岁上下。

正是年富时期，何以在其子当上皇帝后便突然死去，似乎很难以自然病故去解释其原因。笔者颇疑此事与文成帝即位以后他的乳母常氏在宫中擅权有关。常氏既然想要揽有宫中大权，自然会视文成帝生母为肉中之刺，因而必然要设法拔除之，而在当时能去除郁久闾氏的最佳借口当然莫过于子贵母死制度。对于常氏擅权之事，本章第三节将要论述。

文成帝长子为显祖献文帝拓跋弘，拓跋弘的生母是李贵人。《魏书》卷一三《文成元皇后李氏传》载：

> 及生显祖，拜贵人。太安二年（456 年），太后（文成帝乳母常氏）令依故事。令后具条记在南兄弟及引所结宗兄洪之，悉以托付。临诀，每一称兄弟，辄拊胸恸泣，遂薨。

献文帝母李贵人死于子贵母死制度，史载甚明。

献文帝长子为高祖孝文帝拓跋宏，孝文帝的生母是李夫人。《魏书》卷一三《献文思皇后李氏传》载：

> 显祖即位，为夫人，生高祖。皇兴三年（469 年）薨，上下莫不悼惜。承明元年（476 年），追崇号谥，配飨太庙。

据《魏书》卷七上《高祖纪上》记载，孝文帝生于皇兴元年（468 年）八月戊申，皇兴三年六月辛未立为皇太子，其时不足两周岁，刚过哺乳时期。而《魏书》卷一三《献文思皇后李氏传》载，李夫人恰恰死于孝文帝立为太子的同一年皇兴三年。由时间上的衔接来看，倘非病死，便是因子贵母死制度而被赐死。

李夫人的死因史载虽然不明，但是种种迹象都表明与文成帝的皇后冯氏即后来临朝听政的文明太后有关。皇兴三年是文明太后与献文

帝之间争夺政治权力的斗争最为激烈的时候,而李夫人的父亲李惠正
是属于献文帝势力并且受到献文帝特别尊宠的。因此李惠肯定会受到
文明太后的忌恨,这在《魏书》卷一三《文成文明皇后冯氏传》中有记载:

> (文明太后)自以过失,惧人议己,小有疑忌,便见诛戮。迄后
> 之崩,高祖(孝文帝)不知所生。至如李新、李惠之徒,猜嫌屡灭者
> 十余家,死者数百人,率多枉滥,天下冤之。

李惠在《魏书》卷八三上《外戚传上》有传,称:

> 惠素为文明太后所忌,诬惠将南叛,诛之。

文明太后对李夫人的父亲李惠如此,对李夫人必然更不能相容。《献文
思皇后李氏传》称李夫人死后“上下莫不悼惜”,这种受到“悼惜”的情景
与其父死后“天下冤之”的情况是呼应的。李惠因受诬而诛,李夫人之
死也确有受害之疑。

又,文明太后本传称“迄后之崩,高祖不知所生”。文明太后死于太
和十四年(490 年),①当时孝文帝已二十四岁。② 以孝文帝之聪颖,至
二十四岁时竟不知其所生,岂不怪哉! 而史家在此又特别地点出其“不
知所生”的时序为“迄后之崩”,这分明是要告诉我们,其中必有原委,而
且其中原委系文明太后所隐。那么,人们不禁会想,文明太后为什么要
对孝文帝隐瞒其生母实情呢? 看来,李氏决非病死,她的死与文明太后

---

① 　详见《魏书》卷一三《皇后·文明太后冯氏传》。
② 　据《魏书》卷七上《高祖纪上》载,孝文帝生于皇兴元年(467 年)八月戊申,太和十
　　四年(490 年)时虚岁二十四岁。

有关。倘如是，文明太后置李氏于死地的最好理由便莫过于子贵母死制度。

孝文帝长子为废太子元恂，元恂的嫡母是林氏。《魏书》卷一三《孝文贞皇后林氏传》载：

> 生皇子恂。以恂将为储贰，太和七年（483年）后依旧制薨。高祖仁恕，不欲袭前事，而禀文明太后意，故不果行。

此处所谓"旧制"、"前事"均指子贵母死制度而言。

上面举述的明元帝母刘夫人以下各储君之母死亡的事实表明，道武帝杀刘夫人故事确如《魏书》卷一三《皇后列传》"史臣"所言后来成了"常制"，被严格地执行，而未有违反者发现。然而，从上述的分析中我们也可以看出，虽然子贵母死成为北魏后宫常制，但自文成帝生母郁久闾氏起，它已成为后宫权力之争的工具，仅是置人于死地的理由，其背后的动机早已脱离了道武帝的初衷。

二、终革其失

《魏书》卷一三《皇后列传》"史臣"云：

> 子贵母死，矫枉之义不亦过哉！高祖终革其失，良有以也。

似乎子贵母死制度行至孝文帝时为止。然而，这不合史实。

据《魏书》卷七下《高祖纪下》及卷八《世宗纪》载，太和二十年（496年）十二月丙寅太子元恂被废为庶人，孝文帝第二子元恪于次年正月丙申被立为太子，是为世宗宣武帝。宣武帝生母高氏死于非命，《魏书》卷一三《孝文昭皇后高氏传》载：

> ……遂生世宗。……及冯昭仪宠盛，密有母养世宗之意。后
> 自代如洛阳，暴薨于汲郡之共县，或云昭仪遣人贼后也。

据《魏书》卷七下《高祖纪下》载，北魏六宫及文武尽迁洛阳的时间是太和十九年九月，高氏自代如洛阳当即此时。其时元恂尚为太子，元恪尚是皇子，高氏的生死与子贵母死制度无关，不能据此对孝文帝是否"终革其失"作出判断。

不过，据《魏书》卷一三《宣武灵皇后胡氏传》的记载，宣武帝后宫的妃嫔们仍在谈虎色变地议论子贵母死制度：

> 椒掖之中，以国旧制，相与祈祝，皆愿生诸王、公主，不愿生太子。唯后(指宣武灵皇后胡氏)每谓夫人等言："天子岂可独无儿子，何缘畏一身之死而令皇家不育冢嫡乎？"及肃宗在孕，同列犹以故事相恐，劝为诸计。后固意确然，幽夜独誓云："但使所怀是男，次第当长子，子生身死，所不辞也。"

由这段史料可知，子贵母死制度并未如"史臣"所言被孝文帝革除。

实际上，旧制是在宣武帝时被革除的。据记载，宣武帝长皇子元昌早夭；第二子元诩于延昌元年(512年)十月乙亥被立为太子，延昌四年(515年)正月丁巳即皇帝位，是为肃宗孝明帝。①然而，孝明帝生母胡氏却未被赐死，上引《宣武灵皇后胡氏传》载：

---

① 详见《魏书》卷九《肃宗纪》。宣武帝长子在《魏书》、《北史》等均无传。《魏书》卷一三《宣武顺皇后于氏传》载："生皇子昌，三岁夭殁。其后暴崩。"而《魏书》卷八《世宗纪》也载，正始三年(506年)春正月丁卯，"皇子生，大赦天下"；三月戊子，"名皇子曰昌"；永平元年(508年)三月戊子，"皇子昌薨"。由上述知，皇子昌应为宣武帝长子。皇子昌早夭，于氏随后才暴崩，故其事可置而不论。

> 既诞肃宗，选为充华嫔。……及肃宗践阼，尊后为皇太妃，后尊为皇太后。

可见，破除道武帝所立子贵母死故事者为宣武帝。

胡氏何以能成为逃脱子贵母死制度的第一位幸免者，由于宣武帝之仁慈乎？抑或胡氏特受其宠乎？史无明载。细味上引《宣武灵皇后胡氏传》的内容，笔者以为嫔妃们"不愿生太子"的消极反抗行为才是促使宣武帝革除子贵母死制度的根本原因。据《魏书》记载：道武帝有十男，七人为王；明元帝有七男，六人为王；太武帝有十一男，五人为王；太子拓跋晃有十四男，十三人为王；文成帝有七男，五人为王；献文帝有七男，六人为王；孝文帝有七男，五人为王。他们均有众多男儿，而且大多长成。[1]然而，自孝文帝以下，宣武帝和孝明帝两代在《魏书》中却无诸王传。这是因为，宣武帝"频丧皇子"，只留下了孝明帝一人；[2]孝明帝则无子。后来，胡太后不得不以潘嫔之女诈以为男；孝明帝死后，又不得不以之冒充太子"即位"。[3] 正如《魏书》卷一三《宣武皇后高氏传》所载：

> 由是，在洛二世，二十余年，皇子全育者，惟肃宗而已。

在《宣武皇后高氏传》中将此现象的原因归结为：

> 世宗暮年，高后悍忌，夫人嫔御有至帝崩不蒙侍接者。

---

① 详见《魏书》卷一六至卷二二各传。
② 据《魏书》卷一三《皇后·宣武灵皇后胡氏传》。
③ 详见《魏书》卷九《肃宗纪》武泰元年二月条、卷一三《皇后·宣武灵皇后胡氏传》。

实则并不尽然,因为同传载,高后自己就生过皇子,但这位皇子早夭了,连名字都没有留下,高后可能就是一位消极反抗子贵母死制度者。由于众嫔妃的消极反抗,迫使宣武帝不得不一方面对皇子"深加慎护",①另一方面也就不再施行子贵母死制度了。所以,直到延昌四年正月丁巳宣武帝去世时,太子母胡氏也未被处死。②

在客观上,宣武帝时期的宫廷政治状况早已不同于道武帝时期,实在没有必要再去顽固地坚持这一灭绝人性的残忍制度。至于孝明帝以后,北魏政局十分动乱,而皇位的继承者也均非前皇帝的长子,所以就根本谈不上遵循什么故事了。

三、前后意义相反

北魏子贵母死制度早已引起史家的注意,在北齐时就受到了批判,《魏书》卷一三史臣曰:

> 子贵母死,矫枉之义不亦过哉!

然就此而已,仅仅简单地将其斥为"矫枉"之举,并未深究其来龙去脉。

赵翼在《陔余丛考》卷一六《元魏子贵母死之制》中有数百字的评述。③ 但是,最后他却归结出了如下的结论:

---

① 详见《魏书》卷一三《皇后·宣武灵皇后胡氏传》。

② 宣武帝去世后,皇后高氏被尊为太后。高太后欲加害于新即位的孝明帝之生母胡氏,但因于忠等人对胡氏严加守卫,高太后的意图未能得逞。高太后要除去胡氏的理由是否为子贵母死制度,史未明载。但不管怎样,结果是胡氏得以保全,而高太后反而被除去。总之,子贵母死制度至此已经毫无意义了。事详《魏书》卷三一《于栗磾附于忠传》、卷一三《宣武皇后高氏传》。

③ 《陔余丛考》,中华书局,北京,1963 年第 1 版,第 310—311 页。

> 子贵母死，本属矫枉过正。……而偶一破例，前此数代之冤祸
> 即中于此一人（指灵太后胡氏）以报之，驯至破家亡国。是知灭绝
> 天性以防祸者未有不转召祸也。

赵翼是著名的乾嘉大师，但是囿于历史的局限，竟以迷信的因果报应之
说来解释子贵母死制度所导致的历史结果，使人觉得遗憾。

　　本节述及北魏王朝的十位储君之母，除了最后的两位宣武帝母高
氏和孝明帝母胡氏以外，前八位之死的理由，大多数直接或间接地与子
贵母死制度有关。但是，进一步分析，她们的死因却又并不完全一致。
太武帝之前的几位太子之母被杀的原因，确系出于道武帝之初衷，为了
维护皇权，不"使外家为乱"；而自太武帝去世之后，执行子贵母死制度
的目的，却背离道武帝的原意，走到了反面。这是因为，以太武帝的去
世为界限，更确切地说是以正平事变为界限，其前与其后的北魏政治的
形态发生了巨大的变化。其前，北魏王朝的最高统治权力始终由拓跋
氏皇室执掌。其后，大权不断地旁落于宦官、权臣和太后之手。尤其是
太后势力，在后宫中逐渐形成为绝对性的权威，并发展成为乳母干预政
治和太后临朝听政。在正平事变后的较长时期内，四位太子之母文成
帝母郁久闾氏、献文帝母李氏、孝文帝母李氏和太子恂母林氏之死，如
前所述，均非出于皇帝的意志。她们的死与这一时期错综复杂的后宫
之中的斗争密切关联。具体地说，子贵母死制度成了文成帝乳母常氏
与文明太后冯氏等排除政治障碍的借口。

　　要之，道武帝立下子贵母死的规则，并将其引向制度化；明元帝遵
循故事，遂使子贵母死成为制度。不过，执行子贵母死制度，在正平事
变之前，是出于"不令妇人后与国政"的目的；在正平事变之后，其用意
恰恰与道武帝的初衷违背，是由于"妇人后与国政"的缘故。因此说，虽
同为执行制度，其意义前后迥然相反。

第三节　乳母常氏权倾内外

一、常氏发迹

由于丧母的储君往往幼小，需要有人抚养，因而由子贵母死制度便自然地派生出以乳母或保母抚养储君的惯例。在北魏历史上第一位储君保母，就是明元帝太子拓跋焘即太武帝的保母窦氏。太武帝即位以后，窦氏于始光二年（425 年）三月丙辰被尊为保太后，延和元年（432 年）正月丙午被尊为皇太后。①

另一位更为显赫者，则是太武帝之孙、太子晃之子文成帝拓跋濬的乳母常氏。乳母常氏事迹见于《魏书》卷一三《皇后·景穆恭皇后郁久闾氏附高宗乳母常氏传》，曰：

> 高宗乳母常氏，本辽西人。太延中，以事入宫，世祖选乳高宗。慈和履顺，有勤劳保护之功。高宗即位，尊为保太后，寻为皇太后，谒于郊庙。和平元年（460 年）崩，诏天下大临三日，谥曰昭。葬于广宁磨笄山，俗谓之鸡鸣山，太后遗志也。依惠太后故事，别立寝庙，置守陵二百家，树碑颂德。

此处惠太后即太武帝的保母窦氏，下文还要述及。高宗即文成帝，他即位后尊常氏的时间在《魏书》卷五《高宗纪》中有明确的记载，兴安元年（452 年）十一月壬寅尊常氏为保太后，兴安二年（453 年）三月壬午尊常氏为皇太后。

---

① 详见《魏书》卷一三《皇后·明元密皇后杜氏附世祖保母窦氏传》、卷四上《世祖纪上》。

常氏何以能从乳母的身份平步青云地上升到封建时代妇女所能达到的最高地位呢？上引《高宗乳母常氏传》称，因为她"有勤劳保护之功"。文成帝生于太平真君元年(440年)六月丁丑，正平二年(452年)十月戊申即皇帝位，时年虚岁十三岁。①常氏既为乳母，自当从文成帝襁褓之时起就已抚养他，至其即皇帝位时已经十余年了，所谓勤劳之功指此。在这十余年中，文成帝遇到的最大的危难应是正平事变中其父太子拓跋晃蒙难以及其后的阉官宗爱篡权，常氏对文成帝的所谓保护之功当指此时，可惜史臣未予详细记载。常氏"有勤劳保护之功"固然不假，但实际上常氏之所以能在数月间达到登峰造极的地步，乃是因为她控制了年幼的文成帝。

常氏当上皇太后的时间距离道武帝立子贵母死制度为半个多世纪，而太武帝保母窦氏当上皇太后距离道武帝立子贵母死制度不过二十余年。道武帝本想以子贵母死根除后权，不料结果竟被保母窦氏与乳母常氏占据了后位，这真是他始料未及的。而更让道武帝意想不到的是，乳母常氏不仅操纵后宫，还将其触角伸向外朝，去干预政事。下面先论述常氏操纵后宫事，其中典型的事例是立冯氏为皇后。

二、立冯氏为后

太安二年(456年)被立为文成帝皇后可以视为文明太后发迹的标志。其中，起决定作用的是文成帝的乳母常氏，即后来被尊为昭太后者。为了说明这一点，有必要先考察文成帝的另一位贵人李氏的事迹，这位李氏是文成帝太子的亲生母亲。

正如本章第二节第一小节所述，李氏是被昭太后常氏以子贵母死制度为理由处死的。不过，李氏之死并不那么简单，实际上在她入宫之初就已陷入困境。

---

① 详见《魏书》卷四下《世祖纪下》、卷五《高宗纪》。

李氏入宫之事在其本传中有记载：

> 文成元皇后李氏，梁国蒙县人，顿丘王峻之妹也。后之生也，
> 有异于常，父方叔恒言此女当大贵。及长，姿质美丽。世祖南征，
> 永昌王仁出寿春，军至后宅，因得后。及仁镇长安，遇事诛，后与其
> 家人送平城宫。高宗登白楼望见，美之，谓左右曰："此妇人佳乎？"
> 左右咸曰："然。"乃下台，后得幸于斋库中，遂有娠。常太后后问
> 后，后云："为帝所幸，仍有娠。"时守库者亦私书壁记之，别加验问，
> 皆相符同。及生显祖，拜贵人。太安二年，太后令依故事，……遂
> 薨。后谥曰元皇后，葬金陵，配飨太庙。

下文将要论及，在文成帝即位前后，除昭太后常氏外其他太后均已陆续
死亡，所以此处"令依故事"的太后即昭太后常氏。而所谓的"故事"正
是道武帝立下的子贵母死故事。值得注意的是，从这段记载不难看出，
昭太后压制李氏非止一日，几乎从李氏入宫之始就受到昭太后的非难。
兹论证于下。

李氏之子就是后来的献文帝拓跋弘，他出生于兴光元年（454 年）
七月庚子，[1]则李氏怀孕的时间不会早于兴安二年（453 年）的九月，不
会迟于该年的十一月。又，李氏原为永昌王拓跋仁所"得"，但兴安二年
七月乙丑永昌王仁已经被诛，[2]而李氏则以罪人眷属被徙往平城。永
昌王仁所镇之长安与平城之间相距遥远，徒步迅则一月，迟则两月，李
氏应在八九月间抵达平城。[3] 那么，她怀孕的时间很可能是兴安二年

---

① 详见《魏书》卷五《高宗纪》。
② 详见《魏书》卷五《高宗纪》。
③ 长安至平城旱路约九百公里，按每日步行 30 公里计算，需要一个月；按每日步行
　15 公里计算，也不超过两个月。所以，李贵人到达平城的时间不会迟于九月份。

九月。而九月前后文成帝正在平城。据《魏书》卷五《高宗纪》记载,文成帝在七月己巳由阴山还宫,至十一月辛酉才再次出行,而且在九月壬子条下还分明写着"阅武于南郊"。从上述李氏、永昌王仁和文成帝三方面的情况印证,献文帝应是文成帝之子无疑。[1]

可是,昭太后对这件事情却发生了怀疑。更有甚者,昭太后不直接问文成帝及其左右,却去"别加验问",幸亏有守斋库者"私书壁记之",这位未来的皇帝才未被剥夺出生的权利。昭太后讯问李氏的时间应该在兴安二年十一月辛酉以后,这是因为:一则,按九月份受孕计算,此时李氏已怀孕两三个月,有了妊娠反应,可以断定怀孕的事实;二来,此时文成帝出行,不在平城。昭太后的做法很令人怀疑她别有用心。不过,奇怪的事情还在后面。

据《高宗纪》记载,文成帝于兴安二年十二月甲午还宫。此后半年内他从未离开平城,直到兴光元年六月丙寅才又出行,到阴山却霜。[2]此时李氏怀孕已八九个月,文成帝却不让这位南方妇女留在宫中,而是将她带到了阴山之北。三十四天以后,献文帝在阴山之北诞生了。[3]在北魏宫中,并没有必须到阴山以北去分娩皇子的规定;[4]从生活条件来说,平城宫内自然要比阴山以北优越得多。那么,文成帝何以要出此

---

[1] 永昌王仁死于兴安二年七月乙丑,故献文帝不可能为其遗腹之子,因为怀胎十二个月者是罕见的。当然,也不能说没有其他人致李氏怀孕的可能,但迄今尚无证明材料。

[2] 关于阴山却霜问题,何德章教授已有详细论述,所论诚是。见于《"阴山却霜"之俗解》,刊于武汉大学历史系魏晋南北朝隋唐史研究室编《魏晋南北朝隋唐史资料》第 12 辑,武汉大学出版社,武汉,1991 年第 1 版,第 102—116 页。

[3] 《魏书》卷六《显祖纪》载,献文帝生于阴山之北。

[4] 《魏书》卷二《太祖纪》载,道武帝生于参合陂北;同书卷三《太宗纪》载,明元帝生于云中宫;同书卷四上《世祖上》载,太武帝生于平城东宫;太子晃出生地不详;同书卷五《高宗纪》载,文成帝生于平城东宫;总之,献文帝以前北魏诸帝无一在阴山之北诞生者。

异乎寻常之举呢？

李氏分娩以后，文成帝一行并没有随即结束却霜活动，直到下个月的乙亥日，即三十六天以后才回到平城。① 从六月丙寅到八月乙亥的七十天内，文成帝做了哪些事情呢？ 在有关史料中我们只能看到两件事：第一件，在献文帝出生的第二天辛丑日宣布大赦和改年号；②第二件，拜李氏为贵人。③ 文成帝这样做的目的很明显，给李氏母子以尊崇的地位。除了上述两件事外，我们没有发现文成帝在这次阴山却霜活动中还有什么重大的举动，如果有征伐战争、狩猎活动、视察之举等活动，按理会在文成帝的纪中透露出消息。看起来，我们虽然不能说文成帝七十天的阴山却霜之行仅仅是为了李氏一人的分娩，也至少可以说李氏的分娩是当时文成帝心目中的主题。那么，文成帝何以非要在这次阴山之行中将快要分娩的李氏带在身边呢？ 这样做，仅仅用出于文成帝对李氏的专宠来解释是不够的。

联系李氏的妊娠被昭太后"别加验问"和后来李氏又被昭太后"令依故事"的事实，引导我们不得不作出这样的结论：文成帝和李氏在宫中遇到了难以排除的困境，为了李氏能顺利生产，文成帝竟不得不带她远涉阴山。那么，哪个人居然能将皇帝和他宠爱的人逼迫到如此地步呢？ 只有当时宫中权势最盛的昭太后常氏。

经过文成帝的一番心良苦的安排，李氏顺利地生产，她在宫中的状况似乎也应通过被封为贵人而得到改善。但是，祸伏福中，太安二年，李氏还是死在了昭太后之手。昭太后杀李氏的理由是冠冕堂皇的，那就是老祖宗立下的子贵母死制度。但是，制度本来就是由人来执行

---

① 详见《魏书》卷五《高宗纪》兴光元年八月条。

② 详见《魏书》卷五《高宗纪》兴光元年七月条。

③ 《魏书》卷一三《皇后·文成元皇后李氏传》称，"及显祖生，拜贵人"，则拜贵人事也在此期间。

的，而且文成帝时期的内外形势早已不同于道武帝时期，李氏的死活实际上完全取决于当时在宫中执掌大权的昭太后。而昭太后非要置李氏于死地，除了贯彻执行老祖宗立下的规矩外，更重要的是不愿由着她向皇后的方向发展。

李氏死于太安二年（456 年）。按照道武帝刘夫人等例来看，李氏之死应该在献文帝立为太子之前，而献文帝是太安二年二月丁巳日被立为太子的，①该月丁巳日为初一日，因此知李氏死于太安二年的正月。似乎事有凑巧，《魏书》卷五《高宗纪》载：

> （太安）二年春正月乙卯，立皇后冯氏。

则李氏之死与新皇后冯氏之立正好在同一个月。一悲，一喜，紧相衔接，但这决非偶然，说明两人的死与荣密切关联。说穿了，杀李氏正是为了立冯氏。倘如是，冯氏之立自然就是出于昭太后的意志。不过，要证实这一点，还有必要对冯氏早年的经历作一番考察。

《魏书》卷一三《皇后·文成文明皇后冯氏传》载：

> 文成文明皇后冯氏，……年十四，高宗践极，以选为贵人，后立为皇后。

据此记载，文明太后被选为贵人是文成帝即位之后不久的事情。文成帝即位于兴安元年（452 年）十月，②其年文明太后十四岁，则太安二年被立为皇后时为十八岁。但是，文明太后本传又载，文明太后享年四十

---

① 详见《魏书》卷五《高宗纪》。
② 详见《魏书》卷五《高宗纪》。

九岁,而《魏书》卷七下《高祖纪下》则载,文明太后死于太和十四年(490年)九月癸丑,按此计算,她被立为皇后时年仅十四岁。两载不合,似应以后载为实,前载可能是误将文明太后始立为皇后的年龄记作选为贵人的年龄了。

今从后载,按照文明太后冯氏享年四十九虚岁记,她被选为贵人时年仅十岁。一个虚岁十岁的孩童,不谙人事不说,其姿色又能美到何种程度呢?冯氏被选为贵人显然不是凭她的姿色和主观努力。那么,是什么背景使她被选为贵人的呢?这自然会引起人们的思考。

兴安二年,当这位冯氏贵人十一岁的时候,在文成帝的身边突然冒出李氏这样一位"姿质美丽"正值青春年华的少妇。①而此后,李氏又始终受宠不衰,且生下献文帝。此时的冯贵人虽然逐渐长成,但仍非与李氏争宠的对手。况且,献文帝出生后李氏随即被立为贵人,地位与冯氏相当了。对比而言,冯氏并没有能移获得文成帝的宠爱,至少不像李氏那样受到专宠。这样的形势下,要让冯氏当上皇后,李氏就非死不可。但这却是冯贵人自己无力做到的。毋庸置疑,置李氏于死地,置冯氏于皇后宝座,必定都出自昭太后的手笔。

现在,我们也可以想到冯氏最初被立为贵人的背景了,那也应该出于昭太后常氏的意志。《文成文明皇后冯氏传》载:

> ……长乐信都人也。父朗,秦、雍二州刺史、西城郡公,母乐浪

---

① 据《魏书》卷四下《世祖纪下》载,太武帝南征而命永昌王仁出寿春事发生于太平真君十一年(450年)十月,时距兴安二年(453年)九月整整三年。在永昌王仁得到李氏之前,李氏已"长",且已"资质美丽",那么兴安二年九月她在白楼遇文成帝时更应是青春年华之际。又据《世祖纪下》载,文成帝生于太平真君元年(440年)六月丁丑,到兴安二年时十四岁,正是情窦初开之时。因此,文成帝遂能一见李氏而称"美"钟情。

王氏。后生于长安,有神光之异。朗坐事诛,后遂入宫。

冯氏之父虽然位至刺史,但却"坐事"被诛。与李氏一样,冯氏也是以罪家子女身份被没入宫中的。冯氏的伯祖冯跋和祖父冯文通是北燕国的国王。① 太延二年(436年)三月,北燕为太武帝所灭。冯氏父亲冯朗与冯朗兄冯崇、弟冯邈在此前四年的延和元年十二月先已投降北魏。② 冯朗于延和二年二月到平城,此后被任为秦、雍二州刺史,直至坐事被诛。而冯邈则"因战入蠕蠕"。③ 因此,文明太后冯氏不仅为亡国之君后裔、降臣之女,而且是因罪家子女身份而被没入宫廷者。她不仅地位低微,年龄幼小,而且没有外戚之援,当选贵人决非她的家庭条件和个人能力所及。

正如《文成文明皇后冯氏传》所载,冯氏是在文成帝即位不久被选为贵人的。而文成帝则是在攫取最高统治权力的宗爱为首的阉官势力被镇压以后登上皇帝宝座的。随着文成帝的即位,他的乳母常氏突然成了政治上的暴发户。如前已述,常氏是在兴安元年十一月壬寅被尊为保太后的,距文成帝即位的正平二年(即兴安元年)十月戊申仅五十四天;常氏是在兴安二年三月壬午被尊为皇太后的,距文成帝即位仅四个月。就在短短的四个月内,常氏达到了在皇宫中所能达到的最高地位。

与此同时,有可能执掌后宫权力的两个人却相继死去了。一位是文成帝生母郁久闾氏,她是在文成帝即位后三十六天死去的。④ 郁久闾氏被追尊为恭皇后的时间与常氏被尊为保太后的时间恰为同一日。

---

① 详见《魏书》卷九七《海夷冯跋传》及所附《冯文通传》。
② 详见《魏书》卷四上《世祖纪上》。
③ 详见《魏书》卷四上《世祖纪上》、卷八三上《外戚上·冯熙传》。
④ 详见本章第二节第一小节。

另一位是太武帝皇后赫连氏,她长文成帝两辈。据《魏书》卷五《高宗纪》载,赫连氏死于兴安二年闰六月乙亥,距文成帝即位已九个月。在《高宗纪》的该条中称赫连氏为太皇太后,但该条之前却不见有尊她为太皇太后之事。《魏书》卷一三《皇后列传》中有赫连氏的传,但事颇简略,既未言她被尊为太皇太后,也不见她死后有追尊号谥事,其待遇竟还不如儿媳辈的郁久闾氏,更不能与昭太后常氏相比。原因在于,此时在北魏宫内和朝廷上执掌大权的是通过反对阉官宗爱而当权的势力,赫连氏不仅与这股势力无关,相反地在宗爱政变时还曾被宗爱利用过。《魏书》卷四下《世祖纪下》正平二年三月条载:

> 甲寅,(太武)帝崩于永安宫,时年四十五。秘不发丧,中常侍宗爱矫皇后令杀东平王翰,迎南安王入而立之。大赦,改元为永平,尊皇后赫连氏为皇太后。

由上载知,宗爱杀东平王翰和立南安王余都是以赫连氏的名义进行的。而宗爱一当政就立刻尊赫连氏为皇太后的事,即使不能说明赫连氏也参与了政变,但至少可以说是宗爱因"矫皇后令"后给予赫连氏的回报。所以,当宗爱等阉官势力被镇压以后,赫连氏自然也就失势了。赫连氏是在文成帝即位九个月后去世的,这其中有无受害迹象,已无从查考。但是,可以认为,由于赫连氏与宗爱势力的一段瓜葛,文成帝即位以后她在宫中就失势了。由上述情况来看,我们虽然并不知道冯氏被立为贵人的确切时间和背景,但是可以肯定此事与文成帝生母郁久闾氏和太武帝皇后赫连氏均无关系。

　　除诸太后外,在北魏宫中阉官势力历来很强。如前所述,太子晃之死与他们有关,太武帝、东平王翰和南安王余均系他们所杀,其首领宗爱还曾"位居元辅,录三省,兼总戎禁",执掌北魏的最高统治权

力。①不过,在文成帝即位以后,阉官势力受到很大的打击,《魏书》卷九四《宗爱传》载:

> 高宗(文成帝)立,诛爱、周等,皆具五刑,夷三族。

文中的"爱"即宗爱。"周"指小黄门贾周,《宗爱传》中称他曾在宗爱的指使下杀死南安王余,系宗爱政变中的骨干分子。此外还有一些参加过宗爱政变而未留下姓名的阉官。《宗爱传》称,在宗爱立南安王余为皇帝时曾"先使阉竖三十人持仗于宫内","以次收缚"欲立东平王翰的大臣尚书左仆射兰延等人。所谓"爱、周等"文成帝即位后被诛杀者中,至少应包括这三十个参与政变者。而能够参与宗爱政变者,应系阉官势力的中坚分子。可见,经此次打击以后,在兴安年间阉官势力已处于劣势状态,他们并无扶持冯氏应选贵人的能量。

既然上述可能均已被排除,那么就可以认为,和冯氏被立为皇后一样,她最初被选为贵人也是出于当时刚刚被立为皇太后的常氏的意志。这位冯贵人就是后来发展到临朝听政的文明太后。

我们论证了文明太后冯氏是在昭太后常氏扶持下选为贵人和登上皇后宝座的这一事实,但是,由于有关常氏的资料过于简单,探索其中奥秘的难度很大,无法说明常氏何以选中冯氏为扶持对象的具体原因。② 常氏与冯氏并非同辈之人,而且冯氏被选为贵人时年仅十岁,在此之前她们个人之间不可能存在政治上的关系。不过,出于长期控制文成帝的目的,对比李氏与冯氏两人的情况,常氏当然不愿选择年龄较

---

① 详见《魏书》卷四下《世祖纪下》、卷九四《阉官·宗爱传》。
② 冯氏的发迹或许也与其姑太武帝左昭仪的照应有关,参见本书第四章第三节第一小节。

大而又深受文成帝钟情的前者。

三、常氏势力

通过文明太后冯氏发迹之事可以看出,文成帝即位以后北魏宫内的生杀荣辱大权完全操纵在昭太后常氏手中,常氏的地位和权力绝不亚于皇帝嫡亲的太后。为了控制文成帝而引用子贵母死制度杀死文成帝的宠妃李氏,然后将自己选中的冯氏扶上皇后的宝座,这只是表现常氏权势的一个方面。实际上,自从常氏掌握北魏后宫以后,她的势力是多方面发展的,并不限于皇后冯氏一人。我们可以直接举出来的,在宫内,有林金闾等阉官;在外朝,有常氏外戚。

林金闾可以算作昭太后常氏势力中的阉官的代表。在《魏书》卷一三《皇后·孝文贞皇后林氏传》中有关于林金闾的记载:

> 孝文贞皇后林氏,平原人也。① 叔父金闾,起自阉官,有宠于常太后,官至尚书、平凉公。金闾兄胜为平凉太守。金闾,显祖初为定州刺史。未几,为乙浑所诛,兄弟皆死。

这段记载反映,林金闾因得宠于常氏而获得很高的官位。

此外,林金闾的权势还可以从文成帝死后他积极参与乙浑擅夺朝政事件中看出来,林金闾后来虽为乙浑所诛,他原先却是乙浑的得力干将。《魏书》卷四四《和其奴传》载:

---

① "平原",《北史》卷一三《孝文贞皇后林氏传》作"平凉"。《魏书》卷一三校勘记[一二]以《北史》为是,理由是,"按下云叔父金闾封'平凉公',金闾兄胜为'平凉太守'。当时封公多取本郡,又习惯以充当本州、郡的刺史、太守为荣。疑作平凉是。"校勘记所言合理,林氏原籍应是平凉。

> 和平六年,(和其奴)迁司空,加侍中。高宗崩,乙浑与林金闾擅杀尚书杨保年等。殿中尚书元郁率殿中宿卫士欲加兵于浑。浑惧,归咎于金闾,执金闾以付郁。时其奴以金闾罪恶未分,乃出之为定州刺史。

乙浑与林金闾杀杨保年的时间是献文帝即位的当天,《魏书》卷六《显祖纪》和平六年五月甲辰条中有明确记载。同时被杀的还有平阳公贾仁爱、南阳公张天度,他们都是被乙浑矫诏杀死于禁中的,这是乙浑擅权中的大事件。在乙浑擅杀朝臣的事件中林金闾起了积极配合的作用,他无疑是乙浑的党羽。后来只是迫于元郁的压力,乙浑才不得不将林金闾推出来替罪。仅仅从林金闾在乙浑擅权事件中发挥的重要作用就可以看出,他在宫中的势力实在不小。而更加令人惊讶的是,在林金闾已经被执付殿中尚书元郁的情况下,和其奴竟敢站出来公然为他开脱。奇迹也居然出现,林金闾不但未被处罪,反而还出任为定州刺史。定州治于后燕旧都中山郡治所卢奴县,①在平城时代是十分繁华的都市,因此定州刺史被官员们眼热地视为肥缺,由此可见林金闾在官场的影响。林金闾所以能养成这么大的势力,原因正如上引《孝文贞皇后林氏传》中所言,是因为"有宠于常太后"。

昭太后常氏原来只是一位乳母,但发迹以后她的家族势力却绝不亚于正牌的外戚。《魏书》卷八三上《外戚上·常英传》载:

> 先是高宗以乳母常氏有保护功,既即位,尊为保太后,后尊为皇太后。兴安二年,太后兄英,字世华,自肥如令超为散骑常侍、镇军大将军,赐爵辽西公。弟喜,镇东大将军、祠曹尚书、带方公。三妹皆封

---

① 卢奴,位于今河北省定州市城关。

县君,妹夫王睹为平州刺史、辽东公。追赠英祖、父,苻坚扶风太守亥为镇西将军、辽西简公,勃海太守澄为侍中、征东大将军、太宰、辽西献王,英母许氏为博陵郡君。遣兼太常卢度世持节改葬献王于辽西,树碑立庙,置守冢百家。太安初,英为侍中、征东大将军、太宰,进爵为王。喜,左光禄大夫,改封燕郡。从兄泰为安东将军、朝鲜侯。沂子伯夫,散骑常侍、选部尚书;次子员,金部尚书。喜子振,太子庶子。三年,英领太师、评尚书事、内都大官,伏、宝、泰等州刺史。五年,诏以太后母宋氏为辽西王太妃。和平元年,喜为洛州刺史。

真是鸡犬升天,自从乳母常氏平步青云地当上皇太后以后,不仅其兄常英的职权达到登峰造极的地步,而且常氏家族中的许多成员也都在北魏政府的中央或地方占据了要职。

除了阉官、外戚外,外朝中还有一个重要人物与昭太后常氏势力有着或隐或现的勾结关系,这个人就是上面已经提到的乙浑。乙浑虽然是文成帝去世以后掌握北魏朝政的,但是文成帝去世之前他已经在朝廷中显赫了。《魏书》卷四〇《陆俟附陆丽传》载:

> 和平六年,高宗崩。先是,(陆)丽疗疾于代郡温泉,闻讳欲赴。左右止之曰:"宫车晏驾,王德望素重,奸臣若疾民誉,虑有不测之祸。愿少迟回,朝廷宁静,然后奔赴,犹为未晚。"丽曰:"安有闻君父之丧,方虑祸难,不即奔波者!"遂便驰赴。乙浑寻擅朝政,忌而害之。初,浑悖傲,每为不法,丽数诤之,由是见忌。

从前后文意对照来看,陆丽左右所言"奸臣"指的就是乙浑,则乙浑的"奸臣"名誉并非因他在文成帝死后擅权才有。文中称乙浑"悖傲,每为不法",这也是文成帝去世之前的事。可见,乙浑的权势形成于文成帝生前,而非文成帝死后才突然暴发。

乙浑在《魏书》中没有专传,他的事迹最早见于卷五《高宗纪》和平三年(462年)正月条,该条称:

> 壬午,以车骑大将军、东郡公乙浑为太原王。

那么,乙浑与昭太后常氏之间是什么关系呢?要弄清这一点,首先要看乙浑当车骑大将军、东郡公的时间是在常氏去世之前还是之后。万斯同在《魏将相大臣年表》中将乙浑为车骑大将军事置于太安元年(455年),[①]未知何据。《魏书》卷五《高宗纪》载:

> 太安元年春正月辛酉,……车骑大将军、乐平王拔有罪,赐死。

万斯同大约是据此而将乙浑当车骑大将军的时间定为太安元年的,则对照《高宗纪》和平三年正月条,乙浑在太安元年前就应该有东郡公的爵位了。按,乙浑和平三年正月为太原王,距昭太后常氏去世的时间和平元年四月仅一年又八个月,在这样短的时间之内能够连续升两级以上爵位者是不多见的,也就是说常太后去世时乙浑的爵位多半不会低于公爵,故而今依万斯同的看法。乙浑晋升为车骑大将军的太安元年正是昭太后常氏的权势达到鼎盛的时候,乙浑的晋升与昭太后常氏应该具有密切关系。

值得注意的是,常氏之兄常英也是在太安元年由辽西公晋爵为王并升任太宰的。[②] 而和平元年(460年)四月常氏去世后,常家势力并没

---

① 该表收于《二十五史补编》第四册,中华书局,北京,1955年第1版,第4499页。
② 详见《魏书》卷五《高宗纪》太安元年十月庚午条。

有随即衰颓,直到天安元年(466 年)乙浑败亡后常英等才被降职调出朝廷,不久又被处罪。上引《常英传》又载:

> 天安中,(常)英为平州刺史,(常)䜣为幽州刺史,(常)伯夫进爵范阳公。英赎货,徙敦煌。诸常自兴安至是,皆以亲疏受爵赐田宅,时为隆盛。后伯夫为洛州刺史,以赃污欺妄征斩于京师。

伯夫为常䜣子,常䜣与昭太后常氏的关系史载不明,[①]但必是常氏的近亲无疑。北魏天安年号仅仅一年,因此"天安中"也即天安元年,则常家转衰自天安元年起。乙浑的命运与常家的兴衰相一致绝非偶然,它正说明常氏与乙浑之间在政治上的勾结关系。此外,前述得宠于昭太后的林金间在乙浑擅杀朝臣的事件中发挥积极配合的作用,也可以作为上述看法的佐证。

常氏与乙浑的勾结系常氏当上太后之后,绝非之前,因为不仅拥立文成帝的朝臣中没有乙浑,而且正如上引《陆丽传》所言,乙浑是被陆丽等剪除宗爱势力的功臣们视作"奸臣"的。要之,在和平三年以前,我们丝毫看不到乙浑政治活动的踪影,他的发迹与太武帝末年以后发生的一系列政变事件没有关系。然而,乙浑却突兀地一下子冒了出来。那么,这与他的身世是否有关呢?

关于乙浑的身世,《魏书》未作记载。姚薇元先生将他归为原先聚居于今青海沿岸的吐谷浑之支属乙弗部,[②]这倒是可能的。但是,也还存在着另外一种可能。《魏书》卷一〇〇《高句丽传》载:

---

① 中华书局校点本《魏书》卷八三上校勘记[八]中有校语,请参阅。
② 《北朝胡姓考》内篇第三《内入诸姓》乙氏条,第 160 页。

> (高句丽王位官)玄孙乙弗利,利子钊,(代国)烈帝(翳槐)时与
> 慕容氏相攻击。(代国昭成帝什翼犍)建国四年(341年),慕容元
> 真率众伐之,入自南陕,战于木底,大破钊军。乘胜长驱,遂入丸
> 都,钊单马奔窜。元真掘钊父墓,载其尸,并掠其母妻、珍宝、男女
> 五万余口,焚其宫室,毁丸都城而还。

乙弗利子简称作钊,乙弗应为利、钊之姓,则高句丽国有乙弗姓可知。那么,被慕容部掠得的五万男女中也必有姓乙弗者。而这些人是在慕容元真(即慕容皝)时被徙入慕容部的,因为此事在《魏书》卷九五《徒何慕容廆附元真传》中也有记载。其时,慕容部城和龙而都,高句丽的五万男女应被徙于和龙附近,则和龙附近会有姓乙弗者。这些姓乙弗者或其后裔有可能随从慕容部进入中原,此后经过辗转而进入平城;也有可能在北魏灭北燕前后被徙往平城;还有可能早就依附于拓跋部落联盟,如在《魏书》卷二《太祖纪》登国元年条下便已有"乙弗部帅代题叛走"的记载。因此,姚先生的说法并不全面。乙浑也有可能是高句丽的乙弗氏后裔。①

　　不管乙浑的宗族是吐谷浑支属,还是源自高句丽,在拓跋贵族和汉族士人看来,他的门第是不高的。所以,即使乙浑掌权以后,也还因此受到鄙视。《魏书》卷三三《贾彝附贾秀传》载:

> 　　时丞相乙浑擅作威福,多所杀害。浑妻庶姓而求公主之号,屡
> 言于秀,秀默然。浑曰:"公事无所不从,我请公主,不应何意?"秀

---

① 　在《魏书》中,列有传记的乙姓者仅有卷四十四中的乙瑰家族,该传称乙瑰"拥部
　　落入附","封西平公",其家应如姚薇元先生所云来自青海的吐谷浑支属乙弗
　　部。其第二代乙乾归与乙浑同时,但是他们之间无甚瓜葛,因而也不能由此确
　　定乙浑为出于青海吐谷浑支族者。

慷慨大言,对曰:"公主之称,王姬之号,尊宠之极,非庶族所宜。若假窃此号,当必自咎。秀宁死于今朝,不取笑于后日。"浑左右莫不失色,为之震惧,而秀神色自若。浑夫妻默然含忿。

贾秀以"非庶族所宜"为由不应乙浑妻求公主之号的请求,而惯于"擅作威福"的乙浑夫妇也不得不"默然含忿"。因此,从身世来看,乙浑的暴发与门第无关。

排除了各种可能的原因,只能认为乙浑是因为投靠常氏才得以暴发的,他应该是常氏的主要党羽。

总之,昭太后常氏一方面控制了年幼的皇帝,借以发号施令;另一方面在宫内外大力培植党羽,发展起自己的势力。她正是这样作威作福,干预了北魏政治九年之久。从正平二年三月到天安元年二月的十四年间是北魏平城时代后期的第一阶段。在这个阶段里,最具影响力的人物竟然是出身乳母的常氏。

昭太后常氏虽然去世了,但是她的作为被她选立的皇后冯氏所效尤。冯氏后来当上太皇太后,并且两度临朝听政,成为北魏平城时代后期第二阶段的政治舞台的主宰。该第二阶段始于天安元年二月而终于太和十四年九月冯氏去世之际,历时二十四年。

第四章 太后听政

文明太后是在天安元年(466年)平息文成帝去世不久发生的乙浑之乱后第一次临朝听政的。但是这次临朝听政为时不久,迫于以献文帝为代表的势力的政治压力,她不得不罢令了。文明太后罢令后,她与献文帝之间的矛盾不仅没有缓和,反而更加激化。他们之间的斗争最后以献文帝被文明太后害死而告结束,但决定二者高下的转折点却是献文帝的禅位事件,其要害当然就是北魏最高统治权力的归属问题。这时候,通过抚养的方式而被文明太后牢牢地控制在手的孝文帝,成了文明太后手中夺取胜利的一张王牌,正是这张王牌帮助她于承明元年(476年)实现了再次临朝听政的愿望。以太后之尊去抚养并非自己亲生骨肉的孝文帝,其实是一种高明的政治手段。而这种手段的产生得自于文明太后在宫中见闻的保母窦氏与乳母常氏干预政治的历史经验,它使文明太后认识到,只要控制了储君,就会有攫取最高统治权力的机会。

文明太后的胜利无疑是母后权力的一次伸张。文明太后临朝听政具有复杂的背景,尤其与母权制遗风相关,但是这却并不意味历史的倒退。因为,从道武帝天兴元年(398年)初建平城政权起,至文明太后再次临朝听政时,拓跋氏脱离部落联盟而在中原传统体制轨道上运行已经历时七十八年,所以当文明太后将自己凌驾于皇权之上时,她就成了集权专制的最高统治者,而绝非原始社会母系氏族制时代的代表人物。而且,在文明太后临朝听政期间,北魏王朝推行了一系列的经济、政治与文化的改革,其改革一直是沿着全面汉化的方向发展下去的。文明太后临朝听政时期,是北魏平城时代最繁荣昌盛的阶段。

然而,文明太后也陷入了自身无法解决的矛盾之中。因为,在父子相承已经成为传统的社会里,虽然文明太后可以使她的政治权力膨胀到同于帝王的地步,但是却无法将这种母后至高的权力延续下去。文明太后最终不得不向现实低头,而将政权交付给在她卵翼之下的孝文帝。

第一节　孝文帝非私生辨

文明太后冯氏一生中两次临朝听政。对她第一次临朝听政,《魏书》记载得很简略,其卷一三《皇后·文成文明皇后冯氏传》载:

> 显祖即位,尊为皇太后。丞相乙浑谋逆,显祖年十二,居于谅闇。太后密定大策,诛浑,遂临朝听政。

文明太后是在诛杀权臣乙浑之后听政的,此事《魏书》卷六《显祖纪》中系于天安元年(466年)二月庚申条下,则其听政时间是在二月庚申或稍后。

文明太后第一次临朝听政时间很短,不久她就"不听政事"了,《文成文明皇后冯氏传》接着载道:

> 及高祖(孝文帝)生,太后躬亲抚养,是后罢令,不听政事。

孝文帝拓跋宏生于皇兴元年(467年)八月戊申,[1]文明太后应该是此后不久罢令的。[2] 从本传记载来看,文明太后的罢令好像与"抚养"孝文帝一事有关。

《魏书》卷六《显祖纪》和卷七上《高祖纪上》明载,孝文帝是文成帝的长孙、献文帝的长子,亲祖母为李贵人,生母为李夫人;而卷一三《文成文明皇后冯氏传》载,文明太后冯氏为文成帝皇后;文明太后与孝文帝之间虽为祖孙辈分,却并无血缘关系。不过,从有关的史料中看,他们的关系是很密切的,而且两人前后相承地在北魏中期的太和改革中发挥过主导作用。因此,学术界对文明太后与孝文帝之间的关系产生了种种猜测。

这些猜测首先是由上引《文成文明皇后冯氏传》中的"及高祖生,太后躬亲抚养,是后罢令,不听政事"一语引起的。其次,在该传的下文中称:

迄后(文明太后冯氏)之崩,高祖不知所生。

这一句话更增加了人们的怀疑。由于,一方面孝文帝不知所生,另一方面文明太后不听政事似乎与躬亲抚养孝文帝有关,因而有的专家学者便作出推论:认为孝文帝并非献文帝与李夫人所生,而是文明太后的私生之子;并且还认为文明太后将自己的私生子冒作李夫人所生,而将李夫人杀死了。

---

[1] 详见《魏书》卷七上《高祖纪上》。

[2] 郑钦仁先生在《北魏中给事(中)稿——兼论北魏中叶文明太后的时代》一文中写道:"……故其(指文明太后)第一次临朝是自天安二年(公元467年,后因孝文帝出生改元皇兴)二月乙浑之诛迄于同年八月孝文帝之出生。"刊于《食货》复刊第三卷第一期,1973年。郑先生误记了乙浑被诛的年代。据《魏书》卷六《显祖纪》载,乙浑是天安元年二月被诛的。此事《资治通鉴》系于卷一三一《宋纪》泰始二年二月条下,刘宋泰始二年亦即北魏天安元年。则文明太后第一次临朝听政是天安元年二月开始的。

最早怀疑孝文帝是文明太后私生子的是吕思勉先生。他怀疑的理由是：其一，"高祖之生，在皇兴元年八月，其时显祖年仅十三，能否生子，实有可疑"。其二，"窃谓文明后为好专权势之人，岂有因生孙而罢政？且亦何必因此而罢政？岂高祖实后私生之子，后因免（娩）乳，乃不得不罢朝欤？"①随后，日本学者大泽阳典在他的论文中作了进一步的论述。② 近年，台湾学者郑钦仁先生又在前二者论证的基础之上，提出了一条史料作为佐证，似乎使吕先生的怀疑得到充分的证明。③ 倘如是，则史学界以往对于北魏平城时代历史尤其是政治史的看法就不得不加以修正了。但是，笔者并不同意他们的看法。

一、拓跋氏早育

周一良先生在《魏晋南北朝史札记》一书中曾指出，"北魏长期有早婚习俗"，明元帝出生时，道武帝二十三岁，已称晚有子，娶妻生子之早是拓跋氏的习俗。④ 北魏诸帝大多生子较早。据《显祖纪》载，孝文帝生于皇兴元年八月戊申，当时献文帝虚岁十四岁。⑤ 孝文帝母受孕时间应当在天安元年十月至十二月间，其时献文帝年仅虚岁十三岁，而周岁为十二岁又四到六个月。然而，年龄虽然幼小，却并非不能生育。事实上，在北魏诸帝中献文帝并非最年轻的生育者。

据《魏书》卷四上《世祖纪上》载，太武帝太子拓跋晃生于神麚元年（428 年）。太子晃的长子是文成帝，《魏书》卷五《高宗纪》载文成帝生

---

① 详见吕思勉先生《两晋南北朝史》第十一章第一节，第 509—510 页。
② ［日］大泽阳典《冯氏与其时代——北魏政治史之一出》，刊于《立命馆文学》192 号，1961 年 6 月。
③ 郑钦仁《北魏中给事（中）稿——兼论北魏中叶文明太后的时代》。
④ 详见该书《〈魏书〉札记》晚有子条，第 310—311 页。
⑤ 《魏书》卷七上《高祖纪上》同此。吕思勉先生称其时"显祖年仅十三"，若系按虚岁计则不对。

于太平真君元年(440年)六月。则文成帝出生时太子晃年仅十三虚岁,比孝文帝出生时其父献文帝的年龄更小。而在现有的史料中还未发现文成帝的出生过程中有移花接木的现象。

又,据《显祖纪》和《高宗纪》载,文成帝长子献文帝生于兴光元年(454年)七月庚子,则献文帝母受孕时间应当在兴安二年(453年)九月至十一月间,其时文成帝周岁为十三岁又三到五个月,只比孝文帝母怀孕孝文帝时献文帝的年龄大九个来月。献文帝是否文成帝的亲生儿子,在当时曾有人怀疑过,事见《魏书》卷一三《皇后·文成元皇后李氏传》,该传载:

> 后(李氏)与其家人送平城宫。高宗(文成帝)登白楼望见,美之,谓左右曰:"此妇人佳乎?"左右咸曰:"然。"乃下台。后得幸于斋库中,遂有娠。常太后后问后,后云:"为帝所幸,仍有娠。"时守库者亦私书壁记之,别加验问,皆相符合。及显祖(献文帝)生,拜贵人。

从这段史料来看,李氏得幸于文成帝的经过是十分清楚的,况且又有守库者"私书壁记之"的证明和常太后的"验问"得实,对此无需怀疑了。

黄家驷、吴阶平主编的《外科学》一书指出:"男性到青春期睾丸中方有成熟的间质细胞出现,一般在九至十九岁之间,约需三年时间完成青春期的发育。"同时又认为,男子的青春发育是没有严格的时间界限的,其起始时间迟则十四岁以后,早则十周岁。[1]按照这一规律去推断,有些男子在

---

[1] 详见《外科学》(下册)第四十九章《泌尿系统和男生殖系统疾病的诊断》之《解剖和生理概要·男生殖系统的生理机能》,人民卫生出版社,北京,1979年第1版,第264页。

十三周岁以前便具有生育能力并非不可能。最近的资料表明,人类女性的最低怀孕年龄竟是七岁半。①如果这项资料可信,那么也可以作为上述看法的佐证,因为男性的最低生育年龄线虽然比女性难测,但也不会相差太远。况且,北方游牧民族体魄强健,发育也早,②早育是完全可能的。

看来,我们对于年仅十二周岁又四到六个月的献文帝的生育能力可以不必怀疑了。

二、"高祖不知所生"解

《文成文明皇后冯氏传》中的"迄后之崩,高祖不知所生"一语,在后人看来可能怪异,但在北魏宫廷中却并非奇事。因为北魏王朝有所谓的子贵母死故事,这是宫中常制。对此,《魏书》编撰者魏收不是不知道的,他在该书卷一三《皇后·道武宣穆皇后刘氏传》中记载得很清楚,"魏故事,后宫产子将为储贰,其母皆赐死"。可见,他在同卷中写下"迄后之崩,高祖不知所生"一语,并不是想要表明孝文帝的出生之中有疑点;只是为了说明这样一个事实,即文明太后在生前一直不愿意让孝文帝了解其生母的情况。魏收的宗旨在于,突出文明太后性格的专横妒忌。所以,这条记载不仅不能作为怀疑孝文帝不是李夫人所生的依据,反倒能够引出相反的结论,从而表明孝文帝并非文明太后的私生子。

---

① 1988年10月24日《参考消息》以《世界上最年轻的母亲》为题发表了一则报道,全文如下:"(本报波哥大10月14日电)据此间报纸报道,哥伦比亚一8岁女童已怀孕6个月,很可能成为世界上最年轻的母亲。据医生西尔维奥·戈麦斯说,这位未来的母亲及其6个月的胎儿一切正常,预产期为12月24日,届时将为她作剖腹产。"如果这则报道不是谣传的话,那么,目前为止人类女性的最低怀孕年龄应是7岁半。以上所谓"目前",是本书初版之时的提法。近年来,关于少女生育之事屡见报端,上述记录或许已有变化,不复赘述。

② 据《魏书》卷九五《徒何慕容廆附慕容垂传》记载:"(慕容垂)年十三,为偏将,所在征伐,勇冠三军。"慕容垂十三岁就已经"勇冠三军",说明他在少年时身体已经发育得相当强壮。这可以算作是北方游牧民族中发育较早的一个例子。

对于子贵母死制度,文明太后也应当知道得十分清楚的,与她同辈同夫的孝文帝的亲祖母李贵人便是在生下献文帝之后依此制度被赐死的。[1] 后来,文明太后还利用子贵母死制度杀了孝文帝妃林氏,此事见于本书第三章第二节之一中所引的《魏书》卷一三《皇后·孝文贞皇后林氏传》。该传称,林氏"容色美丽",得幸于孝文帝,因此孝文帝舍不得依旧制杀她,但文明太后自有主意,非处死林氏不可,理由还是子贵母死制度。

如果按照私生的说法,为了隐秘其事,最保险的办法应该是在文明太后"分娩"的同时或稍后不久就把预定要"冒作"孝文帝生母的李夫人杀死。按照子贵母死制度,这是名正而言顺的。但是,事实上李夫人并未随即死去,据《魏书》卷一三《皇后·献文思皇后李氏传》载,她死于皇兴三年(469年),其时孝文帝已一岁多了。如果文明太后欲盖弥彰,何必留此活口一年多呢?

妇女怀孕、分娩、哺乳是为时久长而又难以瞒人的过程,尤其像文明太后这样身份的人,不可能一两年间不抛头露面。如果她确实怀孕而又分娩了,至少在宫中是难以隐秘实情的。可是,作为孝文帝的父亲和文明太后子辈的献文帝却似乎并不知道。如果孝文帝确系文明太后私生子,怎能瞒得过献文帝。如果献文帝知道实情,又怎会不言不语。

献文帝并非文明太后所生,其生母李贵人因与文明太后争宠而被文明太后的支持者昭太后常氏所杀。献文帝长大后成为文明太后的政敌,并有钳制文明太后的举动,这在《文成文明皇后冯氏传》中是有记载的:

> (文明)太后行不正,内宠李弈,显祖因事诛之,太后不得意。

献文帝曾经以文明太后私生活上的不检点作为攻击她的武器,而且还

---

[1] 详见《魏书》卷一三《皇后·文成元皇后李氏传》。

居然诛杀了文明太后的内宠李弈。李弈受内宠之事史书载之彰然,孝文帝若确为文明太后私生子,怎能不露一点风声?献文帝若知此等事情,又焉能容忍!更何况,这个私生子还要寄在他的名下呢。

后来,献文帝有取消孝文帝的继承权的打算,想要禅位于京兆王拓跋子推,此事似乎可以被引以为孝文帝非李夫人生的佐证。那么,让我们来看一看《魏书》卷一九中《景穆十二王中·任城王云传》的有关记载。该传载:

> 延兴中,显祖集群僚,欲禅位于京兆王子推。王公卿士,莫敢先言。云进曰:"陛下方隆太平,临覆四海,岂得上违宗庙,下弃兆民。父子相传,其来久矣,皇魏之兴,未之有革。皇储正统,圣德夙章。陛下必欲割捐尘务颐神清旷者,冢副之寄,宜绍宝历,若欲舍储,轻移宸极,恐非先圣之意,骇动人情。又,天下是祖宗之天下,而陛下辄改神器,上乖七庙之灵,下长奸乱之道,此是祸福所由,愿深思慎之。"太尉源贺又进曰:"陛下今欲外选诸王而禅位于皇叔者,臣恐春秋蒸尝,昭穆有乱,脱万世之后,必有逆飨之讥,深愿思任城之言。"东阳公元丕等进曰:"皇太子虽圣德夙彰,然实冲幼。陛下富于春秋,始览机政,普天景仰,率土倮心,欲隆独善,不以万物为意,其若宗庙何,其若亿兆何!"显祖曰:"储宫正统,受终文祖,群公相之,有何不可。"于是传位于高祖。

任城王云、太尉源贺、东阳公丕等人都是北魏朝廷重臣,任城王云还是献文帝的亲叔父、京兆王子推的同父异母弟,他们都异口同声地为孝文帝争位。这些人依据的理由,不是因为孝文帝是"皇储正统",就是恐怕"昭穆有乱",或者赞扬他"圣德夙彰",全都振振有词,言语落地有声,迫使献文帝最后也不得不说出"储宫正统"等语。而在争论双方的心目中,谁都没有孝文帝不是献文帝亲生儿子的观念。如果孝文帝真是文明太后的私生子,恐怕任城王云等人的话语就不会如此硬气,而且这恰恰就可以成为献文帝取消孝文帝继承皇位权的充足理由。

三、杨椿之语的意义

郑钦仁先生支持吕思勉先生和大泽阳典先生观点所依据的史料见于《魏书》卷五八《杨播附杨椿传》,是杨椿因年老致仕将要离开洛阳返回故里时告诫他子孙的一段话,其时已是孝庄帝元子攸时期。为了说明这个问题,现将郑先生所引的这一段话照原样抄录如下:

> 北都时,朝法严急。太和初,吾兄弟三人并居内职,兄在高祖左右,吾与津在文明太后左右。于时敕责诸内官,十日仰密得一事,不列便大瞋嫌。诸人多有依敕密列者,亦有太后、高祖中间传言构间者。吾兄弟自相诫曰:"今忝二圣近臣,母子间甚难,宜深慎之。又列人事,亦何容易,纵被瞋责,慎勿轻言。"十余年中,不尝言一人罪过……。太和二十一年,吾从济州来朝,在清徽堂豫宴。高祖谓诸王、诸贵曰:"北京之日,太后严明,吾每得杖,左右因此有是非言语。和朕母子者唯杨椿兄弟。"遂举觞赐四兄及我酒。汝等脱若万一蒙时主知遇,宜深慎言论,不可轻论人恶也。[①]

在这段史料中出现了两处"母子"字样,"母"与"子"显然是指文明太后与孝文帝,郑先生便据此论证他们之间的关系不是祖孙关系,而是母子

---

① 这段话与中华书局标点本《魏书》的文字及标点稍有出入,但不影响意思。而且,这段史料在《北史》卷四一《杨播附杨椿传》中也有记载,内容大体相同,个别字有出入者已为郑先生指出,兹不赘笔。

关系,从而推断孝文帝为文明太后所生。

不过,郑先生又认为,"杨椿回忆他们兄弟夹在两主之间的困难,透露出'母子间甚难'。但这一句话中的'母子'或疑有泛称为'上下辈'之可能",因此他也承认前一处的"母子"似不足为说明文明太后与孝文帝非祖孙关系的过硬的凭证。

郑先生最根本的依据是第二处"母子",它出现在孝文帝感激杨家兄弟语中。其实,这"和朕母子者唯杨椿兄弟"一语也还是杨椿转述之语,如果前一"母子"有泛称上下辈之嫌疑,那么后一"母子"也不见得没有。

退一步说,即使杨椿转述孝文帝之语一字不差,也未尝没有泛称之意。因为类似的例子我们还可以在《魏书》中找到,如《世祖纪上》载:

> 世祖太武皇帝,⋯⋯天赐五年(408 年)生于东宫,体貌瑰异。太祖奇而悦之,曰:"成吾业者,必此子也。"

在这里,"子"字显然是泛称,我们如果由"必此子也"一句便认为太武帝是道武帝之子那就错了。那么,如果我们承认道武帝语中之"子"为泛称的话,孝文帝语中的"母子"同样也可以理解为泛称。

值得我们注意的倒应该是《杨播附杨椿传》中孝文帝说那一番话的场合与时间。那一番话是孝文帝在清徽堂讲的,清徽堂是北魏举行盛大庆典活动的殿宇,①也是皇帝与朝臣们商讨国政的场所,②还是皇帝

---

① 《魏书》卷五三《李冲传》载,"世宗为太子,高祖宴于清徽堂"。这次宴会是建立储君的庆典。据同书卷七下《高祖纪下》载,宣武帝被立为太子是太和二十一年之事,杨椿豫宴也在二十一年,孝文帝所谓"北京之日"等语或许就是在这次庆典时发表的。

② 《魏书》卷五三《李冲传》载,孝文帝曾"引见公卿于清徽堂"以讨论讨伐南齐之事,并因此而与李冲发生了争执。

论道讲学的地方。① 在这样庄重的场合下,面对着"诸王、诸贵"等北魏统治集团中的最高层人物,即使孝文帝确实就是文明太后的私生子,他也不会有所流露,更不敢公然承认,因为这样一来就等于否认他的皇室血统,也就等于否定他作为北魏皇帝的合法身份。

况且,如所周知,太和二十一年(497年)值孝文帝迁都洛阳不久,他正大力提倡汉族文化。为了在拓跋部建立起门阀制度,他推行了一系列清除拓跋部遗风的改革。这场改革曾经受到不少拓跋贵族的激烈反对,并引发了穆泰等贵族发动的叛乱。穆泰等贵族的叛乱虽然在上一年的年底被平息了,②但是拓跋贵族们在思想意识上的抗拒心理并未消除。在这样的形势之下,孝文帝如果公然透露出自己是文明太后的私生子,不仅会引起不必要的非议,甚至还可能引发新的政治危机。所以,以孝文帝这样"早著叡圣之风"③的君主,在那种庄严的场合是不可能说出失检之语的。照此来看,孝文帝语中的"母子"也应该是泛称。

据《魏书》卷五八《杨播传》和所附的《杨椿传》载,杨氏兄弟的母亲王氏为文明太后的外姑,杨播、杨椿均曾充任给事,④"并侍禁闱",而杨椿又曾"专司医药",兄弟二人对于北魏宫廷内的事情必定相当洞悉。所以,杨椿所言的北魏宫廷内事,尤其是"母子间甚难"应是实情,⑤而杨椿转述的孝文帝所言"太后严明,吾每得杖"之语定非虚词。因此,前引《杨播附杨椿传》的那段记载,不仅不能证明孝文帝为文明太后的私

---

① 《魏书》卷七下《高祖纪下》太和二十一年七月甲寅条载,"帝亲为群臣讲丧服于清徽堂。"

② 详见《魏书》卷二七《穆泰传》和卷七下《高祖纪下》太和二十年(496年)十二月条。

③ 《魏书》卷七下《高祖纪下》史臣语。

④ 给事之职,郑钦仁先生有详尽考证,见《北魏中给事(中)稿——兼论北魏中叶文明太后的时代》。

⑤ 《北史》卷四一《杨播附杨椿传》中,"母"字之上有"居"字,意思较《魏书》更明确。

生之子,反而只会引导人们作相反的思考。

《文成文明皇后冯氏传》载:

> 自太后临朝专政,高祖雅性孝谨,不欲参决,事无巨细,一禀太
> 后。太后多智略,猜忍,能行大事,生杀赏罚,决之俄顷,多有不关
> 高祖者。是以威福兼作,震动内外。

这一段记载恰好可以作为杨椿所言"母子间甚难"一语的注脚。

《魏书》卷七下《高祖纪下》也载:

> 文明太后以帝聪圣,后或不利于冯氏,将谋废帝。乃于寒月,
> 单衣闭室,绝食三朝,召咸阳王禧,将立之,元丕、穆泰、李冲固谏,
> 乃止。

这段记载不仅与杨椿之语和上引文明太后本传所载情况不悖,而且证明了孝文帝绝非文明太后所生。因为如果孝文帝确系文明太后所生,则冯家正是孝文帝的亲外家,文明太后何必担忧他"后或不利于冯氏"?只有在孝文帝确系李夫人所生的情况下,文明太后才会担心他今后探知生母死情而施报复于冯氏。

况且,寒月之中将孝文帝"单衣闭室,绝食三朝"已违一般骨肉常情;以其"聪圣"反要废之,舍亲生子而欲召立与己并无血缘关系的咸阳王禧,①就更不合乎亲属情理了。将这些现象集合在一起,只能表明孝文帝绝非文明太后的私生子。《杨播附杨椿传》中的这段史料不能作为

---

① 据《魏书》卷二一上《献文六王上·咸阳王禧传》载,咸阳王禧为献文帝妃封昭仪所生,与文明太后无血缘关系。

支持吕先生观点的论据。

至于吕先生以为文明太后因娩乳才不得不罢朝政的看法，应当是由"及高祖生，太后躬亲抚养"之语引出的。其实，如果孝文帝当真是文明太后所生的话，她也大可不必为哺乳之事而罢朝政，因为对一位太后而言，为孝文帝安排一个乳母是极为平常的事情。更何况，与子贵母死制度相应，北魏宫中一向就有以保母或乳母抚养太子的传统。如，太武帝母杜氏被赐死后，明元帝即命窦氏抚养太武帝，后来窦氏因此而被尊为保太后。[①] 又如，文成帝母郁久闾氏死后，太武帝即选常氏乳养文成帝，如前已述常氏后来也被尊为保太后。这一传统后来至少延续到宣武帝时期，据《魏书》卷一三《皇后·宣武灵皇后胡氏传》载：

> 先是，世宗频丧皇子，自以春秋长矣，深加慎护。为择乳保，皆取良家宜子者。养于别宫，皇后及充华嫔皆莫得而抚视焉。

到宣武帝时期，皇子由保母"养于别宫"，皇后等人居然连"抚视"皇子的权利都没有了。所以，因娩乳才不得不罢朝政的看法不能成立。

不过，文明太后为什么一定要"躬亲抚养"孝文帝这样一位与自己毫无血缘关系的人呢？这倒是值得深思的。

第二节　文明太后临朝听政

一、两次临朝听政之间

既然孝文帝并非文明太后所生，并且文明太后有极强的权力之欲，

---

① 详见《魏书》卷一三《皇后·明元密皇后杜氏附世祖保母窦氏传》。

那么文明太后就决不会为了抚养孝文帝而自愿"不听政事"。显而易见,文明太后的"罢令"是在一定的政治压力之下而不得不为的。

从表面上看,这种压力来自于献文帝。《魏书》卷一三《皇后·文成文明皇后冯氏传》中,在"不听政事"之下接着记载了献文帝杀李弈之事。李弈确为文明太后情人,该传所载甚明,曰:

> (文明)太后行不正,内宠李弈,显祖(献文帝)因事诛之,太后不得意。

李弈之兄李敷为太武帝、文成帝两朝重臣,与李弈同时被杀,《魏书》卷三六《李顺附李敷传》载:

> 敷既见待二世,兄弟亲戚在朝者十有余人。弟弈又有宠于文明太后。李诉列其隐罪二十余条,显祖大怒,皇兴四年冬,诛敷兄弟,削顺位号为庶人。敷从弟显德、妹夫广平宁叔珍等,皆坐关乱公私,同时伏法。……敷长子伯和。次仲良与父俱死。伯和走窜岁余,为人执送,杀之。伯和有庶子孝祖,年小藏免。

同传还载,李弈次兄李式也同时被杀。李敷兄弟惨案在《魏书》卷六《显祖纪》中系于皇兴四年(470年)十月条下。这恰好是献文帝思皇后即孝文帝母李氏去世的第二年,李氏之死前文已论,与文明太后关系极大。献文帝杀李弈并非纯属嫌文明太后情事丑恶,从其规模之大来看,实际上是一种政治上的报复举动。

思皇后之死和李敷兄弟被诛,这两大事件都反映了文明太后与献文帝之间日趋白炽化的激烈冲突。献文帝是反对文明太后的代表人物。但是,我们知道,献文帝生于兴光元年(454年),①当皇兴三年(469年)思皇后李氏死时,他年仅十六岁;李敷兄弟被杀时,他年仅十七岁;后来,延兴元年(471年)禅位于孝文帝时,他年仅十八岁;承明元年(476年)去世时,他也不过二十三岁。以献文帝的年龄与政治经验来看,他很难对付富有智略的文明太后,更难以迫使文明太后"罢令"。实际上,在献文帝的周围有一股支持他的势力,是这股势力通过献文帝起作用,逼迫文明太后"不听政事"的。

献文帝势力中的具体人物难以悉知。但从献文帝后来一定要禅位于其叔父京兆王拓跋子推来看,可以肯定子推是这股势力中的核心人物之一。他能够对抗文明太后,显然是凭借他的皇叔地位,依靠的是拓跋宗室的势力。

自从文明太后不听政事以后,献文帝的势力便迅速地发展。这首先可以从思皇后李氏之父李惠进爵为王看出,在《魏书》卷八三上《外戚上·李惠传》中有所记载。《魏书》卷六《显祖纪》将此事系于皇兴二年(468年)四月条下,曰:

> 辛丑,以南郡公李惠为征南大将军、仪同三司、都督关右诸军事、雍州刺史,进爵为王。

李惠进爵为王发生在孝文帝出生后的第八个月,就在文明太后"罢令"不久。

不仅李惠升迁,就连李惠的岳父,也即献文思皇后李氏的外祖父韩颓随后也进爵为王。② 此事《显祖纪》系于皇兴三年十一月条下。

---

① 详见《魏书》卷五《高宗纪》兴光元年七月庚子条、卷六《显祖纪》。
② 《魏书》卷八三上《外戚上·李惠传》称,李惠妻为韩颓之女,她为李惠生了二女,长女即献文思皇后。

其次,献文帝势力的发展还可以从李䜣的发迹之中看出。《魏书》卷四六《李䜣传》载:

> (李䜣)受纳民财及商胡珍宝。……显祖闻䜣罪状,槛车征䜣,拷劾抵罪。时敷兄弟将见疏斥,有司讽䜣以中旨嫌敷兄弟之意,令䜣告列敷等隐罪,可得自全。……敷坐得罪。诏列䜣贪冒,罪应死,以纠李敷兄弟,故得降免,百鞭髡刑,配为厮役。……未几,复为太仓尚书,摄南部事。……䜣既宠于显祖,参决军国大议,兼典选举,权倾内外,百僚莫不曲节以事之。

李䜣因“纠李敷兄弟”得以免祸,反而显达起来,成为“权倾内外”的人物。李䜣投靠献文帝后随即显达的事实说明,献文帝一方的势力在文明太后“罢令”后迅速地膨胀了。

另一方面,文明太后也在竭力维持和发展她的势力。在后宫之中,文明太后的地位依旧毫不动摇,孝文帝母李氏死后文明太后马上就能通过“抚养”的方式将孝文帝牢牢控制在手便是很好的证明。在朝廷之上也有文明太后的支持者,如东阳公拓跋丕、任城王拓跋云、阉官赵黑以及源贺、陆馛、高允等人,他们的立场在献文帝禅位事件中表现得都很明显。①

关于献文帝禅位问题的讨论,是献文帝与文明太后这两股势力斗争的高潮,斗争的要害是北魏最高统治权力归谁掌握的问题,而其焦点却聚集在孝文帝的身上。

---

① 详见《魏书》卷一四《神元平文诸帝子孙·东阳王丕传》、卷一九中《景穆十二王中·任城王云传》、卷九四《阉官·赵黑传》、卷四一《源贺传》、卷四〇《陆俟附陆馛传》、卷四八《高允传》。

《显祖纪》载：

> 帝雅薄时务，常有遗世之心，欲禅位于叔父京兆王子推。……
> 群臣固请，帝乃止。

献文帝本想禅位给他的叔父京兆王子推，因受到强烈的反对而不得不中止，仍然将皇位保留给孝文帝。从表面上看，献文帝似乎淡漠人世，实际上却并非"雅薄时务者"。关于这一点，我们可以从他禅位以后的举动看出。

据《显祖纪》载，献文帝于皇兴五年（当年八月丙午改元延兴）八月禅位于孝文帝，自己当太上皇，徙居崇光宫。但在此条之下，却又称"国之大事咸以闻"，献文帝并没有放弃政治权力。《魏书》卷一一一《刑罚志》的记载也可为证，该志称：

> 及（献文帝）传位高祖（孝文帝），犹躬览万机，刑政严明，显拔
> 清节，沙汰贪鄙。牧守之廉洁者往往有闻焉。……先是，诸曹奏事
> 多有疑请，又口传诏敕，或致矫擅。于是，事无大小，皆令据律正
> 名，不得疑奏。合则制可，失衷则弹诘之，尽从中墨诏。自是事咸
> 精详，下莫敢相罔。

《刑罚志》中的这段记载可以作为《显祖纪》中"国之大事咸以闻"一语的注脚。献文帝禅位以后不仅"躬览万机"，而且还屡屡阅兵、出征和巡行各地。①

献文帝虽然是太上皇，实际上却仍然掌握着北魏王朝的最高统治

---

① 详见《魏书》卷六《显祖纪》所载。

权力。这一点还可以从万安国的超迁中看出。《魏书》卷三四《万安国传》载：

> 安国少明敏，有姿貌。以国甥，复尚河南公主，拜驸马都尉，迁散骑常侍。显祖特亲宠之，与同卧起，为立第宅，赏赐至巨万。超拜大司马、大将军，封安城王。

万安国是献文帝的男宠，他以"姿貌"获得献文帝的"亲宠"，从而取得了最高层次的职位、将军称号和爵位。此事在《魏书》中系于卷七上《高祖纪上》延兴二年三月戊辰条下，此时献文帝已经禅位七个月了。可见，献文帝当太上皇之后依然掌握着最高统治权力。也可见，献文帝禅位并非由于他"雅薄时务"。

明末清初学者王夫之将献文帝禅位事与"（赵）武灵王授位于子而自称主父"事相提并论，他在《读通鉴论》卷一五刘宋明帝条之六下指出：[①]

> 此二主者，皆强智有余，事功自喜，岂惮劳而舍国政者乎？

王夫之所述符合献文帝的性格，他的看法是颇有道理的。但是他又认为：

> （拓跋）弘年甫二十，急欲树（拓跋）宏于大位，以素统臣民，而己镇抚之。犹恐人心之贰也，故先逊位于子推，使群臣争之，而又阳怒以试之。故子推之弟子云力争以为子推辞，而陆馛、源贺、高

---

① 中华书局标点本，北京，1975 年第 1 版，第 1183 页。

允皆犯颜以谏而不避其怒。其怒也,乃其所深喜者也。

王夫之还引"老氏欲取因与之术"来圆其说法,将献文帝之举解释为"托于清谧而匿其建立嗣子之旨",意在"巧笼宗室大臣之心"。王夫之的想象颇为丰富,然而他却忽略了最要紧的一点,献文帝的禅位并非出于其主观意愿,而是不得已求其次之策,这是与赵武灵王主动授位于子不同的。

献文帝的禅位系被迫之举早已被《魏书》卷一〇五之三《天象志三》的作者唐人张太素窥破,[①]他指出:

> 先是,(皇兴)元年六月,荧惑犯氐;是岁十一月,太白又犯之:是为内宫有忧逼之象。占曰"天子失其宫"。……明年(指皇兴五年),上(献文帝)迫于太后,传位太子,是为孝文帝。

此处以"荧惑犯氐"、"太白又犯之"等星象与"天子失其宫"亦即献文帝禅位之事相联系,属于所谓"天人感应"的无稽之谈。但是,《天象志三》能够明确地指出"上迫于太后,传位太子",说明献文帝禅位因系文明太后所迫是唐代以前人们普遍接受的看法。王夫之完全不顾古人的看法是不妥的。

作为父亲来讲,献文帝也未尝不愿意将政权交予自己的亲生儿子,《魏书》卷四〇《陆馛传》载:

> 显祖将传位于京兆王子推。……馛抗言曰:"皇太子圣德承基,四海属望,不可横议,干国之纪。臣请刎颈殿庭,有死无贰。"久

---

① 《魏书》诸本宋人校语疑今本《魏书》之《天象志三》补自唐人张太素的《魏书》。

之,帝意乃解,诏曰:"馥,直臣也,其能保吾子乎!"遂以馥为太保,与太尉源贺持节奉皇帝玺绂,传位于高祖。

体味献文帝所云"其能保吾子乎",分明是一句忧心忡忡之语。献文帝所忧者,实为孝文帝的皇位今后能否保住而不受他人侵犯也。同书卷一九中《景穆十二王中·任城王云传》也载:

> 延兴中,显祖集群僚,欲禅位于京兆王子推。……东阳公元丕等进曰:"皇太子虽圣德夙彰,然实冲幼。陛下富于春秋,始览机政,普天景仰,率土倪心,欲隆独善,不以万物为意,其若宗庙何,其若亿兆何!"显祖曰:"储宫正统,受终文祖,群公相之,有何不可。"于是传位于高祖。

献文帝回答东阳公丕等进言时所说的"群公相之,有何不可"也是一句意犹未尽之语。这句话虽正面同意东阳公丕等的进言,侧面却在发问——你们能使我的幼子保住权位吗?

献文帝的话语中只提"群公",丝毫不言正在"抚养"孝文帝的文明太后,其言外所指是十分明显的。事实上,将皇位传于五岁的儿子,也就等于把最高统治权力拱手交给文明太后,自己的儿子现在和将来不过是个傀儡而已。因此,在长期受压抑而不得不交出皇位的情况下,与其将它交给文明太后,还不如交给属于自己同党的京兆王子推。京兆王子推在宗室中为至亲,历任侍中、征南大将军、长安镇都大将以及中都大官等要职,论辈分则与文明太后相同,倒是一位钳制文明太后的合适人选。

照此看来,想要禅位于京兆王子推只是献文帝在文明太后逼迫下所作的不得已而求其次的选择,这样做虽然剥夺了孝文帝的继承权利,却抵制了文明太后的干政。反之，文明太后及其支持者迫使献文帝走上禅位之路的目的，也非真正为了孝文帝的前途，而是为了从献文帝手中尽快夺回最高统治权力。所以，皇兴五年发生的这场关于禅位的争论，其焦点虽在孝文帝身上，其实质却是献文帝势力与文明太后势力之间的一场权力角逐。结果，文明太后如愿以偿了。

此后，献文帝虽然还当了五年太上皇，但是他彻底失败的命运是一经禅位便注定了的。承明元年（476年）六月辛未，年仅二十三岁的献文帝去世。①《魏书》卷一三《文成文明皇后冯氏传》称：

> 太后行不正，内宠李弈，显祖因事诛之，太后不得意。显祖暴崩，时言太后为之也。

内宠李弈之死固然激怒了文明太后，但那只是文明太后杀献文帝的导火索，献文帝被害的根本原因是权力之争。《北史》卷一三《文成文明皇后冯氏传》所载内容与《魏书》同，而且径称"太后不得意，遂害帝"。《资治通鉴》卷一三四《宋纪》元徽四年六月辛未条下《考异》曰：

> 元行冲《后魏国典》云：太后伏壮士于禁中，太上入谒，遂崩。

胡三省注解此条时不以《考异》所谓"伏壮士"云云为然，但同意《魏书》卷一〇五之三《天象志三》中的说法，认为献文帝暴崩"实有鸩毒之祸"。献文帝之死系文明太后所害应该是属实的。

献文帝死后不久，京兆王子推、万安国、李惠、李䜣、韩颓等人也相

----

① 详见《魏书》卷六《显祖纪》、卷七上《高祖纪上》。

继被害或被处罪。京兆王子推太和元年(477 年)七月死于赴青州刺史
任的途中。① 万安国于承明元年六月被赐死,②《魏书》卷三四《万安国
传》载:

> 安国先与神部长奚买奴不平,承明初矫诏杀买奴于苑中。高
> 祖闻之,大怒,遂赐安国死。

此处称万安国因矫诏杀奚买奴而激起孝文帝的"大怒",于是被杀。按,
此时正是文明太后再次临朝听政之时,而且孝文帝年仅十岁,此"大怒"
恐非发自孝文帝,而是发自文明太后。李惠因被文明太后诬为"将南
叛"而被诛于太和二年十二月。③ 李䜣于太和元年二月亦以"外叛"之
罪被文明太后处死。④ 韩颓于太和四年正月被"削爵徙边"。⑤ 上述这
些人都败于文明太后听政后不久,其中京兆王子推死事与韩颓徙边事
虽原因未载,但系文明太后所为的嫌疑极大。总之,献文帝的势力很快
就被消灭光了。

当我们理清了文明太后与献文帝之间权力斗争的过程和孝文帝
在其中所处的关键地位后,也就明白了文明太后为什么要在被迫罢令
以后去抚养并非自己所生的孝文帝了。这实在是文明太后在政治斗
争中的高明举动。当然,这一举动并非凭空而生,而是吸取了以往的
经验与教训产生的。昭太后常氏因乳养文成帝而在正平事变以后的
动乱中攫取北魏后宫的大权,给文明太后提供了历史的经验;郁久闾

---

① 详见《魏书》卷一九上《景穆十二王上·京兆王子推传》。
② 详见《魏书》卷七上《高祖纪上》。
③ 详见《魏书》卷八三上《外戚上·李惠传》。
④ 详见《魏书》卷四六《李䜣传》。
⑤ 详见《魏书》卷七下《高祖纪下》。

氏则因失去文成帝而遭迫害,给文明太后提供了历史的教训。历史的经验与教训使文明太后充分认识到在后官之中控制太子的重要性,所以她竟以太后之尊而去"兼任"保母的职责,"躬亲抚养"出生不久的孝文帝。① 幼小而无母的孝文帝如同一张王牌,事实证明,文明太后掌握这张王牌,就取得了政治上的主动;献文帝不能掌握这张王牌,就陷入被动的局面。当然,文明太后能够再次成功地临朝听政,还有其现实基础与历史背景,并非单纯依靠控制孝文帝这张王牌就能解决问题的。

文明太后于承明元年(476年)六月戊寅被尊为太皇太后,再次临朝听政。她从此掌握北魏王朝最高统治权力达十五年之久,直到太和十四年(490年)九月癸丑去世为止。②

二、冯氏势力

在先后与乙浑和献文帝的斗争中,文明太后冯氏逐渐组成了自己的势力。承明元年六月第二次临朝听政以后,文明太后不仅效尤昭太后常氏的作为,而且还有所发展。她一方面将孝文帝置于股掌之上,另一方面广为网罗亲信,从而建立起太后听政这样一种特殊的专政形态。在文明太后的周围,既有以侍中、司徒公、东阳王拓跋丕为代表的拓跋贵族,③

---

① 史书中未见孝文帝有乳母的记载。孝文帝母思皇后李氏死于孝文帝出生后一年半,此时孝文帝的哺乳期已过,无需乳母。

② 详见《魏书》卷七上《高祖纪上》、卷七下《高祖纪下》、卷一三《皇后·文成文明皇后冯氏传》。

③ 详见《魏书》卷一四《神元平文诸帝子孙·东阳王丕传》。据该传记载,"丞相乙浑谋反,丕以奏闻。诏丕帅元贺、牛益得收浑,诛之,迁尚书令,改封东阳公。高祖时封东阳王,拜侍中,司徒公"。而同书卷一三《皇后·文成文明皇后冯氏传》记载,乙浑谋反时献文帝年仅十二岁,是文明太后"密定大策"而诛杀乙浑的。可见,拓跋丕诛乙浑是在文明太后的部署下进行的。拓跋丕投靠文明太后当在此时或稍前。

也有以李冲为代表的汉族士人官僚，①还有冯氏外戚，②以及麇集在文明太后身边的一群所谓的"小人"。文明太后就是通过这四类人物操纵着北魏政权的运行。前三类人物，史载较明，此处不赘。以下专论文明太后身边的"小人"。

《魏书》卷一〇五之三《天象志三》载：

> 是时冯太后宣淫于朝，昵近小人而益附之，所费以钜万亿计，天子徒尸位而已。

《天象志三》中以"小人"概括了文明太后身边的势力。所谓小人，是指得宠的阉官、宫中女官、恩倖等人。对于这些人，《文成文明皇后冯氏传》中有简明的记述，兹抄录于下：

> 自太后临朝专政，高祖雅性孝谨，不欲参决，事无巨细，一禀于太后。太后多智略，猜忍，能行大事，生杀赏罚，决之俄顷，多有不关高祖者。是以威福兼作，震动内外。故杞道德、王遇、张祐、苻承祖等拔自微阉，岁中而至王公；王叡出入卧内，数年便为宰辅，赏赉财帛以千万亿计，金书铁券，许以不死之诏；李冲虽以器能受任，亦由见宠帷幄，密加锡赉，不可胜数。后性严明，假有宠待，亦无所纵。左右纤介之愆，动加捶楚，多至百余，少亦数十。然性不宿憾，寻亦

---

① 详见《魏书》卷五三《李冲传》。

② 详见《魏书》卷八三上《外戚上·冯熙传》。据该传记载，冯氏外戚的权势较常氏外戚更有过之。文明太后为了加强对孝文帝的控制和巩固冯氏外戚的权势，还为孝文帝选冯家之女为后，孝文帝第一任皇后即文明太后兄冯熙之女。据《魏书》卷一三《皇后·孝文幽皇后冯氏传》载，后来，文明太后"欲家世贵宠"，又简"（冯）熙二女俱入掖庭"。其一早卒，另一位则成为孝文帝第二任皇后。

待之如初,或因此更加富贵。是以人人怀于利欲,至死而不思退。

这段记载将文明太后临朝听政时期的用人作风生动形象地勾勒出来了。①

上列人物中的杞道德(抱嶷)、王遇、张祐、苻承祖等是阉官,在《魏书》卷九四《阉官传》中有传。《抱嶷传》载:

> 抱嶷,字道德,安定石唐人,居于直谷。自言其先姓杞,汉灵帝时杞匡为安定太守,董卓时惧诛,由是易氏,即家焉。无得而知也。幼时,陇东人张乾王反叛,家染其逆。及乾王败,父睹生逃逸得免,嶷独与母没内京都,遂为宦人。小心慎密,恭以奉上,沉迹冗散经十九年。后以忠谨被擢,累迁为中常侍、安西将军、中曹侍御、尚书,赐爵安定公。自总纳言,职当机近,诸所奏议,必致抗直。高祖、文明太后嘉之,以为殿中侍御,尚书领中曹如故,以统宿卫。俄加散骑常侍。高祖、太后每游幸,嶷多骖乘,入则后宫导引。……嶷前后赐赏奴婢牛马盖数百千,他物称是。

《张祐传》载:

> 张祐,字安福,安定石唐人。父成,扶风太守。世祖末,坐事诛,祐充腐刑。积劳至曹监、中给事,赐爵黎阳男。稍迁散骑常侍,都绾内藏曹。时文明太后临朝,中官用事。祐以左右供承合旨,宠幸冠诸阉官,特迁为尚书,加安南将军,进爵陇东公,仍绾内藏曹。

---

① 这里没有提到宫中女官的情况,因为她们如不发迹到太后的地步就很难在正史中出现。有关宫中女官的情况将在本章第三节第四小节中讨论。

未几,监都曹,加侍中,与王叡等俱入八议。太后嘉其忠诚,为造甲宅。宅成,高祖、太后亲率文武往燕会焉。拜散骑常侍、镇南将军、尚书左仆射,进爵新平王,受职于太华庭,备威仪于宫城之南,观者以为荣。高祖、太后亲幸其宅,飨会百官。祐性恭密,出入机禁二十余年,未曾有过。由是特被恩宠,岁月赏赐,家累巨万。与王质等十七人俱赐金券,许以不死。太和十年(486年)薨,时年四十九。高祖亲临之,诏鸿胪典护丧事。赐帛千匹,赠征南大将军、司空公,谥曰恭。葬日,车驾亲送出郊。

《王遇传》载:

王遇,字庆时,本名他恶,冯翊李润镇羌也。与雷、党、不蒙俱为羌中强族。自云其先姓王,后改氏钳耳,世宗(宣武帝)时复改为王焉。自晋世已来,恒为渠长。……遇坐事腐刑,为中散,迁内行令、中曹给事中,加员外散骑常侍、右将军,赐爵富平子。迁散骑常侍、安西将军,进爵宕昌公。拜尚书,转吏部尚书,仍常侍。例降为侯。出为安西将军、华州刺史,加散骑常侍。……遇性巧,强于部分。北都方山灵泉道俗居宇及文明太后陵庙,洛京东郊马射坛殿,修广文昭太后墓园,太极殿及东西两堂、内外诸门制度,皆遇监作。虽年在耆老,朝夕不倦,跨鞍驱驰,与少壮者均其劳逸。又长于人事,留意酒食之间,每逢像旧,具设肴果,馔膳精丰。然竞于荣利,趋求势门。……始遇与抱嶷并为文明太后所宠,前后赐以奴婢数百人,马牛羊他物称是,二人俱号富室。

《苻承祖传》载:

符承祖，略阳氏人也。因事为阉人，为文明太后所宠，自御厩令迁中部给事中、散骑常侍、辅国将军，赐爵略阳侯，兼典选部事，中部如故。转吏部尚书，仍领中部。高祖为造甲第，数临幸之。进爵略阳公，安南将军，加侍中，知都曹事。初，太后以承祖居腹心之任，许以不死之诏。

除了上述四人之外，还有未见于《文成文明皇后冯氏传》所列而载于《阉官列传》中的剧鹏、王质、李坚等人。上述这些阉官都有一个共同特点，那就是出身罪奴而剧升高位。

见于《文成文明皇后冯氏传》中的王叡属于恩倖之列，其传在《魏书》卷九三《恩倖列传》中居首位。《王叡传》载：

王叡，字洛诚，自云太原晋阳人也。……父桥，字法生，解天文卜筮。凉州平，入京，家贫，以术自给。……叡少传父业，而姿貌伟丽。恭宗之在东宫，见而奇之。兴安初，擢为太卜中散，稍迁为令，领太史。承明元年，文明太后临朝，叡因缘见幸，超迁给事中。俄而为散骑常侍、侍中、吏部尚书，赐爵太原公。于是内参机密，外豫政事，爱宠日隆，朝士慑惮焉。太和二年(478年)，高祖及文明太后率百僚与诸方客临虎圈，有逸虎登门阁道，几至御座。左右侍御皆惊靡，叡独执戟御之，虎乃退去，故亲任转重。三年春，诏叡与东阳王丕同入八议，永受复除。四年，迁尚书令，封爵中山王，加镇东大将军。置王官二十二人，中书侍郎郑羲为傅，郎中令以下皆当时名士。又拜叡妻丁氏为妃。……叡出入帷幄，太后密赐珍玩缯彩，人莫能知，率常以夜帷车载往，阉官防致，前后巨万，不可胜数，加以田园、奴婢、牛马、杂畜，并尽良美。大臣及左右因是以受赉锡，外示不私，所费又以万计。及疾病，高祖、太后每亲视疾，侍官省

问,相望于道。……寻薨,时年四十八。高祖、文明太后亲临哀恸,
赐温明秘器,宕昌公王遇监护丧事。赠卫大将军、太宰、并州牧,谥
曰宣王。内侍长董丑奴营坟墓,将葬于城东,高祖登城楼以望之。
京都文士为作哀诗及诔者百余人。乃诏为叡立祀于都南二十里大
道右,起庙以时祭荐,并立碑铭,置守祀五家。又诏褒叡,图其捍虎
状于诸殿,命高允为之赞。京都士女诣称叡美,造新声而弦歌之,
名曰《中山王乐》。诏班乐府,合乐奏之。

在文明太后身边的宠信者之中,王叡是生前死后享受荣华富贵待遇最
高的人。和上述群阉一样,王叡也出身微贱。但是,受文明太后恩倖者
的出身却并不全都低微,如上节已述被献文帝诛杀的文明太后的内宠
李弈就出身于赵郡世家大族李氏之家。①而出身于陇西世家大族的李
冲能够成为北魏朝廷重臣,竟也与"见宠帷幄"有密切关系。②

　　不过,文明太后乃非同寻常之人,特能玩弄权术,虽然宠信"小人",
却又能摆出貌似公正的面孔,从而将拓跋贵族和汉族士族拉拢在周围。
前引《文成文明皇后冯氏传》载:

　　　　太后外礼民望元丕、游明根等,颁赐金帛舆马,每至褒美(王)
　　叡等,皆引丕等参之,以示无私。

《魏书》卷一四《神元平文诸帝子孙·东阳王丕传》也载:

　　　　高祖、文明太后重年敬旧,存问周渥,赐以珍宝。丕声气高朗,

───────────

① 详见《魏书》卷三六《李顺传》。
② 详见《魏书》卷五三《李冲传》。

博记国事,飨讌之际,恒居坐端,必抗音大言,叙列既往成败。帝、后敬纳焉。然谄事要人,骄侮轻贱,每见王叡、苻承祖,常倾身下之。时文明太后为王叡造宅,故亦为丕造甲第。第成,帝、后亲幸之,率百官文武飨落焉。使尚书令王叡宣诏,赐丕金印一纽。太后亲造《劝戒歌辞》以赐群官,丕上疏赞谢。太后令曰:"臣哉邻哉,邻哉臣哉! 君则亡逸于上,臣则履冰于下。若能如此,太平岂难致乎?"及丕妻段氏卒,谥曰恭妃。又特赐丕金券。

在这两段记载中我们清楚地看到,文明太后对拓跋贵族大臣的代表拓跋丕竭力拉拢;反过来,拓跋丕也对文明太后及其身边的那些"小人"们尽心奉承。对于汉族大臣,文明太后也是如此运用手段,其本传中所载给予李冲的待遇就是典型的例子,不再赘述。

史家对于这些阉官、恩倖等所谓"小人"一向不注重,而特别重视拓跋贵族和汉族士族的作用。殊不知那些"小人"得志以后,在政治生活中往往能起到拓跋贵族和汉族士族难以起到的作用,在太后临朝听政这样的特殊阶段更是如此。

第三节 太后听政的背景

一、冯、常身世

文明太后冯氏的身边之所以会麇集一批出身微贱的"小人",与她自己出身于罪孥和栽培过她的昭太后常氏也出身于罪孥密切相关。为此,我们有必要考察二人的身世。

先看文明太后冯氏。

《魏书》卷一三《文成文明皇后冯氏传》载:

> 文成文明皇后冯氏,长乐信都人也。父朗,秦雍二州刺史、西
> 城郡公。母乐浪王氏。后生于长安,有神光之异。朗坐事诛,后遂
> 入宫。

文明太后之父冯朗被诛的原因史无明载。《魏书》卷八三上《外戚上·冯熙传》载:

> 冯熙,字晋昌,长乐信都人,文明太后之兄也。祖文通,语
> 在《海夷传》。世祖(太武帝)平辽海,熙父朗内徙,官至秦雍二
> 州刺史、辽西郡①公。坐事诛。……熙生于长安,为姚氏魏母所
> 养。以叔父乐陵公邈因战入蠕蠕,魏母携熙逃避至氐羌中
> 抚育。

这段史料所载为文明太后之兄冯熙幼年时代的遭遇。对比以上两段记载可以推断,冯朗被诛的原因就是冯邈因战入蠕蠕即柔然之事。因为,冯朗被诛事既然株连了文明太后,也就必然株连冯熙,不会特别留下冯熙以待其后来因其叔父邈事再受牵连;反之,冯邈入柔然事既然株连了冯熙,也必然株连冯朗及文明太后冯氏,不会特别留下他们以待再次"坐事"。所以,冯朗所坐之事与冯邈因战入柔然之事实为一事。

据其本传推算,文明太后冯氏于太平真君三年(442年)生于长安。在冯氏出生以后至正平二年(452年)太武帝去世之前,北魏曾四次大

---

① 冯朗的封号,在《魏书》卷八三上《外戚上·冯熙传》和《魏书》卷一三《皇后·文成文明皇后冯氏传》中所载不同,中华书局点校本《魏书》卷一三校勘记[八]、卷八三校勘记[一二]疑作"西郡"是。

举北伐柔然,①而且其间中、小规模的战争也不少,只是难以具体统计。因此,我们无从判断冯邈入柔然的准确时间。不过,《魏书》卷一○三《蠕蠕传》载:

> (太平真君十年)九月,车驾北伐。……自是吐贺真遂单弱远窜,边疆息警矣。

吐贺真为柔然之主。太平真君十年(448年)九月是太武帝时期的最后一次北伐。从这段史料来看,自此以后北魏与柔然之间的战争暂告结束,重新开战已是文成帝太安四年(458年)之事了。由此推测,文明太后入宫时间应当在太平真君十年之前,也就是说她八岁以前。

幼年入宫的文明太后最初的身份只是一名罪孥,有幸的是受到了先她入宫并且身为太武帝左昭仪的姑妈的保护。关于这位冯左昭仪,在上引《冯熙传》中仅有十二个字的记载:

> (冯)熙姑先入掖庭,为世祖左昭仪。

冯左昭仪的生平事迹已难详考。不过,在《文成文明皇后冯氏传》中对冯左昭仪有八个字的评介,于我们了解文明太后的幼年经历倒是有帮助的,该传曰:

---

① 据《魏书》卷四下《世祖纪下》和卷一○三《蠕蠕传》的记载,北魏这四次北伐的时间为太平真君四年(443年)、五年、十年正月和九月。第一次北伐的时间距文明太后冯氏出生仅一年,虚岁两岁的婴儿入魏宫为孥的可能性不大;第二次北伐实际上没有交战;第三次北伐,柔然"恐惧远遁";第四次北伐交战激烈,结果北魏大获全胜。以排除法推测四次北伐的情况,冯邈入柔然的时间可能是太平真君十年九月,即第四次北伐之中。可惜没有佐证。

世祖左昭仪,后之姑也,雅有母德,抚养教训。

关于冯左昭仪对文明太后的"抚养教训",在本书第四章第三节第五小节中将要论述。这里要强调的是,由于有身为左昭仪的姑妈的照应,使文明太后冯氏在宫中的地位得到改善,这无疑对两年多以后被选为贵人之事是有利的。^① 只是,在文明太后选为贵人和立为皇后的具体过程中,冯左昭仪起过作用没有以及起了怎样的作用,我们已无从知晓了。

不过,我们知道,冯左昭仪与昭太后常氏同是见诸太武帝末年的人物,又同处在北魏后宫,而由昭太后抚养与控制的文成帝即位以后,由冯左昭仪"抚养教训"的冯左昭仪侄女便很快就从女孽升到贵人,又从贵人爬上皇后宝座,这就很自然地会让我们将冯左昭仪与昭太后常氏二人联系到一起。然而,目前还找不到具体的史料可以证明她们之间或隐或现的关系,只好深怀虽然接近真相却又无法揭示真相的遗憾了。

下面,我们再来考察对文明太后的前途影响最大的人物昭太后常氏的身世。

《魏书》卷一三《高宗乳母常氏传》载:

(常氏)本辽西人,太延中以事入宫,世祖选乳高宗。

常氏是以罪家眷属的身份进入魏宫的,太延(435—440 年)中被太武帝挑选出来乳养文成帝。常家的祖籍是辽西。常氏当上太后以后,追赐

---

① 兴安元年(452 年)文明太后被选为贵人时年仅十岁,参见本书第三章第三节第二小节。

其祖父为辽西简公,其父亲为辽西献王,其兄常英之母许氏为博陵郡君,并改葬其父于辽西郡,①为之树碑立庙。而据《魏书》卷八三上《外戚上·常英传》载,常氏的祖父常亥曾任前秦扶风太守,常氏的父亲常澄当过勃海太守。由此推断,常氏一家在前秦时曾居住在前秦国都长安附近的扶风郡,②后来东迁到勃海郡。③

　常家虽然进入中原,但是仍然向往辽西祖居之地,所以当前秦灭亡后中原再次陷入长期战乱之际,常氏一家就往辽西方向迁徙了。④ 常氏一家在辽西居留的时间与状况已难以获知,不过我们知道他们以后又迁到了和龙,⑤这在《常英传》中有所透露,曰:

　　　初,英事宋不能谨,而睹奉宋甚至。就食于和龙,无车牛,宋疲不进,睹负宋于笈。至是,宋于英等薄,不如睹之笃。谓(昭)太后曰:"何不王睹而黜英?"太后曰:"英为长兄,门户主也。家内小小不顺,何足追计。睹虽尽力,故是他姓,奈何在英上? 本州、郡公亦足报耳。"

此处英是昭太后常氏异母兄常英;宋是昭太后常氏亲生母亲,太安五年(459年)受封为辽西王太妃;睹为昭太后常氏妹夫王睹。⑥ 常氏一家是

---

① 辽西郡,郡治于肥如,位于今河北省卢龙县西北。

② 扶风郡,郡治于始平,位于今陕西省兴平市西吴镇窦马村茂陵故城。

③ 勃海郡,郡治于南皮,位于今河北省南皮县城关东北古皮城遗址北。

④ 据《魏书》卷八三上《外戚上·常英传》载,常英在兴安二年(453年)以前为肥如令。又据同书卷五《高宗纪》太安三年(457年)十月条载,"诏太宰常英起行宫于辽西黄山。"黄山在肥如以西(参见《中国历史地图集》第四册)。由此可以猜测,常家的故居可能在辽西郡的肥如和黄山间。

⑤ 和龙,位于今辽宁省朝阳市附近。

⑥ 据《魏书》卷八三上《外戚上·常英传》记载,乳母常氏被尊为皇太后之后,王睹官拜平州刺史,封辽东公。所以,常氏有所谓"本州、郡公亦足报耳"的说法。

何时迁到和龙的呢？昭太后常氏又是怎样来到魏都平城的呢？史载不明。不过，从上段史料描述的情节可知，常家在迁到和龙以前的景况已经很艰难了。下文只谈与主题相关的昭太后常氏此后的遭遇。

由上引《常英传》的记载可以知道，刚迁到和龙的常氏是一位过了少年阶段的女子。当时她的妹妹都已经结婚了，妹夫名叫王睹。常氏后来能够被选为文成帝的乳母，应该具备乳汁充足、身体健康、长相不差、年龄适当等条件。所谓年龄适当，就是年纪不能太轻，也不能较大。年纪太轻，则生活经验不足，难免出现差错；年纪较大，则精力不足，乳汁质量不佳。就古人的寿命而言，年纪在二十岁上下当乳母是比较合适的。对于北魏宫廷来说，要为皇家挑选符合上述条件的乳母并不困难。按照这样的逻辑去推测，常氏被选为文成帝乳母之时肯定是一位青年女子。进而可以推测，从常家迁抵和龙到常氏选入魏宫为止，时间不会很久，仅仅数年而已。否则，常氏便不再是青年女子，而是中年妇人了。

《高宗乳母常氏传》载，常氏入宫的时间是"太延中"。北魏太延年号共有四年，则所谓"太延中"当指太延二年（436年）或太延三年。又，《魏书》卷四上《世祖纪上》载，延和三年（434年）六月北魏大举进攻北燕国都和龙，到太延二年五月攻下该城，灭亡北燕。由此知道，常家迁往和龙的时间，应该在延和三年六月魏燕战争之前，当时的和龙正在北燕统治之下；而常氏入宫的时间，必在太延二年五月之后，此时的和龙已被北魏占领。

《高宗乳母常氏传》载，常氏是"以事"进入魏宫的。然而，所谓的"以事"，笔者怀疑属于强加的罪名。常氏能够被选为乳母，必是刚刚生育不久。而常氏的受孕、怀胎与生产，肯定是在北魏宫廷之外的事情，绝不会发生在北魏宫中。女子在怀胎十月期间，"以事"触犯刑律的几率是较少的。况且，在"太延中"之前，常氏乃是燕国臣民，她怎会去触犯魏国的刑律呢？常氏其实并没有犯过什么"事"。不过,从她入宫的时间正好与北魏占领和龙的时间相应来看,常氏应该属于被魏军强行迁徙到平城的亡国百姓;[①]此后又因为皇家的需要进入魏宫,从而失去了自己的家庭。早期的常氏,身世是悲惨的,地位是微贱的。

了解昭太后常氏和文明太后冯氏两人的身世以后,对于常氏为何一定要选冯氏为贵人和立冯氏为皇后就可以理解了。物以类聚,人以群分,选择同类为人之常情,常氏与冯氏都是以罪人家属的身份被迫进入魏宫的,她们的家庭又都出自北燕,身世的接近是将这两个人联系到一起的基础。从这样的基础出发,我们对于冯氏深受常氏的影响,并能够像常氏那样为攀登到太后的位置而努力奋斗,也就不难理解了。

《常英传》和《文成文明皇后冯氏传》等有关史料表明,随着各自权势的发展,常、冯两家的关系也越来越密切。而且,如果我们将常家与冯家发展过程按时间顺序逐次对照,就会发现两家的兴盛与衰落是相辅相成的。天安年间,文明太后诛乙浑,临朝听政,而"诸常自兴安至是(指天安中),皆以亲疏受爵赐田宅,时为隆盛";不久,文明太后罢令,而任洛州刺史的常伯夫则"以赃污欺妄征斩于京师";承明元年,文明太后再次临朝听政,常英也被征复官。常氏与冯氏,一荣俱荣,一损俱损,两家的命运是休戚与共的。[②] 当然,由于冯氏的发展在常氏之后,两家之

---

① 在魏军占领和龙以后,确曾有大规模的徙民,据《魏书》卷四上《世祖纪上》太延元年七月己卯条载,"(乐平王拓跋)丕等至和龙,徙男女六千口而还"。

② 据《常英传》载,文明太后最后一次照应常家已是太和十一年(488年)。在此之前,因常讷之子员与常伯夫之子禽可"共为飞书,诬谤朝政,事发,有司执宪,刑及五族"。但由于昭太后故,"罪止一门",得到从轻处理。到太和十一年,又因昭太后故"悉出其家前后没入妇女,以(常)喜子振试守正平郡"。

间的关系后来更多地表现为冯氏对于常家的照应。这恰好反过来印证了冯氏的发迹实系常氏的提携之故。

总之,考察冯、常身世以及两家的关系,有利于我们深入理解昭太后对文明太后的影响。

二、政坛"小人"

考察常氏与冯氏的身世之后,我们就不得不对这两位出身罪家之人居然能够爬到北魏政治的顶端这一现象作出合理的解释,这在当时特别注重门第的中原社会几乎是不可能的。但是,在北魏平城时代,地位微贱的所谓"小人"参政的现象却屡见不鲜。而且,愈是在政治动荡之际,他们的表现就愈加活跃。

早在明元帝发动推翻清河王绍的政变中,地位微贱者就已显示了他们的力量。《魏书》卷三〇《安同传》载:

> 清河王绍之乱,太宗(明元帝)在外,使夜告(安)同,令收合百工伎巧,众皆响应奉迎。

此处的"百工伎巧"当系天兴元年(398年)道武帝灭后燕之后从山东六州徙来者或其后裔。① 时隔仅仅八年,他们已经形成为一股社会力量,明元帝主要是依靠他们的"响应奉迎"才取得政变成功的。

在明元帝的左右,有名为王洛儿者,他在推翻清河王绍的政变中立下大功。《魏书》卷三四《王洛儿传》载:

> 王洛儿,京兆人也。少善骑射。太宗在东宫,给事帐下,侍从

---

① 详见《魏书》卷二《太祖纪》天兴元年正月辛酉条。

游猎，夙夜无怠。性谨愿，未尝有过。……天赐末，太宗出居于外，
洛儿晨夜侍卫，无须臾违离，恭勤发于至诚。元绍之逆，太宗左右
唯洛儿与车路头而已。昼居山岭，夜还洛儿家。洛儿邻人李道潜
相奉给，晨昏往复。众庶颇知，喜而相告。绍闻，收道斩之。洛儿
犹冒难往返京都，通问于大臣。大臣遂出奉迎，百姓奔赴。太宗还
宫，社稷获乂，洛儿有功焉。

明元帝因道武帝末年之乱而出逃于外时身边竟只有王洛儿与车路头二
人，他们原本是明元帝的亲近侍从。再看上引史料中所见的车路头，他
在《魏书》卷三四《车路头传》也有专传记载：

车路头，代人也。少以忠厚选给东宫，为太宗帐下帅。善自修
立，谨慎无过。天赐末，太宗出于外，路头随侍竭力。及太宗即位，
拜为散骑常侍，赐爵金乡公，加忠意将军。后改为宣城公。太宗性
明察，群臣多以职事遇谴，至有杖罚，故路头优游不任事，侍宿左
右，从容谈笑而已。……太宗亦敬纳之，宠待隆厚，赏赐无数，当时
功臣亲幸莫及。

车路头与王洛儿一样，都是侍从明元帝的人。主子如遇困厄，他们就有
了出头的机会。上引《王洛儿传》又称：

太宗尝猎于漯南，乘冰而济，冰陷没马，洛儿投水，奉太宗出
岸。水没洛儿，殆将冻死，太宗解衣以赐之。自是恩宠日隆。

王洛儿与车路头均为明元帝的宠臣，他们靠侍奉皇帝获得恩赏，靠偶然
的机会而发迹。

222

由于接近最高统治者,遇有政治变故,王洛儿、车路头等人便有暴发的时机。这在明元帝为表彰他们的功绩而发布的诏书中谈得很清楚。该诏书见于《王洛儿传》,曰:

> 士处家必以孝敬为本,在朝则以忠节为先,不然,何以立身于当世,扬名于后代也。散骑常侍王洛儿、车路头等服勤左右十有余年,忠谨恭肃,久而弥至,未尝须臾之顷有废替之心。及在艰难,人皆易志,而洛儿等授命不移,贞操愈恳。虽汉之樊、灌,魏之许、典,无以加焉。勤而不赏,何以奖劝将来为臣之节?其赐洛儿爵新息公,加直意将军。

王洛儿与车路头两人的门第情况不清楚,但不高是可以肯定的。车路头被记载为代人,按《魏书》的通例,他属于部落民。王洛儿是京兆人,①对他辗转来到平城的经历史无明载。明元帝在诏书中称"王洛儿、车路头等服勤左右十有余年"。据《王洛儿传》记载,明元帝是在即位之初下诏褒赏二人的,由明元帝即位的永兴元年(409年)上推十年,正好与天兴元年道武帝将拓跋所统各部和山东六州新民迁入平城京畿的时间相衔接。则王洛儿与车路头就是在此期间来到平城然后不久被选入北魏宫中的,两人的身份分别为汉族新民与拓跋部民。

《王洛儿传》称,明元帝等人"昼居山岭,夜还洛儿家",则王洛儿家位于平城之郊,并非显赫大户无疑。该传又称,其邻人有名李道者,"潜相奉给,晨昏往复",于是"众庶颇知,喜而相告"。与"众庶"联系密切的李道,当亦出身下层的汉人。关于"众庶",文中虽无界定,但却与上引《安同传》中"百工伎巧,众皆响应"之语可相照应。那么,"众庶"应该就

---

① 京兆,郡治在长安县,位于今陕西省西安市。

是天兴元年来自山东六州的所谓"内徙新民"及其后代。

当然，出身低微者参政不会不受到贵族的排抑。《魏书》卷一五《昭成子孙·陈留王虔附悦传》载：

> 太宗即位，引悦入侍。仍怀奸计，说帝云："京师杂人，不可保信，宜诛其非类者。……"

此处所谓的"杂人"与"非类者"指的是什么人呢？上引《陈留王虔附悦传》接着载道，因明元帝并未采纳拓跋悦的建议，于是拓跋悦"内自疑惧"，"谋为大逆"，但被察觉而赐死。此事在《魏书》卷三《太宗纪》中系于永兴元年闰十月丁亥条下，《北史》卷一《魏本纪第一·太宗明元帝》同此，《资治通鉴》则系于卷一一五《晋纪》义熙五年闰十一月丁亥条下，不同于《魏书》、《北史》。按，东晋义熙五年即北魏永兴元年，此年闰十月，丁亥日在此月中，《资治通鉴》误。闰十月丁亥日距明元帝即位的十月壬午日仅仅五天，则拓跋悦所谓"不可保信"的"杂人"与"非类者"显然应指刚刚帮助明元帝推翻了清河王绍的"众庶"。

虽然明元帝没有听从拓跋悦的建议而诛杀"非类者"，但事实上也没有对他们有多高的"保信"。他们中的代表人物王洛儿是政变成功后受封赏最丰厚的人，《王洛儿传》称他死于天兴五年（402年），生前虽曾受赐新息公爵位，加直意将军号，担任过散骑常侍之职，但在明元帝即位后他便再也没有什么作为了。

出身低微的下层人物既然很难通过正规渠道，如应选或建立军功等途径而进入政权的高层中去，于是积极参与政变活动便成为他们获得权势的最好时机。王洛儿、车路头在道武帝末年的政治危机中立功受赏就是典型的例子。太武帝末年，被汉族士人高允贬斥为"恐非在朝之选"的任平城与仇尼道盛利用太武帝与太子晃的矛盾而纠集成东宫集团又是一例。① 在此之后的宗爱政变、乙浑擅权、昭太后干政、文明太后听政之时,也未尝不是下层人物出头之日。

能够跻身于北魏政坛的下层人物虽然不多,却不断地出现,而且他们的能量往往很大,在正平以后至太和以前屡次发生的政变中他们常常成为骨干。这是值得认真思索的问题。在这里仅简单地指出,其原因在于,拓跋社会脱离原始社会不久,北魏政权脱胎于拓跋部落联盟也不久,因而平城时代的门第观念远不如迁都洛阳以后为强。

通过上述讨论,不仅对于常氏与冯氏这样的罪家女子能够爬上北魏政权顶巅的事实可以理解,而且对于在常氏与冯氏身边麇集了一批出身微贱者的现象也不难理解了。文明太后的微贱身世和太后临朝听政这样的特殊统治形式,使得太和年间成了阉官、恩倖等"小人"势力发展的最佳时期。

三、恒代遗风

上文先后考察了文明太后发迹的原因,常家与冯家之间荣辱与共的关系,以及昭太后与文明太后在发展势力上的一致性,无论从哪个角度,都不难看出文明太后临朝听政是在昭太后干预政治的基础上发展起来的。不过,昭太后并非拓跋氏政权中母权干政的发轫者,在她之前还有太武帝的保母惠太后窦氏。

惠太后因太武帝母杜氏被赐死而受明元帝命抚养太武帝,她的事迹附在《魏书》卷一三《皇后·明元密皇后杜氏》之下,曰:

> 世祖保母窦氏,初以夫家坐事诛,与二女俱入宫。……太宗命

---

① 东宫集团事参见本书第二章第三节第一小节。"恐非在朝之选"见于《魏书》卷四八《高允传》高允谏太子晃语中。

为世祖保母。性仁慈，勤抚导。世祖感其恩训，奉养不异所生，及
即位，尊为保太后，后尊为皇太后，封其弟漏头为辽东王。太后训
釐内外，甚有声称。性恬素寡欲，喜怒不形于色，好扬人之善，隐人
之过。世祖征凉州，蠕蠕吴提入寇，太后命诸将击之。

史家称惠太后"性恬素寡欲"，实际上却并非如此，她不仅自己当了皇太
后，而且还使她的弟弟受封为辽东王。史家言惠太后因"训釐内外"而
获得了"声称"，这里所谓的"内"应指北魏后宫，所谓的"外"当指北魏朝
廷，可见她是积极干预宫廷内外事务的，并非"寡欲"之人。惠太后干预
朝政的例证是命诸将出击柔然之事。

这次出击柔然之事在《魏书》卷四上《世祖纪上》中系于太延五年
（439年）九月戊子条下。在同书卷二七《穆崇附穆寿传》中有较详细的
记载：

> 舆驾征凉州，命（穆）寿辅恭宗，总录要机，内外听焉。……寿
> 信卜筮之言，谓贼（指蠕蠕）不来，竟不设备。而吴提果至，侵及善
> 无，京师大骇。寿不知所为，欲筑西郭门，请恭宗避保南山。惠太
> 后不听，乃止。遣司空长孙道生等击走之。世祖还，以无大损伤，
> 故不追咎。

以穆寿这样一位"总录要机，内外听焉"的重臣都不得不服从惠太后的
意志，可见当时惠太后对朝政是有很大干预力量的。

惠太后也非北魏史上最早干预政治的太后，在惠太后之前又有道
武帝母亲献明后贺氏干政的现象。关于献明后贺氏的事迹，在本书第
一章和第二章中多处讨论过。

至于北魏建国之前，在拓跋部落联盟中母权干预部落联盟事务的

现象就更多了。其中,较早、较突出的事例是猗㐌之后祁氏摄国之事。据《魏书》卷一《序纪》载,猗㐌是力微长子沙漠汗的长子。力微的另一个儿子禄官将国分为三部,猗㐌统领一部居于代郡之参合陂北。① 猗㐌、禄官相继去世后,猗㐌之弟猗卢"遂总摄三部,以为一统"。这一时期是拓跋部十分强盛的时期。但是,猗卢末年发生内乱,猗卢被杀,猗㐌后祁氏②乘机攫取了最高权力。

祁氏攫取权力的过程,《序纪》所载十分简明,兹摘抄如下:

> (猗卢死后,猗㐌子)普根立月余而薨。普根子始生,桓帝后
> (即祁氏)立之。其冬,普根子又薨。

据《魏书》卷一三《皇后·桓帝皇后祁氏传》载,祁氏生三子,长曰普根。由此可知普根之子为祁氏亲孙。由《序纪》中这条简单的记载来看,祁氏在拓跋部内确立权威的时间至迟在普根死后。

普根以及普根之子相继死后,沙漠汗少子弗之子郁律立,是为平文帝。《序纪》称郁律"姿质雄壮,甚有威略",在他统治时期,拓跋部"西兼乌孙故地,东吞勿吉以西,控弦上马将有百万",且有南下入主中原之雄图。但是,郁律却被祁氏害死了,《序纪》载:

> 桓帝后(祁氏)以帝(郁律)得众心,恐不利于己子,害帝。遂
> 崩,大人死者数十人。③

---

① 参合陂,位于今山西省阳高县东北。
② 祁氏,《北史》卷一三《后妃上》、《资治通鉴》卷九一《晋纪》太兴四年条作"惟氏"。
③ 同书卷一三《皇后·桓帝皇后祁氏传》也载,"后性猛忌,平文之崩,后所为也"。

自此之后，拓跋部便出现所谓"太后临朝"的现象。《序纪》接着载：

> 太后（祁氏）临朝，遗使与石勒通和，时人谓之女国使。

此事《资治通鉴》系于卷九一《晋纪》太兴四年（321年）条下。不过，祁氏当政时期拓跋部尚处于部落联盟阶段，那时的所谓"太后临朝"与后来的文明太后临朝听政性质不同。

祁氏之后，母权干预拓跋部最高权力的事情又接连地发生。《魏书》卷一三《皇后·平文皇后王氏传》载：

> 昭成（什翼犍）初，欲定都于灅源川，筑城郭，起宫室，议不决。后（王氏）闻之，曰："国自上世，迁徙为业。今事难之后，基业未固。若城郭而居，一旦寇来，难卒迁动。"乃止。

此处具体记录了王氏干预政事的史实。王氏为平文帝郁律之后；什翼犍为王氏亲生之子，郁律之次子。同传又载：

> 烈帝之崩，国祚殆危，兴复大业，后之力也。

烈帝名翳槐，为郁律之长子。从上述两条史料中不难看出，当时身为太后的王氏具有左右最高权力的威势。

王氏之后，又出了一位昭成皇后慕容氏。这位慕容氏就是什翼犍的长子献明帝的亲生母亲，即道武帝的亲祖母。[1] 慕容氏的权威虽未能达到上述祁氏和王氏的程度，但在当时的政治生活中也发挥过相当

---

[1]　详见《魏书》卷一三《皇后·昭成皇后慕容氏传》。

重要的作用。《魏书》卷一三《皇后·昭成皇后慕容氏传》载：

> 后性聪敏多知，沉厚善决断，专理内事。（昭成帝）每事多从。

从什翼犍对慕容氏"每事多从"一语不难看出慕容氏对于什翼犍的影响力量。但是，这段记载系指"内事"而言，似与外朝无关。不过，该传又称：

> 初，昭成遣卫辰兄悉勿祁还部落也，后戒之曰："汝还，必深防卫辰，辰奸猾，终当灭汝。"悉勿祁死，其子果为卫辰所杀，卒如后言。

此处慕容氏所言内容就显然不属于"内事"，而是外事。从这段记载中可以看出，慕容氏不仅参与了拓跋部的重要政治事务，而且洞悉外部的形势及其发展的趋向。

由以上的考察看来，文明太后临朝听政的历史渊源可以一直追溯到拓跋部的早期代国时代中去，它是拓跋部社会中母权制遗俗在新的历史条件下的反映。

由于拓跋部脱离原始社会的时间不长，因而母系氏族社会的遗风十分浓厚。这方面的史料不少，而最为典型、最为常举的当数颜之推在《颜氏家训》中的记载。① 他在该书卷一《治家篇》中写道：

> 邺下风俗，专以妇持门户。争讼曲直，造请奉迎。车乘填街衢，绮罗盈府寺。代子求官，为夫诉屈。此乃恒代之遗风乎？

---

① 　参见王利器《颜氏家训集解》，上海古籍出版社，上海，1980 年第 1 版，第 60 页。

颜之推在这里描绘的是北齐都城邺城①的状况。在这段描述中，他列举了一系列在夫子们眼里非同寻常的现象，如妇女主持家庭，出面打官司，代子求官，为夫诉屈，甚至走后门拉关系，等等。虽然所有这些现象主要是针对在邺城的少数民族妇女而言的，不过，汉族妇女，尤其是士大夫之家的妇女，似乎也不例外，因为颜之推在该篇中同时又指出：

> 河北人士，多由内政，绮罗金翠，不可废阙。

这里所说的"河北人士"，就不应单指少数民族了。看来，汉族之家也是阴盛阳衰者居多。

应该承认，当时北方社会中妇女地位较高的原因与少数民族风俗影响有密切的关系，对此颜之推也指得很清楚。在颜之推的文中，所谓"恒代"，系恒州代郡的省称，为北魏迁都洛阳以后旧都平城京畿的新建置。因此，上引《治家篇》中的描绘不仅明显地反映了北朝社会中浓厚的母系氏族制遗风，而且明确地指出了这些遗风与平城时代北魏社会的密切关系。颜之推所记的北齐时代国都邺城的景象上距北魏平城时代已有半个世纪，由此可以想见母系氏族遗风顽强持久的社会影响。

其实，不仅拓跋部，其他古代北方游牧民族中母系氏族制的影响也是很浓厚的。在与汉族社会接触较早的乌丸族社会中，妇女的地位就很高。《三国志·魏书》卷三〇《乌丸传》裴松之注引《魏书》曰：

> （乌丸人）贵少贱老，其性悍骜，怒则杀父兄，而终不害其母。以母有族类，父兄以己为种，无复报者故也。

---

① 邺城，位于今河北省临漳县西南。

该传还载,乌丸族的婚姻实行抢婚制:男女青年认识以后先行私通,然后男方将待嫁女子抢走(当然,实际上并不是真抢,而是在女方认可的情况下约定了时间、地点后进行的);嗣后,丈夫应随妻子回到妻子的氏族中,为妻家做仆役,满二年后才准他携妻子离开妻家。在上述情况下,妇女便很自然地会在乌丸社会里占据备受尊宠的地位。因此,在乌丸族中,除战争以外,几乎所有的事务都由妇女主持和安排。

北方游牧民族中这种母权制遗风的顽强存留为北方社会中的妇女提供了有利的社会环境,从而造就出一大批与传统中原妇女性格截然不同的女性。当这些民族进入中原以后,使得整个中原社会妇女的精神风貌焕然一新。①

说到妇女的精神风貌,人们很自然地会联想到那首最为脍炙人口的乐府民歌《木兰诗》。②这首诗歌十分生动地刻画了一位代父从戎的女英雄的形象。由于文字优美,情节感人,它不仅被大多数古代文学作品集辑录,而且也为如今的许多学生读本选收。这首诗歌大约产生于北魏平城时代,然而,如今读起来依旧亲切,主人公木兰的形象仍是呼之欲出的。你看她"万里赴戎机,关山度若飞;朔气传金柝,寒光照铁衣",实在是尚武胜过男子,哪有一点娇媚造作姿态。但是,从"开我东阁门,坐我西间床;脱我战时袍,着我旧时裳;当窗理云鬓,对镜帖花黄"等句

---

① 参见李凭《魏晋南北朝时代妇女风情》,原载于《文献》1993 年第 4 期;后收于《东方传统》,中国发展出版社,北京,1999 年第 1 版,第 176—184 页。对于汉族社会来说,北方游牧民族的影响只是外因,像颜之推那样,将"邺下风俗"完全归结为"恒代遗风",即平城附近风俗,似乎不妥。因为,早在三国时代北方游牧民族尚未大规模进入中原之时,汉族妇女的精神风貌就已发生变化。

② 收于[宋]郭茂倩《乐府诗集》卷二五,中华书局,北京,1979 年第 1 版,第 373—375 页。这首诗歌大约产生于北魏平城时代的太武帝时期,参见金汉祥《南北朝的诗和散文》第四章第三节,山西人民出版社,太原,1985 年第 1 版,第 93—96 页。

看,却又分明是一位小家碧玉。木兰虽然出身寻常之家,但是她的形象不仅为群芳所惊羡,而且被须眉所叹服,她的思想境界远远超过了颜之推笔下那些专持门户的妇女。木兰的形象,是在北魏社会风气的背景下经过长期流传加工而形成的,她是当时妇女风貌的典型化。木兰的形象代表了这一时代妇女积极向上的精神状态。

木兰是否原有模特,她的民族属性是什么,对于这些问题,如今我们很难考证清楚了。不过,另有一类专在政治舞台上叱咤风云从而令众多将相大臣折服的女性,却是史书中记录在案的。出身于北族的惠太后不用说,①出身于汉族的昭太后常氏与文明太后冯氏也是属于这样一类性格的妇女,她们那种刚毅、果断、多智略和积极参政的性格不难从本章所述的具体事迹之中看出。她们的性格与作为,与颜之推笔下那些专持门户的妇女相比,就显得层次高多了。

昭太后与文明太后虽然并非出身于游牧部落,但是她们的家庭都生活在慕容部长期经营的龙城,她们的性格正是因为接近游牧部落的社会环境而形成的。让我们看看她们的家庭情况,便可以得到具体的印象。

《魏书》卷九七《海夷冯跋传》载:

> (冯)跋饮酒,一石不乱。母弟素弗,次丕,次洪,皆任侠放逸,不修行业。跋恭慎勤稼穑。既家昌黎,遂同夷俗。

由这段史料可知,冯家虽属汉族血统,但是到了昌黎以后便渐渐地“夷俗”化即胡化了。文明太后的性格正是在这种家庭中熏陶而成的。

无独有偶,昭太后家的女子也很胡化。《魏书》卷二〇《文成五王·

---

① 据《魏书》卷一三《明元密皇后杜氏附世祖保母窦氏传》载,惠太后姓窦。窦氏,同书卷一一三《官氏志》中有记载,原为纥豆陵氏,属四方诸部之一支。

齐郡王简传》载：

> 简性好酒，不能理公私之事。妻常氏，燕郡公常喜女也，文明
> 太后以赐简。性干综家事，颇节断简酒。乃至盗窃，求乞婢侍，卒
> 不能禁。

常喜为昭太后之弟，《魏书》卷八三上《外戚上·常英传》中有记载，则这条史料中的齐郡王简妻常氏为昭太后的内侄女。从常喜之女"节断简酒，乃至盗窃"的作为来看，其性格是相当凶悍的。这种性格在胡族中不稀罕，在汉族中是少见的。对这位常家女子的性格，文明太后是了解的，所以才将她赐给齐郡王简，让她去"节断"齐郡王简的"好酒"。常喜之女这种"干综家事"的性格特点应该是从位处胡族地区的辽西常家带来的。

看来，由于在与游牧民族接壤的边远地区生活，使得冯、常两个家族的成员渐渐地养成了两重性格。他们既是汉人，又有胡化的特点。这种性格特点必然会使他们比单纯的胡人或单纯的汉人更容易适应富含部落遗制而又日益汉化的北魏平城政权。这应该是文明太后与昭太后能够在政治上有所作为的性格上的共同原因。

康乐先生撰有《北魏文明太后及其时代（上篇）》，①文中指出：

> 如何从一个没入宫中的罪孥摇身而成为母仪天下的皇后，其
> 间的过程，当然已非千余年后的我们所能完全明了。然而，当时拓
> 跋王朝的不注重皇后出身，无疑是个决定性的因素，换成汉族王
> 朝，这几乎是不可想象的事。

---

① 刊于《食货月刊》复刊第十五卷第十一、十二合期。

在文章的注三中他又指出:

> 大致说来,要到孝文帝迁都洛阳,大力推行汉化后,拓跋魏对选后妃一事才比较讲究些。

康乐先生的论述是很有道理的。但是,他只是指出了文明太后能够母仪天下的客观可能性,而没有去追究发生这一现象的历史必然性。因为,仅有社会的允许还是不够的。昭太后、文明太后以及在她们之前的惠太后所以能够发迹,是因为她们并非孤立的份子,在北魏的宫廷中有着一大批与她们经历相同的人。

四、宫廷女官

惠太后、昭太后和文明太后都是以高踞在北魏社会最高层的个体形象活动于政治舞台上的,但是她们原先却都是从北魏社会的最底层中冒出来的,她们都是罪家出身的宫人。与她们的早年遭遇相类似的人物在《魏书》卷一三《皇后列传》中还可以见到,如平文皇后王氏、文成元皇后李氏以及孝文贞皇后林氏等。①

在北魏宫中,有一批比罪孥地位高的所谓女官,据《魏书》卷一三《皇后列传》载,她们是有品次的。不过,宫中女官是上不了正史的。即使像惠太后与昭太后这样的特殊人物,也是分别作为历史作用根本无法与她们相比的明元密皇后杜氏和景穆恭皇后郁久闾氏的附传而见于《魏书》的。至于普通宫人那就更不待言了。幸而赵万里先生的《汉魏

---

① 《魏书》卷一三《平文皇后王氏传》载:"广宁人也。年十三,因事入宫,得幸于平文。"同卷《皇后·孝文贞皇后林氏传》载:"叔父金闾,……金闾兄胜为平凉太守。……未几为乙浑所诛,兄弟皆死。胜无子,有二女,入掖庭。"由这两段记载来看,王氏和林氏也是罪孥。

南北朝墓志集释》为我们搜集了这方面的墓志,①使我们能够略微知道
一些有关宫中女官的情况。其中,明确属于罪孥出身者有七位,她们是
大监刘阿素、大监刘华仁、女尚书冯迎男、第一品张安姬、傅母王遗女、
女尚书王僧男和内司杨氏。②

　　赵先生搜集的北魏后嫔内职墓志共有二十通,③其中上列大监刘
阿素等人占了三分之一强。实际上,在北魏后宫之中像刘阿素等出身
罪孥者占的比例可能较此更大,因为能留下墓志的人只是后嫔内职中
的少数。通观二十通墓志可知,只有那些有幸上升到嫔妃者,死后皇家
才为之树立墓碑;至于那些未能有幸上升者,死后就只有靠命运相同的
友好为之刻石,从而留下一点点事迹来。

　　《大监刘阿素墓志》中称:

　　　　同火人典御监秦阿女等,痛金兰之奄契,乃刊玄石,述像德音。

对此,赵万里先生指出,“同火人即木兰诗所谓‘火伴’”。用今天的话来
讲就是所谓的“生前友好”吧。赵万里先生又指出:

　　　　阿素以家难入宫,没而火伴为之刻石,其情至可悯恻。近出魏
　　　　宫职墓志四,无一非以罪没宫者,可见当日用刑之惨烈也。④

宫人命运之惨,虽屡见于历代骚人墨客的篇章之中,无如秦阿女为刘阿

①　中国科学院考古研究所编辑《汉魏南北朝墓志集释》,科学出版社,北京,1956
　　年第 1 版。
②　《汉魏南北朝墓志集释》图版二九、三一、三二、三三、三四、三五、三六。
③　《汉魏南北朝墓志集释》卷二《北魏·后嫔内职》,第 21—40 页。
④　《汉魏南北朝墓志集释》卷二《北魏·后嫔内职》大监刘阿素墓志条,第 29 页。

素刻石事更为真切。① 刘阿素生前的内职是大监,据《魏书》卷一三《皇后列传》载,大监视二品,而刘阿素死后赐宫品一,是宫人中地位颇高者。像刘阿素这样的大监,死后皇室尚且不为刊石,在其下者便可想而知了。宫人之中留下志石的肯定只是少数。然而,就是在这少数的上层宫人之中出身罪孽者尚且不少,何况下层宫人之中呢? 可见,魏宫里出身罪家的宫人数量一定很大,甚至可能在人数比例上占据多数。

共同的命运,共同的环境,迫使宫人们互相同情,互相帮助,从而结成所谓的"同火人"。北魏社会中妇女的性格普遍而言较南朝妇女刚强,因此宫人们很可能在政治危机的时候于各派政治势力的夹缝之中显示出抗争的意志来。虽然她们都是女子,但身为宫人极易接近皇家,因而其能量也不可小看。

道武帝末年发生的清河王政变中就有宫人参加。《魏书》卷一六《道武七王·清河王绍传》载:

> ……于是赐绍母子死,诛帐下阉官、宫人为内应者十数人。其先犯乘舆者,群臣于城南都街生脔割而食之。

笔者已在本书的第一章第三节第二小节中述及道武帝末年的暴政,而首当其冲地承受暴虐的正是那些日夜侍奉他的帐下阉官和宫人。所以,当清河王绍母子发动政变时,不堪忍受道武帝残暴行径的帐下宫人就乘机起来反抗而成为"内应者"了。

另一个典型的事例便是身为文成帝乳母的常氏支持了反对阉官宗爱的政变。在宗爱执政时,令人惊讶的是,作为宗爱对立面的太子晃的

---

① 《大监刘华仁墓志》也称"傅母遗女,悲悼感结,故刊玄石,述像德音",第31页。刘华仁死后傅母遗女为她刻石,与刘阿素死后秦阿女为她刻石是一样的事例。

长子文成帝却未遭杀害。《魏书》卷三〇《刘尼传》载：

> 宗爱既杀南安王余于东庙,秘之,惟尼知状。尼劝爱立高宗
> (文成帝)。爱自以负罪于景穆(文成帝之父、太武帝太子拓跋晃),
> 闻而惊曰:"君大痴人,皇孙若立,岂忘正平时事乎?"尼曰:"若尔,
> 今欲立谁?"爱曰:"待还宫,擢诸王子贤者而立之。"尼惧其有变,密
> 以状告殿中尚书源贺,贺时与尼俱典兵宿卫。仍共南部尚书陆丽
> 谋曰:"宗爱既立南安,还复杀之。今不能奉戴皇孙(指文成帝),以
> 顺民望,社稷危矣。将欲如何?"丽曰:"唯有密奉皇孙耳。"于是贺
> 与尚书长孙渴侯严兵守卫,尼与丽迎高宗于苑中。丽抱高宗于马
> 上,入京城。

这段记载颇能反映宗爱杀南安王余以后政局的变幻。从宗爱"惊曰"之语中不难看出,宗爱不是没有除去太子晃的长子文成帝之心。而且,文成帝并非当时唯一的可以考虑的继承人,除了他这位皇孙之外,还有其他太武帝的皇子可供选择,这些皇子及其背后的势力对于文成帝也是很大的威胁。然而,当时年仅十三岁的文成帝却度过难关,登上了皇位。我们看到,在推翻宗爱之前,文成帝并没有与支持他的大臣们在一起,而是另在苑中。那么,在如此险恶的形势之下,幼小的文成帝是如何保住平安的呢? 在上引史料中,只是谈到刘尼与陆丽将文成帝从苑中迎出,却没有交代他们是从谁人那里将文成帝迎出的,这其中疏漏了被史家认为次要的情节。幸亏在《魏书》卷一三《高宗乳母常氏传》中载有褒扬昭太后常氏的"保护之功"四个字,为我们做了回答。常氏的身份既然是乳母,当时必然与文成帝在一起。因此,将文成帝交给刘尼与陆丽,以支持他们推翻宗爱的行动的人,正是常氏。文成帝即位后,常氏便立即被尊为保太后,这也足以说明在宗爱执政的动乱时期是常氏

想方设法保护了文成帝。

不过,能够与正操纵着朝廷内外的宗爱阉官势力周旋实在不是一件容易的事,恐怕决非一个乳母的力量所能及。常氏的身旁一定也有不少"同火人",在帮助她对付阉官势力。再推开一步说,常氏后来能够在宫中表现出那么大的能耐,将元皇后李氏与文成帝置于十分困难的境地,并将冯氏一手扶上皇后宝座,①肯定有一股势力在宫中支持着她。这股势力之中可能就有不少是她原先的"同火人"。

要之,在北魏后宫这样一种特殊的状况下,一旦有在政治上表现的机会,宫中女职②中的强者如惠太后窦氏、昭太后常氏等就会冒出头来。宫中女职能够上升到太后的地位并干预外朝政事的现象,在中国古代社会中似不多见,只有在北魏平城时代这样一种母权制遗风很盛的特殊历史条件下才表现得十分突出。处于这样氛围中的北魏宫廷,正是生长出文明太后这样一位女政治家的土壤。

五、文明太后的汉文化素养

上文讨论了形成太后临朝听政现象的历史背景,使我们认识到文明太后与惠太后、昭太后之间一脉相承的关系。不过,我们也应该看到,文明太后虽然继承的是昭太后的衣钵,但她成就的事业却是昭太后远不能相比的。

文明太后临朝听政的时期是平城时代最辉煌的时期,那时候各项改革相继推行,北魏社会呈现一派繁荣景象。后世谈论北魏太和改革的成就,往往更多地归功于孝文帝身上。其实,在太和十四年(490 年)

① 参见本书第三章第三节第二小节。

② 女职,见于《魏书》卷一三《皇后列传》,称"后置女职,以典内事",泛指在北魏宫中为皇帝与妃后们服务的宫人。

文明太后去世以前,孝文帝并不执掌政权。魏收在《魏书》卷七下《高祖
纪下》的后论里说:

> 高祖幼承洪绪,早著睿圣之风。时以文明摄事,优游恭己。玄
> 览独得,著自不言。神契所标,固以符于冥化。及躬总大政,一日
> 万机,十许年间,曾不暇给。

魏收所言不差,在文明太后临朝听政期间,孝文帝只是名义上的皇帝。
实际上,国家大事都是由文明太后主管的。只是在文明太后死后,孝文
帝才"躬总大政,一日万机"。因此,太和十四年以前的一系列重大改
革,包括太和元年(477 年)至五年改定律令,①太和七年禁同姓之婚,②
太和八年班俸禄及紧接着进行整顿吏治,③太和九年实行均田制,④太
和十年推行三长制,⑤太和十一年定乐章和依纪传之体改析国纪,⑥等
等,都是在文明太后主持下进行的。

　　《魏书》卷五三《李冲传》分明具体地记载着,著名的三长制正是在
文明太后面前讨论后由她拍板决定施行的。该传曰:

> 旧无三长,惟立宗主督护,所以民多隐冒,五十、三十家方为一
> 户。(李)冲以三正治民,所由来远,于是创三长之制而上之。文明
> 太后览而称善,引见公卿议之。……咸称方今有事之月,校比民

① 详见《魏书》卷一一一《刑罚志》。
② 详见《魏书》卷七上《高祖纪上》太和七年十二月癸丑条。
③ 详见《魏书》卷七上《高祖纪上》太和八年六月丁卯条。
④ 详见《魏书》卷七上《高祖纪上》太和九年十月丁未条、卷一一〇《食货志》、卷五
　　三《李孝伯附李安世传》。
⑤ 详见《魏书》卷七下《高祖纪下》太和十年二月甲戌条、卷五三《李冲传》。
⑥ 详见《魏书》卷七下《高祖纪下》太和十一年正月丁亥条、十二月条。

户，新旧未分，民必劳怨，请过今秋，至冬闲月，徐乃遣使，于事为宜。……著作郎傅思益进曰："民俗既异，险易不同。九品差调，为日已久，一旦改法，恐成扰乱。"太后曰："立三长，则课有常准，赋有恒分，苞荫之户可出，侥幸之人可止，何为而不可？"群议虽有乖异，然惟以变法为难，更无异议。遂立三长，公私便之。

这段史料对于围绕三长制而展开的热烈讨论记载得很详细，而从文明太后一锤定音的结果中我们不难豹窥一斑地看出她在北魏政坛上的主导地位。

班俸禄、整顿吏治、均田制及三长制等改革措施的推行，对于抑制豪强的土地兼并，减轻民众的租调负担，恢复因长期战乱而遭受破坏的农业生产，都是有利的。但是，出于不同的利害关系，对于新法必然会有不同的观点，在其实施过程中也一定会遇到阻力。在《李冲传》中我们看到，面对"乖异"的议论和未卜的前景，文明太后却十分沉着、果断，她以居高临下的姿态，用毋庸置辩的反诘语气，坚定地将反面意见驳回，表现出不让须眉的气势。文明太后这种沉稳刚毅的气质是由她出身罪孥而久经政争的阅历养成的，其中自然也有昭太后常氏对她的影响作用。不过，在她的性格之中还有出身微贱的常氏所不能赋予她的，那就是良好的文化素养。因为，在文明太后的身体里流淌着北燕王族的血液，而在入宫以后又受到她的姑母冯左昭仪的培养和教育。

《魏书》卷一三《文成文明皇后冯氏传》载：

太后性聪达，自入宫掖，粗学书计。及登尊极，省决万机。

在这条史料中，史家将时间上本不相接的两句话粘连在一起了。此处看似唐突，其实内容上却是有机地相联的。史家想要告诉读者的是，文明太后临朝听政以后所以能够"省决万机",是因为她早年曾经"粗学书计"的缘故。

文明太后入宫时的身份是一名罪孥,她如何能学到书计呢? 在同传中给出了答案:

> 后(指文明太后)遂入宫。世祖(太武帝)左昭仪,后之姑也,雅有母德、抚养教训。

原来文明太后的"书计"功夫是她的姑妈冯左昭仪传授的。那么,冯左昭仪自身的文化素养怎样呢? 让我们再来看看冯左昭仪的身世。

冯左昭仪的伯父冯跋、父亲冯弘先后为北燕国主,他们的事迹在《魏书》卷九七《海夷冯跋传》中有记载:

> 海夷冯跋,字文起,小名乞直伐,本出长乐信都。慕容永僭号长子,以跋父安为将。永为垂所灭,安东徙昌黎,家于长谷。后慕容熙僭号,以跋为殿中左监,稍迁卫中郎将,后坐事逃亡。

其下接着又载,冯跋协助高云诛杀了慕容熙;而后不久,冯跋又乘高云为左右所杀之机于北魏永兴元年(409年)自立为大燕天王。北魏神䴥二年(429年),冯弘发动政变,逼死其兄冯跋,自立为王。简而言之,冯左昭仪就出生在这样一个来自中原的北燕王家,她无疑受过良好的汉族文化传统教育。

那么,冯左昭仪是何时、怎样进入魏宫的呢?《魏书》卷九七《海夷冯跋附冯文通传》载:

> 文通遣其尚书高颙请罪,乞以季女充掖庭,世祖(太武帝)许

之。征其子王仁入朝,文通不遣。其散骑常侍刘训言于文通曰:
"虽结婚和通,而未遣侍子……"

此条记载中的"文通"为北燕国主冯弘之字,因避献文帝名讳,故而《魏
书》中称其字。据刘训之言可以看出,冯弘虽未向北魏遣送侍子,但是
"以季女充掖庭"之事却是落实了的。而那位"充掖庭"的冯文通"季女"
应即《文成文明皇后冯氏传》所载太武帝的冯左昭仪。在《魏书》卷四上
《世祖纪上》中,冯文通遣高颙向北魏请罪事载于延和三年(434年)闰
三月辛巳条下,则冯左昭仪入宫时间应在此时左右。时距文明太后冯
氏被立为贵人的兴安元年(452年)约为十八年。

文明太后在入宫之后,立为贵人之前,大概一直在冯左昭仪的"抚
养教训"之下。文明太后在冯左昭仪身边所受的文化教育对于她的思
想影响很大。后来,文明太后临朝听政时施行了许多有利于中原传统
制度的建立与健全和汉文化的吸收与传播的方针,这都与她早期所受
的教育密切相关。

太和七年(483年),在文明太后的指导下,孝文帝曾经下诏禁止同
姓婚姻。《魏书》卷七上《高祖纪上》太和七年十二月癸丑条载:

诏曰:"淳风行于上古,礼化用乎近叶。是以夏、殷不嫌一族之
婚,周世始绝同姓之娶。斯皆教随时设,治因事改者也。皇运初
基,中原未混,拨乱经纶,日不暇给,古风遗朴,未遑釐改。后遂因
循,迄兹莫变。朕属百年之期,当后仁之政,思易质旧,式昭惟新。
自今悉禁绝之,有犯以不道论。"

这次禁止同姓婚姻针对的目标是拓跋部的习俗,依据的是汉族传统制
度,即所谓的"周世始绝同姓之娶"。因此,它既是太和改革的重要组成

部分,又为后来孝文帝实施汉化政策奠定了基础,其意义绝不亚于北魏迁都洛阳以后推行的姓氏、语言、服装、籍贯等方面的汉化改革。而文明太后之所以对汉族传统制度颇为熟悉与倾心,应当与她早年受到冯左昭仪的"抚养教训"大有关系。

本章第三节第二小节已经论到,文明太后临朝听政以后身边麇集了一批身世卑贱的所谓"小人"。但是,另一方面,由于文明太后具有汉文化素养,决定了她在用人政策上颇具政治眼光,她既能将东阳王丕等拓跋贵族笼络住,又能尊礼和起用汉族士人李冲、游明根、高闾等。

李冲由于深得文明太后宠幸,所以颇能发挥聪明才智。除了上述三长制外,太和年间的方针、政策与制度大多是李冲参与策划或制定的,平城以及后来的洛阳新都的许多重要建筑也是李冲主持兴建的。《魏书》卷五十三史臣曰:

> 李冲早延宠眷,入干腹心,风流识业,固乃一时之秀。终协契圣主,佐命太和,位当端揆,身任梁栋,德洽家门,功著王室。

而同卷《李冲传》还载:

> 机敏有巧思,北京(指魏都平城)明堂、圆丘、太庙,及洛都初基,安处郊兆,新起堂寝,皆资于冲。勤志强力,孜孜无怠,旦理文簿,兼营匠制,几案盈积,剖剟在手,终不劳厌也。

李冲所为都是有利于北魏社会的物质文明和精神文明发展的具体事业。

游明根是北魏一代宗师,受到文明太后礼遇。《魏书》卷五五《游明根传》载:

> 游明根,字志远,广平任人也。……性贞慎寡欲,综习经
> 典。……明根历官内外五十余年,处身以仁和,接物以礼让,时论
> 贵之。高祖初,明根与高闾以儒老学业,特被礼遇,公私出入,每相
> 追随。而闾以才笔时侮明根,世号高、游焉。

文中的"高祖初"指的正是文明太后临朝听政时期。

《游明根传》中提到的高闾也是文明太后尊重的人物,他是太和时代的文豪。《魏书》卷五四《高闾传》载:

> 高闾,字阎士,渔阳雍奴人。……闾早孤,少好学,博综经史,
> 文才俊伟,下笔成章。本名驴,司徒崔浩见而奇之,乃改为闾而字
> 焉。真君九年(448年),征拜中书博士。和平(460—465年)末,迁
> 中书侍郎。高宗(文成帝)崩,乙浑擅权,内外危惧。文明太后临
> 朝,诛浑,引闾与中书令高允入于禁内,参决大政,赐爵安乐子,加
> 南中郎将。……高允以闾文章富逸,举以自代,遂为显祖(献文帝)
> 所知,数见引接,参论政治。命造《鹿苑颂》、《北伐碑》,显祖善之。
> 承明初,为中书令,加给事中,委以机密。文明太后甚重闾,诏令、
> 书檄、碑铭、赞颂皆其文也。

承明为孝文帝年号,仅一年,所以上文中的"承明初"即承明元年(476年),而这一年正是文明太后临朝听政之年。文明太后看中了高闾的文才,所以就授之要职,"委以机密",命其撰写各类文书。

太和时期,受到文明太后重用和尊礼的汉族士人还有不少,这里仅举以上三人作为代表。

总之,由于文明太后接受过良好的教育,又信用众多汉族士人,因此她处理政务的能力很强,取得的政绩可观。同时,通过长期的经营,

在朝廷内外逐渐结成为盘根错节的文明太后集团。其中,既有前文述及的麇集在文明太后周围的"小人",也有以东阳王丕为首的拓跋贵族,还有以李冲为代表的汉人士族。

道武帝建国之初刻意要防范母权,从而矫枉过正地立下了子贵母死故事。然而,由子贵母死故事派生出保母抚养储君的惯例,而尊崇母权的遗俗便通过保母干预政治的方式又顽固、曲折地表现出来,最终在窦氏、常氏干政的基础上发展成为文明太后的临朝听政。按照这样的逻辑,太后听政竟然是由子贵母死引发出来的。道武帝不曾想到,历史发展的结果与他的初衷恰恰相反。

第四节　政归孝文帝

一、旁落的皇权

临朝听政的体制将母后权力推上北魏政治的顶巅,使皇帝站到了陪衬的位置。《魏书》卷一三《文成文明皇后冯氏传》载:

> 自太后临朝专政,高祖雅性孝谨,不欲参决,事无巨细,一禀于太后。太后多智略,猜忍,能行大事,生杀赏罚,决之俄顷,多有不关高祖者。是以威福兼作,震动内外。

这段史料反映,文明太后已经俨然成为北魏王朝事实上的最高统治者。

文明太后生前的专制权力绝不亚于封建帝王,对于死后的安排她也同样要享受封建帝王的待遇。其实,在文明太后之前的惠太后窦氏和昭太后常氏又何尝无此心思呢。

《魏书》卷一三《世祖保母窦氏传》载:

真君元年(440 年)崩,时年六十三。诏天下大临三日,太保卢
鲁元监护丧事,谥曰惠,葬崞山,从后意也。初,后尝登崞山,顾谓
左右曰:"吾母养帝躬,敬神而爱人,若死而不灭,必不为贱鬼。然
于先朝本无位次,不可违礼以从园陵。此山之上,可以终托。"故葬
焉。别立后寝庙于崞山,建碑颂德。

崞山位于今山西省浑源县境,[①]在平城的东南方向,与位于平城西北
的北魏诸帝后陵区云中金陵的方位恰恰相反。惠太后不愿像平城时
代诸后那样陪葬金陵,[②]她是有自己的想法的。惠太后对左右所说的
这段话包含了十分复杂的思想情感,一方面她为自己平生达到的尊贵
地位自得,因此声称"必不为贱鬼";另一方面她又为自己出身保母而
名分不正自卑,因此慨叹"于先朝本无位次"。所以,从表面上看,惠
太后要求别葬于崞山是谦恭的表示,实际上却含有视陪葬金陵为委屈
的含意。

因为经历和地位相同,昭太后常氏对惠太后的心思非常理解,所以
她也效仿惠太后的做法,独自另择陵园。《魏书》卷一三《高宗乳母常氏
传》载:

和平元年(460 年)崩,诏天下大临三日,谥曰昭,葬于广宁磨
笄山,俗谓之鸡鸣山,太后遗志也。依惠太后故事,别立寝庙,置守

---

① 详见本书第五章第三节第四小节之 7 崞山条。
② 平城时代北魏诸后大多葬于云中金陵,在《魏书》卷一三《皇后列传》中明确记载
的有:明元昭哀皇后姚氏与密皇后杜氏、太武皇后赫连氏与敬哀皇后贺氏、景穆
恭皇后郁久闾氏、文成元皇后李氏、献文思皇后李氏、孝文贞皇后林氏。此外,
平文皇后王氏、献明皇后贺氏也是葬于金陵的,不过她们是平城时代之前的
人物。

陵二百家,树碑颂德。

广宁位于今河北省涿鹿县西,而磨笄山位于与涿鹿县交界的今河北省下花园区,今名鸡鸣山,则昭太后的陵园已远离平城,而建在京畿的边沿之地。昭太后何以选择此地为墓地,史未明载。或许因为该地距离她位于东方的故乡辽西稍近之故?

虽然惠太后与昭太后两人葬地不同,但是她们享受的规格是相同的。而更重要的一点是,她们都坚决不在金陵陪葬。这并非偶然,它反映两位太后都具有与北魏皇家抗礼的意识。

后来居上的文明太后又将这种抗礼的意识发展成为凌驾于皇帝之上的作法。按照名分,文明太后没有理由不陪葬于文成帝陵侧,可是她却以惠、昭两位太后为榜样,也另建了陵园。《魏书》卷一三《文成文明皇后冯氏传》载:

> 太后与高祖游于方山,顾瞻川阜,有终焉之志,因谓群臣曰:"舜葬苍梧,二妃不从。岂必近附山陵,然后为贵哉!吾百年之后,神其安此。"高祖乃诏有司营建寿陵于方山,又起永固石室,将终为清庙焉。太和五年(481年)起作,八年而成。刊石立碑,颂太后功德。

读了这段记载,我们立刻会联想到上引惠太后窦氏登上崞山后对左右说的话语,它与文明太后在方山上对群臣之语何其相似。二者不仅场景类似,而且出发点都一致。她们都讲得很明白,前者曰"若死而不灭,必不为贱鬼";后者称"岂必近附山陵,然后为贵"——两人的思想都集中在地位的贵贱之上。换而言之,惠太后与文明太后都不再愿意屈尊于拓跋皇帝之下了。不过,从语气上看,文明太后要理直气壮得多。因

247

为,她不但是正牌的太皇太后,而且掌握了平城政权的最高权力。无比的权势和丰富的阅历,使得文明太后不但能将当朝的孝文帝玩于股掌之上,而且也不把孝文帝的祖父文成帝即她的夫君以及孝文帝的父亲献文帝放在眼里。所以,文明太后的举动虽然效法惠太后和昭太后而来,但又超乎二者之上。在古人的心目中,死后的待遇并不亚于生前的享受,文明太后正是如此,她要通过另择葬地表示自己独尊天下的地位。而且,文明太后的陵园就建立在平城北面的方山顶上,她不像惠太后和昭太后那样远离平城修建陵园。

据称文明太后性格节俭,《文成文明皇后冯氏传》载:

> (文明太后)性俭素,不好华饰,躬御缦缯而已。宰人上膳,案裁径尺,羞膳滋味减于故事十分之八。

而且,从下引孝文帝的诏书中透露,文明太后曾有过丧葬节俭的遗命。然而,这实际上不过是虚伪的言辞而已,因为文明太后料到,她去世以后孝文帝及诸臣僚为她操办的丧礼与葬制决不会不隆重。《文成文明皇后冯氏传》载:

> (太和)十四年(490年),(文明太后)崩于太和殿,时年四十九。其日,有雄雉集于太华殿。高祖(孝文帝)酌饮不入口五日,毁慕过礼。谥曰文明太皇太后。葬于永固陵,日中而反,虞于鉴玄殿。诏曰:"尊旨从俭,不申罔极之痛;称情允礼,仰损俭训之德。进退思惟,倍用崩感。又山陵之节,亦有成命,内则方丈,外裁掘坎。脱于孝子之心有所不尽者,室中可二丈;坟不得过三十余步,今以山陵万世所仰,复广为六十步。辜负遗旨,益以痛绝。其幽房大小,棺椁质约,不设明器。至于素帐、缦茵、瓷瓦之物,亦皆不置。

此则遵先志,从册令,俱奉遗事。而有从有违,未达者或以致怪。梓宫之里,玄堂之内,圣灵所凭,是以一一奉遵,仰昭俭德。其余外事,有所不从,以尽痛慕之情。其宣示远近,著告群司,上明俭诲之善,下彰违命之失。"及卒哭,孝文服衰,近臣从服,三司已下外臣衰服者变服就练,七品已下尽除即吉。设祔祭于太和殿。公卿已下始亲公事。高祖毁瘠,绝酒肉,不内御者三年。

文明太后刚刚去世,余威尚在,孝文帝岂敢在她的丧葬方面马虎,这是文明太后生前能够料到的。

而且,有所出格的是,当时的皇帝孝文帝的寿陵竟反倒屈尊降成了文明太后陵的陪陵。《文成文明皇后冯氏传》接着载道:

> 初,高祖孝于太后,乃于永固陵东北里余,豫营寿宫,有终焉瞻望之志。及迁洛阳,乃自表瀍西以为山园之所,而方山虚宫至今犹存,号曰"万年堂"云。

从皇后为皇帝陪葬改变成了皇帝为太皇太后陪葬,文明太后真是让拓跋皇家委屈了。

文明太后的永固陵已于 1976 年被发掘清理出来,[①]它位于今山西省大同市北 25 公里的西寺村梁山南麓。永固陵的现存墓冢坐北朝南,封土

---

① 详见大同市博物馆、山西省文物工作委员会《大同方山北魏永固陵》,刊于《文物》1978 年第 7 期;又见于中国社会科学院考古研究所编《新中国的考古发现和研究》第五章第二节第八小节《大同北魏皇陵和司马金龙墓》,文物出版社,北京,1984 年第 1 版,第 537—539 页;还见于山西省考古研究所编《山西考古四十年》第六章第一节第二小节《方山永固陵》,山西人民出版社,太原,1994 年第 1 版,第 233—234 页。

高大,基底呈方形,长、宽均逾百米,高 20 余米。墓室建于墓冢中心,砖砌而成,长 23.5 米。可惜,该墓屡遭盗掘破坏,随葬器物所存不多。永固陵北不足一公里处,另有一座封土墓冢,基底也为方形,长、宽均约 60 米,高 10 余米,此即孝文帝的万年堂。墓室也是砖砌而成,底面近方形,四角攒尖式墓顶,其破坏程度比前者更为严重。同在一山的永固陵和万年堂适成鲜明对比,文明太后之陵工程浩大,制度逾常;孝文帝的寿宫则相对窄小,难显气派:这正反映了两人生前的控制与从属的关系。

后事的安排正是生前生活的写照,永固陵的位置显然是经过精心选择的。它处于御河上游的两条支流之间的高阜之上,居高临下地俯视着脚下依稀可见的平城宫建筑,正象征着文明太后生前驾驭平城政权的威势。

文明太后的陵园,无论从形制上还是从位置上看,都已经远远地超过她的前辈惠、昭二太后的陵园。文明太后所以敢这样,不仅因为她有较惠、昭二太后优越的身份,而且更重要的是因为她生前掌握了北魏最高的权势。高度的集权,是文明太后取得巨大政治成就的保障。文明太后凭借其专制权力而在太和年间推行的一系列改革,不仅对于拓跋社会的全面汉化具有深刻的意义,而且也是中国古代历史进程中的一块丰碑,这足以使得历史上大多数帝王黯然失色,岂止是令惠、昭二太后难以相比。

文明太后的历史贡献已为史学界所共识,笔者无意在此重复论列。只是想借此说明,文明太后临朝听政虽然含有拓跋部落遗风中的母权制回光返照的意味,但是北魏政权并没有退化到拓跋部旧的"女国"时代中去。恰恰相反,当文明太后将自己凌驾于皇权之上时,她自己就成了集权统治的代表。文明太后的作为不但没有使北魏政治脱离中原传统体制的轨道,反而十分有利于它的发展。从这个意义上讲,文明太后的事业正是对于原始社会部落体制的否定,与当年道武帝开创的专制统治事业在方向上并无二致。

二、无法解脱的困惑

皇兴元年(467年)文明太后通过抚养的方式将孝文帝牢牢地控制在手,从此孝文帝就成了文明太后手中有望夺取胜利的一张王牌,九年以后这张王牌帮助她实现了再次临朝听政的愿望。文明太后的权力来之不易,所以她比那些帝王们具有更加强烈的保护和发展权力的欲望。她生前要将权势发展到顶峰,死后仍然要高踞于方山之顶俯瞰孙辈的举动。这种强烈的权力欲使得她在对待继承人的问题上表现出犹豫不决的矛盾心态。

当孝文帝长大成人以后,文明太后依然不肯放弃权力,她对这位由她抚养成人并表现得"雅性孝谨"的孝文帝并不放心。《魏书》卷五八《杨播附杨椿传》载杨椿归老时对子孙谈及北魏宫廷旧事,曰:

> ……北都(指魏都平城)时,朝法严急。太和初,吾兄弟三人并居内职,兄在高祖左右,吾与津(杨椿弟)在文明太后左右。于时口敕,责诸内官,十日仰密得一事,不列便大瞋嫌。诸人多有依敕密列者,亦有太后、高祖中间传言构间者。

杨椿的这段话语使读者如亲历文明太后与孝文帝之间,颇能看出文明太后对孝文帝的猜忌。所以,孝文帝虽为至尊也难免挨打。《魏书》卷七下《高祖纪下》载:

> 宦者先有谮帝于太后,太后大怒,杖帝数十,帝默然而受,不自申明。太后崩后,亦不以介意。

文明太后对孝文帝猜忌的原因在《文成文明皇后冯氏传》中有所透露，该传载道：

> 迨后（指文明太后）之崩，高祖不知所生。至如李䜣、李惠之徒，猜嫌覆灭者十余家，死者数百人，率多枉滥，天下冤之。

原来，孝文帝的生母献文思皇后李氏系文明太后依子贵母死制度所杀，[①]文明太后有意隐瞒实情，致使"高祖不知所生"。在这段记载中出现的受"猜嫌覆灭者"李惠，正是李夫人的父亲，也即孝文帝的亲外祖父。[②] 而且，孝文帝的父亲献文帝也是文明太后所杀。[③] 不仅如此，孝文帝的亲祖母文成帝元皇后李氏，因为有可能妨碍文明太后的发展，而被昭太后常氏依子贵母死制度处死。[④] 有如此多的杀亲之仇，文明太后对孝文帝怎能不防备和猜忌。

不断的防备和猜忌，再加上有人在"中间传言构间"，文明太后对孝文帝遂起废黜之心。《魏书》卷二七《穆崇附穆泰传》载：

> 初，文明太后幽高祖于别室，将谋黜废，泰切谏乃止。

关于此事，在《高祖纪下》中也有记载，而且说穿了文明太后的心思。该传曰：

> 文明太后以帝聪圣，后或不利于冯氏，将谋废帝。乃于寒月，单衣闭室，绝食三朝。召咸阳王禧，将立之。元丕、穆泰、李冲固

---

① 详见本书第三章第二节第一小节。
② 详见《魏书》卷一三《皇后·献文思皇后李氏传》、卷八三上《外戚上·李惠传》。
③ 详见本章第二节第一小节。
④ 详见本书第三章第三节第二小节。

谏,乃止。帝初不有憾,唯深德丕等。

原来文明太后心中最忧虑的事情是她无法保证冯氏外戚的久安。虽然文明太后可以使自己的政治权力膨胀到等同乃至超越帝王的地步,但是她却无法将这种母后至高的权力无限地延续下去。生命有限,文明太后迟早不得不将政权归还拓跋氏皇室,除非改朝换代。

在父子相承已经成为传统的社会里,母权没有传续的途径,这正是它的代表人物文明太后必然陷入的自身无法解脱的困惑。

三、孝文帝迁都策中的感情因素

文明太后的困惑外在地表现为她在是否保留孝文帝皇位之事上的犹豫。文明太后虽然有意要废黜孝文帝,而另立咸阳王禧。可是此时她却失去了一向的风格,并不像通常那样"能行大事"而"决之俄顷"。[1]所以,经过东阳王丕、穆泰、李冲等人的"固谏"之后,文明太后最终不得不向现实低头,保留了孝文帝的皇位。实际上,对于文明太后而言,孝文帝和咸阳王禧都是拓跋氏子孙,[2]本质上并无区别;何况孝文帝一直在她的卵翼之下,与其重新培养咸阳王禧,还不如仍旧保留孝文帝,这是东阳王丕等人的"固谏"能够成功的原因之一。

东阳王丕等人的"固谏"能够成功的另一个原因是,孝文帝虽然年少,却颇善于运用韬光养晦谋略。我们看到,上节所引《高祖纪下》称,由于某宦者向文明太后进了谗言,孝文帝被文明太后怒杖数十板,他竟能"默然而受,不自申明";而且,文明太后去世之后,孝文帝居然还对那

---

① 详见《魏书》卷一三《皇后·文成文明皇后冯氏传》。
② 详见《魏书》卷二一上《献文六王·咸阳王禧传》。据该传记载,咸阳王禧为献文帝的封昭仪所生。

名宦者"不以介意"。我们又看到，上节所引《高祖纪下》又称，孝文帝被文明太后"单衣闭室，绝食三朝"，差点被废黜掉，他却"初不有憾，唯深德丕等"。

以上只是史家举出的两个典型的例子。孝文帝是在文明太后身边长大的，既然文明太后那样"猜忍"，平时两人之间的纠葛是少不了的。上小节所引《杨播附杨椿传》中记载杨椿的话语称，文明太后曾规定内官每十日必须向她告密一事，"不列便大瞋嫌"，于是众人便在"太后、高祖中间传言构间"。由此可知，文明太后与孝文帝之间常常发生摩擦。

此二人之间发生摩擦，最倒霉的当然是孝文帝，旁人还在其次。孝文帝平时挨打受责是少不了的，但他必须忍耐，稍有不慎，就可能招来废黜之祸。我们看到，孝文帝虽然年轻，权术却是不凡，他的韬光养晦竟然使老练的文明太后也被瞒过。就这样，一直忍耐到文明太后去世，孝文帝才算熬出头，终于使皇权恢复了最高权威。

其实，孝文帝的内心深处并非对他所受的虐待毫不介意，东阳王丕、穆泰、李冲等人在他要被文明太后废黜的时候挽救了他，于是他便"深德丕等"；据前引《杨播附杨椿传》载，迁都洛阳以后，孝文帝曾在清徽堂豫宴时表扬杨氏兄弟当初没有在文明太后跟前进他的谗言：这都说明他并没忘记往事。既然有"深德"，也就必定有深恨，所谓对文明太后冻饿他和要废黜他的事情"初不有憾"，以及对谮他于太后前的宦者"不以介意"，等等，不过是做给外人看的姿态罢了。

文明太后去世之后，北魏的政局相当稳定，原因是她在世时纠合的政治集团为时日久，已经根深蒂固。因此，文明太后虽然去世，她的阴魂并未散去，孝文帝依旧是在太后势力的笼罩之下执政。所以，不管孝文帝心里怎么想，表面上他仍然对文明太后要表现得"毁慕过礼"。丧事办完之后，他还刻意地"毁瘠，绝酒肉，不内御者三年"。我们注意到，孝文帝在文明太后陵侧后修建自己寿宫的时间是太和十五年（491 年）

的七月乙丑，①时距文明太后去世的时间太和十四年九月癸丑已经十个月了。孝文帝修的寿宫不是给死去的文明太后看的，而是给活人看的，尤其是要给接近文明太后的大臣们看的。

然而，就在此时孝文帝却已经在考虑如何摆脱文明太后的阴影了。孝文帝想到的最好的办法就是将国都迁被高踞于方山顶上的文明太后死死地盯着的平城，所以，守孝三年刚满，孝文帝就规划南迁了。事实证明，文明太后生前对孝文帝的担心不是没有道理的。

太和十七年(493年)八月丁亥，孝文帝辞永固陵。同月己丑，孝文帝以伐齐名义亲率步骑百万余众南下。九月丁丑，孝文帝中止南伐，胁迫群臣议定迁都洛阳之计。十月戊寅，诏命司空穆亮与尚书李冲、将作大匠董爵在洛阳进行营建。太和十八年(494年)十月戊申，孝文帝亲告太庙，奉迁神主。同月辛亥，孝文帝迁离平城宫。从此，在方山顶上伴随文明太后孤魂的只剩下了孝文帝的虚宫。十一月己丑，孝文帝迁抵洛阳。太和十九年(495年)九月庚午，北魏六宫及文武尽迁洛阳。经过两年多的时间，孝文帝完成了迁都大业。②

关于孝文帝迁都前的讨论和迁都的具体过程，学术界不乏考察的文章。对于孝文帝迁都的原因，学术界也有种种的看法。大体而言，造成北魏迁都的因素是多方面的，平城的自然条件差因而经济难以发展为其一，平城地处偏僻因而难以控制广大中原地区为其二，平城离北魏下一步的战略目标南方的齐朝距离远因而难以调运军队和军需为其三，平城的部落传统风俗浓厚因而难以推行汉化改革为其四。这些因素，既有经济方面的，也有政治方面的；既有军事方面的，也有文化方面的。迁都系王朝百年大计，上述因素肯定都是孝文帝

---

① 详见《魏书》卷七下《高祖纪下》。
② 详见《魏书》卷七下《高祖纪下》。

与大臣们公开讨论到或私下考虑过的,绝非任何一个单项因素能够最终决定如此大事。正如《魏书》卷七下《高祖纪下》末史臣赞叹的那样:

> 及(孝文帝)躬总大政、一日万机,十许年间,曾不暇给,殊途同归,百虑一致,至夫生民所难行,人伦之高迹,虽尊居黄屋,尽蹈之矣。

孝文帝是思虑缜密而雄才大略的政治家,对于迁都的部署与后果,必然会"百虑一致"地权衡。

同时,孝文帝也并非没有考虑迁都之举会遇到巨大的阻力。据《魏书》卷一九中《景穆十二王·任城王澄传》载,孝文帝迁都之前对任城王澄说过:

> 今日之行,诚知不易。但国家兴自北土,徙居平城,虽富有四海,文轨未一,此间用武之地,非可文治,移风易俗,信为甚难。

孝文帝充分估计到了其间的难度,但是他迁都的决心是坚定的。北魏的迁都是势在必行之事,但能够进行得那么快,是与孝文帝决心之大分不开的。而孝文帝之所以能那么快地下定迁都的决心,则是与他的个人情绪分不开的。

笔者认为,后世的学者根据政治经济学的原理从大的方面和高的角度去综合地分析孝文帝迁都的原因,从而考虑到政治、经济、军事、文化等诸种因素,这无疑是正确的。然而,我们也不可以忽略了感情因素的影响。帝王虽然身份特殊,毕竟也是有血有肉之人,而太和十七年议论迁都洛阳之际的孝文帝才是一位虚岁二十七岁的青年,个人情绪难免会成为影响决策的重要因素。笔者决无贬低孝文帝的历史贡献之意,只是想要说明,北魏迁都洛阳是由诸多方面的因素决定的,而孝文帝能够在文明太后去世后很快地作出义无反顾的决断,则与他个人的情绪有很大关系。自从文明太后去世三年以来,皇权虽然重新伸张,但是母权阴魂未散,文明太后的势力尚能制约政局。孝文帝正是为了尽快地摆脱这种旧的氛围,才迫不及待地作出迁都的决断。

孝文帝对于文明太后的不满,从来没有直接地表白过,但也并非没有间接地表露过。《杨播附杨椿传》中记载太和二十一年孝文帝在清徽堂豫宴之时表彰杨椿兄弟时说:"北京之日,太后严明,吾每得杖,左右因此有是非言语。"这便是对于文明太后的微词。

除了微露言词之外,后来还有行动可证。文明太后去世不久,孝文帝为了表示孝敬,曾在方山顶上太后陵园侧后预筑寿宫;北魏迁都洛阳之后,孝文帝似乎已将此事忘却,随即就在新都洛阳为自己重新营建陵园,于是他在平城方山顶上的寿陵成了一座虚宫。①

孝文帝的陵园称作长陵,就在如今河南省洛阳市西北孟津县麻屯镇官庄村界。其冢坐北朝南,高约 35 米,径为 45 米。②据《魏书》卷七下《高祖纪下》记载,孝文帝于太和二十三年四月丙午去世,当年五月丙申葬于长陵。值得注意的是,在长陵的西北侧约百米左右,还矗立着一冢。该冢同样坐北朝南,高约 23 米,径为 35 米,比长陵低矮,那里埋葬

---

① 《魏书》卷七下《高祖纪下》太和十九年(495 年)六月丙辰条载,孝文帝下诏:"迁洛之民,死葬河南,不得还北。"孝文帝这样做的目的,自然是为了减少迁洛的拓跋部人与代北的联系,加速拓跋部人接受汉族文化的过程,以巩固迁都洛阳的成果。迁洛拓跋部人改葬洛阳无疑是孝文帝汉化改革中的一项重要内容,但其中也颇含有掩盖他舍弃方山寿宫而在洛阳另建陵园的做法的良苦用心。

② 详见河南省文化局文物工作队《洛阳北魏长陵遗址调查》,郭建邦执笔,刊于《考古》1966 年第 3 期。

着宣武帝的生母孝文昭皇后高氏。① 两冢相依,一高一矮,因而俗称为大小冢。这种一高一矮的形式,使我们很自然地想起了平城方山顶上的永固陵和万年堂。但是,两处的位置安排又恰恰相反,在方山顶上后尊帝卑,在官庄村旁帝尊后卑。在平城颠倒了的帝后关系被孝文帝及其继承者宣武帝在洛阳颠倒回来了。

生不能继续忍受母权阴影的笼罩,死不愿葬入文明太后陵侧的陪陵,孝文帝个人的感情因素无疑是北魏迁都洛阳的催化剂。即便如此,文明太后去世之后,北魏王朝仍旧在平城驻足四年。从太和十四年十月到太和十八年十月成为北魏平城时代的末期。

四、文明太后对孝文帝的影响

孝文帝虽然有意识地摆脱了文明太后势力笼罩的氛围,但是他却无法刷清文明太后的性格对他的影响,也难以抹净文明太后对他的教育作用。

《魏书》卷七下《高祖纪下》称赞孝文帝道:

> 抚念诸弟,始终曾无纤介,惇睦九族,礼敬俱深。虽于大臣持法不纵,然性宽慈,每垂矜捨。

由这段史料来看,孝文帝的性格"宽慈",似乎与文明太后"猜忍"的性格截然相反,其实不然,在他们的性格中都有十分虚伪的一面。

《魏书》卷一三《文成文明皇后冯氏传》载:

> 高宗(文成帝)崩。故事,国有大丧,三日之后御服器物一以烧焚,

---

① 详见《魏书》卷一三《皇后·孝文昭皇后高氏传》。

百官及中宫皆号泣而临之。后悲叫自投火中,左右救之,良久乃苏。

文成帝生前最宠爱的并非文明太后,而是献文帝的生母李贵人,但李贵人后来被支持文明太后的昭太后依子贵母死制度处死了。① 因此,文明太后对文成帝究竟有多深厚的感情是颇值得怀疑的。观同传下文记载"太后行不正,内宠李弈"等语,便可知文明太后绝非殉情之人。所以,文明太后的"自投火中"之举,不过是应付当时复杂形势的韬光养晦之策而已。

上文已经述及,孝文帝也颇善于韬光养晦。其实这种手段他自幼就开始练习了。《高祖纪下》载:

> 帝幼有至性,年四岁,显祖(献文帝)曾患痈,帝亲自吮脓。五岁受禅,悲泣不能自胜。显祖问帝,帝曰:"代亲之感,内切于心。"显祖甚叹异之。

吮脓乃是医学不发达的古代的一种治痈办法,虚岁四岁的孩子怎么懂得;受禅乃是政权交接的一种形式,虚岁五岁的孩子哪里了解:这些假惺惺的举动和言语肯定是有人教练过的,教练者分明就是那孩子的抚养人文明太后。

如果说上面两条史料还不足以表明文明太后与孝文帝在性格上有着传承性的话,那么就请再看下面两条史料。《文成文明皇后冯氏传》载:

> 宰人昏而进粥,有蝘蜒在焉,后举匕得之。高祖侍侧,大怒,将加极罚,太后笑而释之。

---

① 详见本书第三章第三节第二小节。

无独有偶，《高祖纪下》中竟也有类似的记载，只是主人公转换了一下。该传载：

> 进食者曾以热羹伤帝手，又曾于食中得虫秽之物，并笑而恕之。

上述两段史料如出一辙，讲的都是食物中发现虫秽等物后进食者并未受到惩罚的事情。不过，我们看到，孝文帝在前后的表现是判若两人的。在前面的情况下，或许含有讨好文明太后的成分在内，他表现为"大怒"而将对宰人"加极罚"；在后面的情况下，他竟与文明太后一样，一笑了之：孝文帝这种小恩小惠地收买人心的伎俩，显然是文明太后身教的结果。

不管孝文帝内心对文明太后的感情如何，无可否认，文明太后的性格在潜移默化地影响着他的今后。

与此同时，我们还应该看到，文明太后也曾有意识地对孝文帝施以教育。《魏书》卷六二《李彪传》载李彪给孝文帝的上表中称：

> 伏惟太皇太后（即文明太后）翼赞高宗（文成帝），训成显祖（献文帝），使巍巍之功邈乎前王。陛下幼蒙鞠诲，圣敬之跻，及储君诞育，复亲抚诲，日省月课，实劳神虑。

这里说到了文明太后与文成帝祖孙四代的关系，①其中"幼蒙鞠诲"专指文明太后对孝文帝的文化教育而言。

---

① 表中所言"储君"，系指文成帝曾孙、孝文帝之子元恂。详见《魏书》卷二二《孝文五王·废太子恂传》。

文明太后的文化教育对于孝文帝毕生的事业影响很大。前文已述,文明太后是受过汉文化教育的人。① 临朝听政以后,在她周围又聚集了如李冲、游明根、高闾等一批有很高文化素养的汉族士人。由于文明太后和汉族士人的教育和影响,孝文帝也热衷于学习汉族传统文化。《高祖纪下》载:

> (孝文帝)雅好读书,手不释卷。五经之义,览之便讲,学不师受,探其精奥。史传百家,无不该涉。善谈庄老,尤精释义。才藻富赡,好为文章。诗赋铭颂,任兴而作。有大文笔,马上口授,及其成也,不改一字。自太和十年(486年)已后诏册,皆帝之文也。自余文章,百有余篇。

可见,孝文帝虽然是拓跋王朝的主子,但他所受的文化教育却是汉族传统的。

顺便应该指出的是,文明太后对于其他皇子的文化教育也很重视。《魏书》卷二一上《献文六王上·咸阳王禧传》载:

> 文明太后令曰:"自非生知,皆由学海,皇子皇孙,训教不立,温故求新,盖有阙矣。可于闲静之所,别置学馆,选忠信博闻之士为之师傅,以匠成之。"

文明太后曾为皇子皇孙们设置了学习文化的学馆。

文明太后不再打算废黜孝文帝的皇位以后,就开始重视对他的政治教育了。《文成文明皇后冯氏传》载:

---

① 详见本章第三节第五小节。

太后以高祖富于春秋，乃作《劝戒歌》三百余章，又作《皇诰》十
八篇，文多不载。

文明太后亲自作《劝戒歌》、《皇诰》来训导孝文帝，由此可见她对孝文帝
政治教育的重视程度。

《劝戒歌》为告诫性的诗歌，内容是规范君臣关系的说教，这对于将
要接替文明太后统治天下的孝文帝当然至关重要。与此同时，文明太
后又将《劝戒歌》赐给群臣，《魏书》卷一四《神元平文诸帝子孙·东阳王
丕传》载：

> 太后亲造《劝戒歌》辞以赐群官，丕上疏赞谢。太后令曰："臣
> 哉邻哉，邻哉臣哉！君则亡逸于上，臣则履冰于下。若能如此，太
> 平岂难致乎？"

这里的意思是说，只要君王不贪图安逸，臣下谨慎从事，就能长治久安。
文明太后考虑得很周到，她既要用自己的思想教育孝文帝，又要用传统
的道德规范告诫群臣，只希望在她死后北魏君臣能够按照她确定的方
针协调一致地走下去。

《皇诰》应是仿照《尚书》体裁写成的文章，内容自然也是主上对臣
下的告诫。《皇诰》脱稿后，文明太后还专门将已经九十岁高龄的高允
请到宫中改定其内容。惯常迎合尚方意思的高允在改定《皇诰》后也特
意作了一篇《酒训》奉献于孝文帝，以配合文明太后对孝文帝的政治教
育。据《魏书》卷四八《高允传》载，高允在《酒训》中强调指出：

> 臣被敕论集往世酒之败德，以为《酒训》。……太皇太后（文明
> 太后）以至德之隆，诲而不倦，忧勤备于皇情，诰训行于无外。……

在朝之士,有志之人,宜克己从善,履正存贞。节酒以为度,顺德以
为经。

高允的文章名曰《酒训》,实为政训。既然高允此文系奉文明太后之敕
而作,孝文帝读了当然就得"悦之",并且"常置左右"了。[1]

总之,孝文帝作为拓跋皇帝,却热衷于汉化,这不能不承认文明太
后的影响和教育发生了作用。所以,文明太后去世以后,她热衷于推行
的改革大计并没有受到影响;孝文帝迁都洛阳以后,拓跋王朝的汉化又
向着更加广泛、深入的层面发展下去。据《高祖纪下》载,太和十八年
(494年)十二月壬寅,"革衣服之制";太和十九年六月己亥,禁"以北俗
之语言于朝廷";同月癸丑,"诏求天下遗书";同月丙辰,"诏迁洛之民死
葬河南","代人南迁者悉为河南洛阳人";同月戊午,"依《周礼》制度"改
长尺大斗;同年十二月乙未,"宣示品令,为大选之始";同月甲子,"班赐
冠服";太和二十年正月丁卯,改鲜卑姓为汉姓,皇族拓跋氏首先改姓为
元氏。我们看到,在迁都后的两三年内,孝文帝频繁地推行着从根本上
触动拓跋遗风遗俗的诸多改革制度,最后就连自己祖宗传下来的姓氏
也被他改掉了。

孝文帝受过文明太后近乎虐待的管教,却是文明太后事业坚定不
移的继承者;孝文帝摆脱了文明太后生前在旧都平城造就的政治氛围,
却将文明太后推行的拓跋部汉化改革在新都洛阳发扬光大了。

---

[1]　详见《魏书》卷四八《高允传》。

第五章　京　畿　概　况

　　北魏政权的演变利用了平城这个政治舞台，平城则借助于北魏政权演变的契机获得跃进式的发展。

　　平城原本是介于农耕区与草原区的边陲军镇，中原地区长期而频繁的战乱致使各路军阀均无力北顾，为这个偏僻的城邑提供了相对安定的环境。鲜卑族拓跋部崛起，平城一变而成为北魏王朝的京师，平城坐落的大同盆地也成为新兴王朝重点经营的京畿。①

　　道武帝时期的大移民运动使京畿的人口猛增。迁入京畿的人口，族别、籍贯与身份十分复杂。道武帝推行更选屯卫与计口授田措施，使移民能够尽快地适应新的自然环境和生产条件。人口的骤增与妥善的安排有利于经济的发展，经济的发展又促使人口迅速地繁衍。通过移民与原住民的共同辛勤劳作，农业与牧业很快兴旺起来，并且推动都市的规划与建设，从而为京畿的百年大计奠定了基础。

　　继道武帝之后，平城的建设大规模地发展，其规划蓝本是中原的传

---

①　在本书之中，京畿与畿内的地理概念是不同的，京畿为京师平城与畿内的合称，而畿内则指平城以外、甸服以内的广大环形区域。这样的概念区分，既与传统的文献不相矛盾，又有利于行文的简洁。在本书的序章、第一章等处行文中，已经按照这样的区分去使用京畿与畿内的概念。这里尤其想要对此区分加以强调，原因在于本章集中讨论京畿发展状况时将不断地运用这两个地理概念的缘故。

统都市,建筑物资调自全国各地,工匠大多是中原的百工及其后代。到文明太后与孝文帝时期,平城终于形成为与其政治地位相称的大都市。从东北的大兴安岭到西南的巴蜀,从西北的贝加尔湖到东南的江淮,各族政权络绎不绝地朝贡拓跋王朝,各族人民纷至沓来地会合平城都市。

平城都市拔地而起,带动了众多畿内城邑的发展。畿内城邑的规划与建设,也直接或间接地受到中原城邑形制的影响。从地图上看,其布局恰似一把面向东南方向展开的巨大的折扇。这样的布局,系因京畿的政治与经济尤其是贸易的发展而形成,它加强了京师与各地重镇特别是中原都会的政治与经济的联系,推动了北魏境内交通事业的发展。

平城时代的平城,不仅是北方的政治、经济与文化中心,而且是北魏全境交通的枢纽。以平城为中心的交通网络业已形成,并且以通往南方与东方的路线最为繁忙。从平城出发:经并州大道,贯穿黄土高原,进入中原腹地;由定州大道,翻越恒山峻岭,抵达河北平原;走幽州大道,行进山海之间,径指辽东半岛。京畿与拓跋部旧根据地的联系也是畅通的,从平城西北行,骑马于当日可达盛乐。再从盛乐出发:渡过黄河南下,就能直达长安;沿黄河河套西行,可以进入陇右乃至西域;或者经由白道北上,便可深入漠北。

在上述交通大道中,最著名的是并州大道和定州大道,它们不仅是输送商贸物资的通衢,而且是北魏贯彻政令的命脉。平城时代的北魏王朝,对于陆续占领的广大中原地区实行宗主督护,通过地方势力的代表宗主豪强去间接地统治那里的人民,又通过畅达的交通将中原的物资与财富吸纳到京畿。在形势需要之际,特别是一旦发生反抗北魏统治的动乱之时,拓跋铁骑便在平城集合出动,顺并州大道或定州大道迅速进入指定地点,以镇压地方豪强势力或者民众的反抗,迫使人们继续向北魏王朝俯首称臣和缴纳赋税。

拓跋王朝倾全境之人力与物力投入建设,使平城高高地矗立在黄土高原之上,代表着北魏平城时代的荣光。平城时代的平城,市区的面积宽阔,布局规整;郊区更加广袤无垠,遍布苑囿与石窟。当初道武帝的定都,为平城的开拓奠定了百年大计;当年北魏京师的模式,为辽金西京、明清大同府、民国雁门道和新中国雁北地区的建置奠定了千年大计。不仅如此,一千六百年前制定的京畿模式,也成为这一地区现代行政建制和经济规划的基础。

平城因历史的契机确立了伟大的文明古都地位,又因多姿的历史文化影响至今,还因绚丽的石窟文物与艺术而辉映未来。

第一节　京畿发展的基础

天兴元年(398 年),北魏迁都平城,并确定"东至代郡,西及善无,南极阴馆,北尽参合,为畿内之田"。[①] 由此四至围成的范围习惯上称为雁北,[②]约相当于自然地理学上的所谓大同盆地。盆地四面环山,山间关隘错峙,便于政治上的统治和军事上的攻防;中部有桑乾河及其支流流淌其间,既适于农耕,又适于游牧,利于区域性经济的发展。

在古代历史上,北魏平城时代是大同盆地获得大规模开发的时代,这与当时迅速增长的居民数量密切相关。促使这个地区居民数量迅速增长的主要原因,是北魏开国皇帝道武帝时期实行的大移民政策,本节

① 　详见《魏书》卷一一〇《食货志》。

② 　人们习惯称呼的雁北,其范围与如今的山西省大同、朔州两市管辖的区域相当。新中国成立之后,雁北设置为雁北行政公署和大同市;1989 年,从雁北行政公署析出朔州市及其所辖县;1993 年,将雁北行政公署归并入大同市。如今,大同市下辖城区、矿区、南郊区、新荣区和阳高、天镇、广灵、灵丘、浑源、左云、大同七县,朔州市下辖朔城区、平鲁区和应、山阴、右玉、怀仁四县。

就以此为着眼点而展开。

一、北魏以前雁北的状况

平城及其周围地区自古就是汉族与北方游牧民族杂居的边郡之地。秦汉时期,这个地区大部分属于雁门郡,东部一隅属于代郡,西部一度属于定襄郡。东汉末年,中原大乱,匈奴乘机南扰,平城附近首当其冲,原居人口亡散殆尽。《元和郡县图志》卷一四《河东道三》云州条载:

> 今州即秦雁门郡地。在汉,雁门郡之平城县也。……汉末大乱,匈奴侵边,自定襄以西,云中、雁门、西河遂空。

汉雁门郡平城县即北魏国都平城所在地。这条史料所述范围包含了平城及其周围的大部分地区。

魏晋时期,中原汉族政权对北部边郡采取放弃的态度,《晋书》卷一四《地理志上》并州条载:

> 魏黄初元年复置并州,自陉岭以北并弃之,至晋因而不改。

由这条记载知,至迟在曹魏黄初元年(220 年),汉族统治势力已经撤到陉岭以南。陉岭成为当时汉族势力与北方游牧民族势力的一道分界线。

陉岭即勾注山,又名雁门山。《读史方舆纪要》卷三九《山西》勾注条载:

> 勾注山在太原府代州西北二十五里,一名西陉山,亦曰雁

267

门。……《河东记》:勾注以山形勾转水势注流而名。亦曰陉岭。
自雁门以南谓之陉南,以北谓之陉北。

这条记载中的太原府代州即今山西省代县。因为陉岭就是位于今代县
北部的雁门山,所以当时的陉北后来又被称作为雁北,而如今人们更多
地采用的则是雁北这个称呼。

随着汉族势力的南移,雁北先后成为匈奴、乌丸、鲜卑等北方游牧
民族活动的场所。虽然由于汉族统治者的民族偏见,对这些民族在雁
北经济发展中的作用记载不详,但它们在雁北开发中的地位是不容忽
视的,其中较突出的便是鲜卑族拓跋部。

《魏书》卷一《序纪》穆帝三年(310年)条载:

> 晋怀帝进帝(指拓跋部首领拓跋猗卢)大单于,封代公。帝以
> 封邑去国悬远,民不相接,乃从(刘)琨求勾注陉北之地。琨自以托
> 附,闻之大喜,乃徙马邑、阴馆、楼烦、繁畤、崞五县之民于陉南,更
> 立城邑;尽献其地,东接代郡,西连西河、朔方,方数百里。帝乃徙
> 十万家以充之。

此处,代郡治代县,位于今河北省蔚县境,西与今山西省广灵县交界;西
河国治隰城,位于今山西省汾阳县;朔方应当沿指东汉朔方郡,该郡辖
今内蒙古自治区伊克昭盟一带,治临戎,位于今内蒙古自治区磴口县北
黄河东岸。雁北之地尽在代、西河、朔方所围区域之内,该地被几乎清
空之后交归拓跋部。又,马邑位于今山西省朔州市朔城区城关,阴馆位
于今山西省朔州市东南境内,繁畤位于今山西省应县境内,崞位于今山
西省浑源县境内,楼烦故地在今山西省神池县、五寨县境内。此五县之
中,唯楼烦不在雁北境内。拓跋猗卢所徙为十万之家,以一家五口计,

约五十万人。若粗略地按五县平均分配，属于雁北四县的新居民约有四十万人。

同书同纪穆帝六年（313年）条载：

> 城盛乐以为北都，修故平城以为南都。帝（指拓跋猗卢）登平城西山，观望地势，乃更南百里，于灅水之阳黄瓜堆筑新平城。晋人谓之小平城。使长子六脩镇之，统领南部。

新平城位于今山西省山阴县北周庄镇的新岱岳村东。从其位置来看，修筑新平城的目的正是为了便于统治上述五县之地。

由上文可知，早在拓跋猗卢时期，雁北就得到了一定的开发。但为时不久，穆帝九年（316年）拓跋猗卢去世。由于当时拓跋部还处在母系氏族制向父系家长制过渡的阶段，其部落联盟很不稳定，因此出现了较长时期的内乱。[①] 于是，雁北人口萧条，经济的发展也停滞下来。晋太元元年（376年），拓跋部被前秦将领苻洛击溃，雁北遂入前秦版图。

前秦占有雁北未及八年。晋太元八年（383年），淝水之战中前秦败北。不久，苻氏政权崩溃，拓跋部再兴。随后，拓跋部首领拓跋珪在盛乐建北魏国，是为道武帝。同时，鲜卑慕容部首领慕容垂在中山建后燕国。地处魏、燕之间的雁北成了两国争战和掠夺人口与物资的主要地区，致使人口复又流散殆尽。

皇始二年（397年），北魏灭后燕，占有今山西和河北两省的大部分地区。第二年，道武帝迁都平城。雁北从荒僻的边郡之地变成为北魏王朝的政治中心和经济上重点经营的京畿地区，从此以后大量的移民

---

① 详见《魏书》卷一《序纪》。

涌入雁北。

二、道武帝时期的大移民

开发京畿,首要的是解决劳力不足的问题。为此,道武帝向京畿进行了空前绝后的大规模移民,其中人数较多而时间、地点记载比较明确者约有九项。现列表于下:

道武帝时期迁入雁北人口略表

顺序	时间	人数	迁出地	迁入地	情　况	史料出处
一	登国六年(391年)十二月	三千余家	?	马邑	山胡酋大幡颓、业易于等率户降附	《魏书》卷二
二	皇始元年(396年)六月	?	广宁	平城	王建等三军攻广宁,斩后燕广宁太守刘亢泥,徙其部落	《资治通鉴》卷一〇八
三	天兴元年(398年)正月—二月	四十六万余口	山东六州	繁畤、平城等地	徙后燕山东六州民吏、徙何、高丽杂夷、百工伎巧以充京师	《魏书》卷二
四	同上	?	中山	同上	道武帝所率六军灭燕之后生还者	同上
五	天兴元年七月	?	盛乐	平城及其周围	建都平城时迁入之拓跋部为主的游牧部落民	同上
六	天兴元年十二月	二千家	山东六州	平城	徙后燕六州二十二郡守宰、豪杰、吏民于代都	同上

（续表）

顺序	时间	人数	迁出地	迁入地	情　况	史料出处
七	天兴二年（399年）二月	七万余口	漠北	平城	道武帝破高车杂种三十余部后俘获者	《魏书》卷二、卷一〇三、《资治通鉴》卷一一一
八	同上	二万余口	同上	平城	卫王仪破高车遗进七部后俘获者	同上
九	天兴五年（402年）二月①	？	安定之高平	平城	常山王遵破鲜卑别种破多兰部，尽徙其民	《魏书》卷二

从上表不难看出北魏早期移民的主要特点：

1. 时间集中，次数频繁

移民活动早在迁都平城前七年就已开始，但迁都前夕才进入高潮。迁都当年人次最多，迁都三年后即不再出现大规模的移民事件。由此可见，迁都之举是道武帝经过较长时间考虑而决定的，每次移民的情况虽不一致，但充实京畿无疑是其主要动机。

2. 数量之大，史无前例

上表"人数"栏第一行，按每家五口计，三千余家合一万五千余人。

"人数"栏第二行，刘亢泥依仗其部落力量为后燕守其西北重镇广宁，则其部落人数一定不少。《魏书》卷三《太宗纪》载，永兴五年（413年）明元帝阅兵，以奚斤为前军，统众3万；以拓跋熙等为12将，各统1

---

① 《魏书》卷一〇三《高车传》附破多兰部条记作天兴四年（401年），本文从《魏书》卷二《太祖纪》。《太祖纪》天兴五年条载："二月癸丑，征西大将军、常山王遵等至安定之高平。"则《太祖纪》所记为常山王遵抵达高平的时间，而《高车传》所记应该是常山王遵从平城出发之年。

万骑。以此例类比,王建等三军也应有 3 万人。又,王建是北魏攻后燕主要将领,魏军出井陉攻中山时王建与李栗率军 5 万为前驱,时距王建攻广宁仅 4 个月。① 由此推测王建等三军约 3 万人大体上是符合实际的。北魏以 3 万人攻广宁,则广宁守军亦应数万。据此估计,广宁之战后被迁人数不下万人。

"人数"栏第三行,四十六万为民吏、徒何、高丽杂夷三十六万与百工伎巧十万余口之和。关于这次移民数字,除本表所列外,还有四处不同记载:《魏书》卷一一〇《食货志》载,"徒何种人、工伎巧十万余家";《北史》卷一《魏本纪第一》载,"人吏及徒何、高丽杂夷、三十六署百工伎巧十余万口";《册府元龟》卷四八六《邦计部》迁徙条载,"民吏及徒何、高丽杂夷、三十六署百工伎巧十万口";《资治通鉴》卷一一〇《晋纪》安帝隆安二年条载,"吏民、杂夷十余万口"。上述史料中,《资治通鉴》不写"百工伎巧",但数字与《北史》、《册府元龟》相合,其数据来源或与《北史》有关。《北史》与本表所引《魏书》卷二记载仅"万"与"署"一字之差,但数量上相差甚远,不过二者均能说通。《魏书》卷一一〇《食货志》中的"十万余家"约五十万人,这与四十六万余口的数字接近。此处从《魏书》的记载。

"人数"栏第四行,道武帝所率南下六军战后生还者。魏军出发时为四十余万人,《魏书》卷二《太祖纪》载其声势浩大,"旌旗骆驿二千余里,鼓行而前,民屋皆震",可以旁证这一数字并非过于夸张。北魏攻后燕为时两年之久。灭后燕前夕,因战争和疾疫伤亡致使"在者才十四五",②约合十八万人左右。接着,义台战役魏军战胜,斩燕军首九千余级,魏军损失必小于燕军。即使以胜负二者损失相当计,魏军

---

① 详见《魏书》卷二《太祖纪》皇始元年条。
② 详见《魏书》卷二《太祖纪》皇始二年条。

尚余十七万人。灭燕后,北魏在中原地区设有八个军府,各配兵五千,共四万人。① 据此知,魏军返回雁北者不超过十三万人,但也不会太低于此数,因为需要由他们押送雁北的移民多达四十六万余人。魏军返回者于天兴元年到达繁畤,经"更选屯卫"后,②一部分成为山东移民的监督者,分布在桑乾河两岸的农田上;一部分继续留在军中,随道武帝到达平城。

"人数"栏第五行,是攻燕时留在盛乐及其周围的拓跋部落联盟所统部落民。拓跋氏本部落人数并不多,但拓跋部落联盟却包含着大量的外来部落。据李亚农先生估计,拓跋部落联盟的人口,猗卢时代约六十万左右,苻洛灭代时约一百万。③《魏书》卷一《序纪》载,拓跋郁律时,"控弦上马将有百万"。这一数字有些夸张,参证李亚农先生的结论,这里实际上说的可能是拓跋部落联盟人口的总数字,而非战士的总数字。李亚农先生是根据《魏书》卷一○三《徒何段就六眷传》中的一段记载推算出结论的。这段记载是:"(务目尘)所统三万余家,控弦上马四五万骑。"道武帝灭后燕时率六军四十余万南下,另遣封真等三军从东道出袭幽州,围蓟。④ 若按前述计算王建等三军的办法估计,封真所率三军亦不下三万。则北魏军总数为四十三万余。照《徒何段就六眷传》中所载比例计算,拓跋部落联盟约二十八万七千家,合一百四十三万五千人,概略地可以说为三十万家,合一百五十万人。前已述及,苻洛灭代前拓跋部落联盟人数约为百万。代国灭亡后拓跋部落联盟虽一

---

① 详见《魏书》卷五八《杨播附杨椿传》。

② 详见《魏书》卷二《太祖纪》天兴元年正月条、二月条。参阅本书第一章第二节第三小节。

③ 参阅《周族的氏族制与拓跋族的前封建制》后编第七章,载于《李亚农史论集》,第307页。

④ 蓟,县名,当时为幽州治所,位于今北京市西南。

时散亡,但到天兴元年之际经过了十年的休养生息,加上道武帝建北魏后的大量兼并,而使部落联盟迅速扩大,总人数达到并超过苻洛灭代前的数字是不奇怪的。

在拓跋部落联盟总人数中,除去参加对燕战争者,留在盛乐者约为一百万。按游牧民族举家迁徙的习俗推测,北魏迁都平城时拓跋部落联盟中大部分人迁到了雁北。前述猗卢往陉北五县一次就迁徙了十万家五十万人,占当时总人数(六十万)的六分之五。若按此比例考虑,拓跋部落联盟迁到雁北者约为八十三万人,或者概略地说不下于八十万人。虽然上述计算过程带有很大程度的揣测性,但无论从北魏统治者即将以雁北为本的观点出发,还是从平城比盛乐的自然条件优越考虑;无论从雁北广阔的幅员来看,还是与其他各族移民的总数对比,这一数字都是可以理解的。

“人数”栏第六行,按一家五口计算为一万人。实际上被迁者既然是守宰、豪杰、吏民,各家人数都远不止五口。

“人数”栏第九行,所引史料载,常山王遵等率众五万,击溃破多兰部,获马四万余匹,牛羊九万多口,可见破多兰部人数不少。《魏书》卷二《太祖纪》载,天兴二年二月,道武帝破高车三十余部,获俘虏七万余口,马三十余万匹;常山王遵破高车七部,获俘虏二万余口,马五万余匹。按此比例推算,常山王遵击溃破多兰部后获马四万余匹,则其被徙者人数应在一万至二万之间。

将上述各项数据相加,道武帝时期迁入雁北的人口当为一百五十六万左右,概略地说约为一百五十万。

以上统计是十分粗略的,因为还有不少移民或因地点含糊,或因情况不明而未载入表中。如《魏书》记载,道武帝建都平城后有不少率部落、部属内附和内属者,以时间先后计,有鄗城屠各董羌、杏城卢水胡郝奴、河东蜀薛榆、氐帅苻兴、库狄部沓亦干、后燕辽西太守李朗、西河胡帅护诺于、丁零帅翟同、蜀帅韩磐、慕容盛燕郡太守高湖，以及高车别帅敕力犍所率九百余落、高车别帅幡豆建所率三千余落，等等。① 这些内附与内属者均无确切人数，但每部也总该有千人以上，则总计也有数万。从当时移民的潮流来看，他们多数是迁往雁北的，也应该加到总数中去。

由此可见，当时雁北移民的数量之大是史无前例的。这些移民大多成为北魏京畿的居民，他们主要集中在新兴的平城都市区域，因此平城城区和郊区的人口应当不下百万。也就是说，一千六百年前的北魏京师平城，在最初的道武帝时期就已经形成为拥有百万人口的大都市了。

3. 波及面广，成分复杂

上表"迁出地"栏第一行中，山胡酋大幡颓、业易于等原居地不详。周一良先生在《北朝的民族问题与民族政策》一文②中指出，山胡的"主要根据地一直是并州。尤以西河、离石、吐京、五城、正平、平阳诸地为多"。则幡颓等原居地在雁北的南方或西南方。

"迁出地"栏第二行，广宁郡治广宁县，位于今河北省涿鹿县西，在雁北的东北方。

"迁出地"栏第三行，山东六州指后燕故地广大的河北平原，在雁北的东南方。

"迁出地"栏第五行，盛乐在雁北的西北方。

"迁出地"栏第七行，漠北即雁北北方的蒙古大沙漠以北地区。

"迁出地"栏第九行，安定郡之高平县，从所引史料前后内容分析，位于今甘肃省径川县附近，在距雁北较遥远的西南方。

以上统计为我们显示了一幅人们从四面八方迁往雁北的壮观景象。

---

① 《魏书》卷一〇三《高车传》记作三十余落。
② 收于《魏晋南北朝史论集》，第148—149页。

在这一股股的人流之中,既有来自当时经济发展较先进的河北平原上的汉族人民,也有社会发展阶段比拓跋部还要后进的高车等游牧部族;既有自耕农、农奴、奴隶与氏族成员,也有地主、豪强、官吏、士大夫、奴隶主贵族和部落酋帅。可以说,道武帝在竭力将其新占地区的劳动力和技术力量以及其他对于新建的北魏政权有用的人员向雁北集中。

大量人口迁入以后,随之要进行的便是尽快地使之安定下来,以便于实行统治。在安排移民方面,道武帝采取的是因人而异的办法。对于山东移民,其中的大部分被"计口授田",①给予耕牛,让他们从事农耕;少部分称为百工的手工业者被安排在平城等城邑从事手工业劳动;少数汉族官吏和士大夫被吸纳到统治机构里,这些人或者熟悉汉族的典章制度,或者具有丰富的政治经验与生产管理才能,他们都积极地为道武帝出谋划策,成为他统治和开发作为北魏京畿之地的雁北的得力帮手。

道武帝对本族与一部分其他游牧部族实行离散诸部的措施。这一措施虽然鼓励部民从事农耕,但并不是强令游牧部族一律改变原来的游牧习俗,只是将他们规定在一个有限的范围内从事游牧。至于对高车等比较后进的游牧部落,道武帝更没有急于强求他们"离散"。②

在基本上不改变原有生活方式的情况下,各族移民能够尽快地适应新的生产条件和生活环境,与雁北原有的劳动人民共同担负起开发和建设北魏京畿的历史使命。

三、京畿的初步开发

使移民能够安定下来并逐渐适应新环境的最佳措施是发展经济;

---

① 详见《魏书》卷二《太祖纪》天兴元年二月条。
② 详见本书第一章第二节。

而人口的骤增,加上妥善的安排,反过来又会推动经济的发展。正是在这样的形势下,道武帝时期京畿得到初步开发,经济有了长足进步。

1. 农业

道武帝很重视农业生产。他不仅给迁往京畿的山东移民"计口授田",而且还"躬耕籍田,率先百姓",①并命尚书崔玄伯等"宣赞时令,敬授民时".②

在道武帝的带动下,不仅汉族地主阶级而且部落贵族也注意或从事农业生产了。《魏书》卷二八《和跋传》载:

> 和跋,代人也,世领部落,为国附臣。……后车驾北狩豺山,收跋,刑之路侧。……初,将刑跋,太祖(道武帝)命其诸弟毗等视诀。跋谓毗曰:"灅北地瘠,可居水南,就耕良田,广为产业,各相勉励,务自纂修。"

和跋的这番话语虽然意在暗示诸弟南逃,但也使我们了解到这位部落酋帅已经具有了鉴定土质优劣的农业基本知识。

道武帝还很注意农业生产的组织与管理工作。他曾委派官吏"劝课农耕,量校收入,以为殿最".③ 拓跋部虽然长期从事游牧,但是迁都平城以前曾在盛乐"息众课农",又曾在五原至稒阳一带的河套地区屯田,④从而积累了一定的组织与管理农业生产的经验,并通过发展农业而增强了国力。因此,迁都平城后道武帝对农业十分重视是不足为怪的。

---

① 详见《魏书》卷一一〇《食货志》。
② 详见《魏书》卷二《太祖纪》天兴元年十二月条。
③ 详见《魏书》卷一一〇《食货志》。
④ 详见本书第一章第二节。

大同盆地地势平坦,桑乾河支流众多,北魏时期雁北的水利资源较现今丰富,①特别是桑乾河上游南岸一带土质较好,适于农耕。所以,《魏书》卷一一〇《食货志》载:

> 自后比岁大熟,匹中八十余斛。

由于各族劳动人民的辛勤耕耘,加上山东六州人民带来了先进的农业生产经验和技术,不仅大片土地被开垦出来,而且单位产量不低,所以很快就获得丰收。

2. 牧业

东汉末年以降,雁北是北方游牧民族长期聚居的地区,牧业已经有了一定的基础。拓跋部迁都平城以后,虽然许多土地被开辟成农田,但由于雁北本来地广人稀,因此仍有大片土地可供放牧。而且,北魏初期是按不同的民族、不同的阶层分开居住的。那些在离散诸部后被规定在有限范围内从事游牧的少数民族与从事农耕的汉族最初也是分开居住的,这样就保障了农业和牧业的各自经营,有利于京畿经济的整体发展。

迁到畿内的牧民数量之多已如前述,他们是雁北牧业发展力量中的新鲜血液。另外,道武帝在不断的对外战争中掠夺了大量的牲畜。例如,天兴二年二月道武帝破高车时竟获马三十余万匹、牛羊一百四十余万头;卫王仪破高车遗迸时也获马五万余匹、牛羊二十余万头,数量之巨是惊人的。② 这些牲畜除北魏朝廷占有外,还大量地赐予功臣、贵

---

① 参阅田世英《历史时期山西水文的变迁及其与耕、牧业更替的关系》,载于《山西大学学报》1981年第1期。

② 详见《魏书》卷二《太祖纪》天兴二年二月条。

族和官吏,从而刺激与促进了朝廷与私人牧业的发展。

在牧业发展中,尒朱氏部落的例子是一个典型。尒朱羽健在道武帝时受封北秀容川①方圆三百里从事游牧。其产业不断发展,到孝文帝时期竟达到"牛羊驼马,色别为群,谷量而已"的程度。② 尒朱氏是在京畿边沿游牧的部落,从这支部落的发展可以豹窥一斑地看到平城周围牧业兴旺的状况。类似的例子还有越豆眷统领的部落,道武帝曾"割善无之西腊汗山地方百里以处之",③其游牧范围不小,牧业发展状况也颇佳。

3. 都市建设

《魏书》卷二《太祖纪》天兴元年七月条载:

> 迁都平城,始营宫室,建宗庙,立社稷。

平城宫的建设与迁都是同时进行的。

由于早年具有在长安、中山等地居留经历的缘故,道武帝对中原先进的文化十分追慕。④ 他攻入后燕邺城以后,对邺城的建筑深为惊叹,《太祖纪》天兴元年正月庚子条载:

> 帝至邺,巡登台榭,遍览宫城,将有定都之意。

因此,道武帝在建设平城时,就是以中原的都会为蓝本的。《魏书》卷二三《莫含附莫题传》载:

---

① 北秀容川,位于今山西省朔州市境。
② 详见《魏书》卷七四《尒朱荣传》。
③ 详见《北齐书》卷一五《厍狄干传》。
④ 详见本书第一章第一节。

太祖欲广宫室，规度平城，四方数十里，将模邺、洛、长安之制。运材数百万根。以（莫）题机巧，征令监之。

在营造平城宫的同时，平城新都的规划与建设也展开了。不仅新都的规划采用邺城、洛阳、长安等中原名都的建制，而且参与建设平城的工匠大多是来自后燕旧都中山等地的"百工"。

关于平城的建筑物，《太祖纪》中有所记载。据载，道武帝时期平城已经有了十二座城门。同卷还载有天文殿、天华殿、天安殿、中天殿、紫极殿、昭阳殿、西宫、北宫、太庙、西武库、云母堂、金华室、玄武楼、凉风观、鹿苑台等建筑物的名称。关于这些建筑物的具体形制我们已难知晓，但是，无论从华贵的名称来看，还是从动用大量中原工匠和调集数百万根木材来推测，它们都具有一定的规模。

平城的郊区铺展得很广大，《太祖纪》天兴二年二月条中有记载：

以所获高车众起鹿苑。南因台阴，北拒长城，东包白登，属之西山。广轮数十里，凿渠引武川水注入苑中，疏为三沟，分流宫城内外。又穿鸿雁池。

环绕平城郊区的面积如此宽广的苑圃，在古代都城史的记载上也是少有的。从事这方面工程的劳力则是来自草原的高车部民。

当时畿内另外一座重要的都市是背靠黄瓜堆①的南平城，位于今山西省山阴县境桑乾河南岸。南平城的位置利于控制旧雁北五县。这附近土质良好，水资源充沛，为雁北重要的农业区。因此，早在猗卢时

---

① 黄瓜堆位于今山西省山阴县境，详见本章第三节第五小节之11《桑乾》，本书第338页。

代就已成为拓跋部重点经营的地区。

南平城的中心是灅南宫,灅南宫及其附近的大规模建设稍晚于平城的建设,是天赐三年(406年)展开的。《太祖纪》天赐三年六月条载:

> 发八部五百里内男丁筑灅南宫,门阙高十余丈;引沟穿池,广苑囿;规立外城,方二十里;分置市里,经涂洞达。三十日罢。

据此看来灅南宫及其附近的建筑也是相当雄伟的。在建设南平城的过程中,动用的是"八部五百里内男丁",①这些人是平城畿内的主要劳力。

除了平城与南平城外,当时京畿还重建和新设了不少城邑,本章的下节中要作详述,此处不赘。

虽然现在供我们窥探北魏平城畿内景观的史料并不多,但是这些零星的史料也已向我们表明,道武帝时期的平城已经远非昔日可比。都市建设是手工业发展水平的综合反映,京畿都市建设的发展正是反映北魏经济发展的一个重要方面。

4. 交通和贸易

在交通方面最值得注意的是恒山直道的开通。天兴元年正月,道武帝将自中山北还,于是发卒万人凿山通道,打通了穿越恒山联系中山与平城的直道。②

恒山直道开通以前,雁北与中原地区的联系主要有两条途径,一条是沿桑乾河往东到达幽州,另一条是自雁北南下经并州往洛阳或邺城,这两条道路均悬远曲折。恒山直道开通以后,大大地缩短了雁北通往中原的路程,并使得平城与处于河北平原腹心位置的中山直接联系起来。

---

① 关于"八部"的解释,参见本书第一章第二节第四小节。
② 详见《魏书》卷二《太祖纪》天兴二年正月条。

恒山直道为北魏王朝所作的第一项贡献就是输送了山东六州四十六万移民和由中山北返的十几万魏军。以后,恒山直道又不断修缮,商旅络绎不绝地穿越恒山,往返于中山与平城之间,这就有力地加强了京畿与中原地区的经济联系。

在平城周围地区,道武帝迁都后第二个月就推行"正封畿,制郊甸,端径术,标道里,平五权,较五量,定五度"等措施,①既有利于平城周围道路的通畅,也推动了京畿内部贸易的发展。

随着京畿建设的发展和道路的畅达,雁北的贸易也日益兴盛。在道武帝时期,曾对平城的人口布局有过理想化的规划,《魏书》卷六〇《韩麒麟附韩显宗传》所载韩显宗向孝文帝的上书中追述道武帝时的情况道:

> 仰唯太祖道武皇帝创基拨乱,日不暇给,然犹分别士庶,不令杂居,伎作屠沽,各有攸处。

交通与贸易发展起来以后,这种"各有攸处"的状况就必然会被打破。所以,《韩麒麟附韩显宗传》接着又称:

> 但不设科禁,卖买任情,贩贵易贱,错居混杂。

从"各有攸处"的状况转变为"错居混杂"的状况,是否就发生在道武帝时期,已无从得知了。不过,这种转变的速度不会很慢。

四、京畿发展基础的奠定

上述对于道武帝时期京畿的农业、牧业、都市建设、交通和贸易等

---

① 详见《魏书》卷二《太祖纪》天兴元年八月条。

各个方面的考察,为我们粗略绘画了一幅草原与阡陌相交错,都市、村邑和帐落点缀其间的生产与生活图卷,而绘制这幅图卷的正是被集中在雁北大地上辛勤劳作的百万各族人民。在开发京畿的共同劳动中,汉族与北方各游牧部族人民通过生产经验与技术的交流而增进了民族感情,推动了民族交往,使当时的雁北不仅是容纳大量移民劳动和生活的场所,而且成为一座民族融合的大熔炉。

在京畿的开发过程中,道武帝发挥了重大的作用,作出了不可磨灭的贡献。他出身于游牧民族而提倡农耕,他身为少数民族首领而吸收汉族士大夫议政,并且引进中原地区先进的生产技术和文化。被道武帝迁往雁北的移民数量之大,成份之复杂,都能说明他具有政治家恢弘的气度。而且,由于道武帝因人制宜的统治手段和管理措施,使各方面的有利因素都得以调动起来。道武帝对平城等都市的规划和对京畿农、牧业生产的部署有力地推动了雁北经济的发展,有利于社会的安定和人口的稳定,从而为京畿以后百年的发展奠定了良好的基础。

经过道武帝的大移民,京畿的人口急剧地增长。据前文的不完全统计,当时京畿的外来人口约有一百五十万。但实际上并不止于此数,因为笔者在计算中并未记入雁北原有的居民。虽然由于长期的动乱,在道武帝建都平城时雁北原有的居民很少,但那里毕竟不是无人区。只是因为,一方面,那里原有居民与为数众多的移民在数量上相差悬殊;另一方面,更主要的是难以知道原有居民的概数:所以在计算人口时只好忽略了雁北原有的居民。不过,由此我们也更加可以相信,经道武帝时期的大移民之后,京畿的人口数量不会低于一百五十万。这个人口数量成为以后一个世纪内京畿人口发展变化的基数。

道武帝的大移民使得京畿的人口骤然充实了,加上他推行的有利于京畿经济发展的措施,为这些大量涌入的人口提供了生产和生活的保障,使他们能够很快地安定下来,成为推动北魏平城时代京畿社会发展的生力军。但是,京畿的土地资源有限,气候状况偏于寒冷,四面环山的地理使社会经济的进一步发展受到很大的限制,更主要的是古代的生产力水平低下,以京畿当时的自然条件养育一百五十万人口已呈饱和状态。因此,稍遇社会动乱或自然灾害,就无法容纳大量的人口,从而迫使灾民流散。所以,在道武帝的大移民过后,虽然又有多次大的移民运动,但也出现了多次大的人口流散现象,京畿人口的成分虽有所变化,但总量并无增长,一直处于动态的平衡状况。[①]

道武帝以后各个时期的居民数量实难估计,这是因为,已在雁北的居民的自然增长率无法推测;在史料中不断地有数量不明确和难以判断其迁入地点的所谓内属、内附的部落民与汉民出现;历次大小战争中死亡的人数和俘获的人数不详;历次自然灾难中流散的人数不清;而且,随着北魏版图的扩张,人们自由流动的范围也增大了,但古代史书的记载中显示不出平时流动人口的数量;如果硬是要去作数量的统计,那只会导致错误的结论。所以,本节至此只得搁笔。

以下分别具体论述平城及畿内城邑的发展情况。

第二节　平城的辉煌时代

行政机构的设置是反映国家机器管理能力的镜鉴,都市的建设状况是表明经济发展水平的标尺。本节重点考察京师平城的行政建置与建设状况。

---

① 有关北魏平城时代京畿移民的问题请参阅前田正名先生《平城历史地理学研究》第二章《居民结构》和附篇一《平城附近与桑乾河流域及其邻接地域人口流动一览表》,第 21—88 页,312—363 页。

平城为西汉旧县。①汉朝一度置雁门郡于此，属并州刺史部，辖繁畤、汪陶、剧阳、崞、平城五县。王莽时将平城改称平顺。东汉时复称平城。东汉末，北边郡县皆废。曹魏时别置平城县于勾注陉南，隶属新兴郡。西晋时，拓跋猗卢为代王，以汉平城为南都，自后平城亦名为代。北魏天兴元年（398 年），道武帝建都平城，平城又被称为代都。② 此后的百年，是平城最辉煌的时代。

一、平城的行政建制

北魏迁都平城不久，就在此设置司州和代尹。《魏书》卷一〇六上《地形志上》恒州条载：

> 天兴中置司州，治代都平城，太和中改。孝昌中陷。

---

① 以下关于各城邑的建置沿革均系综合引述《汉书》卷二八《地理志》（中华书局1962 年版）、《后汉书》卷一九至二三《郡国志》（中华书局 1965 年版）、《晋书》卷一四至一五《地理志》（中华书局 1974 年版）、《魏书》卷一〇六《地形志》（中华书局 1974 年版）、《水经注疏》（江苏古籍出版社 1989 年版）、《元和郡县图志》（中华书局 1983 年版）、《太平寰宇记》（中华书局 2007 年版）、《读史方舆纪要》（中华书局 1955 年版）及《山西通志·府州厅县考》（中华书局 1990 年版）等地理典籍的记载，一般情况下不再作专门的版本注释。

② 《魏书》卷二《太祖纪》天兴元年十二月条载，"徙六州二十二郡守宰、豪杰、吏民二千家于代都"；又，《隋书》卷三三《经籍志二》载有《代都略记》三卷。可见，无论当时还是稍后均曾将平城称为代都。北魏迁都洛阳以后，还曾以"北京"、"北都"称平城。如，《魏书》卷六〇《韩麒麟附子韩显宗传》载韩显宗在孝文帝定迁都策后上书曰："民愿舆驾早还北京，以省诸州供帐之费，并功专力，以营洛邑。则南州免杂徭之烦，北都息分析之叹，洛京可以时就，迁者金尔如归。"不过，在这番话中，对平城既称"北京"，又称"北都"，而且是相对于洛京而言的。可见，所谓"北京"、"北都"，只是平城的代指，还没有凝固成为特定的地名。以"北京"或"北都"称呼平城，在《魏书》中尚有多处出现，与韩显宗上书中的语义相同，也均属于代指。

《魏书》卷一〇八之四《礼志四》载：

> 太祖天兴二年，命礼官捃采古事，制三驾卤簿。一曰大驾，设五辂，建太常，属车八十一乘。平城令、代尹、司隶校尉、丞相奉引……。二曰法驾，属车三十六乘。平城令、代尹、太尉奉引……。三曰小驾，属车十二乘。平城令、太仆奉引……。

奉引大驾者包括从中央到首都地区的四级行政长官，其中有平城令、代尹和作为司州首长的司隶校尉①，而始制三驾之法在《魏书》卷二《太祖纪》中是置于天兴二年春正月条下的，则北魏置司州、代尹当在天兴二年以前。此时距北魏迁都平城仅半年。《太祖纪》又载，北魏于天兴元年八月划定了畿内和郊甸的范围，又于同年十一月"典官制，立爵品"，仿照中原王朝初步建立了官僚体制。据此推断，司州、代尹当设置于天兴元年十一月至天兴二年正月之间。

北魏前期，司隶校尉和代尹位高权重。平城时代的司隶校尉辖境包括迁都洛阳后的恒、燕、朔三州和肆州的雁门郡，这一范围其实就是天兴元年八月北魏制定的畿内加郊甸的范围。魏都郊甸在《元和郡县图志》卷一四《河东道三》云州条中有记载，曰：

> 东至上谷军都关，②西至河，南至中山隘门塞，③北至

---

① 西汉时，司隶校尉为纠察京师及畿甸郡县百官之职。魏晋以后其所辖区域渐称为司州，司隶校尉成为司州之长。以后，司隶校尉渐改称为司州刺史或司州牧。不过，北魏初年仍称司隶校尉。如《魏书》卷一五《昭成子孙列传·毗陵王顺传》载，毗陵王顺在道武帝时期就曾担任过司隶校尉。

② 军都关，位于今北京市昌平区西北。

③ 隘门塞，位于今山西省灵丘县东南。

五原，①地方千里。

这个范围与司隶校尉的辖境是一致的。至于代尹辖境，以此类推，应该就是上节所述京畿的范围。

北魏于平城设县当在定都平城以前。登国元年(386年)，拓跋珪即代王位。第二年，大破匈奴独孤部刘显于马邑南。此后，拓跋部势力进入平城及其以南地区。《魏书》卷二《太祖纪》皇始元年三月条有"陈留公元虔先镇平城"一语，可见皇始元年(396年)以前平城已经成为北魏对付后燕的重镇了。皇始元年九月，北魏攻下后燕并州，开始仿照汉族官制设置地方行政官吏。《魏书》卷一一三《官氏志》载：

> 皇始元年，始建台省，备置百官，封建五等；外职则刺史、太守、令长以下有未备者随而置之。

据此条推测，平城设县至迟在皇始元年。

司隶校尉、代尹和平城令的衙署，最初应该在汉晋以降的旧平城内。北魏平城兴建之后，它们的衙署有何变化，则有待于考察与论证。

司州在北魏迁都洛阳后改称恒州，辖境缩小，领有代、善无、凉城、繁畤、桑乾、平齐、高柳、灵丘及内附等郡。代尹于延和元年(432年)改称万年尹，太和中复称代尹，迁都洛阳后改称代郡，尹也改称太守，辖境缩小，领有平城、太平、武周、永固、鼓城等县。平城令亦称代令，一度随代尹改称万年尹而改称万年令，后复称代令，北魏迁都洛阳后仍称平城令。②

---

① 五原，郡治位于今内蒙古自治区包头市九原区境。
② 参阅王仲荦先生《北周地理志》附录一《北魏延昌地形志北边州镇考证》，第1032页。

北魏末年，恒州、代郡和平城县均废。《魏书》卷九《肃宗纪》孝昌二年条载：

> （七月）戊申，恒州陷。行台元纂奔冀州。

《魏书》卷一〇六上《地形志上》也称：

> 孝昌之际，乱离尤甚。恒代而北，尽为丘墟。

孝昌二年（526年）后，不仅平城，雁北的大部分城邑均毁于战火。

二、平城的基本建设

记载北魏平城情况最为可信的文献是曾在平城生活过的郦道元写的《水经注》，其中卷一三《灅水》载：

> 如浑水又南，分为二水。一水西出南屈，……又径平城西郭内。……其水南，又屈径平城县故城南。《史记》曰：高帝（汉高祖刘邦）先至平城。《史记音义》曰：在雁门，即此县矣。……又南，径永宁七级浮图西。……又南，远出郊郭。……一水南径白登山西。服虔曰：白登，台名也，去平城七里。如淳曰：平城旁之高地，若丘陵矣。今平城东十七里有台，即白登台也。台南对罡阜，即白登山也，故《汉书》称上遂至平城上白登者也。……其水又经宁先宫东，献文帝之为太上皇也，所居故宫矣。……其水又南，径平城县故城东，司州、代尹治。皇都洛阳，以为恒州。

根据上引史料我们不难看出：其一，北魏平城是由南、北两个部分组成的,北部是宫城,南部是郭城。这一点,由《南齐书》卷五七《魏虏传》所载"其(平城)郭城绕宫城南"之语亦可证实。其二,北魏平城是新建城邑。服虔是东汉经学家,他所说的平城应当指汉代旧城而言。《水经注》既引服虔之说,又有所谓"今平城",可见北魏平城与汉平城并非位于同一位置。汉代平城北魏初期尚存,从上引《灅水》的记载来推断,它位于北魏平城宫城的东南方,在郭城的东部,而且司州、代尹的治所就设在此地。正如上文所述,司州、代尹置于北魏迁都平城不久,平城县的设置则更在其前,而其时平城宫城尚在营建之中,郭城还未修建,所以,司州、代尹和平城县只能设于平城故城即汉代平城旧城。当然,随着时间的推移,城市日益繁华,汉代旧城便会逐渐融入北魏平城之中,遂使后人难辨其遗迹了。

关于北魏平城的宫城,《读史方舆纪要》卷四四《山西六》大同府大同县条载:

> 平城宫,在府北门外,后魏故宫也。……今仅有二土台,东西对峙,盖故阙门也。又,城西门又有二土台,盖辽金宫阙云。

同条又载:

> 平城废县,府东五里,相传秦汉时旧县也……。隆安二年,拓跋珪自盛乐徙都平城,谓之代都。……六镇之乱,故都为墟……。唐为云中县。皆故平城也。石晋以赂契丹,契丹因置西京。《辽志》:西京城周二十里……。元魏宫垣占城之北面,双阙尚在焉。金仍为西京。《城邑考》:今城东五里无忧坡上有平城外郭,南北宛然。相传后魏时故址。

由此知，北魏宫城之双阙辽时尚存，至清代则仅为二土台了。

上文所谓府城为明代建筑。据光绪版《山西通志》卷二八《府州厅县考》大同府条载：

> 府城，明洪武五年（1372 年）大将军徐达因旧土城增筑，周三十里。

该条接着还记述了明、清两代增修城墙的情况，其最后一次修建是咸丰三年（1853 年）之事。大同府城虽经多次修建，但其主体未大变，今大同市区内尚存之城墙断垣即此建筑。近年在明操场城内发现了北魏平城宫城遗址，正位于旧大同府城北面，与上述记载相符合。详情见下节。

北魏平城的位置还可以依据它与白登山之间的方位关系来印证。汉代以降，平城的名称屡变，其位置也经历了一个先向西徙而后又东移的过程。但是，白登山的位置是始终不变的。不过，白登山又有大小之分，据雍正版《山西通志》卷二一《山川》阳高县条载：

> 白登山在县东南二十五里，白登村南，乃白登县遗址。有大白登、小白登。……白登，村名，在阳和南。或曰：魏广鹿苑，迁白登之民于此，故名。

阳高县的白登山为大白登。由"迁白登之民于此"等语知其得名于北魏时，但此非上引《漯水》中记载的白登山。又，据同志同卷大同县条载：

> 小白登山在县东七里，高一里，盘踞三十五里。上有白登台，东北连采凉山，一名马铺山。

则小白登山又名马铺山。该山如今仍称马铺山,在今大同市区东北御河侧畔。御河即《水经注》中如浑水之下游部分,其上游部分今称饮马河。总之,马铺山的位置与《灢水》中所载白登山的位置是相合的。由此可以佐证前述北魏平城的情况及其宫城的位置均无误。

北魏平城郭城的范围较大。《魏书》卷三《太宗纪》泰常七年条载:

(九月)辛亥,筑平城外郭,周回三十二里。

又,《太平寰宇记》卷四九《河东道十》云州云中县条引《冀州图》载:

古平城在白登台南三里,有水焉。其城东西八里,南北九里。

从其位置来看,此处似指汉代平城。但汉代平城不可能有这么大的范围。该城呈长方形,周长三十四里,倒是与北魏平城的郭城范围略同。《冀州图》成书于隋开皇六年(586 年)之后。[①]此时距孝文帝迁都洛阳已近百年,其间又历北魏末年之乱,北魏平城荒废已久,汉代平城更是面目全非。分析《冀州图》这段文字来看,很可能是作者将北魏平城郭城的面积误套给汉代平城了。

由平城郭城的形状、范围和它与宫城间的位置关系可以推测,郭城位于今大同市区的南部。而前载《读史方舆纪要》引《城邑考》所谓"城东五里无忧坡上有平城外郭,南北宛然"者或许是汉代平城城墙的一段。因为,在该坡以西、以南至御河以东地区,近年发现了多片北魏墓群,这个地区在北魏平城时代应该属于郭城以外的郊区,所以,《城邑

---

① 参见黄惠贤先生《北魏平城故都初探》,收于《山西地方史论丛》第 1 辑,山西人民出版社,太原,1985 年第 1 版,第 8—29 页。

考》所谓的"平城外郭"并非北魏平城的外郭。详见下节。

北魏统治时期可以说是平城古代史上最繁荣的时期。平城时代的各朝帝王几乎都对平城特别是平城宫城作过营建。①

宫城始建于天兴元年(398年)七月北魏迁都平城之时。在宫城的建设上出现过两次高潮。第一次高潮时期从天兴元年七月到延和三年(434年)七月，共三十六年，历道武帝、明元帝、太武帝三代。第二次高潮时期从承明元年(476年)七月到太和十六年(492年)十一月，共十七年，为文明太后临朝听政时期。

第一次高潮时期为宫城建筑群的规划和初建时期，重点是宫城内的宫殿、宫室以及宗庙、社稷和其他附属建筑与设施。

宫殿是皇帝处理政务的场所。这一时期先后建造了天文、天华、中天、天安、紫极、西昭阳、永安和安乐等八殿。其中最先建造的是天文殿，天兴元年十月动工，十二月落成。天文殿是道武帝和明元帝接受百官朝见的正殿。太武帝时期，永安殿取而代之成为正殿。

宫室是供皇帝、太子和嫔妃们居处的场所，分为东宫和西宫。西宫始建于天赐元年(404年)十月，在道武帝和明元帝时期是皇帝居住的地方，这是一组占地面积颇大的建筑群。东宫是太子居住的地方，建成于延和三年(434年)七月。

在附属建筑中值得注意的是库房。其中存放铠仗的有40余间，存放丝、绵、布、绢的有十余间，均为土屋。

经过第一次营建高潮后，宫城已经初具规模。因此，在延和三年东宫落成以后的相当长一段时期中宫城之内不见有大规模的兴建。

第二次营建高潮主要是扩建和改建原有的宫殿及附属建筑，并在

_____

① 关于这方面的情况，黄惠贤先生在《北魏平城故都初探》一文中已有详论，请参阅。

第一次高潮时期工程的基础上增建部分新的建筑。

这一时期先后增建了七宝永安行殿、太和殿、安昌殿、坤德六合殿、乾象六合殿和太极殿等六座宫殿以及一些堂、阁、门等建筑。

第二次高潮时期的重点工程是文成帝于太安四年(458年)兴建的太华殿,三月起建,九月即成。后来孝文帝在拆毁太华诸殿的基础上建造起太极殿及其东、西堂。太和十六年二月开工,同年十月落成。修成的太极殿成为孝文帝宴飨百僚的正殿。不过,太极殿里的盛宴为时不久,魏都就南迁了。

如前所述,平城郭城的城墙兴建于泰常七年(422年),郭城内有作为居住区的坊、举行宗教活动的寺庙以及北魏王朝的中央各级机构。

关于坊的情况,《南齐书》卷五七《魏虏传》有记载:

> (郭城内)悉筑为坊,坊开巷。坊大者容四五百家,小者六七十家。每南坊搜检,以备奸巧。

北魏王朝对郭城的管理严格,不仅常常进行搜检,而且要晨昏定时启闭诸门。郭城之内"悉筑为坊",坊中的居住者既有贵戚勋臣,也有庶民百姓。

郭城内寺院的数量相当多,据《魏书》卷一一四《释老志》载:

> 京城内寺新旧且百所,僧尼二千余人。

其中较有名气者为五级大寺、永宁寺、天官寺、建明寺、报德寺和皇舅寺等。

在汉代平城县故城内,除建有前文已述的司州、代尹和平城县衙署外,也应有一定数量的民居。

在平城的近郊还有不少营建。平城的近郊大体上是由东面的小白登山、西面的武州山、北面的方山以及南面的㶟水围成的范围,约相当于如今大同市所辖的城区、矿区、南郊区和新荣区。

在东郊,建有东苑,它"东包白登,周回三十里"。① 苑内主要建筑是太祖庙,又称东庙,筑于永兴四年(412 年)。②

西郭外有郊天坛,建于道武帝天赐二年(405 年),每岁四月一祭,至太和十八年(494 年)始罢。郊天坛西是西苑,范围也极大,苑内豢养着许多珍禽猛兽。泰常三年(418 年),明元帝"筑宫于西苑"。③ 据《㶟水》载:

> (武周川)自山口枝渠东出,入苑(指西苑),溉诸园池。苑有洛阳殿,殿北有宫馆。

洛阳殿及殿北的宫馆应该是明元帝所筑之宫。

西苑以西的武周山下有灵岩石窟,即今举世闻名的云冈石窟。据《释老志》记载,云冈石窟是文成帝和平年间(460—465 年)由沙门统昙曜主持开凿的。昙曜死后该石窟继续扩建,在文明太后临朝听政时期达到鼎盛阶段。北魏迁都洛阳以后,武周山下的官方活动相应减少,但是民间礼佛日益盛行。因此,云冈的中、小石窟增多,布局和造型多样化,供养人和礼佛者身份日趋复杂。据《㶟水》载:

> (武周川)水又东南流,水侧有石祇洹舍并诸窟室,比丘尼所居也。其水又东转,径灵岩南。凿石开山,因岩结构。真容钜壮,世法所希。山堂水殿,烟寺相望。林渊锦镜,缀目新眺。

---

① 详见《魏书》卷三《太宗纪》。
② 详见《魏书》卷一〇八之一《礼志一》。
③ 详见《魏书》卷三《太宗纪》。

云冈石窟一直香火兴旺,佛徒众多,是北魏最重要的礼佛圣地。

位于北郊的北苑是北魏皇室主要的礼佛场所。苑内建有鹿野佛图,"神僧居其中焉",①文明太后和孝文帝屡幸其处。

南郊的重要建筑是明堂和大道坛庙。明堂系太和年间所建,"上圆下方,四周十二堂九室,……加灵台于其上,下则引水为辟雍,水侧结石为塘,事准古制"。② 大道坛庙是始光二年(425 年)由少室道士寇谦之建议而修建的,它是北魏平城时代道教的主要建筑。太和十五年(491年)被迁往"都南桑乾之阴,岳山之阳",更名崇虚寺。③

以上所述,大多系依据文献的记载加以推导而成。本书初版以后,在大同盆地内陆续有不少重大的考古成果出现,不断加深着人们对于北魏京畿状况的了解。在下一小节中,试图通过对两方墓砖铭文的考察,论证平城郭城的具体范围。

三、平城郭城的范围

1. 有关平城的考古成就

上世纪末至本世纪初,有关平城的考古工作取得非常可喜的成就。其中突出的成果是 2002 年山西大同大学北朝研究所殷宪教授在一处建筑工地发现了北魏平城宫的宫殿遗址,该工地位于今大同市市区北部的明代操场城内。④ 第二年,山西省考古研究所和大同市考古研究

---

① 详见《魏书》卷一一四《释老志》。

② 详见《水经注》卷一三《㶟水》。1995 年 5 月,在山西省大同市城南的大同市高等职业技术学院(现已归并入山西大同大学)西侧发现了北魏平城的明堂遗址,这是反映平城时代文明的一项十分重要的成果。详见王银田先生的相关研究《北魏平城明堂遗址研究》,刊于《中国史研究》2000 年第 1 期。

③ 详见《魏书》卷一一四《释老志》、卷七下《高祖纪下》。

④ 殷宪《大同北魏宫城调查札记》,《北朝研究》第 4 期,中州古籍出版社 2004 年出版,第 147—157 页。

所在该工地组织发掘,并将其命名为北魏宫殿一号遗址。^① 2007 年,在一号遗址东北约 150 米处又发掘出成片相关的遗迹和大量的遗存,该处被命名为北魏宫殿二号遗址,此后该遗址又因其内容主要为粮仓而被称为北魏太官粮储遗址。^② 这两处遗址的发掘,使人们对于平城宫城的位置、布局及内涵有了具体的认识,不但是北魏平城时代考古方面的突出成果,而且在中国古代都城考古方面占有重要的地位。

与此相应,上个世纪后期,在大同市南郊的电焊器材厂工地发掘出相连成片的北魏时期墓葬。^③ 本世纪初,在大同市的东郊和南郊,又有数处相连成片的北魏时期墓葬被发掘出来。^④ 在这些墓葬中,比较引人注意的是位于雁北师范学院(现合并改名为山西大同大学)建筑工地的宋绍祖墓和位于沙岭村的破多罗太夫人墓。^⑤ 破多罗太夫人墓内壁上绘有颇具文物价值与学术价值的彩绘漆画,^⑥因此曾被评为 2005 年

---

① 山西省考古研究所、大同市考古研究所、大同市博物馆、山西大学历史文化学院《大同操场城北魏建筑遗址发掘报告》,《考古学报》2005 年第 4 期。

② 张庆捷《大同操场城北魏太官粮储遗址初探》,《文物》2010 年第 4 期。

③ 该墓区于 1988 年由山西省考古研究所和大同市博物馆联合发掘,计有 167 座墓穴,详见山西大学历史文化学院、山西省考古研究所、大同市博物馆编著的《大同南郊北魏墓群》,科学出版社 2006 年出版。此外,1987 年在大同市东南郊湖东铁路编组站工地,也发现了成群的北魏时期墓穴。

④ 2001 年在大同市南郊变电站工地、2002 年在大同市东郊迎宾大道侧齐家坡村附近、2005 年在大同市东南郊沙岭村东北,都发掘出成群的北魏时期墓穴,发掘单位均为山西省考古研究所和大同市考古研究所。

⑤ 山西省考古研究所、大同市考古研究所《大同市北魏宋绍祖墓发掘简报》,《文物》2001 年第 7 期。大同市考古研究所《大同沙岭北魏壁画墓发掘简报》,《文物》2006 年第 10 期。

⑥ 殷宪《山西大同沙岭北魏壁画墓漆画题记研究》,收于张庆捷、李书吉、李钢编的《4—6 世纪北中国与欧亚大陆》,科学出版社 2006 年出版,第 346—360 页。赵瑞民、刘俊喜《大同沙岭北魏壁画墓出土漆皮文字考》,《文物》2006 年第 10 期。殷宪《贺多罗即破多罗考》,《学习与探索》2009 年第 6 期。

中国十大考古新发现之一。[1]

伴随平城宫殿遗址和京畿大量墓葬群的发掘,出土了千百件属于北魏平城时代的砖瓦与石件。其中有一些刻着文字或图案,它们的体积或许不算大,但是文物价值并不低。在那些砖刻与石刻文字当中,尤其值得注意的是墓砖与墓石铭文,它们往往含有重要的历史信息。这些铭文在学术研究上呈现的意义,并不仅仅限于通常认为的印证书籍资料的可靠程度和补充书籍资料的不足,而是具有独立的、不可替代的价值的。与书籍文献相比,其文字虽然简约,甚至存在片断性的缺陷,却会透露出丰富的文化内容,即使以字字千金加以形容也并不为过。

本小节就从近年出土的杨众度墓砖铭文和盖天保墓砖铭文中记载的墓葬地点的方位出发,考察平城郭城城墙的范围。

2. 郭城南门

2001 年 5 月在大同市南郊七里村南 1 公里的坡地上,因大同第二发电厂变电站工程建设而发掘出一批北魏墓葬。在该发掘地点,出土了一块刻有铭文的墓砖,墓主名杨众度。2004 年,殷宪先生撰写了题为《太和十八年砖铭及"因旧土城南之半增筑"》的论文,[2]将此事介绍出来。随后,在《文物》2006 年第 10 期上也刊登出大同市考古研究所发表的《山西大同七里村北魏墓群发掘简报》和张志忠先生撰写的《大同七里村北魏杨众度墓砖铭析》,从而向学术界公布了这块杨众度墓砖。该墓砖现存于大同市考古研究所。

杨众度墓原本有内容相同的四块墓砖。其中第一件,砖块完整,文字完全,一端饰以忍冬纹,长 31 厘米至 33 厘米,宽 15 厘米,厚 5 厘米。第二件,砖块也完整,规格同于第一件;文字内容也同于第一件,但是没

---

① 刘俊喜《山西大同沙岭发现北魏壁画墓》,《中国文物报》2006 年 2 月 24 日版。

② 载于《北朝研究》第五辑,商务印书馆 2004 年出版。

有刻写完全。余下两件，是被打碎后填入墓道的碎块。现在仅看第一件墓砖，其砖面阴刻着边框和竖线界格，上刻铭文4行，每行17字或18字，共71字。[①] 该墓铭被释为：[②]

> 大代太和八年，岁在甲子，十一月庚午朔，仇池投化客杨众度，代建威将军、灵关子、建兴太守，春秋六十七，卒。追赠冠军将军、秦州刺史、清水靖侯，葬于平城南十里。略阳清水杨君之铭。

铭文中的"大代太和八年"即北魏孝文帝太和八年，当年十一月庚午朔为公元484年12月4日，该墓穴属于平城时代后期的遗迹。铭文虽短，却提供了许多信息，不过这里只讨论其中与郭城有关的"平城南十里"五个字。

郭城是北魏时期平城的最外一道护围，兴建于北魏第二代皇帝明元帝朝。这在《魏书》卷三《太宗纪》泰常七年九月辛亥条中有记载，曰：

> 筑平城外郭，周回三十二里。

这条史料说明了平城外郭兴建的时间和规模，但是并未记录郭城的形制以及其上开启的门洞的数量与位置情况。

关于平城的门洞，在《魏书》卷二《太祖纪》天兴二年八月条中透露了点滴信息：

---

① 详见插图二《杨众度墓砖拓片》，殷宪先生提供。又见于《山西大同七里村北魏墓群发掘简报》附图五二之4，《文物》2006年第10期。

② 在《山西大同七里村北魏墓群发掘简报》的释文之中有三个误释之字，杨众庆的"庆"、灵开子的"开"、清水靖使的"使"，后来被殷宪先生分别纠正为"度"、"关"、"侯"。此处引用的是殷宪先生的释文和标点，见于殷宪《〈杨众度墓砖〉研究》，《中国书法》2007年第6期。

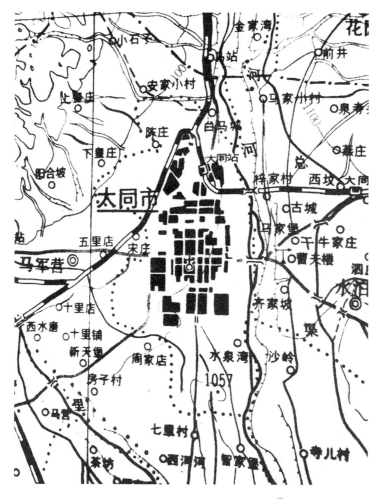

插图一 七里村与沙岭村位置图[①]

---

① 插图一《七里村与沙岭村位置图》，截取自《山西地图》，山西省测绘处编印，1971年，单幅。

　　　　增启京师十二门。

　　这条史料表明,道武帝曾经有过增启京师十二门的举动,然而没有告知这十二座门的具体分布状况。

　　显然,这十二座门的增启时间在修筑郭城之前,与郭城没有直接的关系。天兴二年是北魏建都平城的第二年,当时的平城由两个部分组成,即汉代以降的旧平城和兴建仅仅一年的宫城。所谓的"京师十二门",应该是与这两处建筑群相应的门洞。不过,这些门洞的方位会间接地影响到后来修筑的郭城门洞的布局。然而,这条史料只有七个字,不容许我们作较多的联想。

　　传统的城墙,多数是方形而向东、西、南、北四面开启若干门洞的,我们可以推想平城外郭的城墙会开有南门。然而,这只是想当然的认识,因为需要相关的记载加以证实。幸好有杨众度墓砖的发现,为解决上述问题打开了缺口。该墓砖铭文中的"平城南十里"五字,不仅证明平城郭城开启有南门,而且循其踪影可以找到南门的具体位置。因为,所谓的"南十里",其方位起算的基点,应该是平城最外围的城墙的南门,亦即郭城的南门。换而言之,如果郭城不开南门,就不会有所谓的"平城南十里"。

　　郭城的南门是平城的南向开口,平城往南的交通都要以此作为起点。杨众度墓砖铭文所言"南十里",表明该墓的方向应该在平城南门的正南方。当然,实际上会因道路的曲折等因素而略有偏差。不过,杨众度墓与平城南门之间的距离却绝对不能是约数,这个"十里"应该是相对精确的数字,因为这块墓砖是伴随棺柩入葬之物,其上记录的有关方位的文字当然不应欺骗世人和死者。不仅如此,这个方位还应该是长久以来众所共识因而易于后人寻求的。

　　众所共识的方向与里程,决不会是杨家亲朋或主持埋葬的人士临时度量或估算的,而应该是有所依据的。由此不难推想,杨众度墓应该

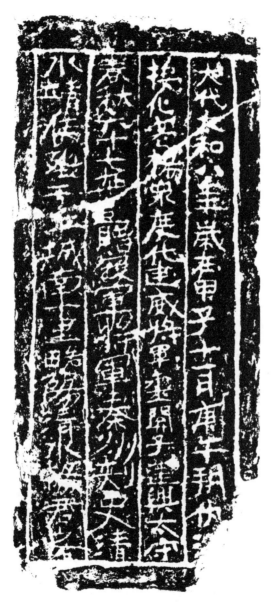

插图二　杨众度墓砖拓片（殷宪教授提供）

位于一条与平城相连贯的驿道旁边,甚至可能是当时的通衢大道之侧,而不是处在普通的乡间小路之间,因为乡间小路不会有精确的里程。

北魏时期,由平城往正南方向确实存在一条著名的大道。日本已故历史地理学家前田正名先生在他的著作中指出:

> 当时,有一条自平城南下,前往黄河中游地区的重要交通路线。这条路线自平城向南进发,到达桑乾河干流上游盆地,在雁门关与古来有名的入塞道交会,然后翻越雁门关南下。因这条路线经过雁门关,姑且称之为雁门关路。[①]

他还指出:

> 如果以平城为基点进行考虑,则无论沿浊漳水路南下至洛阳,还是经由井陉路去河北,或者沿汾河路前往长安,都必须先到雁门关,与自古存在的经由云中、马邑、雁门关、太原而纵贯南北的交通干线交会,然后分赴各个地区。[②]

前田正名先生叙述的是北魏时期由平城南下通往并州首府晋阳城的大道,因其间需要翻越雁门关而被他称为"雁门关路"。由并州继续下行,往东南可以抵达洛阳,往西南可以抵达长安。这无疑是北魏时期重要的大道之一。不过,前田正名先生所谓"雁门关路"的称呼,并不见于北魏时期相关的文献记载,其实将它称为"并州大道"可能更加符合当时

[①] 《平城历史地理学研究》第四章第四节《自平城南下的交通路线——雁门关路》之一《入塞三道中的中道》,第 152 页。

[②] 《平城历史地理学研究》第四章第四节《自平城南下的交通路线——雁门关路》之四《浊漳水路、井陉路、汾河路与雁门关路》,第 165 页。

的习惯,我们对照下面要介绍的"盖天保墓砖"铭文中所谓的"定州大道"一词就可以知道。

并州大道既然是向着正南方向延伸的,它的起点必定是北魏平城郭城之南门,而南门也正是杨众度墓的方位起算点。那么,位于杨众度墓侧近的道路不正是这条并州大道吗? 换而言之,杨众度墓的方向与里程的起算基点与并州大道的起点是一致的;而且,由平城南门往杨众度墓的指向与并州大道延伸的方向也是一致的:二者如此吻合的方位,表明在杨众度墓侧近的道路正是并州大道,而杨众度墓砖铭文所言的"十里"正是并州大道上的十里。

当然,我们在承认这样的结论之前,还应该排除掉或许会有与并州大道平行的第二条大道或驿道的存在。不过,由实地勘察知道,杨众度墓位于今大同市南七里村南的平缓坡地上,[①]从其附近往北至现今大同市区之间,均为广袤的平地,并无高峻的山岭或低洼的谷地,实际上无须再铺设第二条南向的大道。所以,或许会有与并州大道平行的第二条大道或驿道存在的顾虑是不必要的。

上述结论不仅为后人清晰地勾画出当年并州大道北端十里的途径;而且,循此途径,就可以准确地找到平城郭城南门的位置。

大同市考古研究所张志忠副所长,依据陈梦家先生的理论推算,[②]认为北魏时期的十里约等于如今的 8.8 华里。[③] 同时,张志忠先生与他的同事高峰先生还一起就杨众度墓葬的方位作过实际测量,从而验证了推算的结论。

对照相关的地志、图册与实地状貌,杨众度墓的正北 8.8 华里之

---

① 刘吉、齐宝林主编《大同市旅游交通图》,地质出版社 1998 年出版,单幅正面。

② 按陈梦家先生考证,与北魏接近的北周一里约合今 442.41 米。参见陈梦家《亩制与里制》,《考古》1966 年第 1 期。

③ 张志忠《大同七里村北魏杨众庆(度)墓砖铭析》,《文物》2006 年第 10 期。

处，就落在现今善化寺东南残存的城墙附近，此处恰好是明清时期大同府城南门的位置。[①] 换而言之，明清大同府城之南门与北魏平城郭城之南门正好处在同一位置上的。"平城南十里"这简单的五个字，竟成为定位北魏平城郭城南门的关键性文字。

从一块体积不大的墓砖，竟然透露了如此重要的历史信息。可见，墓砖铭文虽然仅有寥寥数十字，但是意义并不小。不过，同任何文献资料一样，墓砖铭文也具有时间上的局限性。杨众度墓砖铭文只能反映出太和八年之际郭城南门的情况，至于此前与此后的演变情况，则还有待于更多的文献与考古资料和更深入的考察。

3. 郭城东南门

墓砖铭文中记载的墓主埋葬的时间和地点，一般没有作假的必要，是客观的、准确的，这就使得带有铭文的墓砖在古代城邑的现代定位中能够发挥关键性的作用。继杨众度墓砖发现数年之后，盖天保墓砖的发现再次证明了这一原理。

盖天保墓砖于 2005 年出土，地点在今大同城东南七华里的沙岭村东。[②] 该砖与上小节所述杨众度墓砖大小相仿，长 30 厘米，宽 15 厘米，厚 5 厘米。[③] 铭文分为两个部分：前部分系正文，为直径约 2 厘米的小字，计三行又一字，凡五十五字；后部分系直径约 4 厘米至 5 厘米

---

① 见于《大同市志》（上册）之《大同市城区图》。《大同市志》（下册）之《文物》第四篇《古建筑》第二章《寺庙》第二节《善化寺》称："善化寺位于大同城区南隅"。该节之九《碑碣》载有《重修善化寺碑》（清乾隆五年，1740 年），并录有郡庠生田士元文。该文称："云中有善化寺，居城之西南隅。地址规制，宏阔端严"。大同市地方志编纂委员会编《大同市志》，中华书局 2000 年出版，第 1631—1639 页。《山西风物志》之《名胜古迹·古代建筑》善化寺条称："善化寺是大同古城较早的一座佛教寺院建筑，位于大同城南门里西侧，故俗称南寺。"山西风物志编辑委员会：《山西风物志》，山西人民出版社 1985 年出版，第 76 页。
② 盖天保墓砖出土地点沙岭村位置，见插图一《七里村与沙岭村位置图》。
③ 详见插图三《盖天保墓砖照片》，殷宪先生提供。

插图三　盖天保墓砖照片

的四个大字,曰"盖兴国父"。

该铭文的正文,殷宪先生释为:[1]

> 太和十六年二月廿九日积弩将军盖天保丧,三月十七日葬在台东南八里坂上。向定州大道东一百六十步。墓中无棺木,西箱壁下作砖床。

墓主的丧日是"太和十六年二月廿九日",为公元 492 年 4 月 11 日;葬日是"三月十七日",为公元 492 年 4 月 29 日:该墓较杨众度墓的时代稍晚,属于平城时代末期的遗迹。

盖天保墓砖铭文里所谓"台东南八里坂上",是为北魏平城郭城定位的重要文字。其中的"台"字,原意为朝廷所在地,应指北魏的国都平城,此处径指平城郭城的城墙。又,盖天保墓砖出土于沙岭村东一华里许的高坡之上,地形与铭文中的"坂上"之语相符合。[2]

殷宪先生曾经对盖天保墓砖出土地点作过实地勘测,[3]该地的方向位于大同城的东南略偏南,与明清大同府城的南门的直线距离是九华里,与明清大同府城的东门的直线距离则更加远;若按照盖天保墓砖铭文所云的"八里"去丈量,仅仅够得上明清大同府城的东南拐角处。[4]也就是说,盖天保墓砖铭文中所谓的"台东南八里",其起算的基点正好落在明清大同府城城墙的东南角。这就证明,明清大同府城城墙之东

---

① 殷宪《盖天保墓砖铭考》,《晋阳学刊》2008 年第 3 期;又收于《北朝研究》第 6 辑,科学出版社 2008 年出版,第 12—28 页。

② 山西省测绘处编:《山西地图》,1971 年 9 月,单幅。

③ 详见《盖天保墓砖铭考》。

④ 据殷宪先生实测,盖天保墓砖出土地距明大同府城东南角为 3.7 公里,合今 7.4 华里;依陈梦家先生在《亩制与里制》中考证的魏、周里制折算,应为 8.36 魏里:约与"盖天保墓砖"铭文所谓"八里"之数相合。

南拐角也正是北魏国都平城郭城之东南拐角。

按照城市郊区的里程以外围城墙的相应城门为起算基点的原则，盖天保墓砖铭文所谓"台东南八里"，表明在平城郭城东南角的侧近处有一座城门洞口。虽然在相关文献之中还未发现相应的记载，但是这座位于郭城东南角侧近的门洞客观上应该存在。因为，倘若该处没有开启门洞，盖天保墓方位的起算基点就应该是郭城的南门或者东门，但是如前所述其间相应的距离显然都超过了"八里"之数，这与盖天保墓砖铭文的记载不相符合。

依据前文所引《魏书》卷三《太宗纪》泰常七年九月辛亥条的记载，平城郭城的周长是三十二里。若参照《太平寰宇记》卷四九《河东道十》云州云中县条所引《冀州图》的记载，"其城东西八里，南北九里"，可知由平城郭城围成的平面呈现接近正方的形状。我们现在难以知晓郭城每一条边墙的准确长度，但从上引两条史料可以知道，郭城的每边城墙的长度都在八里左右。

张畅耕等七位先生曾经实测过平城郭城的长度，虽然理解有所不同，但是他们确定的郭城的四边，与下小节将要讨论的郭城的四边，在走向上都是平行的。因此，他们测定的数据是可以引为参照的。张畅耕等七位先生采用GPS测量出来的数据是：[1]

> 北郭的长度为 3957.498 米，东郭 4062.624 米，南郭 3732.223
> 米，以南北新建路为西郭长 4140.682 米。外郭总长为 15893.027 米。

按此计算所得的结果，与上述《魏书》与《太平寰宇记》中的记载只有些

---

[1]　张畅耕、宁立新、马升、张海啸、辛长青、李白军、高峰《魏都平城考》，收于寒声主编《黄河文化论坛》第九辑，中国戏剧出版社 2003 年出版，第 18—65 页。

许出入,因此并不矛盾。折衷而言,郭城每边城墙的长度大概都在八里左右,这是可以令人们普遍接受的估计。

现在,假设郭城的南门与东门分别位于南城墙与东城墙的中点,则此二门与郭城东南拐角的距离不过4里左右。这就自然会令人疑问,既然间距如此近,那么在郭城的东南拐角有增开一处门洞的必要吗?

传统的城池是按照所谓"四至"开建城门的,平城作为北魏的都城,其郭城的门洞不止四处亦非反常,如果在郭城的东南角开启门洞是不足为奇的。不过,门洞的开启与否应从实际出发。因为城墙最主要的功能是防御外敌,门洞的增建会降低其防御的功能,所以若无必要也就不会多开门洞。

不仅如此,当军事需要之际,还会有堵塞城门的举动。北魏太延五年(439年),太武帝征伐凉州,命侍中、宜都王穆寿辅佐太子拓跋晃镇守京师平城,以防备柔然乘虚侵犯。对此,《魏书》卷二七《穆崇附穆寿传》记载道:

> (穆)寿信卜筮之言,谓贼不来,竟不设备。而(柔然)吴提果至,侵及善无,京师大骇。寿不知所为,欲筑西郭门,请恭宗(即太子拓跋晃)避保南山。

《资治通鉴》卷一二三《宋纪》文帝元嘉十六年(即北魏太延五年)九月条也记载有此事。不过,《魏书》中的所谓"欲筑西郭门",在《资治通鉴》中被写作"欲塞西郭门"。由对比可知,后者的意思更加明确,就是为了防止柔然的猛力攻击而堵塞门洞,并非修筑或加固门洞之意。

上引《魏书》还称,当时柔然吴提侵犯的地点是"善无"。善无在今山西省右玉县境,境内的杀虎口是通往塞外的要隘,吴提大军应当由此方向而来。杀虎口在平城的西偏北方向,穆寿"欲塞西郭门"的道理即在于此。值得注意的是,在上引《魏书》和《资治通鉴》的两段史料中,只称穆寿"欲筑西郭门"或"欲塞西郭门",并无欲塞郭城的西北门或西南门之语。这说明太延五年之际的平城郭城,没有开建西北门和西南门,否则也一定要被堵塞住,因为它们的位置离西郭门很近,也容易受到吴提大军的攻击。可见,平城郭城在初建之时各个拐角附近并不一定都有门洞。然而,由于盖天保墓砖铭文中有所谓"台东南八里"等语,表明平城郭城是开建有东南门的。

平城时代的墓砖中,刻有具体的埋葬地点的文字者属于少数,与上述杨众度墓砖一样,盖天保墓砖也是弥足珍贵的。当然,盖天保墓砖也同样具有时间上的局限性,它的铭文只能够表明太和十六年之际的平城郭城已经具有东南门,至于东南门最初开建于何时则有待于进一步的考证。

不管如何,郭城东南门的开辟,一定具有交通上的理由。可以设想,有一条重要的大道是从平城郭城的东南隅出发的;反过来说,正是由于这条大道具有重要的意义,东南门才成为郭城上必要的开口。东南门的开辟与以其为起点的大道的铺设应该是相辅相成的。

4. 郭城的范围

根据本小节之2的考证知道,北魏平城郭城之南门与明清大同府城之南门处在同一位置上;又根据本小节之3的考证知道,北魏平城郭城之东南拐角与明清大同府城之东南拐角也处在同一位置上。将这两项结论结合起来可以作出这样的推断:作为北魏平城郭城南门与东南拐角连线的郭城南段,与作为明清大同府城南门与东南拐角连线的府城南墙,处在同一条直线上。

由于北魏平城郭城与明清大同府城的平面均大体上呈现方形,则以北魏平城郭城的东南拐角与明清大同府城的东南拐角处在同一位置上为根据,可以进而推测:北魏平城郭城的东段与明清大同府城的东城

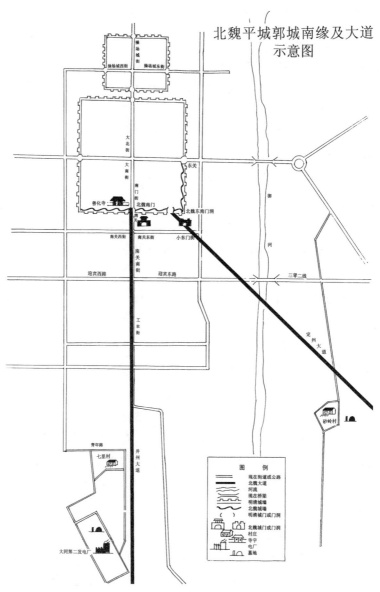

插图四　北魏平城郭城南缘及大道示意图

墙的走向是一致的。换而言之,北魏平城郭城的东段与明清大同府城的东城墙,从它们共同的南端即东南拐角处起,有相当长的一段是重合的。

由于已经知道北魏平城郭城为"周回三十二里",从理论上讲,就可以进一步勾勒其四边城墙的方位,从而在大地上划清楚该郭城的范围。当然,这需要考古方面的具体印证,才可能在实践上获得成功。还值得注意的是,上述论证的主要依据是杨众度墓砖与盖天保墓砖,而二者都属于太和年间的文物,由此推导出来的只是太和前后的平城郭城的状态。不过,此时平城时代即将结束,这应该是平城郭城的定型状态。

又,据前文所引光绪版《山西通志》卷二八《府州厅县考》大同府条的记载,大同府城"周三十里"。考虑到清代的"里"略长于北魏的"里",则大同府城的"周三十里"与北魏平城郭城的"周回三十二里"是接近的。从而可以推想,北魏平城郭城与明清大同府城,二者的范围大体相当,特别是在南部,几近于重合。依据这样的推测,就可以大体勾画出北魏平城郭城的南段与其上的南门、东南门以及由此二门延伸向远方的大道。[1]

这样的结果,纠正了我以往关于北魏平城郭城城墙东段位置的看法。清代学者顾祖禹《读史方舆纪要》卷四四《山西六》大同府大同县条引《城邑考》称:"今城东五里无忧坡上有平城外郭,南北宛然。相传后魏时故址。"在本书初版之时,我在引述《城邑考》这段文字的基础之上推测,位于无忧坡上的南北宛然者"大概是郭城城墙的东段"。[2]　然而,

---

[1]　详见插图四《北魏平城郭城南缘及大道示意图》。本图依据:大同市地方志编纂委员会编《大同市志》(上册)之《大同市城区图》,中华书局 2000 年出版;刘吉、齐宝林主编《大同市旅游交通图》,地质出版社 1998 年出版;山西省测绘处编《山西地图》,1971 年印刷。

[2]　李凭《北魏平城时代》附篇一《北魏平城畿内的城邑》第二节《平城畿内的城邑》,社科文献出版社 2000 年初版,第 298 页。

盖天保墓砖的出土,证明平城郭城城墙东段并不在无忧坡上,所谓南北宛然者,又当作别论了。这次修订再版本书,已经将上述的错误改正,①此处谨作申明,并向读者致歉。

明人张钦著《大同府志》,其中有"大同府城,洪武五年大将军徐达因旧土城南之半增筑"之语。② 张钦是明朝武宗时期人,他在《大同府志》中记载本朝徐达于洪武五年(1372年)增筑大同府城之事应该是准确有据的。不过,这段记载的遣词过于简略,遂使后人在理解上生出歧义,或以为所谓的"因旧土城南之半增筑"系指区域的改变。由此推导,将北魏平城郭城的南门"南移"至今大同市的南关南街与迎宾路相交处的岗楼。其实,将张钦所谓"增筑"的意思,理解为仅仅是城墙的增高、增厚,可能更加符合原意。而张钦所谓的"南之半"三个字,乃是特意强调此次"增筑"的重点在于城墙的南段,以及强调新、旧墙体高度的对比。所以,北魏平城郭城的南门,就应该位于由杨众度墓砖铭文推导出来的现今善化寺东南残存的城墙附近。③

对此,光绪版《山西通志》卷二八《府州厅县考》大同府条则称,"府城,明洪武五年大将军徐达因旧土城增筑"。《山西通志》不但舍去了《大同府志》中"南之半"三个字,而且在"因旧土城增筑"之下还写有"周三十里"四个字。这正好说明,所谓的"旧土城"是指城墙而非城墙围就的区域。按照城墙的增高、增厚去理解,明清大同府城的城墙南段与其前代辽金西京的土筑城墙南段之间,实为叠压的关系。

对张钦《大同府志》中记载的准确理解,其意义是重要的。因为,以

---

① 详见本书第五章《京畿概况》第二节《平城的辉煌时代》之二《平城的基本建设》。
② 张钦:《大同府志》卷二《城池》,(明)正德版。
③ 详见插图五《大同市城区图局部——明清大同府残余城墙以及善化寺位置》,截取自大同市地方志编纂委员会编《大同市志》(上册)之《大同市城区图》,中华书局2000年出版。

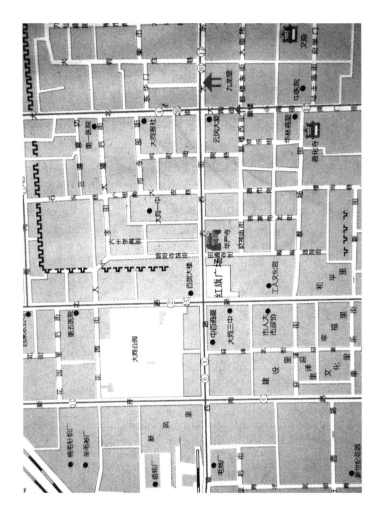

插图五　大同市城区图局部——明清大同府残余城墙以及善化寺位置

往的考古成果表明,辽金西京的土城与北魏平城的郭城之间具有相当程度的因袭关系,所以,由明清大同府城的城墙与辽金西京的城墙之间的叠压关系可以推断,明清大同府城与北魏平城郭城之间也存在着相当程度的因袭关系。具体而言,北魏平城郭城、辽金西京城墙、明清大同府城之间因袭的主要部分应当在于三者的南部。如今,既然对于杨众度墓砖铭文与盖天保墓砖铭文的考据表明,明清大同府城的城墙与北魏平城郭城的城墙,至少在南段与东段上具有很大程度的一致性,那就说明上述的推论是正确的。

从北魏国都平城发展到明清府治大同,该城的南部一直是居民区与商业区。这类区域往往会因人口的大量流动而发生巨大的盈缩迁移。在历经千年变化的过程中,作为都市南部的防护围栏与主体象征的城墙,居然能够一直因袭下来,这绝非偶然。一方面证明,从北魏以降,这座都市的中轴线始终未变;[①]另一方面也表明,直至明清,这座城市的人口始终没有突破北魏平城时代的城市规划的容量。虽然不能由此而认为当年的拓跋统治者具有远瞻千年的预见,但是也确实能够反映出他们具有宽阔的胸襟。

四、平城的发展历程

综合上述,可以看出北魏平城的发展历程大体如下:

登国二年(387 年),拓跋部势力进入雁北,汉代以降的旧平城成为北魏对付后燕的前方重镇。北魏至迟于皇始元年(396 年)已在旧平城设平城县。天兴元年(398 年),北魏迁都平城,随即开始营建宫

---

① 参见殷宪《如浑水考辨》,文中指出:"可以证明北魏时的平城连宫城带郭城再到集中了皇家礼制建筑的南郊,南北不下十五六里,而且从平城到大同历经两千年,南北中轴线始终未变。"《北朝研究》1995 年第 3 期,第 50—56 页。

城。不久，又在旧城设司州和代尹。宫城拔地而起，位于旧城西北方的平坦开阔处，与旧城间保持有一段距离。在宫城兴建的前后，大量的拓跋部、汉族和其他少数民族人民被迁到雁北。其中有不少人，尤其是手工业工匠，徙居于平城的宫城周围。而旧城与宫城之间则是人口比较密集的地区，这里后来形成为新的居民区域。新的居民区日益向宫城以南的平地铺展开来，北魏王朝为了便于统治这个地区，于泰常七年（422 年）在其外围修筑了郭城，随后将其内部规划成坊。

太和年间，平城进入最繁荣的阶段。据《魏书》卷一一四《释老志》载：

> 太和十五年（491 年）秋，诏曰："……昔京城之内，居舍尚希。今者里宅栉比，人神猥凑……。"

这道诏书对于平城的今昔作了生动的对比，以"里宅栉比"的简练语言描绘了平城时代末期京城之内的繁华景象。那时的平城不仅人口稠密，而且打破了北魏初期士庶之间"各有攸处"的界限，这与城市商业的发展也是密切相关的。[①]

城区的繁荣发展必然波及到郊区。北魏以前平城四郊本是大片的荒野之地。天兴二年（399 年）二月，北魏破高车等游牧部落，获俘虏共计九万余口。《魏书》卷二《太祖纪》载：

[①] 《魏书》卷六〇《韩麒麟附韩显宗传》中载韩显宗向孝文帝上书曰："……仰惟太祖道武皇帝创基拨乱，日不暇给，然犹分别士庶，不令杂居，伎作屠沽，各有攸处。但不设科禁，卖买任情，贩贵易贱，错居混杂。"这段材料是反映平城时代人口骤增与贸易发展的很好的说明。

以所获高车众起鹿苑,南因台阴,北距长城,东包白登,属之西山,广轮数十里。凿渠引武川水注之苑中,疏为三沟,分流宫城内外。

由此可见,在北魏建都平城之初,只要迈出平城,四周所见就是一片空旷,道武帝遂将大片的空地规划成为鹿苑。

明元帝时期,将鹿苑一分为三,形成后来的东苑、西苑和北苑,并着手苑内的营建。苑囿本系统治者狩猎、游乐的场所,庶民是不得进入樵采和耕作的。从献文帝时期起,由于平城及其周围地区人口猛增,耕地的需求量日益增长,北魏王朝不得不开放山禁,退苑还耕,[①]这客观上加速了平城郊区及其以外地区的开发。后来平城南北形成鼓城和永固二县也是与此密切相关的。

北魏迁都洛阳以后,平城的营建就很少了。但是,由于北魏平城时代将近一百年苦心经营的结果,洛阳时代的平城仍不失为北魏王朝北部最重要的都市。直到孝昌年间六镇动乱以后,它才骤然衰落下去。

第三节　畿内众多的城邑

汉代以降,特别是北魏平城时代,在畿内出现了较多人口集中的区域,一些较大的区域发展成为城邑。平城的大规模营造,带动了畿内城邑的建设;北魏政权的行政管理,促进了畿内城邑的发展。其中,设置过县级以上行政建制的城邑有十六座,按照它们与平城的方位关系排列并略述如下。

---

① 详见《魏书》卷六《显祖纪》皇兴四年(470年)十一月条、同书卷七上《高祖纪上》延兴三年(473年)十二月庚戌条。

一、近郊三县

1. 永固

永固县属代郡，北魏以前无此县。《水经注》卷一三《漯水》载：

> 如浑水又东南流，径永固县，县以太和中因山堂之目以氏县
> 也。右会羊水……。羊水又东注于如浑水，乱流径方岭。上有文
> 明太皇太后陵，陵之东北有高祖陵，二陵之南有永固堂。

据此可知，永固县位于方岭之西，如浑水上游。方岭即方山，今名梁山，位于今大同市北 25 公里新荣区西寺村附近。方山顶上，尚有文明太后冯氏陵寝永固陵和永固石室以及孝文帝虚宫万年堂的遗址。1976 年春，山西省文物工作委员会和大同市博物馆对此进行发掘，清理出一些遗存。[①]这三处遗址的位置与《水经注》的记载是吻合的。综合上述，可以推断永固县位于今御河上游饮马河畔。

永固石室即永固山堂。《魏书》卷一三《皇后·文成文明皇后冯氏传》载：

> （文明）太后与高祖（孝文帝）游于方山，顾瞻川阜，有终焉之
> 志。……高祖乃诏有司营建寿陵于方山，又起永固石室，将终为清
> 庙焉。太和五年（481 年）起作，八年而成，刊石立碑，颂太后功
> 德。……十四年（490 年），崩于太和殿。……葬于永固陵。

---

① 大同市博物馆、山西省文物工作委员会《大同方山北魏永固陵》，《文物》1978 年
第 7 期。

永固县名既然"因山堂之目以氏",则其建县不会早于太和五年,很可能在太和十四年文明太后去世以后。

据《北齐书》卷一九《薛孤延传》载:

> 薛孤延,代人也。……韩楼之反,延随众属焉。后与王怀等密计讨楼,为楼尉帅乙弗丑所觉,力战破丑,遂相率归。行台刘贵表为都督,加征虏将军,赐爵永固县侯。

葛荣起义后,韩楼为别帅。按《魏书》卷一○《敬宗纪》载,韩楼兵败于永安二年(529年)九月。薛孤延在韩楼兵败后投归朝廷,而被北魏赐爵永固侯,表明北魏末年尚有永固县建制。

方山以南有灵泉池,景色秀丽。上引《漯水》载:

> 羊水又东注如浑水,又南至灵泉池,枝津东南注池。池东西一百步,南北二百步。池渚旧名白杨泉,泉上出白杨树,因以名焉,其犹长杨、五柞之流称矣。南面旧京,北背方岭,左右山源,亭观绣峙,方湖反景,若三山之倒水下。

方山及灵泉池等处是北魏皇室的游乐之地。太和年间,文明太后和孝文帝屡幸于此,并在其周围进行了大量的营建,[1]主要的工程除上述陵寝和山堂外,还有鉴玄殿、思远寺、灵泉池与灵泉殿等。[2]

由灵泉池向南往平城方向,首先到达的是北宫。据《太祖纪》天兴

---

[1] 详见《魏书》卷七上《高祖纪上》、卷七下《高祖纪下》、卷一三《皇后·文成文明皇后冯氏传》及《水经注》卷一三《漯水》。

[2] 详见《魏书》卷七上《高祖纪上》、卷七下《高祖纪下》、卷一○八之三《礼志三》、卷一一四《释老志》、卷九四《阉官·王遇传》及《水经注》卷一三《漯水》。

四年(401 年)条载:

> (七月)车驾自濡源西幸参合陂。筑北宫垣,三旬而罢,乃
> 还宫。

北宫之建早在道武帝迁都平城后不久,其工程也是不小的。但后来逐
渐冷落下来,成为打发和奴役宫人的"作薄所在"了。[1]

2. 鼓城

北魏以前无此县。王仲荦先生引庾信《周使持节大将军广化郡开
国公丘乃敦崇传》指出,北魏恒州代郡有鼓城县,当在今大同市附近,
《魏书》卷一〇六《地形志》不载此县,系东魏侨置恒州时已先废。[2]《水
经注》中也不载此县。《水经注》约撰成于北魏延昌至正光年间(512—
524 年),此县可能只存在过很短的一段时间。

平城四郊以南郊地势最为开阔、平坦,也最为富庶,是当时重要的
农业区。《水经注》卷一三《漯水》载:

> (如浑水)又南,远出郊郭,弱柳荫街,丝杨被浦。公私引裂,用
> 周园溉,长塘曲池,所在布濩,故不可得而论也。

南郊既有良田,又有"弱柳荫街",因而人烟也必定稠密。《释老志》云,原
建于此的大道坛庙就是因为接近闹市而"人神猥凑"的原因才被迁走的。

平城的南郊置有一面大鼓,敲击时声闻全城。上引《漯水》载:

---

[1] 《水经注》卷一三《漯水》。

[2] 详见王仲荦先生《北周地理志》附录一《北魏延昌地形志北边州镇考证》,第 1052
页。

（如浑水）又南屈径平城县故城南。……其水夹御路南流,径
篷台西,魏神瑞二年(415年)又毁建白楼。……后置大鼓于其上,
晨昏伐以干椎。为城里诸门启闭之候,谓之戒晨鼓也。

晨昏启闭城里诸门是京师重要制度之一。白楼上大鼓的鼓声既然作为
北魏都城启闭诸门的信号,在当时一定是妇孺皆知的了。

平城的东、西、北三面为山区,在北郊和西郊分别设置有永固县
和武周县。而南郊良好的自然与人文环境也具备了设县的客观条
件。鼓城既然为北魏在平城附近新设之县,顾名思义,其命名应当与
平城的大鼓有关。因此,笔者冒失地推测,鼓城县应该设在平城南郊
一带。

3. 武周

《水经注》卷一三《灢水》载:

如浑水又南与武周川水会,水出县西南山下。二源翼导,俱发
一山,东北流合成一川。北流径武周县故城西,王莽之桓周也。又
东北,右合黄山水,西出黄阜下,重北流,圣山之水注焉。水出西
山,东流注于黄水。黄水又东,注武周川。

武周川即今十里河。据光绪《山西通志》卷二八《府州厅县考》左云县条
载,所谓十里河上游两翼为今廖家河与温泉,其会合处在今左云县北
郊。同条又载,黄山水源出今左云县西北孤山泉,而圣山之水即今县北
龙泉。由此推测,武周位于今左云县东。

秦代这里属武州塞地;西汉于此设武州县,隶雁门郡;王莽改曰
桓州;东汉一度徙治于善无县西南一百五十里处;西晋罢其建置;北
魏复置,而讹"州"为"周"。北魏武周县属代郡,仍建于西汉武州

县址。

《灅水》称武周县为故城,系指汉代县城而言,不知北魏置武周县于何时。《北齐书》卷一九《王怀传》载:

> 王怀,字怀周,⋯⋯韩楼反于幽州,怀知其无成,阴结所亲,以中兴初叛楼归魏。拜征房将军、第一领民酋长、武周县侯。

中兴是北魏安定王元朗年号,为公元531、532两年,可证北魏末年武周县名尚存。

二、东北一城

4. 高柳

西汉置有高柳县,属代郡。东汉初为卢芳割据。建武十九年(43年),光武帝封卢芳为代王,封其相闵堪为高柳侯,并居高柳。建武二十七年(51年)于此置代郡。西晋废高柳县,将代郡徙治于代县,后又复置高柳县。

《魏书》卷二《太祖纪》登国元年条载:

> (冬十月)会慕容贺驎于高柳,大破窟咄。

则北魏迁都平城以前高柳城邑并未废弃。北魏迁都平城以后高柳依旧重要,《魏书》卷三《太宗纪》泰常二年四月条载:

> 丁巳,幸高柳。壬戌,车驾还宫。

《魏书》卷一五《昭成子孙·常山王遵传》也载:

陪斤弟忠,字仙德。······太和四年(480年),病笃辞退,养疾于高柳。

北魏末年不仅有高柳县,而且置高柳郡。据《魏书》卷一〇六上《地形志上》载,高柳郡置于永熙(532—534年)中,领高柳、安阳二县。安阳县在今河北省阳原县东南。高柳县在今山西省阳高县,但不详设置时间。

光绪版《山西通志》卷三〇《府州厅县考》萨拉齐厅条载:

高柳,今阳高县。

而《水经注》卷一三《灢水》则载:

《山海经》曰:雁门之水出于雁门之山,雁出其间,在高柳北。······其水东南流,径高柳县故城北,旧代郡治。······城在平城东南六七十里。雁门水又东南流,屈而东北,积而为潭,敦水注之。其水导源西北少咸山之南麓,东流径参合县故城。······雁门水又东北入阳门山,谓之阳门水。

光绪版《山西通志》卷二八《府州厅县考》阳高县条在引此文后注曰:

雁门水俗名南洋河,自县北二十里守口出山,经县城北,东南流三十里至天镇东北入阳门山。《注》所言水道与今相符,则县治即汉高柳故城。敦水以经白登城名白登河,亦即汉之参合故县也。明建阳和卫以阳门水而名,土人读"河"如"和",遂书为"阳和"耳。······(郦道元)又谓故城在平城东南六七十里,实记忆之误。

光绪版《山西通志》的考据,批评了《水经注》中有关高柳故城在平城东南的表述,其批评是正确的。

今阳高县城东南约 10 公里处有大白登镇,镇西两公里处有小白登村。雍正版《山西通志》卷二一《山川》阳高县条载:

> 白登山,在县东南二十五里,白登村南二十里,乃白登县遗址。有大白登、小白登。……白登,村名,在阳和南。或曰:魏广鹿苑,迁白登之民于此,故名。

据上引光绪《山西通志》卷二八《府州厅县考》阳高县条载,阳和站在县城西街,则此前的旧阳和卫所也应在县城西街。可见,北魏高柳县位于今阳高县城关,在平城的东北。

三、东部二城

5. 平舒

西汉以战国时期赵国平舒邑为平舒县,隶代郡。王莽改名平葆。东汉仍名平舒,隶代郡。后燕以此安置匈奴降部。北魏仍置此县,属代郡。《魏书》卷二四《许谦传》载:

> 并州平,以谦为阳曲护军,赐爵平舒侯、安远将军。皇始元年卒官,时年六十三。

北魏道武帝平后燕并州是皇始元年(396 年)九月之事,则平舒县在北魏迁都平城前已有。

同书同卷《燕凤传》也载：

> 世祖（太武帝）初，以旧勋赐爵平舒侯，加镇远将军。

可见，北魏迁都平城后仍置平舒县。北魏平舒县在故县之西，《水经注》卷一三《灢水》载：

> 祁夷水出平舒县，东径平舒县之故城南泽中。……《魏土地记》曰：代城西九十里有平舒城。

《水经注》完成于延昌至正光年间，则北魏洛阳时代平舒县仍存在。

光绪版《山西通志》卷二八《府州厅县考》广灵县条在引《水经注》后注曰：

> 《县志》：平水镇在县西十里。按：平水之讹。俗音"水"同"舒"也。地去蔚州之古代王城正九十里。

按语意理解，引文中的"平水之讹"应作"平舒之讹"，系原版刻误所致。蔚州位于今河北省蔚县，其东约10公里有代王城乡。蔚县距山西省广灵县30公里。以里数相较，知平水镇位置正与上载相合。2001年前，广灵县西五公里壶流河北岸置有平城乡，该乡下辖平水村。壶流河即祁夷水，则平城乡当即清代平水镇，平水村应即北魏平舒故城所在地。2001年，平城乡并入作疃乡，则北魏平舒县在今作疃乡境。

　　6. 代

　　西汉置有代县，晋为代郡治。十六国时先后被前燕、后燕所占。后燕建兴二年（388年），代郡人许谦逐太守贾闰，以郡附独孤部帅刘显。

第二年,后燕赵王慕容骥击破许谦,悉徙其民于龙城,遂废代郡。北魏建都平城后,虽以平城为代尹治所,但仍在故代县置代郡,领代、平舒二县。《魏书》卷一一四下《灵征志下》载:

(神䴥)三年二月,白鹿见代郡倒刺山。

倒刺山在今河北省蔚县东约 30 公里处。这条史料证明太武帝神䴥三年(430 年)二月前在代县已置代郡。

代郡在北魏前期属司州,北魏迁都洛阳后分原司州东部为燕州,代郡属之。同时,又因平城之代尹改称为代郡,而将此代郡改称为东代郡。《魏书》卷一〇六《地形志》不载东代郡,但《魏书》卷七一《李元护传》中有载:

元护从叔恤,卒于东代郡太守。

这条史料说明北魏确曾置东代郡。

王仲荦先生指出,北魏代县位于今河北省蔚县暖泉镇西,山西广灵县之东北。[①]

四、东南三城

7. 崞山

西汉置有崞县,隶雁门郡;王莽改曰崞张;东汉、西晋仍名崞,为雁门郡属县。永嘉四年(310 年),刘琨移县民于陉南,其旧地属拓跋猗

---

① 　参阅王仲荦先生《北周地理志》附录一《北魏延昌地形志北边州镇考证》,第 1031 页。

卢。后来北魏于此置崞山县。

"崞"、"崞张"和"崞山"均因县城"右背崞山"而得名。《水经注》卷一三《灅水》载：

> 灅水又东流四十九里,东径巨魏亭北。又东,崞川水注之。水南出崞县故城南,王莽之崞张也。县南面玄岳,右背崞山,处二山之中,故以崞张为名矣。其水又西出山,谓之崞口,北流径繁畤县故城东。……其水又东注于灅水。

关于崞川,雍正版《山西通志》卷二一《山川》浑源州条载：

> 崞川源出州东北二十里,流经州西南十五里古崞县麻家庄。

崞川下游即今浑河干流,其麻家庄以上这一段虽非浑河干流,但也是主要支流之一。

关于崞山,光绪版《山西通志》卷二八《府州厅县考》浑源州条载：

> 州西二十里有横山,南北横亘如城。故崞县在其左。横山疑即崞山。《州志》云:山形如郭,故名。……西汉、晋初崞县及北魏崞山皆今州境。

该条又载：

> 旧城在州西横山左侧,峡水环流,值淫雨泛涨,多水患。后唐时徙筑今治。

此处所谓今治为清代浑源县县城,亦即今浑源县县城。关于此遗址,雍正版《山西通志》卷二一《山川》浑源州条载:

> 横山在州西二十里,南北横亘如城。故崞县在其左,高一里,盘踞五里。

综合上述各条可知,自西汉至北魏,崞山县名称虽略有变化,但城址未变,位于横山左侧麻家庄附近。

今浑源城西约六七公里处横山东南麓有麻庄村,位置正合。近处又有汉墓十四座可作佐证。麻庄村应即清代麻家庄,现属浑源县下韩村乡管辖。

据《魏书》卷五《高宗纪》和卷七上《高祖纪上》记载,兴安二年(453年)五月、太和元年(477年)四月、二年四月、三年四月、七年四月、八年四月,北魏皇帝都曾行幸崞山。二纪所言崞山,不知是指崞山县还是崞山之山,倘指崞山县,则其设县当在兴安二年五月之前。又《魏书》卷一〇六《地形志上》恒州繁畤郡条下有崞山县,则北魏末尚有崞山县,属繁畤郡。

崞山建有惠太后窦氏陵及寝庙。惠太后为太武帝保母,死于太平真君元年(440年)。①

崞山以东为恒山,北魏在此也有不少营建。雍正版《山西通志》卷二一《山川》浑源州条载:

> 后魏泰常三年四月,幸代,至雁门关。望祀恒岳,建岳渎祠于�阴,祀用牲币。即今浑源州之北岳也。

---

① 详见本书第四章第四节第一小节。

又载：

>悬空寺、岳庙，创自元魏太武帝太延元年(435 年)。

上述两条在《魏书》中均能找到相应的记载，①可证悬空寺、恒山岳庙、岳渎祠等重要建筑均始建于北魏。其中悬空寺至今仍被中外瞩目。

8. 莎泉

《魏书》卷一〇六上《地形志上》恒州北灵丘郡条下有莎泉县。《地形志上》所录，为东魏孝静帝武定(543—550)年间状况，而由本小节第9《灵丘》知，东魏北灵丘郡沿袭自北魏灵丘郡。

《水经注》卷一一《滱水》载：

>滱水出(灵丘)县西北高氏山。……又东，合温泉水，水出西北暄谷，其水温热若汤，能愈百疾，故也谓之温泉焉。东南流径兴豆亭北。……东流注于滱水。又东，泉水注之，水导源莎泉。南流，水侧有莎泉亭，东南入于滱水。又东，径灵丘县故城南。

《滱水》但记莎泉亭，不载莎泉县，则莎泉设县甚晚。莎泉县应设于莎泉亭附近，位于《滱水》所述灵丘县与温泉之间。

雍正版《山西通志》卷二一《山川》浑源州条有关于温泉宫的记载：

>温泉在州东百里汤头铺，水似汤，沐浴愈疾。……魏兴光元年

---

① 前条见于卷三《太宗记》，但系于泰常四年八月辛未条下，又见于卷一〇八之一《礼志一》；后条见于卷四上《世祖纪上》，系于太延元年十二月癸卯条下，又见于卷一〇八之一《礼志一》。

（454 年）十二月（文成帝）至灵丘,驻温泉宫。

对于温泉宫,《魏书》卷五《高宗纪》兴光元年十二月条中也有记载,并与
上引《㶟水》相合。

今浑源县东南约 40 公里处有汤头村,属王庄堡镇,该村附近有温
泉,水温高于 60 摄氏度。汤头村应即雍正版《山西通志》中所载汤头
铺,在《㶟水》所载之温泉处,而《高宗纪》所载之温泉宫也应位于此处。
由此可知,北魏莎泉县大约位于今浑源县汤头村东,接近灵丘县境。

9. 灵丘

西汉设灵丘县,属代郡。东汉光和元年（178 年）,灵丘县属中山
国,不久废。北魏设灵丘县和灵丘郡。

《魏书》卷五《高宗纪》兴光元年十二月条载:

丙子,还幸灵丘,至温泉宫。

至迟在兴光元年（公元 455 年）已有关于灵丘的记录,但不明其建置是
县还是郡。

同书《高祖纪上》太和六年（482 年）二月条载:

辛卯,诏曰:"灵丘郡土既偏堵,又诸州路冲,官私所经,供费非
一,往年巡行,见其劳瘁,可复民租调十五年。"

可证北魏迁都洛阳以前已在灵丘设郡治。

灵丘郡属司州,据《魏书》一一〇《食货志》载:

太和八年（484 年）,……所调各随其土所出。……司州万年、

雁门、上谷、灵丘、广宁、平凉郡,……皆以麻布充税。

北魏迁都洛阳后,灵丘郡属恒州。《魏书》卷一一二上《灵征志上》地震条载:

> 延昌元年四月庚辰,……恒州之繁畤、桑乾、灵丘,肆州之秀容、雁门,地震陷裂,山崩泉涌。

则北魏宣武帝延昌元年(512年)尚有灵丘郡。

灵丘郡领灵丘、莎泉二县,东魏天平二年(535年)改名北灵丘郡。

雍正版《山西通志》卷八《城池》灵丘县条载:

> 县城,唐开元年(713—741年)筑,周三里二百三十步。天顺二年(1329年)展筑,徙旧城南三十二步,周五里。……正德三年(1508年)重修,建门楼。嘉靖二十年(1541年)、隆庆元年(1567年)再修。……天启元年(1621年)地震,毁过半,发帑重修,城址仍旧。高三丈,止存一门。

灵丘县城自唐开元后虽屡经修缮,但位置变化不大。唐县城应在今灵丘县城关。又,《读史方舆纪要》卷四四《山西六》大同府灵丘县条载:

> 灵丘故城,县东十里。故赵邑也。《史记·赵世家》:孝成王七年(公元前259年),以灵丘封楚相春申君。汉置县。……后魏移县于今治。今城天顺二年(1458年)改筑,周五里有奇。

据这段记载,北魏县治与唐县治一致,与汉县治不在一处。则北魏灵丘县应在今灵丘县城关。

北魏在灵丘建有粮仓。《元和郡县图志》卷一四《河东道三》蔚州灵丘县条载:

> 隘门山,亦曰隘口,在县东南十五里。……后魏明元帝置义仓之所。

北魏所置粮仓位置在隘门山附近。隘门山位于平城通往河北平原的交通要道灵丘道侧。

隘门山附近有觉山寺,雍正《山西通志》卷二一《山川》灵丘县条载:

> 觉山在县东南三十里,由隘门山峡入。……又有悬钟岩、舍利洞。觉山寺,后魏孝文帝建以报母恩。……《辽碑》记:元魏太和七年(483 年)二月二十八日,孝文思答母恩,于灵丘邑之东南,溪行逶迤二十里,有山,曰觉山,岩豁幽胜,辟寺一区,赐额曰"觉山寺"。

觉山寺至今尚存,在今灵丘县红石塄乡觉山村境,位于灵丘城关东南约十余公里处。

灵丘城在北魏平城时代的交通上占有十分重要的地位。北魏皇帝屡屡经此往中原出巡。《魏书》卷五《高宗纪》和平二年(461 年)条载:

> 二月辛卯,行幸中山。丙午,至于邺,遂幸信都。三月,……舆

驾所过,皆亲对高年,问民疾苦。

文成帝这次出巡中山等地,走的是经由灵丘的路线。该传在上引文字下接着载道:

> 灵丘南有山,①高四百余丈。乃诏群官仰射山峰,无能逾者。帝弯弧发矢,出山三十余丈,过山南二百二十步,遂刊石勒铭。……辛巳,舆驾还宫。

文成帝这次出巡的规模很大,当时刊勒的石铭现存灵丘觉山寺中,②残碑所载随从大臣就有二百八十余位。从文成帝出巡中山等地之后特意停留在灵丘城南的山间举行射箭活动,也可见灵丘在当时所处位置的重要程度。

五、南部三城

10. 繁畤

西汉置繁畤县,属雁门郡;东汉末年县废;西晋复置。永嘉四年(310年)入于代,此后成为代国和北魏早期的重要活动地区。《魏书》卷一《序纪》载,拓跋什翼犍即位于繁畤之北。同书卷一五《昭成子孙·毗陵王顺传》也载:

> 及大祖讨中山,留顺守京师。……时贺力眷等聚众作乱于阴

---

① 今名笔架山。
② 详见灵丘县文管所《山西灵丘县发现北魏"南巡御射碑"》,《考古》1987年第3期;靳生乐、谢鸿喜《北魏〈皇帝南巡之颂〉碑考察清理报告》,《文物季刊》1995年第3期;张庆捷《北魏文成帝〈南巡碑〉碑文考证》,《考古》1998年第4期。

馆,顺讨之不克,乃从留宫自白登南入繁畤故城,阻灅水为固,以宁
人心。

北魏平城时代,繁畤仍然是重要的活动地点。《魏书》卷三《太宗
纪》载:

> 神端元年(414年)春正月辛巳,幸繁畤。

《魏书》卷六《显祖纪》载:

> 皇兴二年(468年)五月乙卯,田于崞山,遂幸繁畤。

《水经注》中不载繁畤郡与繁畤县,其设郡与设县可能较晚。繁畤
郡见于《魏书》卷一〇六上《地形志上》,该郡领繁畤、崞山二县,置于东
魏天平二年(535年)。然而,《魏书》卷一一二上《灵征志上》却载:

> 延昌元年(512年)四月庚辰,……恒州之繁畤、桑乾、灵丘,肆
> 州之秀容、雁门,地震陷裂,山崩泉涌。

按,文中繁畤以下桑乾、灵丘均为郡治,与此二郡并列的繁畤不当独为
县治,也应该是郡治。则繁畤设郡当在延昌元年以前。

据《水经注》卷一三《灅水》载:

> (灅水)又东,崞川注之,水南出崞山县故城南。……其水又西
> 出山,谓之崞口,北流径繁畤故城东。王莽之当要也。又北径巨魏
> 亭,又北径剧阳县故城西,王莽之善阳也。……其水又东注于灅水。

光绪版《山西通志》卷二八《府州厅县考》应州条载：

> （繁畤、剧阳）两县同在浑河之曲，桑乾之阴，相距最近，故常并
> 为一县也。其故城约在州东北二十里。

关于浑河，雍正版《山西通志》卷二一《山川》应州条载：

> 浑河在州东二十里，源出浑源州西北，流入州东北境，绕边耀
> 山，经东小寨、北马庄、南柳会诸村，凡六十里有奇，北流入大同县
> 境西安堡入桑乾河。

同志同卷浑源州条载有浑源河，该条曰：

> 浑源河在州西南十里，出汉土峪，分流绕城西北，西流汇为大泽。
> 又西流汇神溪水，曲折而西北，至应州龙首山。又折而北，入桑乾。

浑河为浑源河之下游。边耀山为龙首山支脉，位于今应县东北十五公
里之边耀村东。上述《山西通志》和《水经注》所载的位置是吻合的。因
此，繁畤故城应在今应县东北边耀山麓西南的浑河曲畔。[①]
　　繁畤附近曾建有繁畤宫。据《魏书》卷二《太祖纪》载：

---

① 根据二十世纪八十年代的两次文物与考古普查，认为在今应县城东张寨村北，
见于支配勇、雷云贵、张海啸、支建平《怀仁日中城即汉勮阳城代公新平城考》所
附《西汉雁门郡古城遗址调查概况》表，收于寒声主编《黄河文化论坛》第九辑，
中国戏剧出版社 2003 年出版，第 66—76 页。而同书所附《西汉雁门郡略图》则
标为城下庄，张畅耕供稿，张海啸制图。张寨村与城下庄村相近，均隶属镇子梁
乡，在今应县城关与边耀山麓之间。由此可见，文献记载与考古调查是可以相
互印证与弥补的。

（天兴元年六月）车驾自中山幸繁畤宫。

则繁畤宫应建于北魏迁都平城以前。

此外，据雍正版《山西通志》卷二一《山川》应州条载：

> 后魏太和十五年（491 年）八月戊戌，移道坛于桑乾之阴，改曰崇虚寺。

这是指本章第二节第二小节之二所述之原位于平城南郊的大道坛庙移到了桑乾河南的繁畤附近。

11. 桑乾

据《水经注》卷一三《漯水》载：

> 桑乾水又东南，径黄瓜阜曲西，又屈径其堆南。徐广曰：猗卢废嫡子曰利孙于黄瓜堆者也。又东，右合枝津。枝津上承桑乾河，东南流径桑乾郡北。大魏因水以立郡，受厥称焉。

桑乾郡为北魏所设，因桑乾水而得名。

汉代有桑乾县，但与北魏桑乾郡并非一地。上引《漯水》又载：

> 漯水东径昌平县，……。漯水又东北径桑乾县故城西，又屈径其城北，王莽更名之曰安德也。《魏土地记》曰：代城北九十里有桑乾城，城西渡桑乾水……。（三国曹）魏任城王彰以建安二十三年（218 年）伐乌丸，入涿郡，逐北，遂至桑乾，止于此也。

则汉桑乾县当在汉涿郡北，位于后来的北魏昌平县东，在今河北省阳原县东北境内。

光绪版《山西通志》卷二八《府州厅县考》山阴县条载：

> 山阴县，汉置汪陶县，隶雁门郡。后汉、晋并同。晋建兴元年
> （313 年），代公猗卢于今县西北黄花岭下筑新平城。后魏天赐三
> 年（406 年），复于今县北建灅南宫，筑外城，后置桑乾郡，隶司
> 州。……孝文迁都，以桑乾郡隶恒州，孝昌中废。

这里所述方位与《灅水》所载相合，由此知桑乾郡置于灅南宫之外城，设
置时间当晚于天赐三年。

"灅"，《魏书》中记作"漯"。《太祖纪》天兴六年（403 年）九月条载：

> 行幸南平城，规度漯南，面夏屋山，背黄瓜堆，将建新邑。

则灅南宫距离南平城不远，在夏屋山与黄瓜堆之间。其初建时间，《太
祖纪》天赐三年（406 年）六月条有载：

> 发八部五百里内男丁，筑漯南宫，门阙高十余丈，引沟穿池，广
> 苑囿。规立外城，方二十里，分布市里，经途洞达。三十日罢。

这里展开的建设就是落实上条史料所述三年前"将建新邑"的规划，其
中所说的"外城"即后来的桑乾郡。但是，这次大规模的施工进行三十
日就作罢了，实际上并没有竣工。《魏书》卷三《太宗纪》泰常五年（420
年）条载：

> （四月）丙寅，起漯南宫。

则灅南宫直到明元帝的后期才建成。

上引《太祖纪》天兴六年九月条中所言道武帝行幸之南平城实即猗卢营建之新平城。对此,光绪版《山西通志》卷二八《府州厅县考》山阴县条下表述得很清楚:

> 猗卢之新城在桑乾河北,道武之新城在桑乾河南。对代都之平城而言,谓之小平城、南平城。两城相对而言,则猗卢之城为北新城,其桑乾郡自在道武所建之城。

道武帝规划而明元帝完成的新城及灅南宫在桑乾河南;猗卢所筑之南平城又称北新城,在桑乾河北。二者隔河相对,但非一城。

关于北新城,《魏书》卷一《序纪》穆帝猗卢六年条载:

> 帝登平城西山,观望地势,乃更南百里,于灅水之阳黄瓜堆筑新平城,晋人谓之小平城,使长子六脩镇之,统领南部。

这条史料明确记载猗卢所筑新城在灅水北岸,上引光绪版《山西通志》卷二八《府州厅县考》山阴县条所载北新城的位置应当是由此确定的。这条史料中的六脩在《魏书》卷一四《神元平文诸帝子孙列传》中有传,该传载:

> 穆帝(猗卢)长子六脩,少而凶悖。……初,穆帝少子比延有宠,欲以为后。六脩出居新平城,而黜其母。

六脩和本条开头所引《灅水》中记载的利孙的身份、经历与所处的时代吻合,六脩应即利孙,只是由于音译的误差致使名字相异了。则对照

《灅水》中所引"徐广曰"的记载，也证明猗卢所筑的北新城应在黄瓜堆南无疑。按《灅水》所载位置，北新城南对桑乾郡，两城隔灅水相望。这一位置与《太祖纪》所载新邑位置也相符合。光绪版《山西通志》卷二八《府州厅县考》山阴县条所说是正确的。

黄瓜堆，又名黄瓜阜，今名黄花岭。雍正版《山西通志》卷二一《山川》山阴县条载：

> 黄花岭在县北四十里怀仁新庄村，河南流，绕其下，古名黄瓜阜。

黄花岭西南有新岱岳村，光绪版《山西通志》卷二八《府州厅县考》山阴县条载：

> 黄瓜阜以南，地势大半平衍，河道迁徙无常。……猗卢之城当在新岱岳以东，桑乾郡城北十里许。

清代山阴县城位于今山阴县古城镇山阴城村，其北六七公里即桑乾河。将此段记载与前引各条史料对照，可知灅南宫及其外城，也即后来设桑乾县、桑乾郡处，应在今山阴城村与桑乾河之间。这一位置正好与新岱岳村以东的地望隔桑乾河相对，也可佐证北新城位于今山阴县北周庄镇新岱岳村东。

《魏书》卷八〇《朱瑞传》载：

> 朱瑞，字元龙，代郡桑乾人也。……永安（528—530年）中，瑞贵达。

代郡桑乾人朱瑞"贵达"于魏末的永安中,但《魏书》卷一〇六上《地形志上》恒州代郡条下却不见桑乾县,那是因为"代郡桑乾"系朱瑞籍贯,并非魏末的建制,而应是较早的建制。则桑乾设县应在设郡之前,而且其初设时是归属代郡管辖的。

据《魏书》卷三七《司马叔璠附司马惠安传》载:

> 惠安,高祖(孝文帝)时袭爵,历恒州别驾、桑乾太守。

这是见于孝文帝时期的桑乾郡。限于管见,现有文献中未见桑乾郡的辖县,不过至少桑乾县应归其所辖。

《魏书》卷六六《崔亮传》载:

> 崔亮,字敬儒,清河东武城人也。……及慕容白曜之平三齐,内徙桑乾,为平齐民。

慕容白曜平三齐为献文帝皇兴二年(468年)之事。则至迟献文帝时期已设有桑乾县或桑乾郡。

《魏书》卷一一二上《灵征志上》载:

> 延昌元年四月庚辰,……恒州之繁畤、桑乾、灵丘,肆州之秀容、雁门,地震陷裂,山崩泉涌。

可见,魏末尚有桑乾郡。《魏书》卷七四《尔朱荣传》载:

> 敕勒斛律洛阳作逆桑乾西,……荣率骑破洛阳于深井。

根据该传前文的内容,此段记载为正光(520—525 年)以后之事。但《魏书》卷一〇六《地形志》中却不载桑乾郡、桑乾县,可能是孝昌(525—527 年)以后废,也可能是天平(534—537 年)中侨置恒州时未再立此郡、此县。

桑乾城方二十里,为北魏时雁北第二大城。其周围,除北新城外,还有早起、日中、日没等三座小城,分布在今怀仁县与山阴县之间。《水经注》卷一三《灅水》载:

> 桑乾水又东,左合武周塞水。水出故城东,南流出山,径日没城南,盖夕阳西颓,戎车所薄,故城也。东有日中城。城东又有早起城,亦曰食时城,在黄瓜阜北曲中。

北魏平城时代在这三座小城中未曾设过县级以上行政机构,北魏洛阳时代之后这三座小城逐渐被淡漠。不过,令人惊讶的是,如今仍有名曰日中城的村庄,位于怀仁县境,其位置或即当年旧址。

桑乾城周围的主要建筑有五石亭和故宫庙。

据《太祖纪》载,天赐三年(406 年)二月建五石亭。而《灅水》也载:

> 灅水又东北,径巨魏亭西,盖皇魏天赐三年之所经建也。

对照建亭年代,巨魏亭应即五石亭。

上引《灅水》接着又载:

> 灅水又东北,径白狼堆南,魏烈祖道武皇帝于是遇白狼之瑞,故斯阜纳称焉。阜上有故宫庙,楼榭基雄尚崇,每至鹰隼之秋,羽猎之日,肆阅清野,为升眺之逸地矣。

故宫庙营建年代不详，但从这段记载来看应该是道武帝时期之后。

12. 阴馆

汉景帝后元三年(公元前141年)于旧楼烦乡置阴馆县，属雁门郡；王莽更其名曰富藏；东汉时为雁门郡治所；西晋仍为阴馆县，永嘉四年(310年)归代国。《魏书》卷二《太祖纪》皇始二年条载：

> 贺兰部帅附力眷、纥突邻部帅匹物尼、纥奚部帅叱奴根聚党反于阴馆。

则魏初仍称其为阴馆。

《水经注》卷一三《㶟水》载：

> 㶟水出于累头山，……径阴馆县故城西。……魏皇兴三年，齐平，徙其民于县，立平齐郡。

平齐郡先置于北新城，后南移至阴馆城。则阴馆置平齐郡应在皇兴三年(469年)以后。平齐郡既然见于《水经注》，则北魏后期尚有此郡，然而《魏书》卷一〇六《地形志》中却不载，这是由于天平二年(535年)侨置恒州时未立平齐郡之故。又，《水经注》不载阴馆县，而称之为阴馆故城，阴馆县也不见于《地形志》，或是立平齐郡前已废，或是立平齐郡时废。

北魏立平齐郡的同时立怀宁、归安二县，均隶平齐郡。《魏书》卷四三《刘休宾传》载：

> 及立平齐郡，乃以梁邹民为怀宁县，休宾为县令。

由此知怀宁县为安置刘宋梁邹移民所居。同书同卷《房法寿附房崇吉传》载：

> 及立平齐郡，以历城民为归安县，崇吉为县令。

由此知归安县为安置刘宋历城移民所居。据同书卷二四《崔玄伯附崔道固传》载，梁邹、历城两县之民仅数百家，且其同时被徙，因此怀宁、归安二县与平齐郡治所相距不会远，很可能都在阴馆。

平齐郡位置，《崔玄伯附崔道固传》作阴馆之西，《慕容白曜传》作下馆。《太平寰宇记》卷五一《河东道十二》朔州鄯阳县条载：

> 阴馆城今名下馆城。

《读史方舆纪要》卷四〇《山西二》太原府代州阴馆城条也载：

> 在州北四十里。……宋白曰：今州城为上馆城，而阴馆为下馆城。……魏收云下馆即故阴馆城也。

代州治所在今山西省代县城关，则上馆城即今代县城。而州北四十里之下馆城即故阴馆城。

光绪版《山西通志》卷二八《府州厅县考》朔州条载：

> 案，广武故县在古阴馆东五里，盖金时析马邑县所置者。

同条还指出，明代于广武故县东别置广武营，当地名之新广武，而称金时故县为旧广武。今山阴县西南有新广武村和旧广武村，两村相距约两公里，与此相合。据此，古阴馆城当在今旧广武村西不远。

今旧广武村西偏北约四公里处有夏关城村,属朔州市朔城区滋润乡管辖,此处当即古阴馆城。"夏关"与"下馆"音似,且夏关城村位于雁门山北,西北距今朔城区 30 公里,东南距今代县城关 23 公里,地望与上引《读史方舆纪要》所载基本符合。

据《魏书》卷五四《高闾传》载,高闾曾上奏议曰:

> 明察畿甸之民,饥甚者出灵丘、下馆之粟以救其乏,可以安慰孤贫,乐业保土。

阴馆附近水源充足,土质良好,为雁北重要的农业区域,因而北魏在此建有粮仓。此条史料同时表明,北魏在灵丘也建有粮仓,这在本小节第 9 之灵丘条下已经述及。

北魏在阴馆城附近建有楼烦宫,文成帝曾在此接见外国使者。《魏书》卷五《高宗纪》和平六年条载:

> 二月丁丑,行幸楼烦宫。高丽、蠕蠕、对曼诸国各遣使朝献。

楼烦宫因距旧楼烦县不远而得名,位置应在阴馆故城附近。以下考证之。

西汉有楼烦县,属雁门郡,东汉灵帝时废,西晋复置。《读史方舆纪要》卷四〇《山西二》太原府静乐县条下载:

> 楼烦城,县南七十里。《志》云:楼烦,胡地。赵武灵曰:吾国西有林胡、楼烦之边。……汉置楼烦县,属雁门郡。……后汉仍为楼烦县。

上文中赵武灵王语引自《史记》卷四三《赵世家》。该条《正义》曰：

> 林胡、楼烦即岚、胜之北也。岚、胜以南石州、离石、蔺等，七国
> 时赵边邑也。

《史记》卷一一○《匈奴列传》也载：

> 晋北有林胡、楼烦之戎。

又称：

> 赵武灵王亦变俗胡服，习骑射，北破林胡、楼烦。

则古楼烦国当在赵国西境和北境，范围颇大，并非局限于《读史方舆纪要》的静乐县条所云之楼烦城。

关于汉、晋楼烦县的位置，众说不一，除静乐之说外，还有神池、五寨、宁武、岢岚、岚等县的说法，但据《魏书》卷一《序纪》穆帝三年条载：

> 帝以封邑去国悬远，民不相接，乃从（刘）琨求句注陉北之地。
> 琨自以托附，闻之大喜，乃徙马邑、阴馆、楼烦、繁畤、崞五县之民
> 于陉南，更立城邑，尽献其地，东接代郡，西连西河、朔方，方数
> 百里。

则汉、晋楼烦等五县均应在勾注陉即今雁门关北，而上述静乐等诸县皆在雁门关之西南，与《序纪》所载不符。据上世纪八十年代张畅耕、雷云

贵二位先生的调查,西汉楼烦城在今朔州市朔城区梵王寺村西,[①]隶属于窑子头乡。这一位置正在雁门关北,应是西汉楼烦县城所在地,也是沿此而建的晋楼烦县城旧址。

《魏书》卷一○六上《地形志上》肆州雁门郡原平县条下载:

> 有阴馆城、楼烦城、广武城、龙渊神、亚泽神。

此楼烦城当是刘琨移民于陉南后设置的。然而,《太平寰宇记·河东道》崞县条却误以陉南之楼烦故城为汉县所在地,因而称:

> 楼烦故城,汉为县,故城在今县东。

《太平寰宇记》中所云“今县”,原本也在陉北,后被刘琨移于陉南,仍称崞县。此陉南崞县的故治在今原平县崞阳镇。由此知,《太平寰宇记》所谓楼烦故城,是刘琨移民后在陉南设置的楼烦县城,不是原先的汉县旧址。北魏以后,楼烦郡、楼烦县又渐次移至静乐县境,于是就有了上引《读史方舆纪要》卷四○《山西二》太原府静乐县条的说法。

返回来再看《水经注》卷一三《灅水》的记载:

> 灅水出于累头山,一曰治水,……东北流出山,经阴馆县故城西,县故楼烦乡也。

由此知,汉楼烦乡位于阴馆县故城。又,《太平寰宇记》卷四九《河东道

---

① 详见支配勇、雷云贵、张海啸、支建平《怀仁日中城即汉勴阳城代公新平城考》所附《西汉雁门郡古城遗址调查概况》表。

十》代州条引《河东记》曰：

> 始皇十三年(公元前234年)，移楼烦郡于善无县，今勾注山北
> 下馆城是也。

下馆城即阴馆城，前已证明位于今朔城区滋润乡的夏关城村。既然汉楼烦乡和秦楼烦郡均在阴馆故城，而且此处正在勾注山北，又离古楼烦国不远，那么汉、晋楼烦县城也应距此不远或即治于阴馆故城。则因古楼烦而得名的北魏楼烦宫位于阴馆故城附近之事得证。

六、西南三城

13. 北新城

如上第11桑乾条所述，北新城位于今山阴县北周庄镇新岱岳村以东。北魏在此设过平齐郡。

据《魏书》卷六《显祖纪》载，北魏于皇兴二年(468年)攻占刘宋青州，于皇兴三年五月将青州民徙往京畿。关于青州民的安置情况，《魏书》卷二四《崔玄伯附崔道固传》记载得比较详细，曰：

> 既而白曜送(刘宋青州守将崔)道固赴都。有司案劾，奏闻，诏
> 恕其死。乃徙青齐士望共道固守城者数百家于桑乾，立平齐郡于
> 平城西北北新城。以道固为太守，赐爵临淄子，加宁朔将军。寻徙
> 治京城西南二百余里旧阴馆之西。

同书卷五〇《慕容白曜传》也载：

> (皇兴)二年，崔道固及兖州刺史梁郡守将刘休宾并面缚而降。

> 白曜皆释而礼之。送道固、休宾及其僚属于京师。后乃徙二城民
> 望于下馆,朝廷置平齐郡怀宁、归安二县以居之。自余悉为奴婢,
> 分赐百官。

由上述两条记载可知,青州民被徙往北魏京师平城后,除一部分分赐百
官为奴婢外,其中的"士望"曾被安置在北新城,并于此设平齐郡。

在《崔道固传》中,称北新城在平城西北。但《读史方舆纪要》卷四
四《山西六》大同府大同县条对此也有记载:

> 平齐城,府西三十里,汉平城县地。《宋志》:泰始五年(469
> 年),魏人徙升城、历城民望于桑乾,因立平齐郡以处之。

则顾祖禹认为平齐郡在大同府西。但是,《崔道固传》中明言道固等被
徙于桑乾,而北魏桑乾郡、县并不在平城附近,却在今山阴县境。若照
《读史方舆纪要》的说法,则设郡之地与其所居之地相距甚远,而且《魏
书》和《水经注》中也不载平城西或西北有另一座北新城,可见平齐郡并
不在平城附近。

今以地望核之,北新城恰在桑乾城之西北。[①] 而且,《通典》卷一七
九《州郡九·古冀州下》朔州条载:

> 后魏初,云中在今郡北三百余里定襄故城。北齐置朔州,在故

---

① 关于北新城的变迁,近年有三篇论文值得重视。其一,戴卫红《新平城、南平城、
北新城考释》,殷宪主编《北朝研究》第七辑,科学出版社2010年出版,第93—97
页;其二,殷宪《北齐〈张谟墓志〉与北新城》,"北朝都城历史文化国际学术研讨
会"(2008年5月,大同)会议论文,待刊;其三,支配勇等《怀仁日中城即汉勠阳
城代公新平城考》。

都西南新城,一名平城也。

而《隋书》卷三〇《地理志中》善阳县条载:

> 又有后魏桑乾郡,后齐以置朔州及广宁郡。

由此知桑乾城也曾被称为平城,则《崔道固传》中所谓平城者很可能就是道武帝所营之灅南宫新邑亦即桑乾城。倘如是,上述地望上的矛盾也就不存在了。不过平齐郡设在北新城的时间很短,不久就如《崔道固传》所云被徙往阴馆城了。

此后,北魏又在北新城设太平县。《太平寰宇记》卷五一《河东道十二》朔州鄯阳县条下未记录太平县,但有所谓太平城。该条载:

> 太平城,后魏穆帝(猗卢)所理,此城《冀州图》云太平城。城上埤垣,却敌在内。新城东西南北各十里,内有统万所送大釜二百口,各受二百石。

此太平城既为猗卢所理,按其地望实即南平城。倘若如此,则太平城即北新城。当时的鄯阳县位于后来的朔县城关即今朔州市朔城区,北新城在其界内,也可佐证上面的推测。《冀州图经》谓其城东西南北各十里,可能有所夸张,实际范围没有那么大。据载,道武帝所营灅南新邑即桑乾城方二十里,这里可能是将隔河相对的桑乾城与北新城二者混为一谈了。桑乾郡、县在北魏末尚存,不当复于其地置太平县,太平县应置于北新城无疑。也正是因为后世于此设置过太平县,才会发生《太平寰宇记》中将太平城与南平城混为一谈的现象。

北魏以前无太平县。《魏书》卷一〇六上《地形志上》恒州条载,代郡领有太平县,但《水经注》却不载此县,其设置时间应在正光以后。

14. 梁郡城

前代无梁郡。《魏书》卷七四《尒朱荣传》载:

> ……祖代勤,继为领民酋长。……高祖赐爵梁郡公,以老致仕。

北魏孝文帝时将梁郡赐为尒朱氏之封邑。同传又载:

> (尒朱)文略,袭爵梁郡王。武定(543—550 年)末,抚军将军、光禄大夫。

则东魏末尚有梁郡。由于梁郡为尒朱氏封邑,因而直到尒朱氏彻底灭亡后才废。

《太平寰宇记》卷五一《河东道十二》朔州鄯阳县条载:

> 故梁郡城。《冀州图》云,梁郡城,在鄯阳北二十里,即尒朱荣所居。

此鄯阳县位于今朔州市朔城区城关,详见以下第 15 马邑条的论证。由此知,梁郡城位于今朔城区城关之北。

《魏书》卷七五《尒朱兆传》载:

> 兆弟智虎。……与兆俱走,献武讨擒之于梁郡岢岚南山。

由此条记载知,梁郡属县中有岢岚县。岢岚县位于今山西省岚县北十余公里的岚城镇北。①

15. 马邑

秦、汉设马邑县,属雁门郡;东汉末年县废;西晋仍置马邑县,永嘉四年归代国。

北魏前期复置马邑县,《魏书》卷三《太宗纪》神瑞元年条载:

八月戊子,诏马邑侯元陋孙使于姚兴。

则神瑞元年(414年)以前已置马邑县。但《魏书》卷一一六《地形志》不载马邑县。而《水经注》卷一三《㶟水》载:

桑干水自源东南流,右会马邑川水,水出马邑西川。……其水东径马邑县故城南。

《水经注》中已称之为故城,应是北魏洛阳时代后期此县已废。

《元和郡县图志》卷一四《河东道三》朔州鄯阳县条载:

鄯阳县,……本汉马邑县。……高齐于此置招远县,(隋)大业元年(605年)改为鄯阳县。

其下又曰:

州城,本汉马邑城也。

---

① 详见王仲荦《北周地理志》卷九《河北上》北朔州岢岚条,第890—893页。

可见隋唐鄯阳城即秦汉至北魏之马邑城。又,《太平寰宇记》卷五一《河东道十二》朔州鄯阳县条也载:

> 鄯阳县,本汉马邑县,……大业元年(605年)改为鄯阳县。

由此知,宋代的鄯阳县仍是在前代马邑县的旧址上设置的。此后的情况,雍正《山西通志》卷八《城池》朔州条中有记载:

> 朔州,即古马邑也。秦始皇时建。……原城基九里十三步。元至正末,……省去西北,筑东南一隅,以便备守。工未竟。明洪武三年(1370年)指挥郑遇春修完。

清代朔州城的基址依然是秦代以降的古马邑城,但现存朔州城墙则为元、明时所修。

综上所述知,自秦汉以来马邑城位置基本未变,位于今朔州市朔城区城关。

七、西部一城

16.善无

西汉有善无县,为雁门郡治;东汉时雁门郡南徙,以善无为定襄郡治;东汉末该郡与县皆废。但北魏迁都平城以前,此地仍沿用善无旧名。[1] 北魏复置善无县,为京畿的西界,[2]则其位置仍在汉代旧县。

---

① 《魏书》卷二《太祖纪》登国元年三月条载,刘显自善无南走马邑,可见北魏迁都平城以前该地仍是沿用旧名的。

② 详见《魏书》卷一一〇《食货志》。

光绪版《山西通志》卷二八《府州厅县考》朔平府条载：

> （汉雁门）郡治善无，即今府东南五十里之古城也。

清代朔平府治右玉县。当时右玉县治不在今县治所在地新城镇所属梁家油房村，而在今县治的西北约 20 公里之右卫镇。而右卫镇南 25 公里处恰有名古城的村庄，如今隶属于威远镇。

《水经注》卷三《河水三》也载：

> （中陵川水）又西北，右合一水，水出东山，北俗谓之贷敢山，水又受名焉。其水自西北流，注于中陵水，又西北流，径善无县故城西。

上引光绪版《山西通志》同卷右玉县条对《水经注》中此段有注，曰：

> 贷敢山即牛心山，在县东南四十五里。其水俗名双河，西流至威远堡，东入沧头河，即古中陵川水也。（善无故）城在两水间，西南距平鲁县约七十里，与《十三州志》善无县南七十五里有中陵城正合。《县志》，东古城在县东南五十里，相传汉明妃居此。以《注》核之，汉县距今府城约四十里，亦相近也。

今古城村的位置与上述《水经注》及《山西通志》记载均合。1975 年，在古城村周围发现了汉墓群，有不少铜器、漆器、陶器等文物出土，也可作为汉善无县在此的佐证。

又，《太平寰宇记》卷四九《河东道十》云州云中县条载：

> 善无城,后魏善无县,隋废,今故城存。

此处所谓故城,应指今右玉县威远镇古城村,亦即建在汉县旧址上的北魏善无县。

善无郡的设置晚于善无县。按《魏书》卷一〇六上《地形志上》记载,善无郡设置于东魏天平二年(535 年),领善无、沃阳二县,隶恒州。但《周书》卷二《叱列伏龟传》载:

> 正光五年,魏广阳王琛北征,请龟为宁朔将军,委以帐内兵事,寻除善无郡守。

则正光五年(524 年)之前北魏已设善无郡。

八、畿内城邑的发展历程

上小节对畿内曾设县级以上行政建置的城邑逐一作了考察,但由于史料的不足和水平所限,笔者深感难以达到深入详尽的程度。虽然如此,由上述的考察也还能归纳出一些粗浅的看法。

畿内城邑的发展历程可以划分为三个阶段。

第一个阶段包括道武帝、明元帝、太武帝三代。在这一阶段中,恢复了秦汉以来大部分旧县的建置,并在此基础上建立了州、郡、县三级行政体制。在古代,行政机构的建立和城邑的建设不仅密切相关,甚至在很大程度上可以作为城邑发展的主要标志。因此,州、郡、县三级行政体制的建立,也说明畿内城邑分布的格局在这个阶段已基本奠定。恢复或者更确切地说重建畿内各级城邑,是与大规模地规划和营建平城的宫城和郭城同时进行的。畿内城邑中的建设重点则是灅南宫新邑亦即以后的桑乾城。

　　第二个阶段,自文成帝即位至孝文帝迁都洛阳时为止。在这一阶段中,平城又得到了改建和扩建,在平城发展的影响下,其周围出现了永固、鼓城等新的县邑。另外,在桑乾城附近也出现了以刘宋青州移民为主要居民的平齐郡及其所领怀宁、归安二县,还有尔朱氏所居梁郡城等。与此同时,其他各郡、县也在继续发展之中。据《魏书》卷二《太祖纪》天赐元年(404年)条载,魏初有所谓"限户不满百而罢之"的规定。由于长期战乱,致使北魏初期境内人烟稀少,因而作出了裁并县邑的规定。然而,畿内的实际情况却与其他地区相反,郡县建制的城邑不仅不减少,反而有所增加。畿内十六座设过县级以上行政机构的城邑中,有六座是新建的。至于那些汉代以来的旧县,不仅建制一直保留下来,还有不少升格成为郡。因此,这一阶段是畿内城邑群体大发展的阶段,而文明太后临朝听政的太和年间则是其鼎盛时期。

　　北魏迁都洛阳以后至魏末孝昌年间是第三个阶段。在这一阶段中,旧都畿内见不到大的营建工程,但也无大的城邑变迁现象。虽然从趋势看,旧都畿内在由繁盛转向衰落,但城邑的总体格局可以说一直维持到了魏末。孝昌年间的战乱发生后,旧都畿内的城邑大多化作了废墟,但是其布局却成为后世重建与发展的基础。

　　考察平城与畿内城邑的建筑,给人突出的感觉是宫室、殿堂和陵寝占了很大的比重,尤其在平城和桑乾城的周围。既然这里是北魏前期的京畿之地,统治阶级自然要在主要城邑及其周围大量营建供其生前享用和死后荣耀的建筑。在北魏平城时代,佛教和道教也必然要以国都平城为其中心,因而京畿出现了大量的寺院。上述建筑虽然是反映城邑文明与繁荣的重要方面,但是更重要的应该是各城邑内部的布局以及民居与公共设施的营建状况。这方面虽然也有零星的记载,但与前者相比就显得过于简略了,因此给我们考察平城畿内城邑的形制造成了很大的困难。不过,有一点是可以肯定的,那就是影响京畿城邑营建的诸因素中起主导作用的是中原都市的形制。

《魏书》卷一三《皇后·平文皇后王氏传》载：

> 昭成初欲定都于灅源川，筑城郭，起官室，议不决。后闻之，曰："国自上世，迁徙为业。今事难之后，基业未固。若城郭而居，一旦寇来，难卒迁动。"乃止。

可见，拓跋部迁都平城以前并无"城郭而居"的风俗，他们在城邑建设上没有什么经验，在这方面不得不求教于汉族的文明。所以，在营建平城的过程中，自始至终是以中原都会的形制为蓝本的。《魏书》卷二三《莫含附莫题传》载：

> 太祖欲广官室，规度平城，四方数十里，将模邺、洛、长安之制。运材数百万根，以题机巧，征令监之。

道武帝时期，中原的邺、洛和长安等大都市中，北魏仅占有邺城，因此，所谓模仿三者，其实主要指邺城而言。

据《水经注》卷一〇《浊漳水》载，邺城主体系曹魏时所建，直到后燕时仍很繁华。道武帝灭燕不久曾到过此城，并对之深为惊叹，他"巡登台榭，遍览宫城，将有定都之意"。[①] 这正是后来道武帝决心模仿邺城兴建平城以及畿内城邑的主要原因。经调查，邺城东西3.5公里，南北2.5公里，其宫苑集中于北部，南部为居民区。[②]后来北魏平城的布局是

①　详见《魏书》卷二《太祖纪》天兴元年正月条。
②　详见俞伟超先生《邺城调查记》，刊于《考古》1963年第1期；又见徐光冀先生《曹魏邺城的平面复原研究》，刊于中国社会科学院考古研究所编《中国考古学论丛》，科学出版社1993年出版，第422—428页。

与此相同的。

太和年间,为了扩建和改建京畿的建筑,北魏朝廷曾经派蒋少游去考察中原都市。据《魏书》卷九一《术艺·蒋少游传》载:

> 后于平城将营太庙、太极殿,遣少游乘传诣洛,量准魏晋基址。

这次考察的宗旨,就不仅仅是模仿,而且要"量准"了。总之,在平城的两次营建高潮中,其总体规划与主要建筑是模拟中原都城的。

平城畿内的第二大城桑乾城开工营建的时间较始建平城的时间晚了八年,它也分为瀍南宫与外城两个部分,而且在外城中同样"分置市里"。显然,平城的布局为桑乾城的营建提供了经验,则桑乾城的形制也是源于中原都市了。

虽然平城畿内其他城邑的形制史无明载,但是直接地或间接地受到中原城邑形制的影响是无疑的。

值得注意的是,畿内城邑最密集的地区不是平城周围,而是今桑乾河上游地区。我们看到,在包括桑乾河上游干流及其支流黄水河与浑河在内的这段狭长的流域中分布着崞山、繁畤、桑乾、北新城、阴馆、马邑和梁郡城等七座城邑,在这些城邑中先后设置过七个县级行政机构和四个郡级行政机构。这里正是道武帝天兴元年"更选屯卫"和"计口受田"的中心区域,它较畿内其他地区开发得更早,在以后的一个世纪内成为畿内经济发展最快的部分,对带动京畿社会的发展产生过不小的影响,是尤其值得重视的地区。

第四节　畿内外的交通

对畿内城邑的逐一探讨,为分析京畿之内的交通和平城与京畿以外地区的交通提供了依据;而对于京畿内外交通状况的分析,将有助于理解北魏的国策。

一、畿内的交通

畿内城邑的分布特点,能鲜明地反映出相应的交通状况。不难看出,畿内城邑几乎都位于平城与其他地区联系的交通干线上。[①] 现在依照这样的规律,将这些城邑排列如下:

1. 正北线:平城—永固—柔玄镇
2. 东北线:平城—高柳—蓟(幽州治所)
3. 正东线:平城—平舒—代—蓟
4. 东南线:平城—崞山—莎泉—灵丘—中山(定州治所)
5. 正南线:平城—鼓城—繁畤—桑干—阴馆—晋阳(并州治所)
6. 西南线:平城—鼓城—北新城—马邑—晋阳
7. 正西线:平城—武周—善无—盛乐(云州治所)

通过畿内城邑的排列,不仅画出了平城与畿内各城邑联系的交通线,而且也指明了平城通向京畿以外各都市的大道。以平城为出发地,经永固直向正北,便跃上辽阔草原,驰骋于柔玄等六镇;沿桑乾河而下,经东北线或正东线,就来到幽州,溯桑乾河而上,经正南线或西南线,能抵达并州;翻越恒山,经东南线,趋向定州;跋涉于武周山间,经正西线,至拓跋旧都盛乐,再北行穿越白道,可以到达漠北。

畿内的城邑在各个方向上分布得并不均匀,这直接影响到京畿交通线的布局。京畿交通线虽然在各个方向上都很畅达,但是分布的密度是有所侧重的。不难看出,京畿交通线的分布,并不像平原地区那样呈现为方格网形,其状态恰似一把展开的折扇。平城是这把折扇的扇

---

① 　详见插图六《北魏京畿城邑分布略图》。

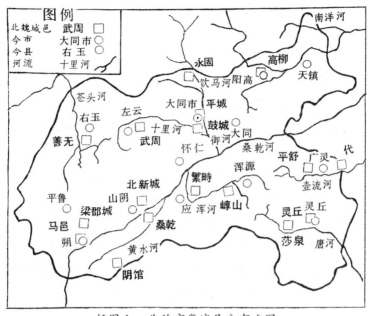

插图六　北魏京畿城邑分布略图

柄,由畿内城邑连接而成的众多交通线则构成为条条的扇骨。所以会形成这样的状态,乃是因为自然地理方面的原因造成的。经过桑乾河及其支流的常年流淌,在大同盆地内形成为若干狭长的谷地,谷地之间被绵亘的山岭阻隔,因此城邑只能扎根于河道之畔,交通线必然沿着谷地伸展,于是其总体的布局呈现为折扇般的状态。

　　至于这把折扇的面向,则是南方与东南方。这首先与京畿经济发展的布局密切相关。通过上节的研究已经知道,位于大同盆地南部与东南部的桑乾河上游干流流域以及黄水河流域与浑河流域是畿内经济建设的重要地区。这些区域,农田广布,城邑密集,对京畿社会的发展起着带动作用,其间的交通必然发达,运输肯定繁忙。其次,这把折扇面向南方与东南方的特点,十分有利于京畿与中原汉族地区的政治、经济联系;反过来,与中原汉族地区的政治、经济联系的加强,又推动着京畿社会的发展。而获得优先发展机会的正是位于交通干线上的畿内城邑。例如,位于定州大道上的灵丘县城,虽然土质"褊埆",却因位于"诸州路冲"而得到发展,并升格为郡,这就是明证。

二、定州大道

北魏平城与外界的联系,具有众多的交通线,其中最重要的是定州大道。然而,限于管见,"定州大道"四字并不见于《魏书》《北史》《资治通鉴》等文献的记载。幸亏有本章第二节第三小节之第3《郭城东南门》中引述过的盖天保墓砖铭文的记载,才使人们知道它是联系平城与河北大平原的交通干线的专有名称。

为了便于分析,再将盖天保墓砖铭文抄录于下:

> 太和十六年二月廿九日积弩将军盖天保丧,三月十七日葬在台东南八里坂上。向定州大道东一百六十步。墓中无棺木,西葙壁下作砖牀。

上述铭文表明,盖天保墓位于一条通往平城郭城的大道之侧,这条大道被称作定州大道。定州大道的起点是郭城的东南门,铭文所述"台东南八里",就是在这条大道上以东南门作为起算基点的里程。铭文所谓"向……东"的表述,应为盖天保墓往东朝向定州大道的意思。其下的"一百六十步",正是按此方位丈量出来的距离。只要按此进行换算,就可以准确地定位当年定州大道北端八里的途径;而且,循此途径,就可以核定平城郭城东南门的准确位置。

郭城东南门是由平城向东南伸展的定州大道的起点,而定州大道则是北魏平城时代最为着力营建和维护的交通要道,因为它联系着位于河北大平原上的重镇中山城。中山城位于今河北省定州市,十六国时期是鲜卑族慕容部建立的后燕政权的都城。北魏灭亡后燕之后,将这里确定为定州的治所。在自然地理上,中山城地处华北平原北部的西侧,由此可以十分便利地通达黄河下游各处。因此,北魏王朝在中山城设有行台,使之成为控制河北平原的政治与军事据点。在整个北魏统治时期,河北平原盛产的粮食与农副产品等物资都在国民经济中占据很大比例,而中山城正是这些物资集散的中心。中山城重要的政治、军事与经济地位,决定了定州大道的重要性,从而也就决定了在平城郭城的东南开设一处门洞的必要性。不难设想,由于郭城东南门和定州大道的存在,平城的东南部分必定会发展成为热闹的商业区域。

“定州大道”的称呼出现在盖天保墓砖铭文之中,说明它是被公众共识的道路名称。盖天保墓位于京畿而远离定州,说明定州大道并非定州附近的区间性道路,而是指贯通国都平城与定州的整条大道。也就是说,定州大道的一个端点是定州,另一个端点则是平城。

值得注意的是,定州大道只以相对次要的端点“定州”来命名,却不提与定州相比更加重要的端点平城。这绝不表示定州比平城更加重要,只能表明,以平城作为该条大道的一个端点是不言而喻的,是获得大众公认的。正是由于平城在当时是不言而喻的端点,所以在大道的名称中反而可以被省略掉,而不会发生误会。这样的现象说明,在北魏平城时代,作为国都的平城,同时也就是整个北魏版图内的交通中心。

就古代的交通方式而言,定州大道是比较艰难的道路。自起点平城算起,以崞山为界,可以将定州大道划分为西、东两段。崞山以西比较平缓,崞山以东相当险峻。

从崞山往东就进入恒山山区,此后自灵丘下行有一段漫长的山路,因山峦重叠而陡峭曲折。所以,道武帝一俟平定后燕,即命凿山通道,将以前的旧山路竣修通畅。经修建之后,定州大道的东段较北魏之前便捷许多,因此又被称作"直道"。

位于定州大道东段的灵丘、莎泉等城邑,因附近均有险要的隘口而出名。在《魏书》等文献中可以见到灵丘道、莎泉道等道路名称。但是,所谓的灵丘道、莎泉道,只是定州大道上的一段。它们分别指以灵丘、莎泉为中转据点的道路区间,而不是指自平城至灵丘或莎泉的整段大道,更不能指代定州大道全程。

《魏书》卷四上《世祖纪上》太延二年八月条记载:

诏广平公张黎发定州七郡一万二千人通莎泉道。

这次修路所用民工,系征发定州大道的终点中山城附近七郡的民众,说明所修路段是位于莎泉与定州之间的一段,而非莎泉与平城之间的一段。可见,所谓的莎泉道,只是指莎泉附近的一段,并不包含莎泉往平城的整段大道。

《魏书》卷七上《高祖纪上》太和六年七月条记载:

发州郡五万人,治灵丘道。

这次修路工程浩大,征用了更多的劳力,但仅限于本州本郡的民工。与上述莎泉道的得名同理,所谓的灵丘道,也只是指灵丘附近的一段,而非灵丘往平城的整段大道。

从崞山西北行,走出恒山山区,就进入伸展于桑乾河谷地的定州大道的西段。因为这段道路相对平缓,所以维修的工程量显然比定州大道的东段相对减少。由于在定州大道上需要重点修护的是灵丘道、莎泉道等区间,因此灵丘道、莎泉道便在北魏平城时代相当出名,从而能见之于史载。

三、并州大道

上小节述及,因为平城是整个北魏版图内的交通中心,"定州大道"才不必冠以"平城"二字,就能成为公认的联通平城与定州的大道的专有名词。按照同样的道理去规范道路名称,从平城通往蓟城的大道可以称作为幽州大道,这是北魏皇帝东巡常常采用的重要路线。顺此类推,本章第二节第三小节之第 2《郭城南门》中所述的从平城通往晋阳的道路,在北魏平城时代就理应称作并州大道,而非如前田正名先生所云的"雁门关路"。这一规律如果成立,将能表明北魏平城时代已经具有系统的交通管理意识。因此,我企盼着更多的考古发现,来不断地印证这样的推想。

并州大道也是平城时代至关重要的交通干线,然而它并不是北魏建都平城以后才发展起来的。《太平寰宇记》卷四九《河东道》十云州云中县条载:

> 又《冀州图》云:引入塞三道。自周、秦、汉、魏以来,前后出师北伐惟有三道。其中道,正北发太原,经雁门、马邑、云中,出五原塞,直向龙城,即匈奴单于十月大会祭天之所也。

据这段记载知道,北魏之前有所谓的入塞三道,它们是联络中原与大草原的主要通道。入塞三道的中道,早在先秦时期就已经被开辟出来,这是穿越山西高原的一条交通干线。从太原郡治所在地晋阳城出发经过雁门关而正北行进的大道,自秦汉以降一直是这条中道上的一段区间。位于中道之侧的城市,有太原、雁门、马邑、云中。

不过,《冀州图》又云:

自晋阳以北,地势渐寒。平城、马邑凌原二丈;云中、五原积冰四五十尺。

在这番话中,"平城、马邑"与"云中、五原"是对称的。体味两段《冀州图》所云,其中道上的"云中",并非《太平寰宇记》所载宋代河东道下的云州云中县,乃是指曹魏以前的云中。曹魏以前的云中为郡级建制,治所在今内蒙古自治区托克托县北古城;宋代河东道下的云州云中县才位于曹魏以前平城的旧地,即今大同市区;两地相距甚远。则仅从《冀州图》的记载,我们看不出曹魏以前的平城在入塞中道上处于何等地位。这就有了两种可能:第一种可能,此时的平城在该中道上的地位低于雁门、马邑、云中等郡级诸城,因而无需提及;第二种可能,此时的平城根本就不位于入塞三道的中道之侧。

《太平寰宇记》卷四九《河东道》十云州云中县条还记载道:

废单于都护府,秦汉时云中郡城也。……东南至朔州三百五十七里。

《太平寰宇记》所云"朔州",位于《冀州图》所云"马邑",即位于今山西省朔州市朔城区城关。从自然地理上看,云中位于朔州的西北,而平城位于朔州的东北,[①]由此方位分析,上述第二种可能更有理由。也就是说,由太原入塞,只需出雁门,经马邑,就可以直奔云中,没有必要绕道平城。

不过,《太平寰宇记》卷四九《河东道》十云州云中县条还引《入塞图》云:

---

① 西安地图出版社编制:《中国城乡公路网及里程地图集》,西安地图出版社 2006
年1月,第33—34页。

> 从晋阳西北行百八十里至新兴，又西行二百五十里至马邑，又东北行二百五十里至平城。……又一道，从平城西北行五百里至云中，又西北五十里至五原，又西北行二百五十里至沃野镇，又西北行二百五十里至高阙，又西北行二百五十里至郎君戍，又直北三千里至燕然山，又北行千里至瀚海，自晋阳至瀚海有此路。

此条说明，经由平城也可以出塞，但是并非捷径，而是绕道而行。

要之，虽然在周、秦、汉与曹魏时期并州首府晋阳与平城之间已经形成商旅道路，但是在中原与北方草原联系的交通网上平城并不处于重要的地位。然而，北魏建国之后，平城成为北方的政治中心，它在全国交通网上的地位发生了根本性的变化，由晋阳向北的道路的重要性也随而突显出来。此时自晋阳北行的主要目的，已经不是出塞，而是趋向京畿了。所以，原先的绕行之道，在平城时代却成为交通干线，其北部的端点不再在塞外，而在于平城。按照与定州大道同样的定名原则，这条连结平城与晋阳的干线应该被称作为并州大道。

四、北魏全境的交通中心

定州大道与并州大道的出现，充分体现了平城的交通枢纽地位。偏僻的边地小城，飞跃成为占据北魏全境交通中心的大都市，这真是翻天覆地的变化。

不过，这种变化似乎不符合传统的逻辑。上文引用过的《太平寰宇记》所引《冀州图》的记载，称在北魏之前有所谓的入塞三道。值得注意的是，入塞三道的出发点，不是周、秦、汉的国都长安和咸阳，就是曹魏的国都洛阳。当然，从这些中原汉族王朝的利益和传统观念出发，全国的交通中心必定是位于中原地区的都城。在那时的交通网上，平城不可能处于显著的位置。

　　然而,汉末以降二百年的变迁,将平城搭建成为演绎历史的大舞台,它在交通方面的地位也必然会迅速上升,成为北魏全境各个地区共同趋向的中心。反过来看,平城变化的意义,并不止于它在交通地位上的提升,而是从根本上撼动了汉族传统的以中原都市为中心的旧观念。

第六章 宗主督护

正如上章所述,定州大道和并州大道是连接京畿与中原的两条主要交通干线。它们像两支巨大的虹吸管,将黄河中下游地区的物资吸纳到平城;又像两条有力的触角,伸向东南和正南,钳制中山与邺城,遥控洛阳与长安。

平城时代,北魏统治的根据之地在于京畿,对于京畿以外的地区实行羁縻的政策。针对草原游牧部落,有所谓领民酋长制;针对中原汉族地区,则有宗主督护:以此配合州、郡、县及军镇等机构去统治基层社会。

宗主督护伴随了平城时代的多半时间,集中反映着拓跋统治者的意图,体现了北魏平城时代政治发展的国策。

第一节 宗主督护考

有关宗主督护的史料,主要是《魏书》卷五三《李冲传》中的一段记载,这段记载在本书第四章第三节第五小节中已经部分地引用过。不过,两处欲以论证的着眼点不同,因此只得不厌其烦地重复引用。其文曰:

> 旧无三长,惟立宗主督护,所以民多隐冒,五十、三十家方为一

户。冲以三正治民，所由来远，于是创三长之制而上之。文明太后览而称善，引见公卿议之。中书令郑羲、秘书令高祐等曰："冲求立三长者，乃欲混天下一法。言似可用，事实难行。"羲又曰："不信臣言，但试行之，事败之后，当知愚言之不谬。"太尉元丕曰："臣谓此法若行，于公私有益。"咸称方今有事之月，校比民户，新旧未分，民必劳怨，请过今秋，至冬闲月，徐乃遣使，于事为宜。冲曰："民者，冥也，可使由之，不可使知之。若不因调时，百姓徒知立长校户之勤，未见均徭省赋之益，心必生怨。宜及课调之月，令知赋税之均。既识其事，又得其利，因民之欲，为之易行。"著作郎傅思益进曰："民俗既异，险易不同，九品差调，为日已久，一旦改法，恐成扰乱。"太后曰："立三长，则课有常准，赋有恒分，苟荫之户可出，侥幸之人可止，何为而不可？"群议虽有乖异，然惟以变法为难，更无异义。遂立三长，公私便之。

《北史》卷一〇〇《序传·李冲传》中也有内容相同的记载，只是将"惟立宗主督护"记作"唯立宗主，主督护"，多了一个"主"字。两书记载虽仅差一字，却直接影响对这一制度的理解。从字面上看，《魏书》所谓"宗主督护"四字既可以当作合成名词被理解为一种行政职务的名称，也可以被理解为以宗主去督护（地方）的意思；《北史》所谓"宗主主督护"却只能理解为以宗主行使督护（地方）之职的意思，与《魏书》的后一种意思相同。

《北史》卷三三《李灵附李显甫传》载：

（李显甫）豪侠知名，集诸李数千家于殷州西山，开李鱼川方五六十里居之，显甫为其宗主。

李显甫居李鱼川的时间在北魏推行三长制的前夕。[①] 在这一段史料中，称李显甫为宗主而不称宗主督护，可证"宗主督护"并非合成名词，对它的理解似乎取上述《魏书》的后一种意思较为恰当。倘如是，则《北史》的记载中多一"主"字不仅不是赘文，反而使意思更加明确了。据《北史》卷一〇〇《序传·李延寿自传》载，李延寿是根据《魏书》等史书修撰《北史》的。在修撰时，"其烦冗者即削去之"，然后再呈令狐德棻"谙知"，请令狐德棻为之"详正"。从整个《北史》的文字来看，李延寿的删削是比较审慎的。然而，却出现了上述在"宗主"之下反较《魏书》多了一个"主"字的现象，笔者冒失地认为这并不一定是《北史》衍文，倒有可能是今本《魏书》脱文，或者竟是李延寿、令狐德棻据其理解而在《北史》中有意识地增添了一个字。但为了行文和习惯上的方便，本文在论述中仍然沿用宗主督护这一名称。

宗主即宗族的首领，这一含义不仅可以从《李显甫传》的记载中直接看出，而且可以从其他记载中得到印证。据《左传》襄公二十七年条载：

> 齐崔杼生成及疆而寡。娶东郭姜，生明。……崔成有疾而废之，而立明。成请老于崔，崔子许之。偃与无咎弗予，曰："崔，宗邑也，必在宗主。"

这段史料说明，早在春秋时期宗主已被用作宗族首领的称谓了。以后，历千年而未变。因此，宗主督护制无疑是建立在宗族组织基础上的一

---

① 详见周一良先生《从北魏几郡的户口变化看三长制的作用》，载于《社会科学战线》1980 年第 4 期；后收于《魏晋南北朝史论集续编》，北京大学出版社，北京，1991 年第 1 版，第 52—66 页。

种制度。当然,这决不排除宗族组织内会有一些异姓在内,但其中大多数成员应是同一宗族的。

关于宗主督护的特点,史书中缺乏详细记载。不过,从上引《李冲传》和《李显甫传》中尚能窥其大要。

首先,宗族无固定的地域,可以随需要而迁徙。李显甫之祖李灵原为赵郡平棘①人,直到李显甫时才率领宗族来到殷州西山开辟李鱼川。② 这是宗主督护与秦汉时期建立在地域基础上的基层行政体系乡亭制③的显著不同之处。

其次,宗族可大可小,在户口上没有一定的数量限制。这是宗主督护与后来取代它的三长制突出的不同之处。正因为如此,宗族内往往"民多隐冒,五十、三十家方为一户",其中大多数不在政府的户籍上登记。

第三,宗族往往是生产的组织者。关于宗族在组织生产方面的作用,李显甫率李氏宗族开垦李鱼川的事例即为明证。而且,从李鱼川的名称和它位于殷州西山之下的位置来推测,李氏宗族选择的一定是背山面水的地势,那是既利生产又利自保的理想场所。

第四,强大的宗族还会具有武装集团性质。对此,《魏书》卷五三《李孝伯附李安世传》中有所反映,其文曰:

> 初,广平人李波,宗族强盛,残掠生民。前(相州)刺史薛道攒

① 平棘,县名,赵郡治所,位于今河北省赵县城南赵州镇固城村。
② 殷州,治所在广阿县,位于今河北省隆尧县隆尧镇东关旧城。
③ 关于乡亭制,参见《汉书》卷一九上《百官公卿表》。该表载:"……大率十里一亭,亭有长。十亭一乡,乡有三老,有秩、啬夫、游徼。三老掌教化。啬夫职听讼,收赋税。游徼徼循禁贼盗。县大率方百里,其民稠则减,稀则旷,乡、亭亦如之,皆秦制也。"

亲往讨之。波率其宗族拒战,大破撒军,遂为逋逃之薮,公私成患。

据《魏书》卷一一〇《食货志》载,李冲议立三长是太和十年(486年)的事,而据吴廷燮编《元魏方镇年表》①载,薛道撒去相州任是太和八年的事,则李波抗拒官军之事正在北魏王朝实行宗主督护期间。这段史料说明,强宗大族往往又是武装性的组织。

又如《魏书》卷四二《薛辩附薛初古拔传》载:

> 真君中,盖吴扰动关右,薛永宗屯据河侧。世祖亲讨之。乃诏拔纠合宗乡,壁于河际,断二寇往来之路。

传中所载薛永宗与薛初古拔均出自河东地区大族薛氏。关于薛永宗的事迹,在《魏书》卷四下《世祖纪下》中有所记载,曰:

> (太平真君六年十一月,)河东蜀薛永宗聚党盗官马数千匹,驱三千余人入汾曲,西通盖吴,受其位号。秦州刺史、金城公周鹿观率众讨之,不克而还。……七年春正月戊辰,车驾次东雍州。庚午,围薛永宗营垒。永宗出战,大败。六军乘之,永宗众溃。永宗男女无少长赴汾水死。

薛永宗起兵助盖吴,经过太武帝亲征才被镇压下去;而薛初古拔以其宗族势力可以切断薛永宗与盖吴往来之路,可见他们两家宗族的武装力量都是相当强大的。

第五,宗族内的阶级关系主要是以宗主为代表的豪强地主和荫附

---

① 《二十五史补编》,中华书局,北京,1955年第1版,第4589页。

农民之间的关系。《李冲传》称宗主督护下"民多隐冒"，而"隐冒"在同书《食货志》中记作"荫附"，并解释道：

> 魏初不立三长，故民多荫附。荫附者皆无官役，豪强征敛，倍于公赋。

荫附者虽然不服官役，却要向豪强地主缴纳"倍于公赋"的实物地租，为他们服更繁重的劳役。由于荫附于大族门下，他们对于地主的人身依附关系是很强的。显然，这种阶级关系仍然建立在东汉以后发展起来的大土地所有制的基础上。在宗族内部，虽然可能会存在一定数量的自耕农民，但是他们在激烈的土地兼并中敌不过强大的豪强地主势力，因此会逐渐地降为豪强地主门下的荫附户。在宗族内部的土地关系上还会出现一定程度的家族共同体残余，但其总的发展趋势必然是贫富分化。随着贫富分化的加剧，荫附户也会激增。《食货志》载孝文帝行三长制诏曰：

> 自昔以来，诸州户口籍贯不实，包藏隐漏，废公罔私。富强者并兼有余，贫弱者糊口不足。赋税齐等，无轻重之殊；力役齐科，无众寡之别。虽建九品之格，而丰埆之土未融；虽立均输之楷，而蚕绩之乡无异。

孝文帝诏书中的内容正是宗族内外阶级急剧分化状况的写照。

第六，宗族在一定的程度上起到基层行政组织的作用。关于这一点，可以从"督护"一词的含义中看出。

"督护"一词在其他史料中亦有所见。《资治通鉴》卷八一《晋纪》太康七年（286年）条载：

> 夏,慕容廆寇辽东,故扶余王依虑子依罗求帅见人还复旧国,请援于东夷校尉何龛。龛遣督护贾沈将兵送之。

该条胡三省注称:

> 魏、晋之间,方镇各置督护,领兵之官也。

则西晋时期已有督护之职,为方镇属官,负领兵之责。

《陈书》卷一《高祖纪上》大同初新喻侯萧瑛为吴兴太守条载有西江督护:

> 瑛令高祖(陈武帝)招集士马,众至千人,仍命高祖监宋隆郡。所部安、化二县元不宾,高祖讨平之。寻监西江督护、高要郡守。

督护之职在南朝不止一处出现,就在同书同卷同条之下接着载有南江督护:

> 先是,武林侯萧谘为交州刺史,以裒刻失众心,土人李贲连结数州豪杰同时反。台遣高州刺史孙冏、新州刺史卢子雄将兵击之。冏等不时进,皆于广州伏诛。子雄弟子略与冏子侄及其主帅杜天合、杜僧明共举兵,执南江督护沈颢,进寇广州。

从上引两条史料中不难看出,南朝的督护之职也是方镇属官。

督护之职还见于赵万里编《汉魏南北朝墓志集释》中,该书所收《元保洛墓志》记道:

照（昭）成皇帝后。……身出身高阳王行参军，后除恒州别驾，督护代尹郡。

同书又有《魏故高宗耿嫔墓志铭》，其文曰：

嫔，讳寿姬，定州钜鹿曲阳人也。……父第。息世明为郡功曹，督护本县令。

值得注意的是，上述两篇墓志都属于北魏时期，其中"督护"的词性均为动词。

从以上五例史料不难看出，在魏晋南北朝时期，"督护"是含有军事、行政两方面含义的词。而这恰好又符合当时既是生产组织又是武装集团的宗族的特性。如果这种理解不错的话，那么从"唯立宗主督护"来看，北魏王朝意欲将宗族组织纳入国家行政轨道的意图就很明显了。从前引《李冲传》中李冲与郑羲、高祐、傅思益等人的对答中可知，宗主的职责中最主要的就是督护本族，按"九品差调"的规定去完成国家征发的赋税和徭役。

但是，如果因此说宗主督护就是一种基层行政制度似乎又很勉强。宗主不是通过国家的行政权力去任命的，而是依据宗法关系中的嫡长制原则在强宗大族中产生的，他们在维护宗族内部秩序时除了使用得到北魏王朝认可的"督护"之权外，更多地依赖于建立在封建宗法关系上的礼制。因此宗主并不像后来的三长那样较严格地接受地方政权的统辖，一些强大的宗主甚至还会出任州刺史、郡太守和县令长。① 各宗族还因时期和地区的不同而与北魏王朝的亲疏关系也

_____

① 参阅《魏书》卷四二《薛辩传》、卷四九《李灵传》、卷五三《李冲传》。

有所不同。甚至,有些强宗大族或拒输赋税,或与政府分庭抗礼,形同割据势力,如李波宗族、薛永宗宗族即是。因此,严格说来,宗主督护并不能算作基层行政制度,它只是在北魏尚未建立系统的行政机构的情况下部分地担负了基层行政的职能。

根据以上六点概而言之,宗主督护是北魏前期实行的以宗法关系为其维系纽带的、具有部分行政职能的生产与自保相结合的基层社会组织。

第二节　社　会　背　景

北魏行宗主督护是为了适应长期战乱以后中原地区宗族组织强化和坞壁林立的形势。以下分作两小节论述。

一、宗族强化

宗主督护的产生与十六国北朝时期北方汉人中宗法关系的强化和宗族观念的深化密切相关。《南史》卷二五《王懿传》的一段记载可以作为这种状况的反映。其文曰:

> 北土重同姓,并谓之骨肉。有远来投者,莫不竭力营赡。若有一人不至者,以为不义,不为乡邑所容。

资助同姓的现象是长期的战乱使人们经常处于流离失所的境况下形成的习俗。《魏书》卷四八《高允传》载:

> 显祖(献文帝)平齐,徙其望族于代。……多允姻媾,皆徒步造门。允散财竭产以相赡赈,慰问周至。无不感其仁厚。

同书卷六八《高聪传》也载：

> 高聪，字僧智，本勃海蓨①人。……聪徙入平城，与蒋少游为
> 云中兵户，窘困无所不至。族祖允视之若孙，大加周给。

此外，同书《常景传》也记载了高允给高聪资宅和为高聪聘妻的事迹。细审各传，高聪虽为高允同籍，然族属已疏，高允却犹"视之若孙，大加周给"，这大约与"若有一人不至者，以为不义，不为乡邑所容"的风俗有关。因此，高允厚待高聪的事例恰好可作上引《王懿传》的注释。

又，《颜氏家训》卷二《风操篇》载：

> 凡宗亲世数，有从父、从祖、族祖。江南风俗，自兹以往高秩者
> 通呼为尊，同昭穆者虽百世犹称兄弟。若对他人称之，皆云族人。
> 河北士人虽二三十世犹呼为从伯、从叔。梁武帝尝问一中土人曰：
> "卿北人，何故不知有族？"答云："骨肉易疏，不忍言族耳。"当时虽
> 为敏对，于礼未通。

上述所载说明，当时北方人十分重视宗族关系，他们心目中的宗族观念较南方要浓重得多。在宗族观念上南北之间鲜明的对比，既与中原战乱状况下汉人宗法关系的强化有关，也与草原游牧民族进入中原后仍然保持着部落群居状态的影响有关。由于这些游牧民族大多刚刚脱胎于原始社会，他们建立的政权对聚族而居的状况并不排斥，这是有利于汉人宗族组织发展的因素。但是，更重要的因素还应该到汉族社会自

---

① 蓨，县治，位于今河北省景县景州镇境。

身中去寻找。

汉族社会的宗族源于原始社会末期的父系家长制家庭,它是以血缘关系为纽带将人们维系到一起的。在封建社会中,原始的宗族进一步发展成为封建的宗族组织。在封建的宗族组织内,地主豪强世代占据宗主的位置,他们通过宗法把族人束缚于贵贱、亲疏、长幼之礼等形形色色的封建羁绊之中。不仅如此,他们还利用宗族的势力去争强称霸,形成把持一方的强宗大族。

虽然强宗大族往往操纵着社会基层的政治和经济权力,但是直接让他们以宗主的身份去行使行政之权的现象在历史上却仅见于北魏平城时代。这是因为,强宗大族势力的发展必然会在经济上损害封建国家利益,政治上形成分裂割据势力。因此,早在秦汉统一王朝时期,中央政府就曾采取种种措施打击和遏制强宗大族的发展。例如,西汉高祖刘邦就曾采纳娄敬建议将原齐、楚等国大族徙往国都附近的关中之地,使他们远离旧居,以便政府对其就近控制。[1] 而且,西汉王朝诛族强宗大族的事例也是屡见不鲜的。[2] 东汉以后,中央集权统治逐渐衰落,各地强宗大族势力便日益膨胀,终于酿成东汉末年群雄割据的局面。

西晋末年的永嘉(307—312 年)之乱以后,北方社会陷入长达百年的战乱。在上,没有一个长期存在的统一政权;在下,自秦汉以降建立起来的基层行政机构乡亭组织被破坏殆尽。在没有一个长期存在的中央统一政权,没有较长时期安定的社会秩序的情况下,宗族组织成了地主豪强主要的有时甚至是唯一的能够比较稳固地维护其政

---

[1] 详见《汉书》卷四三《娄敬传》、同书卷一下《高帝纪下》九年十一月条。

[2] 详见《汉书》卷九〇《致都传》、同卷《义纵传》、同卷《王温舒传》、同卷《严延年传》、卷七六《赵广汉传》。

治、经济利益的工具。因为,战乱能够彻底破坏行使基层行政权力的乡亭组织,却难以破坏掉自然形成的宗族组织。长期的战乱,使北方地区生产凋敝,交通阻塞,交换经济受到严重破坏,只有自然经济能够适应这一状况。而宗族组织正是植根于自给自足的自然经济基础上的,因而能赖以保存下来。同时,在基层行政制度暂时出现空白的情况下,地主豪强必然要利用宗族组织,以其作为继续维持其政治、经济利益的工具;而农民为了不至于在战乱中转尸沟壑,也不得不依靠宗族组织的保护;这就使宗族组织不仅没有因战乱而消亡,反而蓬勃发展起来。宗族组织的强化,有利于地主豪强势力的发展,因此,地主豪强往往以宗族为基础,去扩展自己的势力,从而形成为宗主豪强。

宗族会在自然条件良好,适合于自给自足的自然经济发展的一定区域内组合成为一种半封闭式的社会。不仅如此,为了抵御北方各游牧民族势力的不断掳掠和其他汉族军事集团势力的骚扰,势力较大的宗族组织往往还建坞筑壁,屯聚自保。这种屯聚的形式在当时被人们统称为坞壁。在北方广阔的原野上,在不断更替的割据政权控制薄弱的地区,便星罗棋布般地出现了大量的坞壁。

二、坞壁林立

关于坞壁,学术界曾有不少系统的研究,特别是在上世纪七十年代末至八十年代初。[1] 这是魏晋南北朝时期广泛出现于中原地区的一种

---

[1] 关于这方面的专题论文,主要有:黄惠贤《试论中国三至六世纪坞营组织的性质》,《武汉大学学报》1960 年第 5、6 期;程应镠《四世纪初至五世纪末中国北方坞壁略论》,《上海师范学院学报》1979 年第 1 期;赵克尧《论魏晋南北朝的坞壁》,《历史研究》1980 年第 6 期;欧源熙《魏晋时期坞壁组织的性质及其作用》,《广州师院学报》1981 年第 4 期,等等。

且耕且战的社会组织形式。赵克尧先生将坞壁组织细分为宗主豪强坞壁、家族共同体坞壁和流民坞壁三种。① 前二者无疑是以宗族为核心的,而流民坞壁其实也必然由宗法关系去结合。

坞壁并非永嘉之乱以后才出现,在西汉末年王莽之乱时就可以找到这样的例子。《后汉书》卷三二《樊宏传》记载,王莽之乱时,樊宏在湖阳②"与宗家亲属作营堑自守,老弱归之者千余家"。樊宏率领宗族所作的"营堑"应该就是后来的坞壁。这是关于坞壁组织的比较早的记录。

坞壁也称垒壁、堡壁。十六国北朝时期的坞壁较以前分布得更为普遍,存在的时间更长久,社会影响也更大。当时,江淮以北、长城以南的广大汉族地区都布满了坞壁,其中尤其以今河北、山东、河南三省以及山西和陕西的中部与南部地区最为密集。史载,石赵时,新兴、雁门、西河、太原、上党、上郡等地有"垒壁三百余处";③前秦时,仅三辅地区就有"堡壁三千余所"。④ 各个坞壁内的人数,少则几百家,多至几千家。如结垒于长广掖县的苏峻宗族和避难于鲁之峰山的郗鉴宗族均有数千家之多。⑤大大小小的坞壁又往往互相勾联,在较大的范围内形成一个坞壁群,从而成为那一地区主要的社会组织形式。

坞壁的首领称为坞主,常常由宗主豪强自封。坞壁群的首领也有称之为统主的,由坞主们互相推举而产生,当然这主要由实力来决

---

① 详见赵克尧《论魏晋南北朝的坞壁》。
② 湖阳,县治,位于今河南省唐河县湖阳镇。
③ 详见《晋书》卷一一〇《慕容儁载记》。
④ 详见《晋书》卷一一四《苻坚载记下》。
⑤ 详见《晋书》卷一〇〇《苏峻传》、同书卷六七《郗鉴传》。中华书局校点本《晋书》卷一〇〇校勘记[一一]疑"掖"乃"挺"之误。

定。上述前秦时三辅地区的坞壁就曾"推平远将军冯翊赵敖为统主，相率结盟"。① 坞主必须在坞壁内建立起一定的秩序，才能率领本宗族从事耕作与自保。而一定秩序的建立，除了要利用宗族制度与宗族观念和利用坞主的权势与财力外，还要求那些担任坞主的豪强具备相当强的凝聚能力。至于这种凝聚能力的产生，则与那些宗主豪强是否具备当时盛行的豪侠风尚有很大的关系。

豪侠风尚的盛行，也与东汉以后中央专制主义集权统治崩溃，因而各地豪族势力趁机纷纷兴起的形势密切相关。豪侠风尚包括两个方面，即侠义与尚武。

爱行侠义的典型例子是后来力主抗击北方游牧民族势力掳掠的英雄祖逖。这一点，《晋书》卷六二《祖逖传》中记载得很明白，文中称：

> （祖逖）轻财好侠，慷慨有节尚。每至田舍，……散谷帛以周贫乏。乡党宗族以是重之。

该传又称：

> 宾客、义徒，皆暴桀勇士，逖遇之如子弟。

该传还记载道，有的宾客、义徒因故被官吏逮捕，祖逖就想方设法去解救他们。由祖逖的事例不难看出，慷慨轻财、周济贫困、遇下人如子弟、见危难就相救等，这些都属于当时所谓侠义行为的范畴。在战乱时期，侠义行为是颇能笼络人心的。祖逖原居范阳郡遒县，②西晋灭亡后他

---

① 详见《晋书》卷一一四《苻坚载记下》。
② 遒县，位于今河北省涞水县境。

才率领乡党宗族南迁。后来,祖逖能够以其乡党宗族为核心,聚集起一支强劲的抗击羯族政权后赵的力量,与他平时能行侠义的作风具有很大关系。在政治动荡而百姓无所依从的情况下,豪族的侠义作风有时会给人带来精神上的庇护作用。因此,侠义风尚能够提高豪强的威望,并被人们崇尚与追求,也就不难理解了。

显然,行侠义的豪强除了要有相当的财力外,还需要有武功作为资本;如果想要担任坞壁那样一种武装自保性质的社会组织的首领,就更需要有高强的骑射本领。所以,当时北方的豪强之中善于骑射者是不乏其人的。祖逖就在习武上下过大功夫,我们从众所周知的闻鸡暗舞①的典故中不难了解到这一点。此外,还有一对兄妹值得一提,那就是本章第一节中已经提到的在《魏书》卷五三《李孝伯附李安世传》中记载的李波兄妹。李波是广平郡②一带的豪强。该传记载,当时在广平周围地区的百姓中流传着这样的歌谣,以赞美李波的小妹:

> 李波小妹字雍容,褰裙逐马如卷蓬,左射右射必迭双。妇女尚如此,男子那可逢!

读过这段歌谣,李波小妹飒爽英姿的神态已经活灵活现地展示在读者眼前。李波小妹的武艺竟如此精湛,李波及其宗族内的男子就更不待言了,难怪官军会败于他们阵前。

侠义与尚武构成了豪侠风尚,这种风尚在战乱频频发生的社会环境中具有一定的积极意义。它促进了宗族的凝聚,有利于组织生产和

---

① "闻鸡暗舞"现今流行为"闻鸡起舞"。"闻鸡暗舞"见于《晋书》卷六二《祖逖传》后史臣语中,而其本传中称,"中夜闻荒鸡鸣,蹴(刘)琨觉,曰:'此非恶声也。'因起舞。"由此可见,"闻鸡暗舞"较之"闻鸡起舞"更为贴切。

② 广平郡,治于曲梁城,位于今河北省鸡泽县东南。

武装自保,也有利于小范围内的相对安定。为此,我们再以本章第一节中已举出的《北史》卷三三《李灵附李显甫传》中的记载为例来说明这一点。这段记载称,李显甫是一个很典型的宗主豪强,他依靠"豪侠"而"知名"于世,并借此而集合李姓数千家开辟了方圆五六十里范围的土地。从这块土地位于殷州西山脚下和被命名为"李鱼川"不难看出,它是一块依山傍水而有鱼有粮的风水宝地。由此可见,豪侠风尚在一定程度上是有利于社会经济的恢复与发展的。然而,当整个社会由衰转盛并逐步走向安定统一的时候,豪侠风尚对社会发展的促进作用就会逐渐减弱,乃至走向反面,从而成为无政府主义的消极因素和封建割据势力的催化剂。对此下文还要论及,此处只是说明侠义与尚武的品质对于坞主凝聚宗族势力是很重要的。

关于坞壁内部的具体情况,在《晋书》卷八八《孝友·庾衮传》中有很生动的记载,其文曰:

> 齐王冏之唱义也,张泓等肆掠于阳翟,(庾)衮乃率其同族及庶姓保于禹山。是时百姓安宁,未知战守之事,衮曰:"孔子云:'不教而战'是谓弃之。"乃集诸群士而谋曰:"二三君子相与处于险,将以安保亲尊,全妻孥也。古人有言:'千人聚而不以一人为主,不散则乱矣。'将若之何?"众曰:"善。今日之主非君而谁!"衮默然有间,乃言曰:"古人急病让夷,不敢逃难,然人之立主,贵从其命也。"乃誓之曰:"无恃险,无怙乱,无暴邻,无抽屋,无樵采人所植,无谋非德,无犯非义,戮力一心,同恤危难。"众咸从之。于是,峻险阨,杜蹊径,修壁坞,树藩障;考功庸,计丈尺,均劳逸,通有无;缮完器备,量力任能,物应其宜;使邑推其长,里推其贤,而身率之。分数既明,号令不二,上下有礼,少长有仪,将顺其美,匡救其恶。及贼至,衮乃勒部曲,整行伍,皆持满而勿发。贼挑战,晏然不动,且辞焉。

贼服其慎而畏其整，是以皆退。如是者三。

据该传下文载，庾衮后来又在林虑山、大头山等地建过坞壁。而且，庾衮还在总结其建坞筑壁经验的基础上写成了《保聚图》一书，[①]他真可以称得上是既有实践又有理论的坞壁专家了。因此，庾衮建立的坞壁在当时是很有代表意义的。

对于上述《庾衮传》的记载，我们无须作过多的解释就可以清楚地看出，坞壁是以宗族为基础建立起来的集经济、军事与政治之权于一体的社会组织。同时我们也不难看出，坞壁与本章第一节中考证的宗主督护下的宗族组织具有多么相似的性质特点。事实上，在战乱之际二者往往是合为一体的，坞壁为其躯壳，而宗族为其内核。

第三节　羁　縻　政　策

一、针对中原

宗主督护并未普遍地施行于北魏全境，其主要对象为中原的汉族地区。这一点不仅可以由上节的结论直接导出，而且可以从平城京畿地区并没有实行过宗主督护的事实得到反证。

据《魏书》卷二《太祖纪》天兴元年条载：

> 七月，迁都平城……。八月，诏有司正封畿，制郊甸，端径术，标道里。

---

① 晁公武《郡斋读书志》卷一四《兵家类》载有庾衮《保聚图》一卷，在文中称为《保聚垒议》二十篇。清光绪十年（1884 年）长沙王氏刊本。

北魏在建都平城的第二个月就划定了京畿,并对京畿的道里作了丈量和规划。可见京畿地区的土地从一开始就是直接掌握在北魏王朝手中的。

平城及其周围地区在古代一向就是游牧民族与汉族杂居的地区。不过,北魏建都平城以前,那里的汉族人口很少,这与东汉末年以来的长期战乱直接有关。《元和郡县图志》卷一四《河东道三》云州条称:"汉末大乱,匈奴侵边,自定襄以西,云中、雁门、西河遂空。"后来北魏平城时代的京畿正是建立在上述范围之内。但是,这里的"遂空"当是专指汉族人民流散的情况而言,并不表明此地成了无人地区。事实上,汉族势力南移之后,北方游牧民族便随即进入此地,而且也还有少量汉族人民滞留在那里。

魏晋时期,中原汉族政权无力北顾,对这一带采取放弃的态度。西晋永嘉四年(310年),拓跋部首领猗卢向晋并州刺史刘琨求陉北即雁北之地,刘琨又将残留于陉北的汉族人民徙往陉南。经过这次迁徙之后,平城及其周围地区先后为拓跋部建立的代国以及后赵、前燕、前秦等少数民族政权据有,其间战乱频仍,人口有减无增,更不见有汉人迁入的迹象。

当然,也不能绝对地认为汉人已被全部迁徙光了,其中毕竟还有例外,如《魏书》卷二三《莫含传》载:

> 莫含,雁门繁畤人也。家世货殖,赀累巨万。刘琨为并州,辟含从事。含居近塞下,常往来(代)国中。穆帝(猗卢)爱其才器,善待之。及为代王,备置官属,求含于琨。琨遣入国,含心不愿。琨谕之,……含乃入代,参国官。后琨徙五县之民于陉南,含家独留。……其故宅在桑乾川南,世称莫含壁,或音讹,谓之莫回城云。

莫含虽入代国，却非本心所愿，这不仅不能说明有大量汉人徙往代北，反倒说明了相反的意思。在《魏书》的记载中，像莫含一样早期进入拓跋部的汉人还有一些，但毕竟为数不多。因此，北魏建都平城时，京畿并不存在像中原地区那样坞壁林立的状况。

在汉族势力南移的情况下，雁北先后迁入不少草原游牧部落，[①]遂使这一地区成为游牧的场所。

天兴元年（398 年）起，北魏将大量的人口迁徙到新建的京畿地区。据初步估计，仅道武帝时期就迁入了一百五十万人左右。[②] 新迁入者可以大致划分为以拓跋部为首的来自草原的游牧部落和以汉族为主的来自中原的农耕民。

对游牧部落，北魏王朝实行了所谓的离散诸部措施。但是，此后虽然鼓励游牧部落民从事农耕，却并不强令他们改变原来的习俗而去专事农耕，只是将他们限定在一个有限的范围内进行游牧或农作。[③]因此，他们在生产方式上与前述宗主督护下的情况是迥异的。此外，离散诸部以后，游牧民内部的宗族关系也随之削弱了，在道武帝时期就已经出现了"八国姓族难分"的现象，虽然北魏王朝采取了"国立大师、小师，令辩其宗党，品举才行"的措施，[④]但也未能阻止这一趋势的继续发展。这与宗主督护下的强宗大族始终聚族而居的状况是正好相反的。

在实行离散诸部措施时也有例外而未被离散者，这些部落主要分布在京畿的外围地区。[⑤] 北魏在这些部落中实行的是一种领民酋长

---

① 据《魏书》卷一《序纪》载，猗卢占有雁北之地后，随其迁入者有十万家之多。
② 详见本书第五章第一节第二小节。
③ 详见本书第一章第二节第四小节。
④ 详见《魏书》卷一一三《官氏志》、卷二《太祖纪》。
⑤ 详见《魏书》卷七四《尔朱荣传》、《北齐书》卷一五《库狄干传》等。

制。对于领民酋长制,周一良先生在《领民酋长与六州都督》一文中已有详论。① 他指出,领民酋长制"自魏初讫其亡于高氏百七十余年间未尝废罢"。这与太和十年以后被三长制所取代的宗主督护不同。

对于迁入京畿的汉人及其他农业人口,北魏实行的是计口受田措施。《魏书》卷一一〇《食货志》载:

> 既定中山,分徙吏民及徒何种人、工伎巧十万余家以充京都,各给耕牛,计口受田。……劝课农耕,量校收入,以为殿最。

他们的土地由政府按人数定量配给,并由政府"量校收入",收取租赋。这种在国有土地上从事耕作的农民与宗主督护下的荫附的性质显然是不一样的。

有关计口受田民的情况,《魏书》卷四下《世祖纪下》附恭宗景穆皇帝条中记载得更加详细,其文曰:

> 初,恭宗监国,曾令曰:"……其制有司课畿内之民。使无牛家以人牛力相贸,垦殖锄耨。其有牛家与无牛家一人种田二十二亩,偿以私锄功七亩。② 如是为差。至与小、老无牛家种田七亩,小、老者偿以锄功二亩。皆以五口下贫家为率。各列家别口数,所劝种顷亩,明立簿目。所种者于地首标题姓名,以辨播殖之功。"……垦田大为增辟。

---

① 收于《魏晋南北朝史论集》。

② 中华书局校点本《魏书》卷四下校勘记[七]据《册府元龟》卷四九五认为,文中"一人"应作"一牛","私"应作"耘"。所言是。

这段史料说明北魏对畿内的户口与耕田管理得很具体细致，而且效果显著。这与宗主督护制下"民多隐冒"的情况完全不同。

上述情况直到孝文帝时才发生变化。《魏书》卷三三《公孙表附公孙邃传》载，孝文帝对公孙邃等大臣曾有过"比年方割畿内及京城三部于百姓，颇有益否"的问话，由此透露出京畿部分土地从国有转变为私有的情况。据该传载，孝文帝提出这段问话的时间在公孙邃等南讨午阴以后，南讨午阴在同书卷七下《高祖纪下》中系于太和十一年条下。因此，史料中的所谓比年，当是太和十年行三长制前后。据此知，废除宗主督护以前，京畿大部分都是国有土地，与宗主督护下的大土地所有制为主的性质不同。

在历次迁到京畿的汉人之中，虽然也包含不少中原的大族，但是他们的经济势力未能在新的地区充分发展起来。据《魏书》卷二四《崔玄伯传》载：

> 玄伯通署三十六曹，如令仆统事，深为太祖（道武帝）所任，势倾朝廷。而俭约自居，不营产业，家徒四壁；出无车乘，朝晡步上；母年七十，供养无重膳。太祖尝使人密察，闻而益重之，厚加馈赐。时人或讥其过约，而玄伯为之逾甚。

像崔玄伯这样"势倾朝廷"的大臣竟然"家徒四壁"，这并不一定是本性"俭约"，倒很可能是自知身处最高统治者的"密察"之下而不得不谨小慎微的缘故。崔玄伯尚且如此，其他汉族达官们就更不敢在京畿明目张胆地发展财势了。至于一般士人的境况则更为窘迫。因此，《魏书》卷四八《高允传》中有"时诸士人流移远至，率皆饥寒"之说，此虽特指青齐士人而言，但其他地区徙至平城的士人的境况也应相仿。

即或偶然有宗族势力在京畿附近发展起来，也会很快地被剪除掉。

《魏书》卷八九《酷吏·张赦提传》载：

> 灵丘罗思祖宗门豪溢，家处隘险，多止亡命与之为劫。显祖
> （献文帝）怒之，拏戮其家。

灵丘虽地处京畿边缘，但罗思祖"宗门豪溢"的状况仍引起北魏朝廷的不安，因而将其家"拏戮"了。由此例可见，北魏朝廷是决不允许强宗大族在京畿发展起来的。

依据上述可以推断，在京畿并未实行宗主督护，宗主督护主要是针对中原汉族地区的。因此，《李冲传》中才会有郑羲、高祐等人指责"冲求立三长者，乃欲混天下一法"之说。魏收在该传中称"唯立宗主督护"一语，照本小节的论述去理解，所谓"唯立"并非指北魏全境都在实行宗主督护，而仅仅是强调在中原地区只此一种统治基层方式的意思。

联系本章第一节、第二节中的论述，我们不难看出宗主督护制没有触及强宗大族在中原地区的政治和经济上的根本利益。其实质乃是对于中原坞壁林立现状的认可，是北魏王朝羁縻汉族豪强地主政策的体现。

二、荡而更制

如前所述，宗主督护是北魏平城政权羁縻汉族豪强地主政策的体现。但是，仔细考察便知，北魏并不是一进入中原就实行羁縻政策的。

道武帝时期，北魏对中原实行的基本上是武力征服与野蛮掠夺的政策。北魏在对燕战争中一开始就表现得十分残酷。参合陂战役胜利后，道武帝竟下令将四五万战俘全部坑杀。[1] 天兴元年初，道武帝灭亡

---

① 详见《资治通鉴》卷一〇八《晋纪》太元二十年条。

后燕，进据中原，旋而代北发生动乱，他又不得不率军北撤。撤军之时，道武帝将新占有的山东六州各族人民十万余家强行迁到代北；同年底，又"徙六州二十二郡守宰、豪杰、吏民二千家于代都"。① 这种做法和汉高祖刘邦迁徙关东豪杰以实关中一样，一方面是为了充实京畿，另一方面是企图摧毁山东六州强宗大族的势力。②

在征服中原的过程中，道武帝虽也"留心慰纳"汉族士人，并吸收他们"与参谋议"，但仅仅限于"宪章故实"的范围，③并不是真正信用他们。这也可以从前述所谓"深为太祖所任"的崔玄伯受到"密察"一事清楚地看出来。

道武帝迁都平城后，他的主要精力用于京畿的经营方面，对于中原则采用军事"威摄"的办法。《魏书》卷五八《杨播附杨椿传》载：

> 自太祖平中山，多置军府，以相威摄。凡有八军，军各配兵五千，食禄主帅军各四十六人。

在军府之上，设有行台。《魏书》卷二《太祖纪》天兴元年正月条载：

> 帝至邺，……乃置行台，以龙骧将军日南公和跋为尚书，与左丞贾彝率郎吏及兵五千镇邺。……车驾将北还，……帝虑还后山东有变，乃置行台于中山，诏左丞相、守尚书令、卫王仪镇中山，抚军大将军略阳公元遵镇勃海之合口。

----

① 详见《魏书》卷二《太祖纪》天兴元年条。
② 《资治通鉴》卷一一〇《晋纪》隆安二年条下胡三省注曰："此汉高帝徙关东豪杰以实关中之策也。"
③ 详见《魏书》卷二《太祖纪》登国十年条。

既然设行台的主要目的是"虑还后山东有变",那么这些行台与军府也就无疑都是镇压中原地区反抗的军事据点,这从行台长官都是进攻后燕时的主要将领也可以推知。从上面一系列的措施中,我们丝毫也看不出北魏王朝对中原强宗大族有何羁縻的意味。当然,这样做的结果,北魏在中原的统治也就只能局限于军府和行台附近,很难达到基层。

最初,甚至连军事据点附近也并非完全控制在北魏之手。《资治通鉴》卷一一○《晋纪》隆安二年(398年)四月条载:

> 燕主宝从间道过邺,邺人请留,宝不许。南至黎阳,伏于河西。

这件事发生于北魏在邺置行台后不久。慕容宝作为一国之主,虽从间道过邺,随行部众也仍不会少,居然未被北魏邺城守军发现而能顺利地通过,甚至还出现了"邺人请留"的现象。于此可以想见,除行台和军府所在地之外,山东六州广大基层地区真正的统治者仍是那些盘踞在遍及原野的坞壁内的强宗大族。

道武帝野蛮的徙民和军事占领政策激起了中原地区的普遍反抗。在他率军北撤的第二年就有人发难。《太祖纪》天兴二年三月条载:

> 中山太守仇儒亡匿赵郡,推群盗赵准为主,号使持节、征西大将军、冀青二州牧、钜鹿公,仇儒为准长史,聚党扇惑。

同纪还载,又有"前清河太守傅世聚党千余家"起兵反抗;范阳大族卢溥"聚众海滨","攻掠郡县,杀幽州刺史封沓干"。这些反抗者大多是聚族起事的,在整个道武帝统治时期几乎没有间断过。

以上迹象都表明道武帝对中原并未实行过羁縻政策。所以,明元帝即位之初北魏王朝与中原强宗大族之间的关系依旧十分紧张。《崔玄伯传》载：

> 太宗以郡国豪右大为民蠹，乃优诏征之。民多恋本，而长吏逼遣。于是轻薄少年因相扇动，所在聚结。西河、建兴盗贼并起，守宰讨之不能禁。

所谓"优诏征之"，实际上是变相的迁徙，这必然引起强宗大族的强烈不满。在他们的"扇动"之下，中原地区各种势力群起而反。据《魏书》卷三《太宗纪》记载，除西河、建兴"盗贼"外，规模较大者还有上党劳聪、士臻等，他们都"群聚为盗，杀太守、令长，相率外奔"。对于这些反抗，地方守宰已经束手无策了。

普遍的激烈反抗使北魏统治者认识到，仅靠迁徙和军事占领无法达到真正统治中原的目的，以往的政策应该改变了。上引《崔玄伯传》接下来又载：

> 太宗乃引玄伯及北新侯安同、寿光侯叔孙建、元城侯元屈等问曰："前以凶侠乱民，故征之京师，而守宰失于绥抚，令有逃窜。今犯者已多，不可悉诛，朕欲大赦以纾之，卿等以为何如？"屈对曰："民逃不罪而反赦之，似若有求于下，不如先诛首恶，赦其党类。"崔玄伯曰："王者治天下，以安民为本，何能顾小曲直也。譬琴瑟不调，必改而更张；法度不平，亦须荡而更制。夫赦虽非正道，而可以权行，自秦汉以来莫不相踵。屈言先诛后赦，会于不能两去，孰与一行便定。若其赦而不改者，诛之不晚。"太宗从之。

这里讨论的虽是要不要大赦"盗贼"的事，实际上却是关于是否继承道武帝既定政策的争论。在此,崔玄伯提出了"安民为本","荡而更制"的建议,目的是要求北魏王朝承认宗主豪强在各地基层的政治和经济特权,以此使拓跋政权与宗主豪强势力彼此相安。在客观形势的压力之下,明元帝接受崔玄伯的建议,实行大赦。据《太宗纪》载,这次大赦的时间是永兴五年(413年)五月丙子。

史载表明,此后中原地区对北魏王朝的反抗显著减少,北魏在中原地区的统治逐渐稳定下来了。因此,永兴五年可以说是北魏对中原"荡而更制"权行羁縻政策的开端。而宗主督护的推行则是这一政策的体现,其确立时间当然在此之后。

不过,宗主督护推行的时间不可能晚于太延元年(435年)。《魏书》卷四上《世祖纪上》太延元年条所载的十二月甲申诏书中称:

> 自今以后,……州郡不得妄遣吏卒,烦扰民庶。若有发调,县宰集乡邑三老计赀定课,哀多益寡,九品混通,不得纵富督贫,避强侵弱。

据此知北魏至迟在太延元年十二月已经实行九品混通的赋调制,这一制度即李冲议立三长时傅思益提及的与宗主督护配合施行的"九品差调"的征收赋调法。[①] 则宗主督护的推行时间应该在此之前。

《李冲传》中关于确立宗主督护的时间仅有笼统的"魏初"二字。所谓初者,一般系指王朝的前一两代帝王统治的头二三十年。永兴五年是明元帝即位的第五年,虽尚在魏初时限之内,但上距登国元年(386

---

① 九品差调制即九品混通制,其内容请参阅古贺登《论北魏俸禄制的施行》一文中的《官禄之资和预调之赋及"兼商用"》一节,该文刊于《东洋史研究》24卷第2号。《官禄之资和预调之赋及"兼商用"》这一节已由李凭翻译,在《山西财经学院学报》1984年第3期中刊出。

年)道武帝建国已二十七年,距天兴元年(398年)北魏迁都平城也已十五年。因此,笔者以为宗主督护确立的时间可能就在永兴五年以后不久。

太武帝时期,北魏王朝继续执行羁縻宗主豪强的政策。据《食货志》载:

> 世祖(太武帝)即位,开拓四海,以五方之民各有其性,故修其教不改其俗,齐其政不易其宜,纳其方贡以充仓廪,收其货物以实库藏,又于岁时取鸟兽之登于俎用者以牣膳府。

这条史料之中,所谓"五方之民"所指的范围是很大的,应该包括被太武帝统一了的黄河流域大部分地区。太武帝之前北魏在中原的统治区域主要是今河北、山西两省境内,因此宗主督护首先是在这一地区实行的。太武帝统治时期,随着北魏王朝的开疆拓域,宗主督护也逐渐地铺展开去,至北魏统一北方后成为"唯立"于北方汉族地区的基层统治形式,并一直延续到孝文帝太和十年。

三、矛盾缓和

宗主督护是北魏平城时代推行过的以宗法关系为其维系纽带的、具有部分行政职能的生产与自保相结合的基层社会组织,它是拓跋部统治集团羁縻中原豪强地主政策的体现。北魏王朝推行宗主督护的目的是为了稳定它在中原地区的统治。事实证明,宗主督护起到了这样的作用。

首先,宗主督护缓和了拓跋部统治者与中原地方势力之间的矛盾。推行宗主督护后,强宗大族势力与北魏王朝直接对抗的事例显著减少了。不少宗族首领开始与拓跋部统治者携起手来,共同压迫中原人民,镇压中原地区的农民起义。如本章第一节所引薛初古拔率领宗族配合太武帝镇压盖吴起义事即为典型之例。据《魏书》卷四二《薛辩附薛初古拔传》载,盖吴起义被镇压后,薛初古拔被除为中散,赐爵永康侯。此后,薛初古拔还曾参与讨平反氐仇傉檀和强免生的军事活动。

与薛初古拔情况有些类似的还有裴骏,《魏书》卷四五《裴骏传》载:

> 裴骏,字神驹,小名皮,河东闻喜人。……盖吴作乱关中。[①]汾阴人薛永宗聚众应之,屡残破诸县,来袭闻喜。县中先无兵仗,人情骇动,县令忧惶,计无所出。骏在家闻之,便率厉乡豪曰:"在礼,君父有危,臣子致命。府县今为贼所逼,是吾等殉节之秋,诸君可不勉乎!"诸豪皆奋激请行,骏乃简骑骁勇数百人奔赴。贼闻救至,引兵退走。刺史嘉之,以状表闻。会世祖(太武帝)亲讨盖吴,引见骏。骏陈叙事宜,甚会机理。世祖大悦,顾谓崔浩曰:"裴骏有当世才具,且忠义可嘉。"诏补中书博士。浩亦深器骏,目为三河领袖。

裴骏为河东闻喜大族,因积极配合北魏政府镇压盖吴起义而受到太武帝的青睐。

就这样,通过不断配合镇压农民起义的过程,各地大大小小的宗主豪强逐渐形成为拓跋部统治者在中原地区的统治支柱。

其次,明元帝以后,汉族士人对北魏王朝的抵触情绪逐渐减弱。许多家族原先抱着不与政府合作的态度,转变为积极帮助拓跋部统治者实行"文治"的得力助手。《魏书》卷三三《宋隐传》载:

> 宋隐,字处默,西河介休人也。……隐性至孝,年十三便有成

---

① 　在中华书局校点本中,"盖吴作乱关中"之下标以逗号,致使文中主语不明朗。实际上,"屡残破诸县,来袭闻喜"者是薛永宗部。因此,"盖吴作乱关中"之下似以标作句号为妥。

人之志，专精好学，不以兵难易操。……太祖（道武帝）平中山，拜隐尚书吏部郎。车驾还北，诏隐以本官辅卫王仪镇中山。寻转行台右丞，领选如故。屡以老病乞骸骨，太祖不许。寻以母丧归列人。既葬，被征，固辞以病，而州郡切以期会，隐乃弃妻子，间行避焉。后匿于长乐之经县，数年而卒。临终谓其子伃等曰："苟能入顺父兄，出悌乡党，仕郡幸而至功曹史，以忠清奉之，则足矣。不劳远诣台阁，恐汝不能富贵，而徒延门户之累耳！若忘吾言，是为无若父也，使鬼而有知，吾不归食矣。"

宋隐不与拓跋部统治者合作的态度是够坚定的了。可是，据同传记载，他死之后，他的子孙们并没有都按照他的遗嘱去做。他的第三个儿子宋温和他的从弟宋宣及从侄宋愔在太武帝时期都应聘到平城当了中书博士。他的第四个儿子宋演在献文帝时因从征南方刘宋朝的彭城①有功，被拜为明威将军、济北太守。他的孙子宋鲋曾为州别驾。他的从侄宋谟、宋鸢等也先后出任过郡太守的官职。

另一个例子是范阳大族卢溥，他起兵反魏，失败后与他的儿子卢焕一起被杀。② 然而，他的从弟卢玄却在太武帝时以"儒俊"之首的身份到平城当上了中书博士。③ 与他同时应聘的，除上述宋氏子弟外，还有博陵崔绰、赵郡李灵、河间邢颖、勃海高允、广平游雅、太原张伟等所谓的"州郡冠冕"多人。④ 大量汉族士人参政，有利于北魏国家机

---

① 彭城，县名，为徐州治所，位于今江苏省徐州市境。
② 详见《魏书》卷二《太祖纪》天兴二年八月条、天兴三年正月条。
③ 详见《魏书》卷四七《卢玄传》。
④ 详见《魏书》卷四上《世祖纪上》所载太武帝神䴥四年九月壬申诏。又，同书卷四八《高允传》称："（高允）又以昔岁同征，零落将尽，感逝怀人，作《征士颂》。盖止于应命者，其有命而不至则阙焉。群贤之行，举其梗概矣。"在这段文字之下列有卢玄等应聘之人，加上高允共三十五人。

器的逐步完备。自此以后，北魏政权逐渐向胡汉联合统治方向发展了。

最后，由于拓跋部统治者与宗主豪强的矛盾相对缓和，促使中原社会迅速安定下来。《魏书》卷三《太宗纪》史臣曰：

> ……明元抱纯孝之心，逢枭镜之祸，权以济事，危而获安，隆基固本，内和外辑。以德见宗，良无愧也。

史臣所谓"内和外辑"之语难免溢美，但在一定程度上概括地反映了当时民生安定的情况。

明元帝是永兴元年（409 年）即皇帝位的，他在位十五年，先后采用过永兴（共五年）、神瑞（共二年）、泰常（共八年）三个年号。正如上小节所述，永兴年间是北魏统治下的中原东部地区动乱的年代。永兴五年以后，特别是推行宗主督护制以后，局面很快就扭转过来了。神瑞年间，北魏国都平城附近连续遭受灾荒，致使"路有行馑"，为了解除灾民的困难，明元帝曾"分简尤贫者就食山东"。[①] 当时的所谓山东，是指太行山以东的今河北、山东两省的大部分地区。平城灾民就食山东的事实说明，因战乱而长期凋敝的山东地区的经济复苏了。社会安定，促使经济发展；经济的发展，又有利于社会的安定。因而，到明元帝的第三个年号泰常年间，北魏出现了"内和外辑"的局面，这从《太宗纪》和相关的传记中不难得到印证。

社会安定，经济发展，北魏王朝的财政便有了一定的保障。曾经激烈反抗过北魏王朝的山东地区后来成了北魏王朝赋税、兵役和徭役的主要提供者。献文帝皇兴年间（466—471 年）"岁频大旱"，当时又与南

① 详见《魏书》卷一一〇《食货志》。

方的刘宋政权交兵而数年不解,全赖"山东之民咸勤于征戍转运",才渡过了困境。① 这样,经过数十年的相对安定,到孝文帝太和三年终于出现"天下开泰,四方无虞"的景象。②

不过,宗主督护毕竟只是羁縻地方豪强的权宜之计,它给拓跋部统治者带来的好处是相对的、暂时的;其实,在它的好处之中潜伏着隐患。随着时间的推移,隐患日益暴露,宗主督护的消极作用就逐渐表现出来了。

第四节　推行三长制

拓跋部统治者通过宗主督护巩固它在中原地区统治的同时,宗主豪强也在利用宗主督护下获得的经济和政治特权发展着自己的势力。宗主豪强势力的膨胀势必会侵及北魏王朝的中央集权统治和经济利益,从而打破拓跋部统治者和宗主豪强之间相安的局面,使二者的矛盾在新的形势下激化起来。

一、弊端渐显

拓跋部统治者和宗主豪强之间的矛盾在经济上突出地表现为对赋税与人口的争夺。与宗主督护相对应的赋调制是所谓的"九品差调"法,这在《李冲传》中关于废宗主督护的一段讨论中已经提及。其中著作郎傅思益谈到,"民俗既异,险易不同,九品差调,为日已久,一旦改法,恐成扰乱。"从这段话中不难看出,"九品差调"法是要与宗主督护一起废除的制度。这也表明,"九品差调"法是曾与宗主督护相辅相成地实行的制度。

---

① 　详见《魏书》卷一一〇《食货志》。

② 　详见《魏书》卷五四《高闾传》所载太和三年高闾上表语。

九品差调又称"九品混通"。上节第二小节中所引太武帝太延元年十二月甲申诏书中称："若有发调,县宰集乡邑三老计赀定课,裒多益寡,九品混通,不得纵富督贫,避强侵弱。"这一条资料是对"九品差调"法的具体解释。

不过,"九品差调"法表面上看好像是为了"裒多益寡",防止"纵富督贫,避强侵弱",实际上却对强宗大族的利益并无大损。在北魏时期成书的《张丘建算经》中有一则关于"九品差调"法的算术题,[①]现摘录如下:

> 今有率户出绢三匹,依贫富欲以九等出之,令户各差除二丈。今有上上三十九户,上中二十四户,上下五十七户,中上三十一户,中中七十八户,中下四十三户,下上二十五户,下中七十六户,下下一十三户。问九等户户各应出绢几何?

在设计这道题目的时候,为了运算方便,在数量上必然有理想化的倾向,但是作为应用题来说,应该是源于实际并具有实际意义的题目。对这道题计算的结果为,上上户每户出绢五匹,其下每降一等则出绢数减少半匹,至下下户每户出绢一匹。[②] 上上户出绢数量为下下户出绢数量的五倍,表面上看似乎照顾了贫困户,实际上恰恰相反,受益的是富

---

① 辑于钱宝琮校点《算经十书》之五《张丘建算经》卷中之十三条,中华书局1963年出版,第362页。

② 在上引题目之后,原本列有术、草两种算术解题方法以及答案。为了简明起见,兹又列代数解题方法如下,以省读者运算。设下下户出绢数为 x 丈,则可列方程式如下:
$$13x+76(x+2)+25(x+4)+43(x+6)+78(x+8)+31(x+10)+57(x+12)+24(x+14)+39(x+16)=3\times4\times(13+76+25+43+78+31+57+24+39)$$
  解这个方程式,得出答案为 $x=4$(丈)。
  则下下户出绢四丈,即一匹;其余按等级依次递增二丈,即半匹;至上上户为最高额,出绢五匹。

裕户。因为,下等小户大多为三、五口之家的自耕农,上等大户却往往如《李冲传》中所言"五十、三十家方为一户",上上户与下下户之间的劳动力之差远不止于五比一。这样相比之下,上上户所纳的赋税就实在微乎其微了。

何况,在宗主督护下,豪强地主完全可以利用自己手中掌握的宗族权和行政权,采取种种方法去"纵富督贫,避强侵弱",从而把一切负担都转嫁到农民的头上。

《李冲传》中所言的"民多隐冒"现象,在《食货志》中称作"荫附","荫附"者虽然不服官役,但是要向豪强地主缴纳"倍于公赋"的实物地租,为他们做繁重的无偿劳动,他们是豪强地主的直接剥削对象。因此,为了不断地增加自己的财富,宗主豪强必然会想方设法更多地去占有"荫附"者。《李冲传》中所言"五十、三十家方为一户",只是指当时的一般情况,其实成千成百地占有"荫附"者也是不乏其人的。本章第一节中所引《李灵传附李显甫传》记载的李显甫宗族于殷州西山开辟的李鱼川中共有诸李数千家,他们虽不可能都是李显甫家的"荫附"者,但其中"荫附"者的数量决不会少。①

而且,宗主豪强决不会以现已占有的"荫附"为满足,他们还不断地利用手中掌握的政权和族权,肆无忌惮地兼并自耕农民的土地,那些失去土地的自耕农民就不得不投身于宗主豪强门下。自耕农民也常常"因年俭流移,弃卖田宅"②,而成为宗主豪强的新"荫附"者。这样恶性循环下去,就使得宗主豪强"隐冒"民户的现象日益严重。《魏书》卷五一《韩茂附韩均传》载:

---

① 据《北史》卷三三《李灵附李显甫传》载,后来李显甫之子李元忠与葛荣作战,一次就杀死了不愿为他作战的三百人。这三百人的生杀予夺之权完全掌握在李元忠之手,如此强的人身依附关系,其身份当然属于"荫附"。

② 《魏书》卷五三《李孝伯附李安世传》所载李安世议立均田制的上疏中语。

又以五州民户殷多,编籍不实,以均忠直不阿,诏均检括,出十
余万户。

韩均检括民户是献文帝朝后期或孝文帝朝前期之事。[①] 五州共检括出
十余万户,[②]平均每州二万余户,这个数字是相当惊人的。封建国家的
赋税主要出于自耕农民身上,自耕农民数量锐减必然严重地影响国家
的财政收入。

最初,北魏统治者对强宗大族"隐冒"民户的现象还能容忍。这是
由于拓跋部进入阶级社会时间不长,它的社会生产又是以游牧为主,加
上统治中心位于平城,所以北魏王朝的经济并不十分依赖中原地区的
赋税收入。但是,北魏统一中原地区以后,尤其是经过文成帝、献文帝
和孝文帝三代的经营,拓跋社会发生了巨大的变化,北魏政权也日益封
建化。又由于战争的减少,通过直接掠夺与部落纳贡而获得的收入已
越来越不可靠,北魏王朝的财政收入便越来越多地依靠中原地区的赋
税。于是,北魏王朝与强宗大族在劳动力的争夺上日益激烈。尤其是
在孝文帝时期,曾屡屡下诏检括民户,措辞十分严厉。如,《魏书》卷七
上《高祖纪上》延兴三年(473 年)九月辛丑条载:

诏遣使者十人循行州郡,检括户口。其有仍隐不出者,州、郡、
县、户主并论如律。

在这次检括户口中,如有不实情况被发现,不仅户主,而且州、郡、县三

---

① 在这段引文之上有"显祖(献文帝)诏书诮让之"之句,在这段引文之下有"复授
定州刺史,……延兴五年卒"之句。延兴为孝文帝年号,其五年为公元 475 年。
② 据《魏书》卷五一《韩茂附韩均传》载,此五州为定州、冀州、相州、青州和东青州,
都属于所谓山东地区。

级地方长官都要受惩罚。不过，在宗主督护之下来检括户口，无论其措辞多么严厉，也不可能从根本上解决问题。

随着宗主豪强的经济势力的发展，他们的政治势力也膨胀起来。这些人不仅父子、兄弟相继世为宗主，而且还为了共同的经济和政治利益，通过结盟、联姻等方式互相勾结，形成为强宗大族。这些强宗大族正是高踞于社会之上的门阀势力的基础。强宗大族往往凭借其号令一方的势力，不断地向拓跋部统治者争取更高的政治地位和社会地位。

河东薛族争入郡姓之事就是强宗大族争取更高的社会地位的例证。《资治通鉴》卷一四〇《齐纪》建武三年（496年）条载：

> 众议以薛氏为河东茂族。帝曰："薛氏，蜀也，岂可入郡姓！"直阁薛宗起执戟在殿下，出次对曰："臣之先人汉末仕蜀，二世复归河东，今六世相袭，非蜀人也。犹以陛下黄帝之胤，受封北土，岂可亦谓之胡邪！今不预郡姓，何以生为！"乃碎戟于地。帝徐曰："然则朕甲卿乙乎？"乃入郡姓。仍曰："卿非'宗起'，乃'起宗'也！"

核《魏书》与《北史》，均不见薛宗起之名。但在《魏书》卷四二《薛辩传》下附有《薛聪传》，时代与上引资料的时代一致，且薛聪为直阁将军。而《北史》卷三六《薛辩传》下也附有《薛聪传》，内容较《魏书》所载详细得多，更为重要的是，其中也有这一段议论姓氏高下的记载，曰：

> 帝曾与朝臣论海内姓地人物，戏谓聪曰："世人谓卿诸薛是蜀人，定是蜀人不？"聪对曰："臣远祖广德，世仕汉朝，时人呼为汉。臣九世祖永，随刘备入蜀，时人呼为蜀。臣今事陛下，是虏非蜀也。"帝抚掌笑曰："卿幸可自明非蜀，何乃遂复苦朕。"聪因投戟而

出。帝曰:"薛监醉耳。"其见知如此。

这一段记载与《资治通鉴》的记载大同而小异,都是关于薛氏的社会地位之争。由以上情况可以推测,薛聪就是薛宗起。[①]

薛聪为本章第一节中所述助太武帝镇压盖吴起义的薛初古拔之侄,叔侄二人一前一后都是河东薛氏的代表人物。薛氏争入郡姓之事虽然发生在孝文帝议定士族门第之时,上距太和十年北魏废除宗主督护已经十年,但是,如前所述薛氏宗族势力的形成与发展有相当长的历史,在太武帝镇压盖吴起义时薛氏已经达到鼎盛时期,因而薛氏争入郡姓事可以在此作为强宗大族势力膨胀的例证。而薛聪敢于在北魏皇帝面前如此气盛,正是因为有雄踞河东的宗族势力为其后盾的缘故。

一般的宗主豪强并不都能像河东薛氏那样具备向拓跋统治者公然力争政治地位与社会地位的条件,他们只能在乡里称霸,纠合宗族,建立自己的"独立王国"。不过,当他们的势力发展到足够壮大的程度时,便会恃强凭险,公开与北魏王朝抗衡。在本章第三节第一小节中,引述了《酷吏张赦提传》中记载的灵丘罗思祖依仗宗族势力称霸一方的事实,即为典型的例证。罗思祖的势力很快就被铲除了。但也有的宗族势力竟达到政府难以应付的程度。例如,本章第一节中所引《李孝伯附李安世传》中记载的广平人李波宗族就曾一度强盛到大破相州刺史薛道㧑所领官军的程度。李波的宗族势力后来被颇有谋略的继任相州刺史李安世消灭。李安世解决李波的办法在同传中有记载:

---

① 在《资治通鉴》卷一四〇《齐纪》建武三年条下,胡三省也引《北史》卷三六《薛聪传》作注,可见胡三省即以薛聪为薛宗起。

> 安世设方略诱波及诸子侄三十余人，斩于邺市，境内肃然。

李安世并没有像他的前任那样，用兵力去硬攻，而是采用诱骗的办法将李波等人捕获。从李安世不得不改用诱骗的办法对付李波，也可见李波宗族势力的强大。

显然，拓跋部统治者如果再不对日益发展的宗主豪强势力加以遏制，就不仅会直接影响政府的财政收入，而且要严重削弱乃至危及它在中原地区的统治了。

二、代以三长

孝文帝太和年间，废除宗主督护的问题，因北魏王朝进行土地和财政制度的改革，[①]十分尖锐地提到议事日程上来。为了保证各项改革的顺利进行，北魏王朝迫切需要建立一套能够有效地控制地方的基层行政制度。

如果从明元帝永兴五年算起，到孝文帝太和年间，宗主督护已经实行七十余年。在这七十余年里，北魏王朝面临的内外形势发生了巨大的变化。最初，由于宗主督护的推行，缓和了拓跋部统治者与中原地区的宗主豪强之间的矛盾，客观上增强了北魏王朝的经济实力，巩固了拓跋部在中原的统治。而拓跋部在中原统治的巩固，反倒成为摈弃宗主督护以建立完备的地方行政体系的必要条件。孝文帝时期，南方处于宋、齐政权交替之际，无力北顾；漠北的柔然也因力量衰弱而逐渐向西发展。长期以来来自外部的压力大体上解除，拓跋部统治者可以集中力量解决内部问题了。

在北魏王朝的羁縻政策下，强宗大族之间及其内部也不断地分化。

---

① 太和八年（484 年）班俸禄，太和九年颁布均田令。

本章第一节和本节第一小节中先后引述过的同为河东地区大族的薛氏和裴氏对待拓跋部统治者的态度就不一样。前者势力强大，因而态度不卑不亢；后者势力相对较弱，因而对拓跋部统治者表现得"忠义可嘉"。同为薛姓者，政治立场也不一样。盖吴起义之时，薛永宗响应盖吴，以后兵败身亡；而薛初古拔则帮助北魏王朝，镇压了盖吴起义；又有名薛安都者，先是割据弘农郡，后来在太武帝时投奔了南方的刘宋王朝。① 可见，宗主督护下的七十余年里，虽然各地宗主豪强的势力在不断地膨胀，但是他们的力量毕竟是分散的，很难纠合到一起。

到文明太后临朝听政时期，一方面，北魏王朝国力增强了，以其经济、政治和军事力量足以对付地方割据势力的挑战；另一方面，随着拓跋部政权的日益封建化，北魏王朝便逐渐地演化成为拓跋贵族和汉族地主二者利益的总代表。这样，汉族地主阶级中不少有长远眼光的士人，从整个统治阶级的利益出发，也深深地感觉到宗主督护带来的严重危害。

就是在上述情况下，谙熟汉魏旧制的李冲于太和十年（486 年）提出了废除宗主督护而建立三长制的建议。李冲的建议虽然引起了争论，但是得到文明太后的坚决支持。正如本章第一节开头所引《李冲传》载，文明太后掷地有声地强调："立三长，则课有常准，赋有恒分，苞荫之户可出，侥幸之人可止，何为而不可！"因此，在朝廷上虽然有过争论，但最终还是采纳了李冲的建议。于是，孝文帝就"遣使者行其事"，并下达了颁行三长制的诏书。

该诏书见于《魏书》卷一一〇《食货志》中，曰：

---

① 详见《魏书》卷六一《薛安都传》。据该传记载，献文帝时薛安都复投北魏王朝，但却仍怀二心。弘农郡，治所为弘农县，在今河南省灵宝县北故函谷关城。

> ……又,邻里乡党之制,所由来久。欲使风教易周,家至日见,以大督小,从近及远,如身之使手,干之总条,然后口算平均,义兴讼息。……今革旧从新,为里党之法,在所牧守,宜以喻民,使知去烦即简之要。

三长制推行的成效如何,《食货志》中也有记录,就在这条诏书之下接着载道:

> 初,百姓咸以为不若循常,豪富并兼者尤弗愿也。事施行后,计省昔十有余倍。于是海内安之。

三长制初行之时是有成效的,[①]原因在于它虽然限制了"豪富并兼者",但也向宗主豪强作了一定的让步。

三长制给了宗主豪强相当优惠的政治和经济特权,这一点我们从分析三长制本身就可以看出。关于三长制的内容,在《食货志》中有记载,曰:

> (太和)十年,给事中李冲上言:"宜准古,五家立一邻长,五邻立一里长,五里立一党长。长取乡人强谨者。邻长复一夫,里长二,党长三。所复复征戍,余若民。三载亡愆则陟用,陟之一等。"

李冲的上言是后来形成为三长制条例的框架。这段话虽然简单,却很全面,用现代的语言来说,其中既包含了组织机构,又提出了干部的选择标准,还考虑到了干部的待遇、干部提拔的条件等内容。有关人事部

---

① 详见周一良先生《从北魏几郡的户口变化看三长制的作用》。

门的基本工作内容李冲都已想到,其表述又简单明了,易于执行。但是不难看出,这套表面上严格、合理的制度实质上还是充分地照顾到宗主豪强利益的。

在李冲上言中,特别值得注意的是"长取乡人强谨者"一语。所谓"强"者,有势力者也;所谓"谨"者,愿意服从北魏王朝者也。这样理解的话,三长制的干部选择标准就正是那些愿意与拓跋部统治者合作的宗主豪强了。按照这样的标准,大多数的宗主都可以摇身一变而成为新制度下的三长。因此,基层行政权力依旧把持在强宗大族手里。而且,只要他们效力于北魏王朝,就可以按照"三载亡愆则陟用"的规定,沿着邻、里、党这条北魏王朝安排好的阶梯不断地向上爬,从而得到更多的政治权利。在经济方面,宗主豪强可以通过担任三长获得"复征戍"的好处,而且职位越高优复越多。这样,他们因废除宗主督护制而失去的经济利益,可以通过担任三长而得到弥补。更何况三长制只是基层行政组织,它所限制的仅为一般的宗主豪强,那些在北魏王朝担任高官的强宗大族并不会受此约束,他们仍旧可以为所欲为地在地方上发展其政治与经济势力。

因此,在文明太后采纳李冲的建议而推行三长制后,虽然最初"豪富并兼者尤弗愿也",但不久就"公私便之","海内安之",并未引起多少社会骚动。于是,盛行七十余年的宗主督护便成了历史的陈物。

三长制的顺利推行,为北魏封建集权统治夯实了基础,既反映了平城政权统治的深化与拓展,又意味着平城时代的历史使命行将完成。

末章　平城时代历史意义

北魏平城时代消逝了。以大同盆地作为躯壳的北魏京畿,曾经适应和推动过北魏社会的发展,形成为平城政权的根据地和中心区域;而平城政权的将近百年,作为大同盆地古代史上的一个阶段,以较其他阶段更为辉煌的历程载入了史册。

大同盆地的开发是在北方地区自汉末以来因战乱频仍而生产停滞长达两个世纪的情况下进行的,因此,对它开发的意义远远超出了在这一局部地区创造的经济价值。首先,晋末以来,我国出现边远地区经济逐渐发展的新局面,大同盆地及时赶上了这一潮流。其次,北魏平城时代所处的五世纪是北方社会生产逐渐恢复并发展的时代,大同盆地凭借北魏王朝在此建都的历史契机,走到了这一时代的前列,在将近一个世纪中成为整个北方的政治中心。第三,在开发大同盆地的共同劳动中,汉族人民与北方众多的部落人民通过生产经验与技术的交流而增进了民族感情,推动了民族交往,促进了文化交流,从而使大同盆地形成为一座民族融合的大熔炉。

提到文化的交流,我们有必要再推开一步来说。

东汉末年以后中原社会长期动荡。在黄河中下游地区发生了一系列的战乱,其中对社会经济破坏最剧烈的有三次。第一次是东汉灵帝中平六年(189年)开始历时约四年的董卓之乱,以及由此引起的广阔范围的军阀混战,结果中原出现了"铠甲生肌虱,万姓以死亡"①的凄凉景象,致使东汉政权的统治被摧毁。后两次是西晋惠帝永平元年(291年)开始历时约十六年的八王之乱和怀帝永嘉元年(307年)开始历时约六年的永嘉之乱,这两次战乱紧密衔接,人民几无喘息之机,因此破坏尤其剧烈,西晋汉族政权的统治被彻底摧毁。三次大的战乱就像间歇性的强烈地震一样,将长安、洛阳两大文明古都夷为废墟,汉族文化的根据地被严重破坏了。

以长安、洛阳两大文明古都为轴心的黄河中下游汉族文化覆盖区,是经过先秦和秦汉两大漫长时期形成的昌盛地区,这个地区的文明程度远远超过周边的地区,代表当时整个中华文明的最高水平。汉文化的昌盛地区遭到严重破坏以后,中国北方的政治、经济和文化中心便向东方转移。于是,先后在北方称雄的袁绍和曹操就都将他们建立霸业的根据地置于黄河下游的河北之地。永嘉之乱以后出现十六国时期,河北地区处于汉化较深的羯族和鲜卑族慕容部的统治之下,大量的汉族人口被留居于此,内迁的胡人也逐渐被同化。经过多年的经营,这一地区的经济慢慢地复苏,进而形成以邺城—中山为轴心的汉文化中心地区。所以,北魏天兴元年(398年),道武帝一入中原就被邺城的壮观景象吸引住而流连忘返了,他巡登台榭,遍览宫室,将有定都之意,只是迫于后方叛乱的形势才不得不退回代北。

当时尤其值得注意的现象是,位于汉族文化最高层次上的汉魏典章与学术文化不再由国家控制下的学校垄断了。由于汉王朝的覆灭,学校制度倾颓,汉魏典章与学术文化从主要由太学博士教授转变为以父子世代相传为主。因此,汉魏典章与学术文化在相当长的时间里掌握在若干大的家族手中,形成为魏晋南北朝时期特有的家学。在河北

---

① 引自曹操《蒿里行》,收于《先秦汉魏南北朝诗·魏诗》卷一,中华书局,北京,1983年第1版,第347页。

地区,残存下来的汉魏典章与学术文化主要为清河崔氏、渤海高氏等世家大族所承袭。北魏平城时代最活跃的政治家崔浩、高允等人便是这样的门阀士族的代表人物,他们先后向道武帝、明元帝、太武帝、文成帝等北魏统治者介绍过汉族文化的精华,并以汉魏典章为蓝本为北魏王朝制礼作乐,建立了一整套的汉化制度。这些典章制度一直传续到文明太后临朝听政时期,为文明太后全面推行汉化奠定基础。

在西北,当时称为凉州的河西走廊地区,也保存着传统的汉族文化。由于气候寒冷干燥,东汉以前这里一向地广民稀,物产不丰。中原地区连绵不断的战争和动荡不安的政局引起频繁的民族迁徙和大量的人口流动,河西走廊因为相对安定而成为人们投奔的主要区域。这一现象也被统治者注意到了。曹操就曾任用皇甫隆为敦煌太守以开发河西走廊。皇甫隆到任后,教民制作耧犁,使农业生产迅速发展起来。西晋后期,张轨出任凉州刺史,起用汉族士人,招纳流民,兴建学校,选拔贤才,并且大力发展农业、手工业与商业贸易。经过魏晋以来的经营,在河西走廊地区形成了与河北地区发展程度大体相当的文明,并保存了秦汉以降的汉族文化。北魏太延五年(439年),太武帝征服河西,那里文物的精品与士人的中坚大多被俘掠到平城,于是保存在河西地区的汉魏典章和学术文化进入北魏朝廷。继承河西地区汉族文化传统的代表人物则是李冲、常景等士人。李冲后来适逢文明太后临朝听政,成为北魏太和改制中的核心人物。

汉晋之间三次大的战乱,使中原人口锐减四分之三,得以苟延下来的中州士女十之六七迁徙到江左。与此同时,包括汉魏及西晋以降的礼、乐、政、刑等典章和文物在内的中原文化也被大量地带到那里。东晋和宋、齐、梁、陈等政权就是在此基础上相继建立起来的。虽然江左的朝廷更迭频繁,而且每个朝代的统治时间十分短促,但是除了东晋末年和梁朝末年两次规模较大的战乱以外,东晋南朝时期的江左社会相对来说是比较安定的。在江左的肥田沃土上，中州迁去的人民与当地的人民同耕共织，使那里的社会面貌发生天翻地覆的变化，出现了"都邑之盛，士女富逸，歌声舞节，袨服华妆"的富足局面。[①] 与此相应，在文艺、教育与科技等方面也都获得划时代的成就。同时，汉魏典章制度在东晋南朝也有了新的发展。这些来自中原而又有所发扬的典章制度与学术文化，在文明太后临朝听政时期又被刘芳为代表的一批文人传播到平城。[②]

由上述可知，从长安、洛阳流散到各地的传统文化经过一番曲折的途径以后，又从河北、江左、河西等地区汇拢起来，在北魏都城平城撞击到一起。正是在这样的大背景之下，出现了大同盆地辉煌的一页；也是在这样的大背景之下，出现了北魏平城时代；还是在这样的大背景之下，出现了文明太后主持的大规模的太和改革运动。

从以拓跋部为首的北方游牧民族的角度来看，推行太和改革无疑是整个平城时代拓跋部的汉化运动的总结，也无疑是晋末以来北方各游牧部族汉化运动的总结。然而，从整个中华民族文明发展的广阔历史背景来看，太和改革的意义就不仅限于此了，它实质上是中华版图内广泛参与的一次弘扬中华文化的运动。而且，经过太和改革以后，中华文明虽然仍以汉族文化为主导，实际上却已远不限于秦汉时代的旧的汉族传统内容，而是包含了由众多少数民族输入的大量成分复杂的营养，从而变得更加清新瑰丽了。这是因为，从各地来到平城的文明早已不同于纯粹的汉魏以降的汉族传统文化，它们都已陆续不断地吸收和融合了所在地区各部族的文明。河北的文明中含有匈奴、羯和鲜卑族慕容部的文化因素，江左的文明受到了蛮、越文化因素的影响，而河西

---

① 详见《南齐书》卷五三《良政传·序》。
② 详见《魏书》卷五五《刘芳传》。

的文明则不仅有氐、羌而且还有鲜卑秃发等部的文化因素。这三个地区的文明虽然都在不同程度上源于汉族文化传统,但实际上彼此之间已存在着相当大的差异。因此,一旦它们被熔于一炉,中华民族的整体文明就升华了。这正是太和改革的价值所在,也正是北魏平城时代的历史意义。

将拓跋政权发展的曲折历程置于东汉以来中华文明大播迁的形势之下加以考察,对于北魏平城时代之所以能够突兀地崛起与发展到顶巅的问题,就有了深入的理解。不过,也应该看到,当经过升华的中华文明在平城迸发夺目光彩的时候,北魏平城时代自身却走到了它的尽头。因为,北魏京畿的自然条件,虽然孕育了这个多姿多彩的时代,但是也限制了这个时代的继续发展。

北魏京畿位于自然地理上的蒙古高原与山西台地相交错的断层地带。它的中部是地势平坦的大同盆地。大同盆地呈西南—东北走向,其中部和东部呈现为三片宽阔的谷地:一片谷地溯浑河而上,直抵恒山主峰脚下;另一片谷地沿桑乾河而下,伸向今河北省境内;还有一片谷地展布于南洋河上游的今山西省阳高县、天镇县境。从这些大片的谷地又支分出无数的小块谷地,其间流淌着水量充沛的河流,既利于农耕,又适于游牧。大同盆地被无数崇山怀抱着,它的东北是熊耳山与军都山,北部和西北部为阴山余脉,西南部界管涔山脉北段,南部与东南部有恒山与五台山。崇山之中,关隘与险峰重迭,断崖与峻岭错落,形成为封闭大同盆地的天然屏障。这样的地形既利于政治上的统治,又便于军事上的攻防。因此,当政治形势比较稳定的时候,其区域性经济就能很快地繁荣起来。这正是这一地区能够形成辖境相对稳定的行政区域的重要原因。尤其是在北魏统治时期,这一地区处于中心地位,所以能够进入长足发展的辉煌时代。

然而,相对封闭的盆地地形,既影响着本地经济的持续发展,又阻碍了周边物资的输入,更不便于平城政权号令的布达。随着平城政权中央集权封建体制的日臻完善,大同盆地相对偏僻和局限的弊端也日趋显现。当孝文帝在文明太后的基础上继续推行太和改革运动时,就更加深感已历百年的旧京畿难以容纳蓬勃开拓的新宏图了。大同盆地终于成为束缚北魏王朝的围栏,冲破这一围栏的历史使命降落到孝文帝的肩上。

与此同时,中原的社会状况已经安定下来,中原的经济迅速地恢复和发展起来,而中原各民族的融合与文化交流也进入了高潮。历史的要求与个人的意志结合在一起,孝文帝于太和十八年将国都从平城迁到洛阳。北魏平城时代结束了。

孝文帝决心迁都,既有客观形势方面的各种原因,也有主观意识方面的诸多考虑。作为杰出的政治家,孝文帝审时度势地作出迁都的决定,无疑是伟大的历史创举。这一壮举,使融汇于平城的河北、河西和江左的三股文化潮流随而涌向洛阳,为北魏政治、经济与文化的发展开辟出新的局面。随后的新京畿,即传统的旧洛阳,迅速恢复昔日的繁荣景象,继续为中华民族的融合和中华文明的兴旺发挥巨大的作用。

历数北魏平城时代的人物,文明太后乃是当之无愧的代表。是她,将一个时代推向高潮;随着她的离去,这个伟大时代降下了帷幕。正是在平城时代余晖的映照下,孝文帝才开辟出洛阳时代的崭新天地。北魏的平城时代和洛阳时代虽然界限分明,却又紧密联系。就像站在这两个时代边缘的文明太后与孝文帝一样,他们分别是后权与皇权的象征,却又在事业上一脉相承。

附　录

表一　北魏建国前拓跋部诸帝世系表

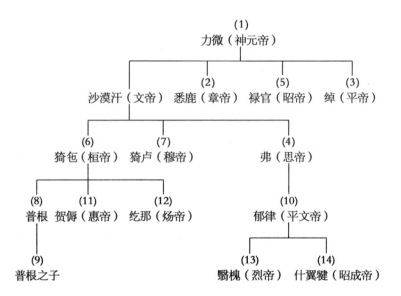

说明：1. 表中数字为承续次序。

2. 名称后括弧内的帝号录自《魏书》卷一《序纪》，系北魏建国后追尊。

表二　北魏皇帝世系表

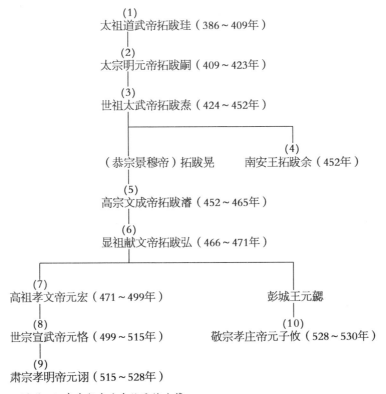

(1)
太祖道武帝拓跋珪（386～409年）

(2)
太宗明元帝拓跋嗣（409～423年）

(3)
世祖太武帝拓跋焘（424～452年）

（恭宗景穆帝）拓跋晃　　　　　(4)
南安王拓跋余（452年）

(5)
高宗文成帝拓跋濬（452～465年）

(6)
显祖献文帝拓跋弘（466～471年）

(7)
高祖孝文帝元宏（471～499年）　　　　　彭城王元勰

(8)
世宗宣武帝元恪（499～515年）　　　　　(10)
敬宗孝庄帝元子攸（528～530年）

(9)
肃宗孝明帝元诩（515～528年）

说明：1. 表中数字为皇位承续次第。
　　　2. 孝明帝以后先后被置于皇位的，有孝明帝的堂叔孝庄帝元子攸、太武帝的曾孙长广王元晔、孝文帝的侄子节闵帝元恭、节闵帝的堂弟安定王元朗、安定王的从兄孝武帝元脩。

表三　北魏平城时代诸帝年号表

庙号、姓名、在位年代 （公元）	年　号	起止年代(公元)
道武帝拓跋珪	登国	386—396
	皇始	396—398
	天兴	398—404
	天赐	404—409
明元帝拓跋嗣	永兴	409—413
	神瑞	414—416
	泰常	416—423
太武帝拓跋焘	始光	424—428
	神䴥	428—431
	延和	432—435
	太延	435—440
	太平真君	440—451
	正平	451—452
南安王拓跋余	永平	452
文成帝拓跋濬	兴安	452—454
	兴光	454—455
	太安	455—459
	和平	460—465
献文帝拓跋弘	天安	466—467
	皇兴	467—471

庙号、姓名、在位年代 （公元）	年　号	起止年代（公元）
孝文帝元宏	延兴	471—476
	承明	476
	太和	477—499

　　说明:孝文帝拓跋宏于太和十八年(494年)十一月迁都洛阳,北魏平城时代结束,因此孝文帝以下诸帝不列。又,太和二十年(496年)正月拓跋氏改姓元,故此表称孝文帝的新姓元。

表四　北魏皇帝生卒及在位略表

时代	平城时代								洛阳时代						
承续次序	1	2	3		4	5	6	7	8	9	10	11	12	13	14
庙号	太祖	太宗	世祖	恭宗	南安王	高宗	显祖	高祖	世宗	肃宗	敬宗	长庄王		安定王	
帝号	道武	明元	太武	景穆		文成	献文	孝文	宣武	孝明	孝庄		节闵		孝武
姓名	拓跋珪	拓跋嗣	拓跋焘	拓跋晃	拓跋余	拓跋濬	拓跋弘	元宏	元恪	元诩	元子攸	元晔	元恭	元朗	元脩
在位年数	23	15	29		八个月	14	6	29	17	14	3	五个月	九个月	七个月	3
在位起止年份	386—409	409—423	424—452	未即位	452三月—十月	452—465	466—471	471—499	499—515	515—528	528—531	530十月—531二月	531二月—十月	531十月—532四月	532四月—534七月
即位年龄	15	18	15			12	12	5	16	6	22		35	19	23
死亡年份	409	423	452	451	452	465	476	499	515	528	531		532五月	532	535
享年	39	32	45	24		26	23	33	33	19	24		35	20	25
入葬陵名	盛乐金陵	云中金陵	云中金陵	金陵		金陵	云中金陵	长陵	景陵	定陵	静陵			邺西野马岗	

时代	平城时代	洛阳时代
承嗣及死亡原因	代国照成帝孙。被次子绍杀死。 道武帝长子。久服寒食散病亡。 明元帝长子。被宦官宗爱所杀。 太武帝长子。监国十三年。被其父所杀。 太武帝长子。被宗爱立为帝，不久杀之。 景穆帝长子。病亡。 文成帝长子。被冯太后鸩杀。 献文帝长子。病亡。 孝文帝第二子。病亡。	元恪第二子。被其母胡太后杀死。 彭城王勰第三子。被尔朱兆杀死。 太武帝曾孙。被尔朱兆杀死。 孝文帝侄子。被尔朱兆立为主，后被废。 广陵王羽之子。高欢杀之。 章武王融第三子。节闵帝堂弟。先被废，后以罪殂。 安定王之从兄。出奔长安投靠宇文泰，后被泰杀。

（2014 年 3 月 20 日刘溢海制表于太源柴村）

表五　代国后期至魏国初期拓跋诸帝

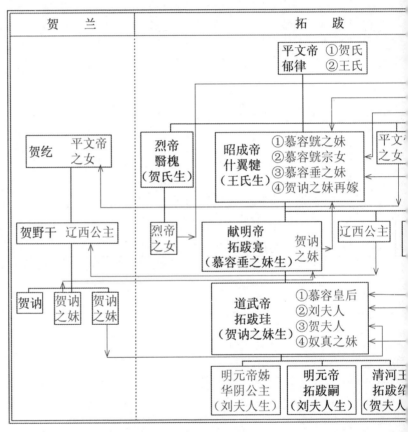

图注：黑色字体为男性，红色字样为女性。

与异部族联姻简图

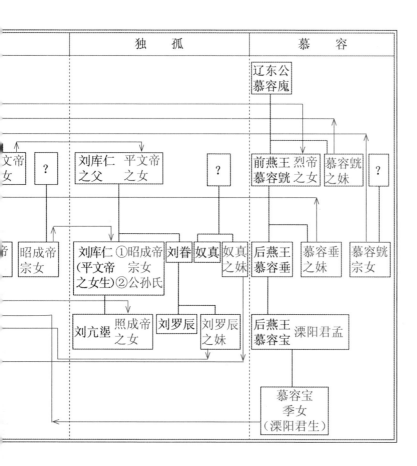

再 版 后 记

我从事北魏历史的研究开始于 1978 年考上山西大学历史系的研究生，本书初版中的附篇三《论宗主督护》，就是在导师杜士铎先生指导下完成的硕士论文。毕业以后，我又陆续撰写了几篇论文，它们构成为本书初版的附篇一《北魏平城畿内的城邑》和附篇二《道武帝时期的大移民与雁北的开发》以及前四章中的若干节。1986 年我考上北京大学历史系的博士研究生，在导师田余庆先生的指导下继续从事北魏历史的研究，完成题为《北魏平城政权研究》的博士论文。这部博士论文中，约有七万字的内容被分割成为单篇的短论文，陆续发表在学术期刊上。以短篇的形式陆续发表，也是修改内容和凝炼文字的过程，这些论文后来构成为本书初版的骨干章节。

1997 年，我获得国家社会科学基金的资助，以《北魏平城京畿考察与研究》为题目，将文献考据与实地考察结合起来，在原先研究的基础上对北魏平城时代作进一步的探索，从而总结成为书稿。该项目于 1999 年 6 月完成，1999 年 7 月经祝总斌教授、朱大渭研究员、张泽咸研究员、蒋福亚教授、阎步克教授评审通过鉴定，1999 年 8 月经朱大渭研究员、张泽咸研究员推荐成为该年度中国社会科学院出版基金项目。随后，该书稿于 2000 年 1 月由社会科学文献出版社出版，书名为《北魏平城时代》。初版时的责任编辑是张彤（笔名史边）编审和黄燕生（笔名雁声）编审。这项国家社会科学基金项目完成已经十余年了，但是我对于北魏平城京畿的考察与研究迄今仍未停止。多年来，一直在大同从事教学和研究的殷宪教授，常常给予我无私的帮助和竭力的支持。在考察遗迹、观摩文物、研讨问题和切磋学术的过程中，我们结下了深厚的友情。

蹉跎蹉跎，三十年转眼即逝。略述往事，既是为了感谢引领和帮助过我的导师和学长、前辈和同道、挚友和亲人；也是向不弃拙著的读者作个汇报，以此表达感激之情。三十年人生，能够获得的知识其实很少，还不知道对也不对。拙著初版已经十年有余，不知道是否还有插架的意义。十分感谢吕健编审和王珺编辑的热情鼓励，遂将书稿修订后交付上海古籍出版社再版。

本次再版，对全书文字与多处局部内容作了细致的修订；以近年用数码相机拍摄的照片，取代初版时收辑的胶卷相机拍摄的照片；更重要的是，在初版的三篇附篇的基础上，编写了第五章和第六章。第五章中的第二节和第三节是在初版的附篇一的基础上编写成的，讨论的内容是平城与畿内其他城邑的沿革与地点问题，在编入本章之际一度犹豫再三，担心观点是否过时。然而，想到两年前与殷宪教授和戴卫红博士探访窦太后墓、常太后墓、王睿墓以及莎泉温泉之时，附篇一竟然能够派上用场，屡屡将我们引向目标，所以至今不忍将之割舍掉。

令我感到十分高兴的是，由于考古工作者的努力，北魏平城时代的遗存不断被发现，关心和研究这个时代的同道愈来愈多，因此相关的学术成果也在与日俱增。对平城时代饱含深情的我能否赶上形势呢，那就要企盼读者对于拙著的批评指教了。

李凭　谨识
辛卯立夏于华南雨静苑

第 三 版 后 记

作为正式出版品，将要呈献给读者的是拙著的第三版。其实在此之前拙著还有三个虽也装订成册但未正式出版的版本。这三个版本在《再版后记》中已经提及，那就是先后完成的硕士论文、博士论文和国家社会科学基金项目。按照顺序，硕士论文是博士论文的毛胚，博士论文是基金项目的毛胚，而这三者又都是后来三部正式出版品的毛胚。之所以要用毛胚这个词，是因为每一版都作了很多修订，这次也不例外。

不断修订的原因有三：其一，改正错误，弥补疏漏；其二，从不断发展的学术界汲取养分；其三，在文字中渗入新的人生感悟。

思量起来，上述非正式出版与正式出版的六个版本，竟是在太原、北京、首尔、杭州、广州、澳门等六个城市修订而成的，如果加上出版地，则还有东方文化巨埠上海。这条轨迹也正是我三十年来不断迁徙的生活旅程。不过，与其说不断迁徙，倒不如说不断迁居更加贴切吧。因为只有定居数年之后，对生活的环境才会有比较深入的理解，对学术也会有点感悟，这是短暂的旅行难以达到的效果。

十二年前我离开北京南下，临行前看望老领导任继愈馆长，他对我讲："当学者应该常常流动，我赞成！我没有机会看钱塘潮水了，你到浙江大学以后要去看看。做学问是要像潮水一样涌动的，静止下来就不会有所感悟了。"当时我只是感谢他理解我的离京，后来逐渐领会了这番话。就像南方人嚼橄榄一样,嚼多了味道才出得来。

李凭　谨识

甲午闰九月于横琴荔枝湾

第 四 版 后 记

　　责任编辑王珺通知我,上海古籍出版社计划增订这本小册,嘱我写一篇后记。我很感谢,也很高兴,因为又有了一次纠正错讹的机会。这不是客套话,我将全书文字校读一遍,又作了多处修改和订补。

　　这本小册于 2000 年 1 月初次出版,此后历经第二版、第三版,与我相伴越二十年,已经成为过时的作品。承蒙社方、亲朋和读者的关怀、帮助与督责,经过不断修版,它才得以留存至今。所以,每次拿起这本小册,便有许多感慨,给予我诚挚鼓励并帮助我汲取学养的友人都会显现眼帘。遗憾的是,我一生颠簸,居无定所,留作纪念的文件和物品不断流失,所存寥寥。对于往事往情,心存思念兮难以物寄,不免自责自叹。不过,翻箱倒柜、搜索电脑,倒是仍有惊喜发现。因此,利用这次增订的机会,将几份与这本小册相关的文件辑入,以答谢友人浓厚的情谊。

　　现将赠我下述文件的友人以识荆的年代为顺序介绍给读者。

　　《附录》中的表四《北魏皇帝生卒及在位略表》和表五《代国后期至北魏初期拓跋诸帝与异部族联姻简图》是刘溢海先生的作品。溢海先生与我相知于 20 世纪九十年代初。他一直在山西左云第三中学任教,对于北魏历史与平城地理作过扎扎实实的考察,具有深邃精当的见解。溢海先生的论文屡有真知灼见,常能发人深思,虽然大多登载于本地的学刊,却都是上乘的佳作,不亚于核心期刊上登载的权威文章。相知三十年间,溢海先生与我常有书信来往,迄今不断。这些信件大多是讨论北魏史地的,因此我很珍惜。2016 年 1 月 19 日,溢海先生来信写到制作这两表的缘由,特照录如下:"在读到第 140 页的拓跋部首领们通婚时,因为情况复杂,不好弄清,我根据书中脉络,特制《拓跋氏首领联姻简图》一张,缩小后附于相应页间,读时对照此表,就明白多了。今将此表复印一张寄上,请先生帮助修改得更完善些。我又制《北魏帝王一览表》贴在第 412 页后,和书中的《北魏王朝世系表》相对应,亦便于阅读与理解。"我觉得所言极是,倘能辑入拙作,必定便于阅读,但当时不知拙作有无机会增订。不久,恰好浙江文艺出版社柳明晖编审与我讨论《从草原到中原——拓跋百年》的修订事宜,于是就将溢海先生所制二表先行辑入该作的第 340 页和第 342 页。这次略作修版后列入第四版的附表中,以实现溢海先生和我的共同愿望。

位于正文之前的两页影印了翻译名家李长森教授亲笔书写的两首七律。长森先生是我到澳门不久结识的莫逆之交。他是中外文化交流与澳门历史学的著名专家,既通晓葡萄牙语言文化,又擅长中华传统诗赋。而且,精于书法,笔锋遒劲;娴于绘画,形象鲜丽。长森先生与我虽然研究的方向不同,但是学问志趣相投。信乎! 建筑在学问基础上的友情必定愈久弥深。长森先生于百忙之中挤出宝贵时间悉心披览了拙作,并就不同文化的碰撞与融合问题直抒超脱凡响的见解,使我释然而敬佩。长森先生的赠诗饱含鼓励之情令我感动,对拙作的谬奖错爱则愧不敢当,谨辑于本册,以为鞭策。

福州黄子峰先生是技艺精湛的篆刻名家。他饱读文史,涉猎宽广,身在南国,对于活动在北方的拓跋部的历史亦甚洞悉。子峰先生于2018 年冬托姪黄萍萍博士惠赠玉石一枚,阳刻"百年拓跋"四字,边款阴刻六行"奶酪茗茶各自称佳百年拓跋融于中华"等言,蕴含着浓重的学术情谊。现将此章钤印于扉页,并将原石照片及拓款印于封底,以表由衷的感谢。

由上可见,这本小册虽署敝名,实成于众家友好的鼓励和支持。

李凭　谨识

辛丑申月于岭南